新围棋阶梯培训教程

（入门篇）

苏　旷　金玉龙　编著

辽宁科学技术出版社
沈　阳

图书在版编目（CIP）数据

新围棋阶梯培训教程. 入门篇 / 苏旷，金玉龙编著. —沈阳：辽宁科学技术出版社，2023. 6
ISBN 978-7-5591-3010-5

Ⅰ. ①新…　Ⅱ. ①苏… ②金…　Ⅲ. ①围棋—教材　Ⅳ. ①G891.3

中国国家版本馆CIP数据核字（2023）第089807号

出版发行：辽宁科学技术出版社
（地址：沈阳市和平区十一纬路25号　邮编：110003）
印 刷 者：辽宁新华印务有限公司
经 销 者：各地新华书店
幅面尺寸：170 mm × 240mm
印　　张：10.75
字　　数：200千字
印　　数：1-4 000
出版时间：2023年6月第1版
印刷时间：2023年6月第1次印刷
责任编辑：于天文
封面设计：潘国文
版式设计：颖　溢
责任校对：徐　跃

书　　号：ISBN 978-7-5591-3010-5
定　　价：48.00元

联系电话：024-23284740
邮购热线：024-23284502
E-mail:mozi4888@126.com
http://www.lnkj.com.cn

围棋历史悠久，源远流长。它是一种有胜负的游戏，其教育功能也被越来越多的人接受和认可。它对学习者的思维习惯、观察能力、计算能力、判断能力和心理素质的养成，有着重要的意义。

当前，围棋教学图书种类繁多，但能帮助爱好者们从入门到成为业余高手的阶梯式教学图书，寥若晨星。

本书编者从学习围棋到从事围棋教学工作已有20余年，具有扎实的围棋理论功底和丰富的实战教学经验，对于一名普通围棋爱好者从初级到中级、段位、高级各时期所应掌握的知识点驾轻就熟，了然于胸。编者结合多年的悉心教学与苦心钻研，总结出了这套阶梯式围棋教程。新围棋阶梯培训教程包括4册，分别是：入门篇、初级篇、段位篇、高级篇。

·入门篇适合零基础到5级读者阅读，内容包括入门基础知识，基本围棋技术，配练习题和答案（分析讲解）。

·初级篇适合5级到1段读者阅读，内容包括基本定式，围棋术语导入技术讲解，官子基础，数地和初步大局观概念，配练习题和答案。

·段位篇适合1段到3段读者阅读，内容包括常用定式，布局分析，中盘手筋应用（战术常型），初级官子等。

·高级篇适合3段以上读者阅读，内容包括定式之后变化（打入与攻防）演练，对局思路，中级官子等。

希望可以帮助广大围棋爱好者在各个阶段都可以更为系统地了解、学习、掌握围棋知识，探索围棋中的奥妙，在浩瀚的棋海中纹枰论道，快乐博弈!

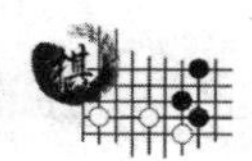

第一章 围棋常识与基础知识

第一节 棋盘、棋子、手势

一、棋盘

1. 棋盘。围棋棋盘盘面由横、竖每边各十九条线组成，图1-1-1。

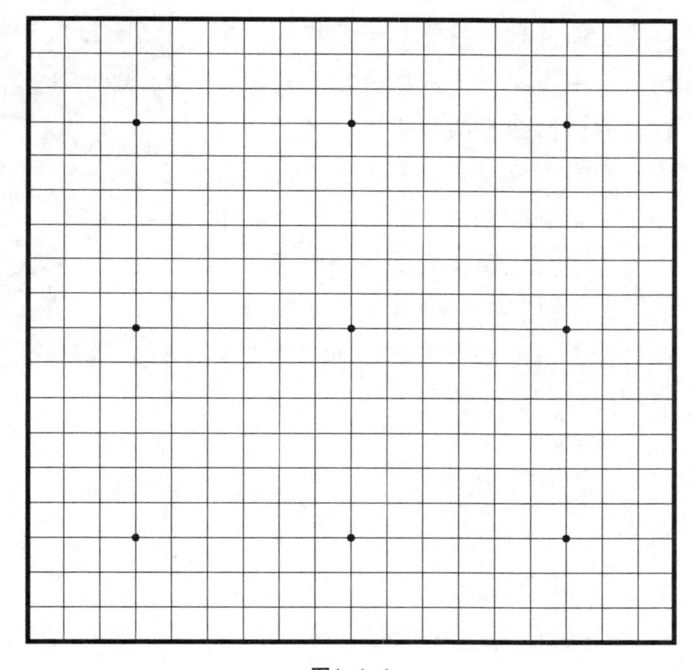

图1-1-1

2. 交叉点。横线与竖线相互交叉，交叉的位置被称为交叉点。交叉点是棋子的着放处。棋子不可以放在线上或者格子里，必须摆放规范，棋子中心正对底下交叉点的位置。围棋棋盘共有361个交叉点。

3. 星位。在所有交叉点中，有9个交叉点被描成“黑点”，这9个特别的交叉点又被称为星或者星位。

为了便于确认棋盘上各个点的位置及方便重要点位的表达，常常根据星位的大体位置将整个棋盘按区域分为9个部分，即左上角、左下角、右上角、右下角，左边、右边、上边、下边，棋盘中央为中腹。这9个区域只是大致划分，并没有严格的界限。

4. 天元。棋盘最中央的星位因所处位置特殊，又被称为天元。

二、棋子

围棋棋子由黑和白两种颜色组成。常用棋子一般为上凸出、下平滑的扁圆形。着子时平滑的一面冲下放于棋盘，如图1–1–2。当然，也有两面皆凸出的棋子。

图1–1–2

三、手势

下围棋有专门的拿子手势。食指在上，中指在下，双指叠起。食指平放，中指弯曲至两指指尖对齐；两指指尖两侧也要对齐。剩余三指自然打开，下垂于两侧。拿子时将棋子夹于食指与中指之间，大约夹住棋子的一半。着子时，棋子前端先接触棋盘，食指轻轻滑出，中指轻轻向下按下，图1–1–3。

图1–1–3

第二节　气、猜先

一、气

双方对弈，互相攻防棋子难免有被吃的情况。那么，判断棋子是否能留在棋盘上，即棋子的死活，我们用气来表示。

与棋子直线相连，最近的、空的交叉点的个数，被称为气。简单说，即为棋子逃跑出路的条数。

气的量词用口来表示。如图1–2–1中×就是气。如果两个以上的同色棋子通过直线连接在一起，成为一个整

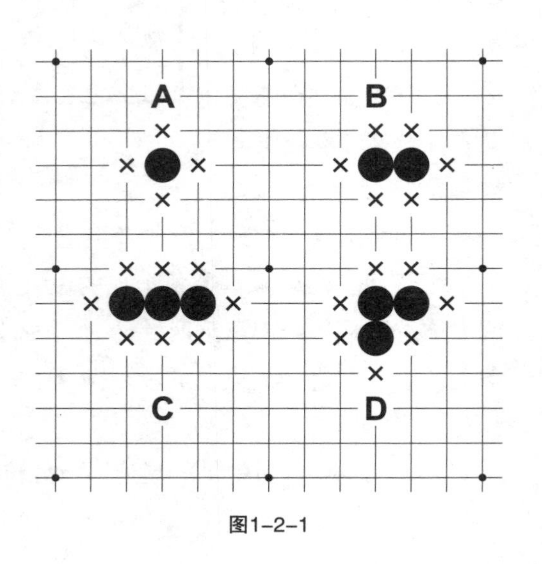

图1–2–1

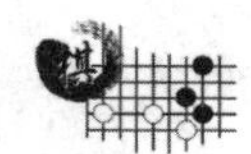

体，那么它们的气也要作整体来算。有气则棋子无法被对方吃掉；无气则棋子不能存留在棋盘上。气数少的棋子在交战中一旦陷入包围，则很容易处于被动而被消灭。

二、初学常见错误

（1）重叠的气只数一次，一块棋上的气有的时候可能在某个地方重叠在一起，那么这种情况这个地方的气我们只算作1口气。如图1-2-2中，△处的气我们只能算作1口气。此题黑棋一共有7口气，而不能算作8口气。

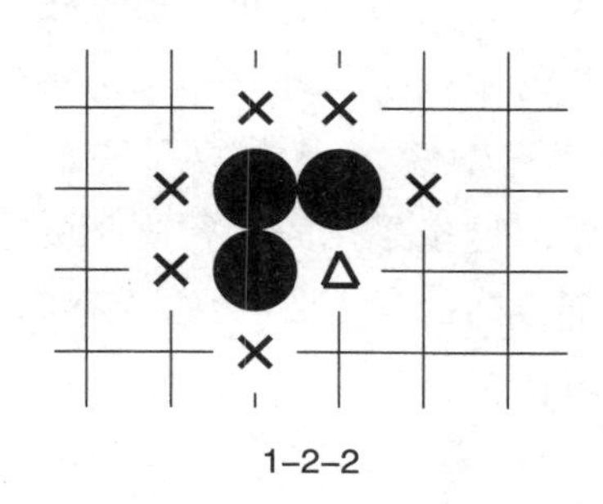

1-2-2

（2）数气要按顺序，数气的过程最好按顺时针或者逆时针转圈来数。如图1-2-3中，可任意选择一口气为起始点。这里我们选择A，那么数气顺序可以是A→B→C→D→E→F→G→H的顺时针，也可以是A→H→G→F→E→D→C→B的逆时针，这样在数气过程中不容易因为随意去数，导致多数或漏数，旨在养成良好的数气习惯。

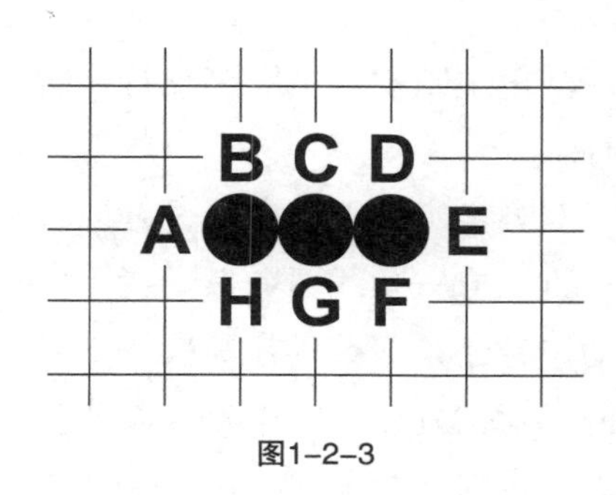

图1-2-3

（3）所围空间中的气也要数。如图1-2-4中，共13口气，而不是12口气。8颗棋子中间所围的×也要数进来。

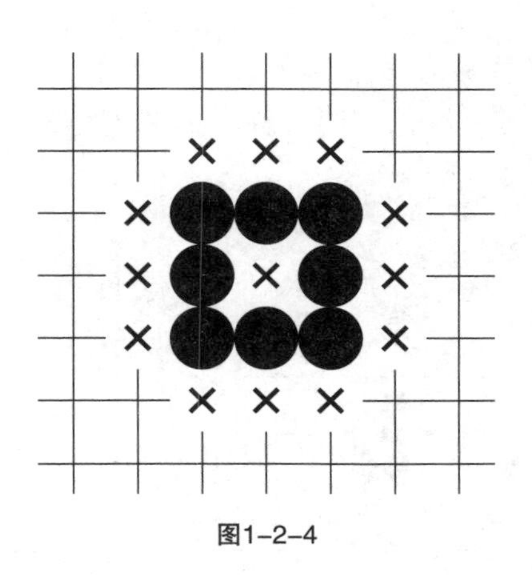

图1-2-4

（4）棋子在棋盘不同位置时对气数的影响。如图1-2-5中，棋子在棋盘上位置的不同可能导致棋子气数的改变。初学围棋，一般让学员所下棋子远离边角，在所学知识丰富之后，尤其是边角攻防的相关知识后，逐渐向边角行棋。

当然，一些初学者在学习的过程中可能直接学习向边角行棋的下法。这里说明，向边角行棋一般是按围棋的核心含义——围地——来进行的。但很多初学者对围棋的理解就是吃子，所以这里采用先进行吃子的学习（局部攻防的学习），之后逐步向围地学习转变。

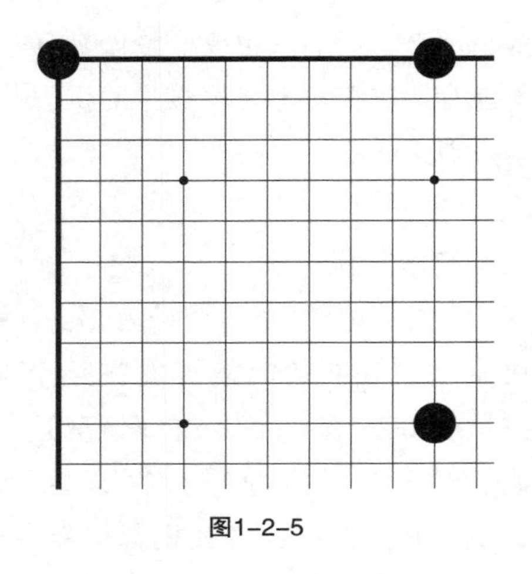

图1-2-5

三、猜先

围棋规则规定由黑棋先行，所以猜先就是下棋之前用来判断谁执黑先下的过程。

双方坐定后，由白棋一方抓若干棋子置于掌中，扣在棋盘上暂不示人；黑棋一方抓取一颗或两颗棋子置于棋盘上，用棋子的单双来表示所猜对方掌中棋子为单数还是双数；在黑棋一方将所猜棋子放毕，白棋一方将掌中棋子摊开，两两一对摆好以判断单双数。若猜对则黑棋一方继续使用黑棋，先行；若猜错则双方将棋子交换，对方先行。

有些比赛规定让猜对的一方自由选择执黑还是执白。

课后练习

请数出下列各题中黑棋的气数。

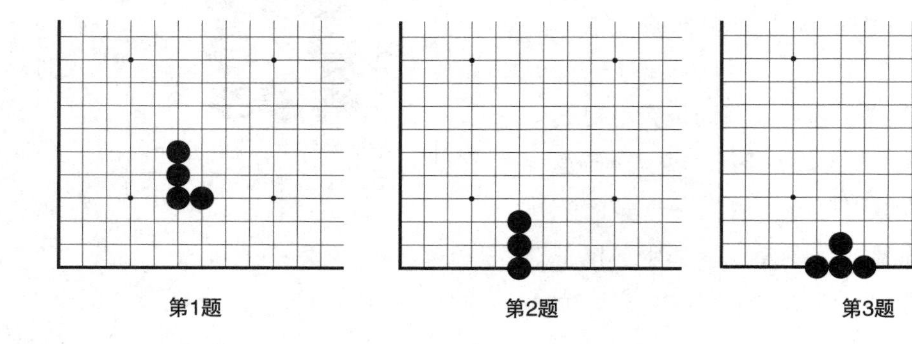

第1题　第2题　第3题

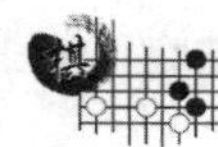

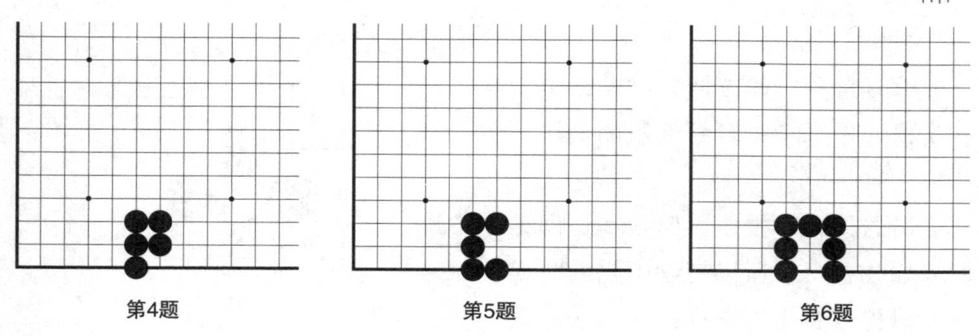

第4题　　第5题　　第6题

第三节　紧气、打吃、提子、长

一、基础下法

1. 紧气

走在对方棋子的气上，使对方棋子的气数减少1口的下法。如图1-3-1中▲。

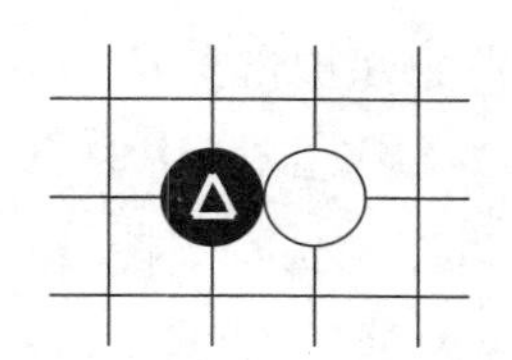

图1-3-1

2. 打吃

走在对方棋子的气上，使对方棋子的气数只剩下1口的下法。如图1-3-2中▲。

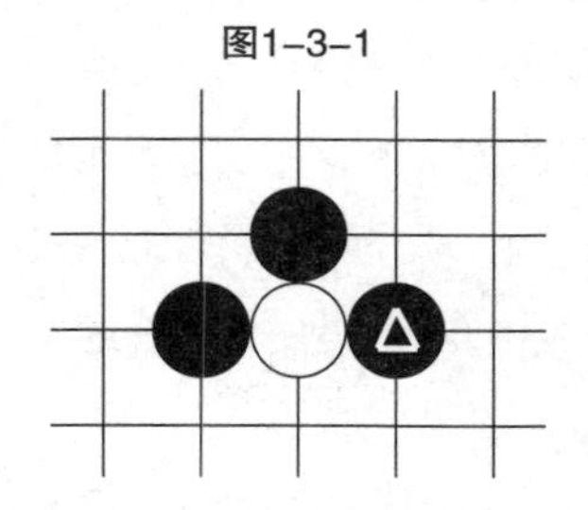

图1-3-2

3. 提子

走在对方棋子的气上，使其气数变为0，并将棋子从棋盘上提掉的下法。如图1-3-3中▲，A图为刚落子时的样子，B图为将气数变为0的对方棋子提掉后的样子。

图1-3-3

这里一定要注意，如果所下为提子，那么一定要将对方气数为0的棋子拿掉，否则容易对后续作战结果造成非议。提掉的棋子应放回棋盒，以供继续下棋使用。

4. 长

沿着自身气的方向，紧贴棋子下一步棋，用来增加自身气数的下法。如图1–3–4中㊂。

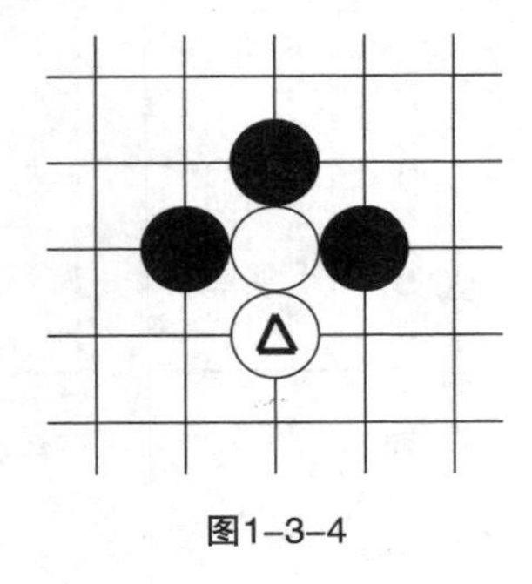

图1–3–4

长的作用有很多，但根本道理是用来加强自身，所以初学围棋的时候一般只将其看作用来逃跑的方法。其他用途后续学习中再进行深入讨论。

二、初学常见错误

初学围棋时，初学者往往更偏爱于吃子，这就容易造成下棋过程中出现一些不注意自身安全，只按自己想法而一意孤行的下法。这里总结出3条初学围棋者极易出现的错误想法。

1. 不注意保护自身

图1–3–5中，图A中白棋一子被黑棋打吃，只有1口气。白棋实战判断出危险并在㊂处长，白1子安全逃出，此为正确下法；但是实战中初学围棋的学员往往会下在图B中的×处，意图通过打吃进攻对方棋子，黑棋下在㊂处将白棋1子吃掉，白棋想法落空，不光没有吃掉对方棋子，自身棋子又没救出，大亏。

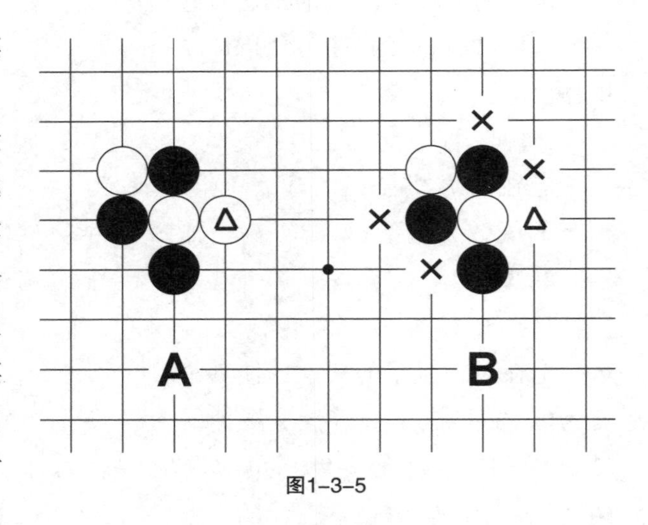

图1–3–5

所以，无论围棋水平高低，当遇到危险时心中只有对方棋子并想将其吃掉的想法并不可取。围棋是下棋的双方交替进攻、防守的过程，初学时正确的做法是先保护自身棋子，确保本方棋子完整、强大、安全，之后才可以考虑如何进攻对方棋子。

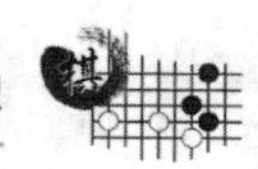

2. 将自身棋子下得散乱

图1–3–6中，遇到这种情况时很多初学学员通常都会下图中◬处，意图堵住白棋出路进而吃掉白棋两子。但实际是黑棋只要在 × 处任意一处落子，黑◬棋子都变成“撞墙”的废棋，而且白棋 × 处长出之后就已经使自身气数增加，黑棋并不能将其堵住吃掉。

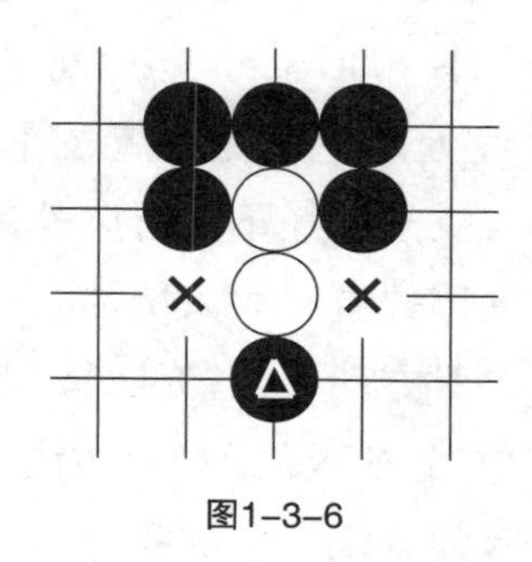

图1–3–6

会出现这种情况是初学者认为棋子连在一起，直线的方向才是其棋子能够逃跑的方向，就错误地将棋子“堵在”此处。其实一块棋只要是气的地方都是其可以逃跑的方向，图1–3–6中的 × 处也是白棋可以用来逃跑的方向，所以不能盲目地去紧气。

那么，初学围棋，实战我们就尽量不要为了吃棋而将自身棋子下得散乱，尽可能地使自己的棋子之间能够互相帮助。

3. 在无危险的情况下进行逃跑

图1–3–7中，黑白双方通过下◬、▣处两个长之后，自身棋子的气数很多，无法被攻击或者被吃，看似很好，实则不然。

因为之前提过，初学围棋长是用来加强自身并借此逃跑的，实战在自己棋子毫无危险的情况下还继续下长，就是消极避战的下法，不可取。

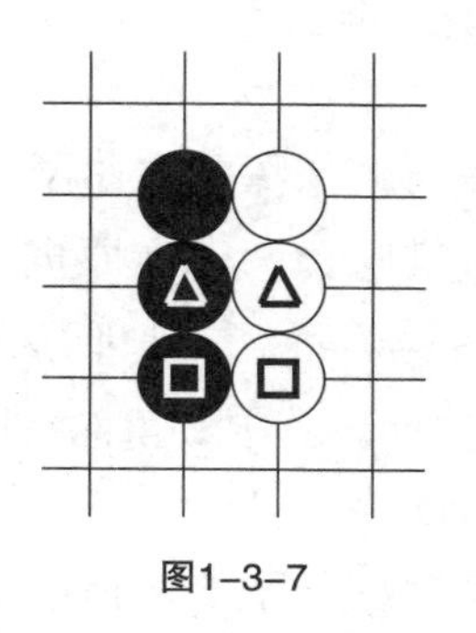

图1–3–7

围棋是黑白双方互相攻防的棋类游戏，一味地逃跑不进攻就已经脱离了围棋要抱有进取心的本意，而且也不能带来胜利。所以当自身无危险时，果断、大胆采取进攻才是正确的选择。

三、打吃的方向

针对对方一块棋进行打吃攻击时，会有两个方向选择，哪个方向打吃最有利，要根据具体情况来进行。一般初学有两个基本思路，如图1–3–8。

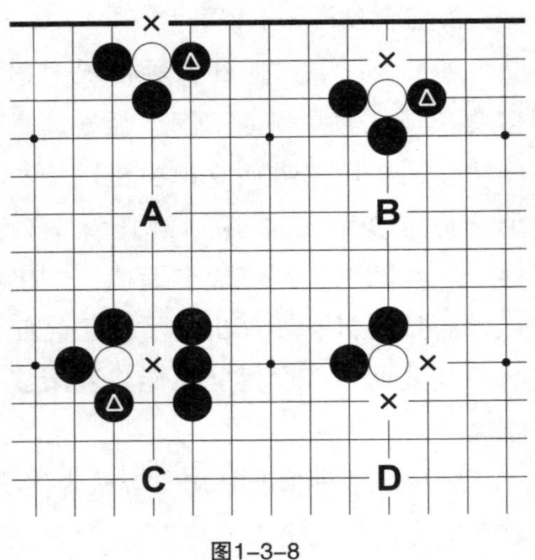

图1-3-8

图A、B、C中在△处打吃即正确选择。其中A与B是将对方棋子向棋盘边线处追赶，边线就如同一堵“墙”，棋子已经不能再向外逃，其被我方吃掉的概率大大增加；如果下在×处，对方就可于△处长，跑掉。图C中白方虽然不靠近棋盘边线，但因其附近有我方棋子，故我方可以下在△处将对方向我方势力处追赶，增加吃掉对方的概率。如果下在×处，对方就可于△处长，跑掉。图D中因为其不在棋盘边线处且附近也无我方棋子帮助，所以下在×的区别不大。

第四节　虎口、断点、切断、连接

一、虎口

在所谓的“嘴”中落子，对方可以马上将其吃掉，那么原棋形被称为虎口。图1-4-1中×处即是，所以虎口一共有4种。其中，角部1种，边上2种，中央1种。

初学围棋，中央虎口的形状更加符合“嘴”的形状，较易记忆；其他种类虎口因其位置特殊且形状异类，往往容易忽视。

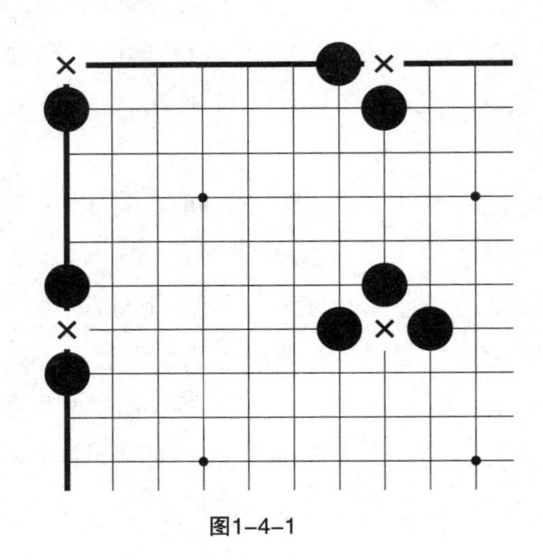
图1-4-1

二、断点

1. 断点

在对方相邻两子之间下一步棋即可将对方分成两部分，那么这种位置称为断点。如图1-4-2中A、B两处。

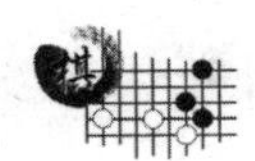

2. 真断点

断掉对方棋后，所断的棋子无法被对方吃掉，这种断点称为真断点。如图1–4–2中A。

3. 假断点

断掉对方棋后，所断的棋子会被对方吃掉，这种断点称为假断点。如图1–4–2中B。

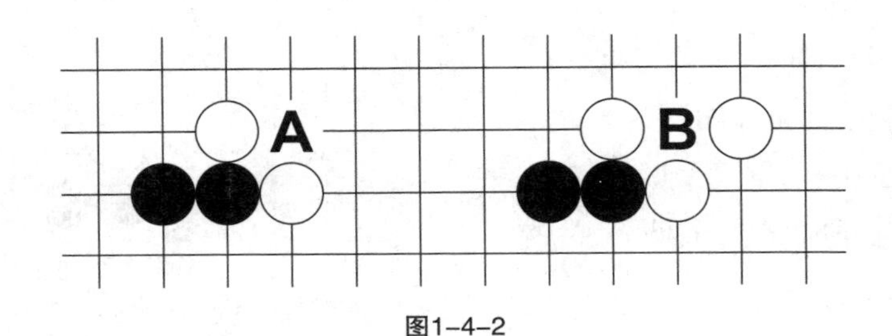

图1–4–2

三、切断

下在对方断点上将对方棋分成两块，那么这种下法称为切断，简称断。如图1–4–3中△处就是切断。

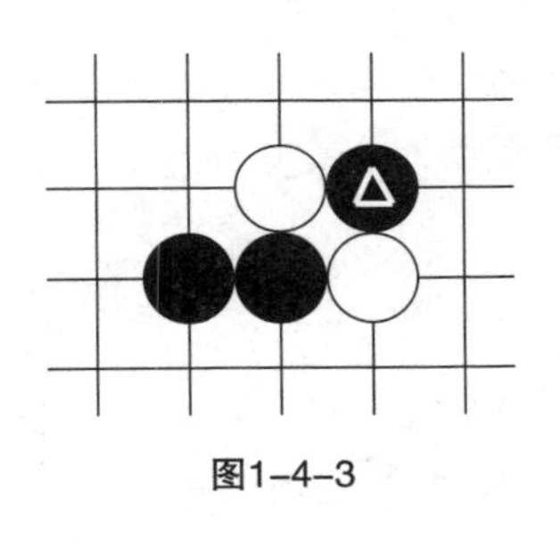

图1–4–3

切断是一种较紧气更为激烈和积极的下法，其将对方棋分为两部分，使其弱化，不能两者兼顾。但在要切断对方之前必须先判断对方断点是真断点还是假断点。如果是假断点，我方切断的棋子反而会被吃掉。如图1–4–4，若在△处切断对方，则对方可在×处提子，切断功亏一篑。

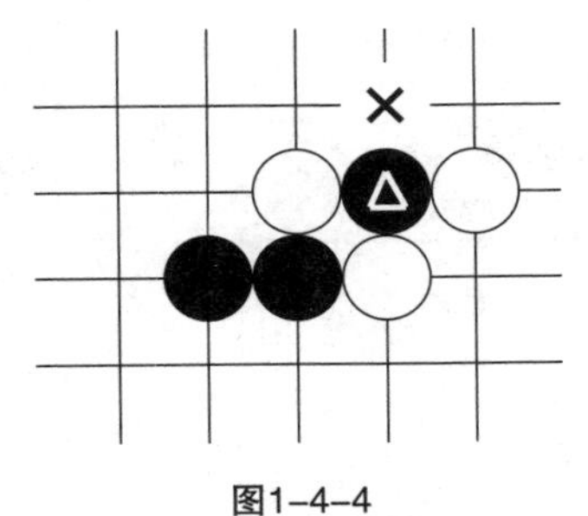

图1–4–4

四、连接

1. 连接

将己方断点保护住，使对方无法有效切断我方棋子的下法。如图1–4–5A、B△。两者区别在于A中直接下在断点上；B中×处断点依然存在，但已经变为假断点，无法被真正切断。

初学围棋时，可尽量多用虎口或者今后所学习的其他方法来补断点，即将断点变为假断点。这样做不是为了能多吃对方棋子，而是为了能更多地扩大我方棋子的占地面积。其原因我们下一节中讨论。

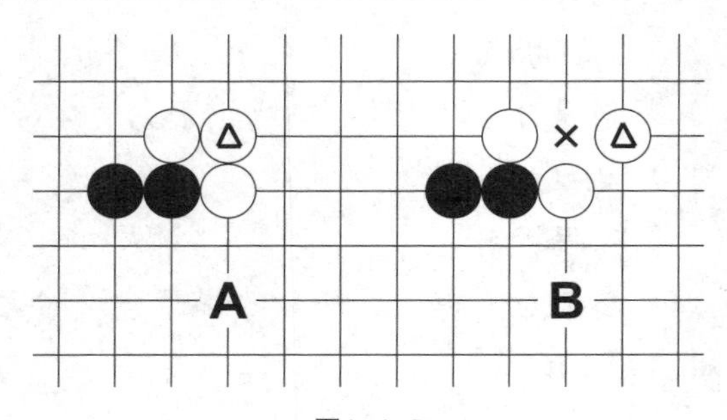

图1-4-5

2. 双虎

下一步棋，形成了两个虎口，这种下法称为双虎。如图1-4-6。图中黑棋存在A、B两个断点，下在△处双虎同时将两个断点变成假断点。

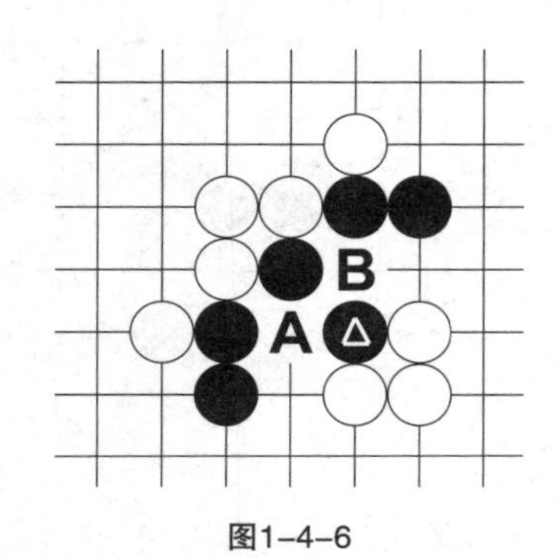

图1-4-6

课后练习

将黑棋连接起来（黑先）。

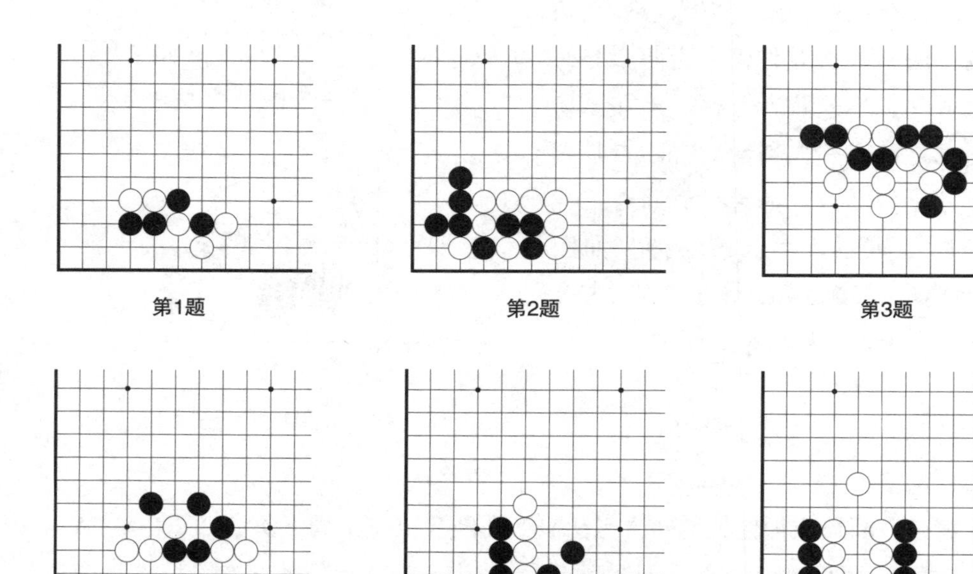

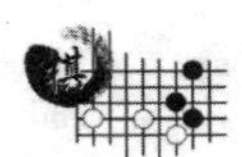

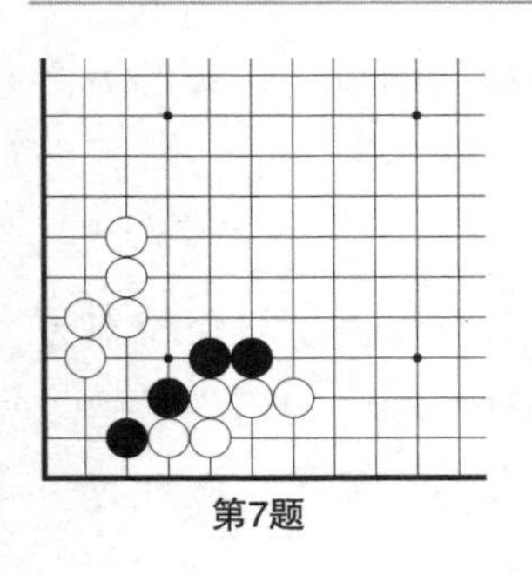

第7题

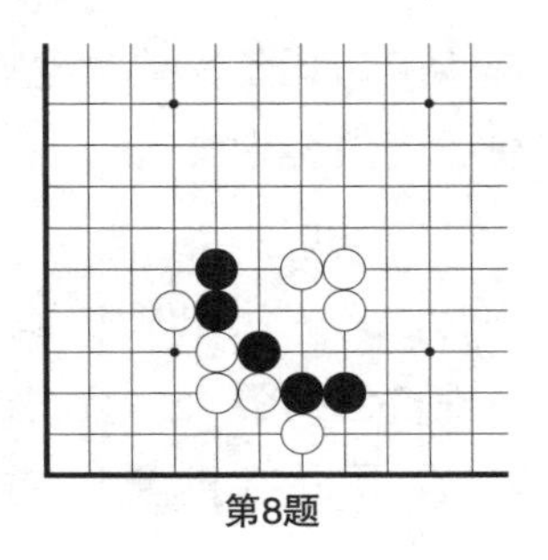

第8题

第五节　断打、死子

一、断打

下在对方断点上，既切断对方同时又打吃对方的下法。如图1-5-1中Ⓐ。

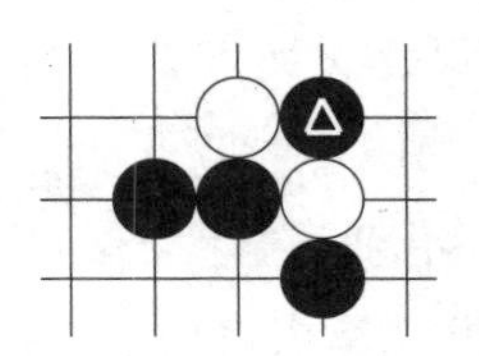

图1-5-1

二、死子

1. 死子

如图1-5-2中，Ⓐ处的白1子已经深陷包围之中，无法逃出且无法吃掉包围的黑棋，这种棋子称为死子。

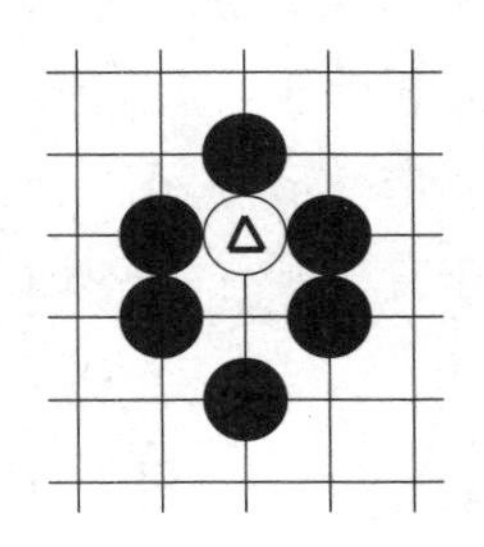

图1-5-2

如图1-5-3中A、B，形状看似与图1-5-2中相似，但是Ⓐ处白1子不能算作死子。A中白棋可以下在▣处将黑棋包围1子吃掉，从而成功逃出；B中白棋也可以下在▣处长，脱离包围。所以图A中黑棋应该下在×处马上将白1子吃掉，图B中黑棋应该下在▣处将白1子包围。

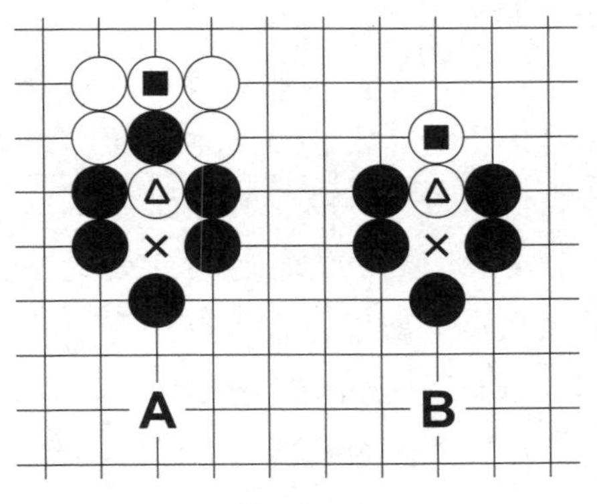

图1-5-3

这里着重说明一点，此处所说的只是浅显地让初学者理解何为死子，避免盲目地贪吃棋子或逃跑，造成更大的损失。真正地去判断哪些子为死子需要从气、眼和周围棋子配置等方方面面综合考虑，这些知识点在后面内容中会有说明。

2. 围棋比较胜负的方式

初学者对于围棋中“围”的含义的认识基本都是围而吃子，想尽量将对方的棋子吃光，觉得这样才能体现自己的强大，其实这是对“围”的错误理解。围棋中“围”的含义是围而取地，尽量在棋盘上占据更多的交叉点，即地盘。地盘大于对手即获胜。

明白了这点，我们就可以理解初学围棋很重要的一点——不吃死子。

如图1-5-4中，A是不吃死子的样子；B是黑棋在×处将白ⓐ1子吃掉后的样子。A中黑棋6子所占交叉点加上ⓐ与×两处交叉点，一共占据了8个交叉点；B中黑棋7子加上ⓐ1处交叉点，一共占据了8个交叉点。

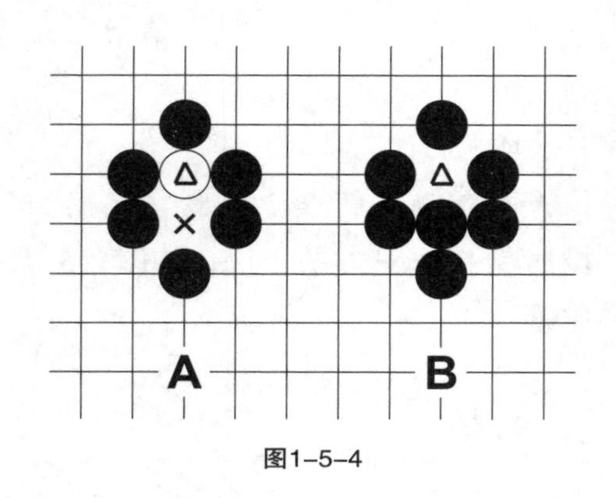

图1-5-4

我们发现黑棋将白棋吃掉后所占地盘大小并没有增加，吃掉白1子所花的那一步棋除了给我们感觉上的愉快之外，没有实际作用。所以判断出对方是死子后不应该再去提掉，因为其地盘已经属于我方所有，这步棋应该下在更有价值的地方。

第六节　禁入点、劫、打二还一

一、禁入点

下在某处，不能提掉对方棋子且本身棋子的气数是0，这种位置称为禁入点。如图1-6-1A、B两点。

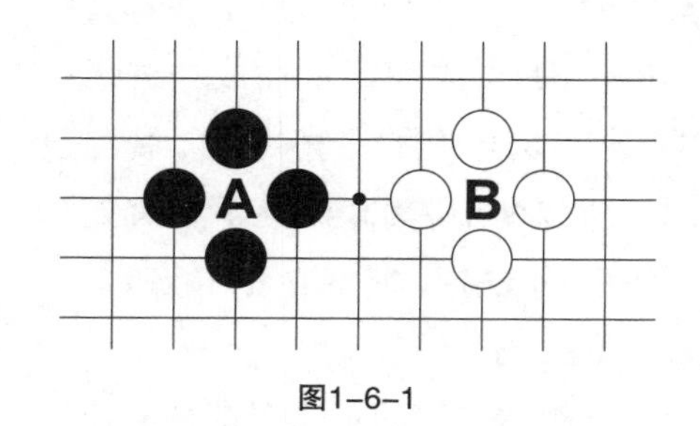

图1-6-1

A处是白棋的禁入点；B处是黑棋的禁入点。所以，禁入点是看谁不能下，而不是看外面棋的颜色。

在禁入点的问题上千万要慎重，因为下在禁入点上视为违规，不光所下棋子要被提掉，且会轮到对方着子，相当于停了一手棋，大亏。

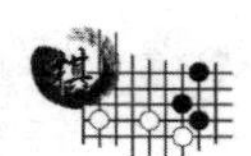

二、劫

1. 双方棋都没气时如何提子

当下一处之后双方棋子都没有气，这种情况是看刚刚那步谁下的，是谁下的就吃掉对方。如图1-6-2，A中㊀白一子只有1口气，B中当黑棋下在●处时双方都没气，因为是黑下的，所以可以提掉白棋。

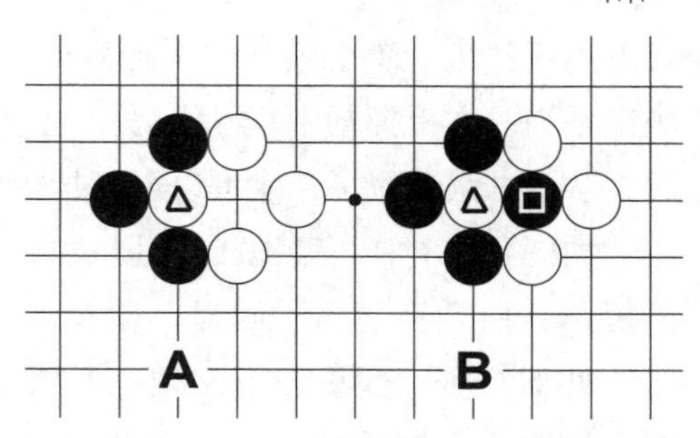

图1-6-2

所以围棋提子中是不可能出现双方同时被提掉的情况，要熟悉上述规则。

2. 劫

双方可以围绕1口气的棋子往复交替提子的棋形。如图1-6-3。

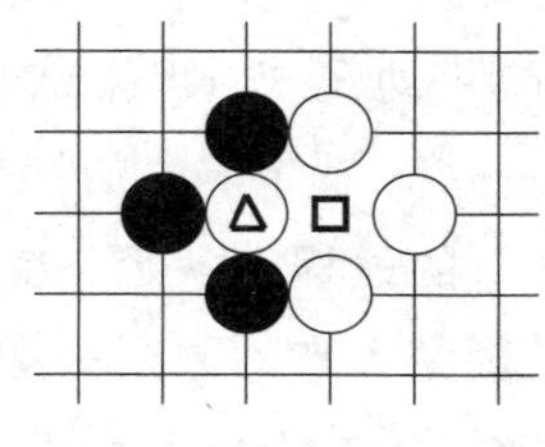

图1-6-3

3. 劫的棋形结构

劫的组成是由双方各1个虎口，且两个虎口开口端相对，然后取1颗黑子或白子放于对方虎口中。

如图1-6-4中，将黑●虎口与白◎虎口相对，取1颗棋子放于对方虎口中，形成A形或B形。

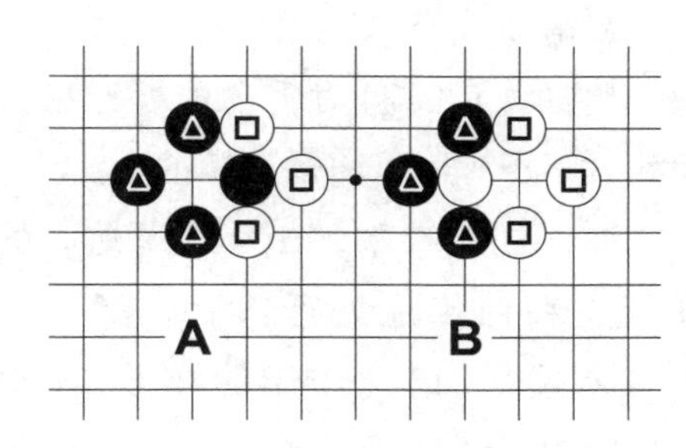

图1-6-4

因为劫的形状由虎口组成，虎口有4种，所以劫也可以根据不同形状的虎口摆出4种。如图1-6-5A、B、C、D。其中，A为角上劫的形状，B与C为边上劫的形状，D为中央劫的形状。所以，要牢记劫棋形的组成，以免只认识中央一种劫的形状。

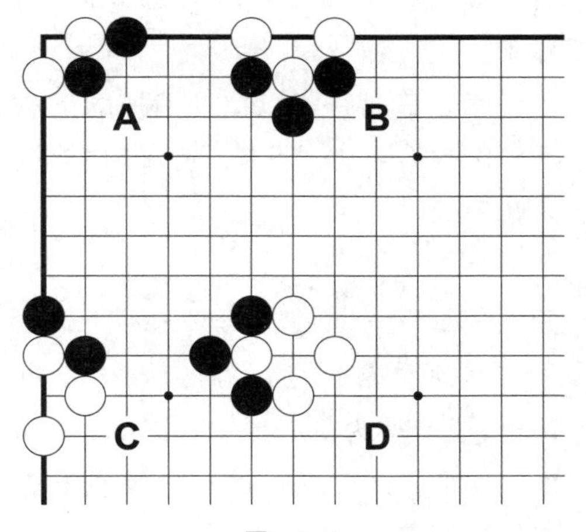

图1-6-5

4. 劫的规则

因为劫是双方可以围绕只有1口气的棋子往复提子的棋形，如果在规则上不予约束，就会使双方无穷尽地往复提子，棋局无法结束，所以劫的规则规定是当一方提掉劫中1子后，另一方不允许马上回提，须在棋盘他处行一步棋后，若对方跟着应了，才可以再提劫中1子。双方依此进行。

如图1-6-6中，黑先在△处将白1子提掉，白方不能马上回提，须在棋盘他处下一步，假设白下×处，黑跟着白棋应下在◎处后，白才可以回到▣处将黑△1子提回。

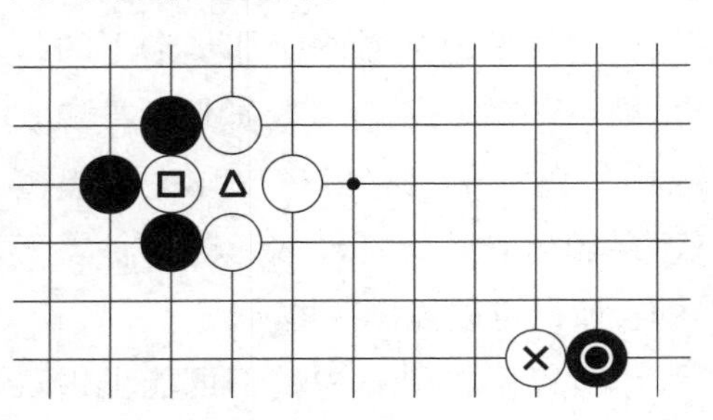

图1-6-6

简单将劫的规则总结成一句话——隔一步一提或隔一步一走。

劫在下的过程中一定不能违规，否则和处理禁入点的原则一样，将违规棋子提掉，且轮到对手行棋。

5. 消劫

提劫之后，且对手在他处行棋，但我方不予理睬，将劫消掉的下法。

如图1-6-7中，A为黑提劫后的样子，在白棋他处行棋后，黑直接下在△处，消劫形成B的样子；C也为黑提劫后的样子，在白棋他处行棋后，黑直接下在□处，消劫形成D的样子。

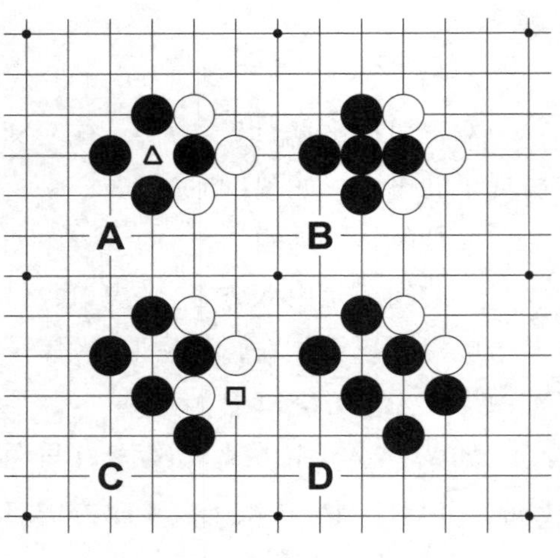

图1-6-7

所以只要是可以把劫消掉的下法就可以称为消劫，不是只有像B中连接才叫消劫。

三、打二还一

提掉对方2子后，对方马上就可回提1子，称为打二还一。如图1-6-8中，A即为打二还一棋形；黑棋下在△处提掉白2子形成B的样子；之后白

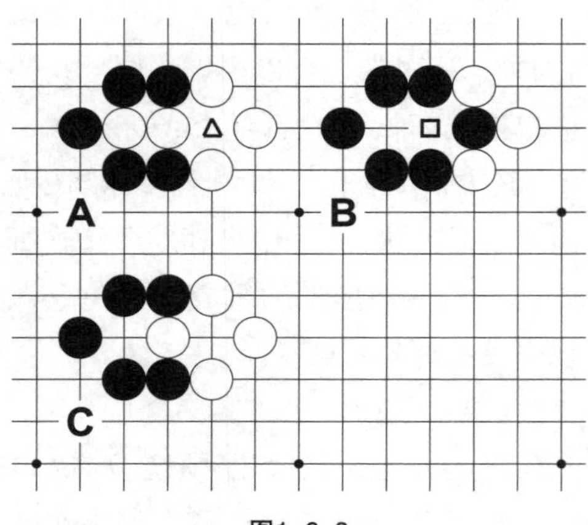

图1-6-8

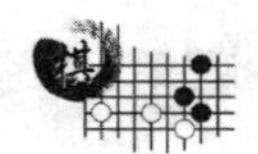

再下在□处将黑1子提回形成C的样子。

简单说打二还一就是吃掉2个还回去1个，依此类推还有打三还一、打四还一等，但只有打二还一相对还常见，其他不常见。

第二章　吃子方法

第一节　征吃、征吃不利

一、征吃

每步棋都下在对方棋“出头”方向，步步追赶着打吃对方的吃子方法。如图2–1–1。

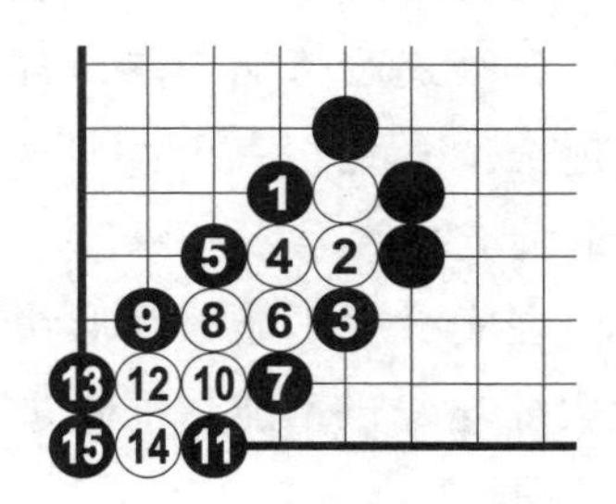

图2–1–1

1. 出头

所谓出头，一般是指两点：一块棋即将被包围，冲出包围圈的方向或者一块棋的直线延伸的部分即所谓的头，出头后对方就无法再有效地进攻了，如图2–1–2中×处。

A　B

图2–1–2

2. 征吃的下法

通过图2–1–1，我们可以了解到征吃的基本下法，很有规律可循，形似斜线的楼梯一般，所以有的初学者会认为征吃都是如此，但其实不然。如图2–1–3中，当将对手棋追赶至靠近棋盘边线（二线）时，利用边线的特殊性质，可以继续向边线（一线）追赶，从形状上看有一部分形似直线，所以不是所有征吃都是斜线形状的。牢记征吃的道理和下法才是首要做的。

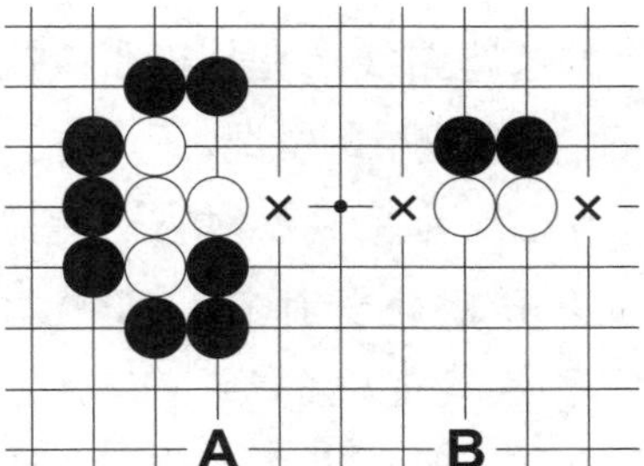

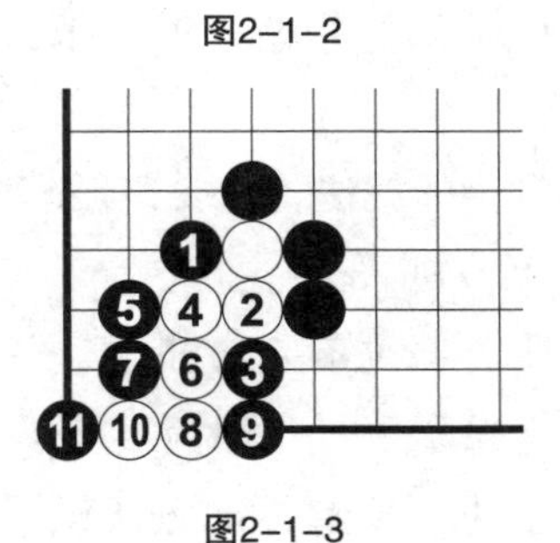

图2–1–3

二、征吃不利

征吃对方棋子的过程中，当某些情况出现时，征吃无法再顺利进行，这些情况统称征吃不利。征吃不利分为3种不同情况。

1. 宽气

征吃时对方的气数多于2口，征吃无法继续进行的情况。

如图2–1–4A中，若有进行征吃的想法，可先数下对方的气数，如果多于2口气，不能征吃。否则强行进行征吃，自身会因为断点太多而崩溃，如图2–1–4B。

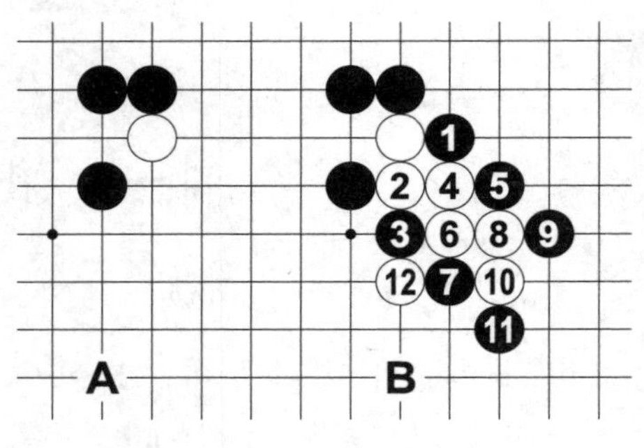

图2–1–4

另一种情况如图2–1–5中，在征吃过程中若出现追赶打吃错误，就会使对方棋走长，逃跑之后变为3口气，征吃无法继续。

所以在实战中不能因为形状上像征吃就去征吃，也不能在征吃过程中犯低级错误。

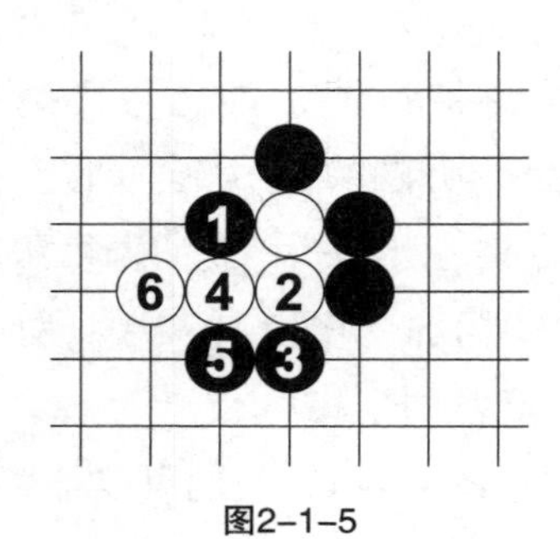

图2–1–5

2. 接应子

对方逃跑路线上有其棋子接应，导致征吃无法进行的情况。

征吃前一定要观察对方逃跑路线上是否有其接应子存在，如若对方有接应子依然征吃的话，当对方与接应子连接上后，我方断点将无法收拾。接应子如何判断、怎样来找十分重要。

接应子的找法，只要遵循6条线的原则就可。如图2–1–6中的A~F处和其斜向延长线上有对方棋子，只要无我方其他棋子干扰，即为接应子。

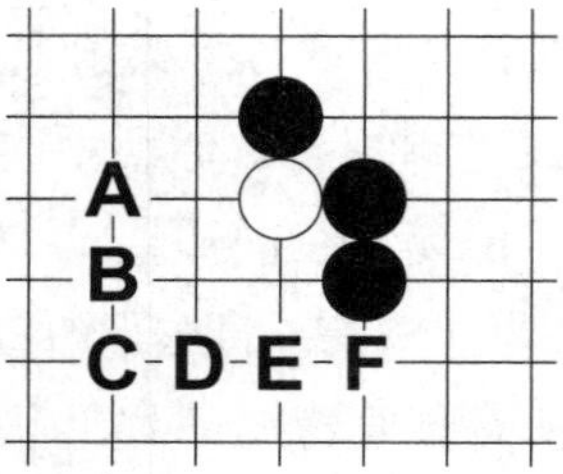

A
B
C D E F

图2–1–6

为了便于理解，加深认识，这里

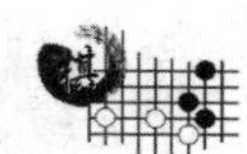

取每条线上距离最近的接应子进行演示。如图2-1-7中，B、C、D、E在逃跑的过程中直接连上，这样就导致了宽气，征吃不能再进行了；A与F中征吃的黑子被吃（其实为征吃带响，具体说明在下一段落中），征吃也不能再进行了。

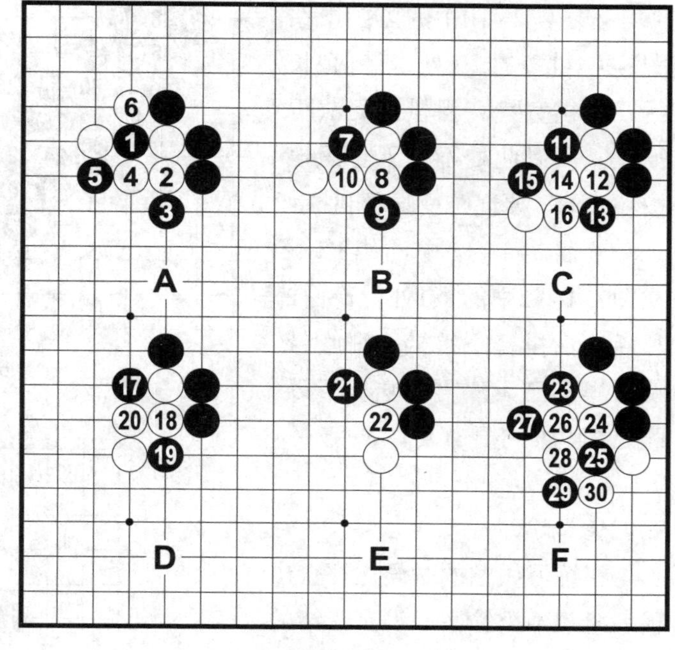

图2-1-7

3. 征吃带响

征吃过程中，对手逃跑的棋子反过来打吃我方棋子的情况。

如图2-1-8A中黑棋就不能征吃白棋，如果强行进行，如图2-1-8B中，黑1、3征吃白棋，白4时我们发现黑1子反而被逃跑的白棋打吃，若黑5强行继续征吃，白6提子，征吃崩溃。

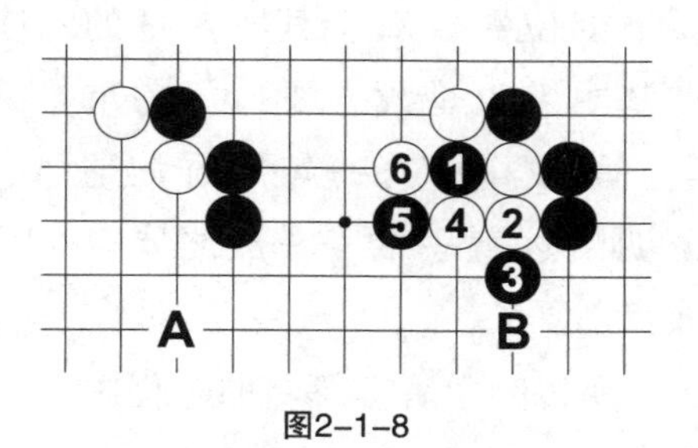

图2-1-8

三、典型题型

这里列举一例，此题中对征吃包括3种征吃不利都有涉及，熟练掌握此题对加深征吃大有意义，如图2-1-9。

如图2-1-10中，如此进行为正确结果。但过程中有两个需要着重注意的关键点。

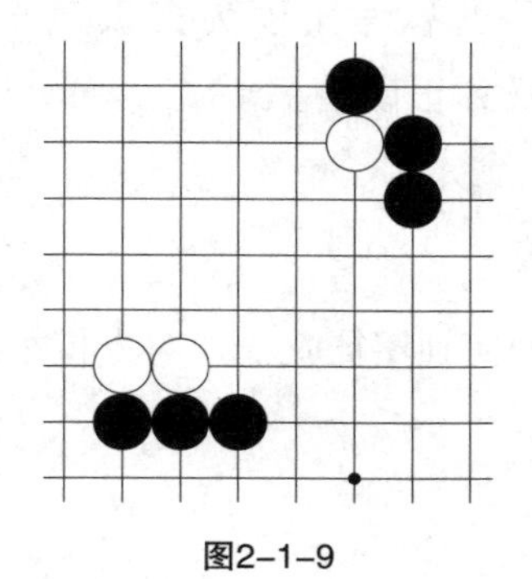

图2-1-9

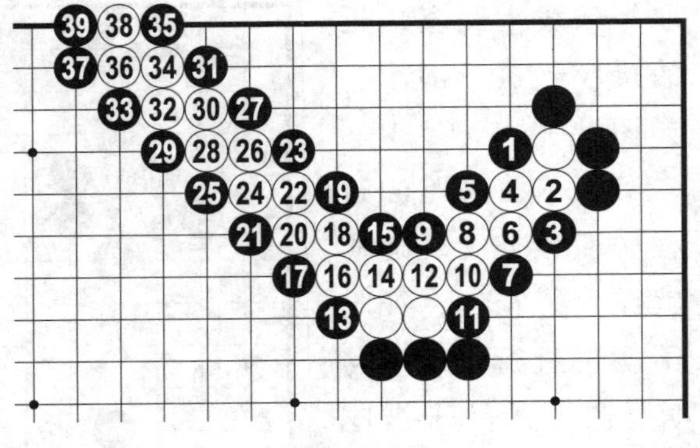
图2-1-10

若图2-1-10中的黑13下在图2-1-11中的黑1处，待白2长后，白棋宽气，黑棋已无法再征吃。所以此处不要下意识地按斜线下，要谨防征吃不利。

若图2-1-10中的黑15下在图2-1-12中的黑1处，待白2长后，白棋打吃黑棋，征吃带响，黑棋已无法再征吃。所以此处打吃方向要谨慎。

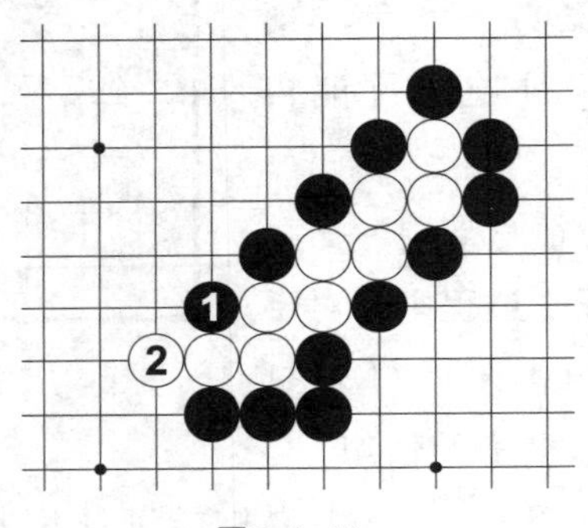
图2-1-11

四、谚语

在练习做题的时候往往会出现一时想不出答案、没有头绪的情况，这时只要冷静地去以对手的角度来思考，判断其所想要下的位置，对于其所要抢的点基本上也是我方要抢占的重点。故围棋中有一句谚语就是说明上述意思的——敌之要点即我之要点。

所以初学者在练习的过程中遇到一时不解的问题，可以先从对手的思考角度为突破口，进而找到正确答案。

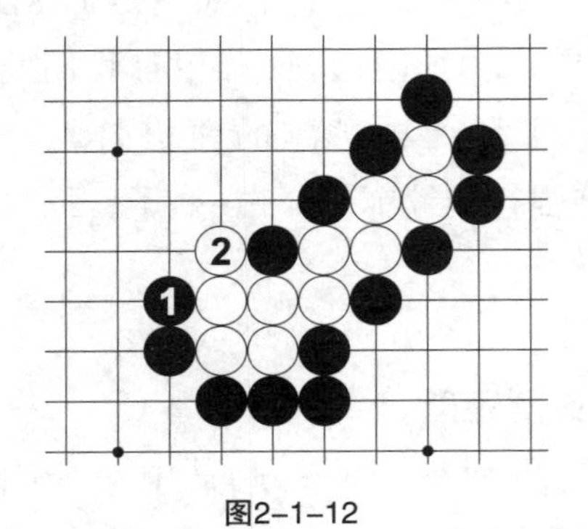
图2-1-12

课后练习

如何利用征吃吃掉对方棋子（黑先）？

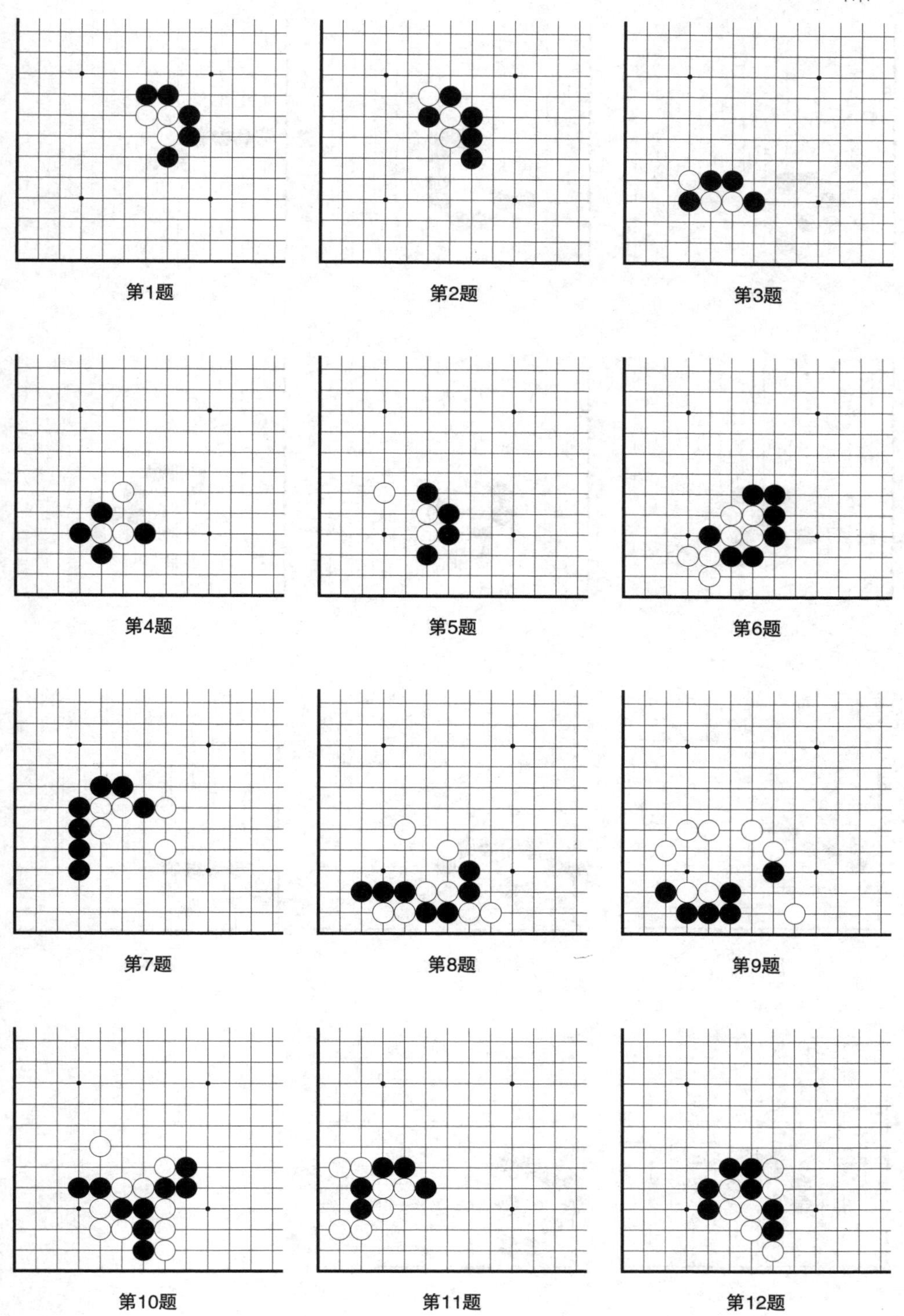

第1题　第2题　第3题

第4题　第5题　第6题

第7题　第8题　第9题

第10题　第11题　第12题

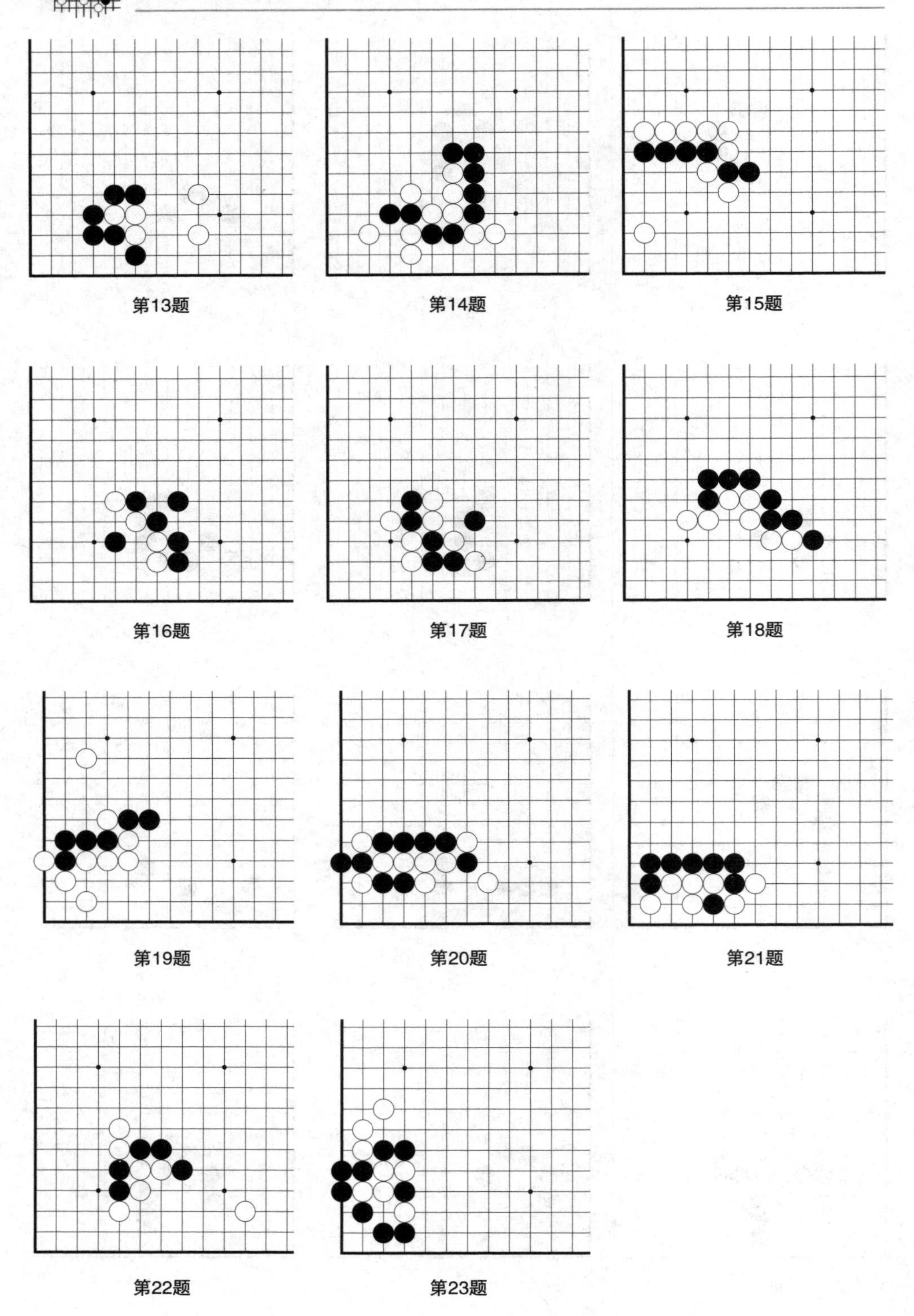
第13题
第14题
第15题
第16题
第17题
第18题
第19题
第20题
第21题
第22题
第23题

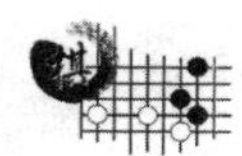

第二节 双打吃

一、双打吃

下一步棋可以同时打吃对方两块棋，图2-2-1中黑若下在△处就是双打吃。这里说明，一定要所下这步棋同时打吃两块棋，否则不能称双打吃。

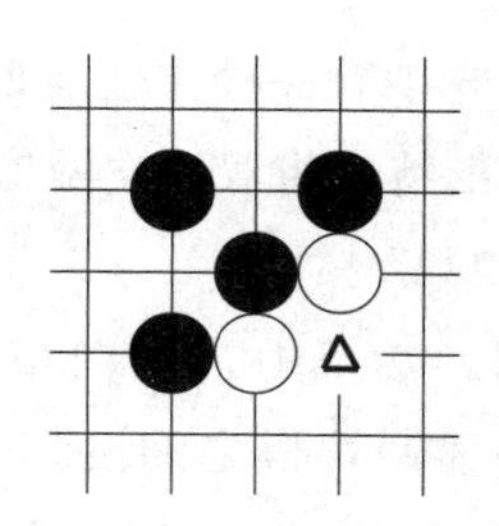

图2-2-1

想发现双打吃不难，其有两大特点：其一，就是所选两块棋一定只有2口气；其二，此2口气的两块棋彼此靠近，其间有断点。如图2-2-2，形状与图2-2-1相似，但A中一块白棋的气数为3口，即使下△处也不能称双打吃，此为断打；B中两块白棋没靠近，下两者间的△处甚至都没有紧到任何一块白棋的气，也不能称双打吃。

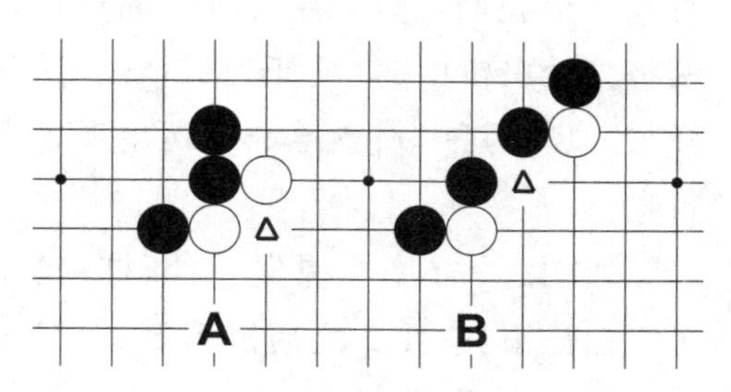

图2-2-2

二、双打吃的逃跑

被双打吃后，我们的原则是在能逃跑的棋中挑选价值更大的来救。

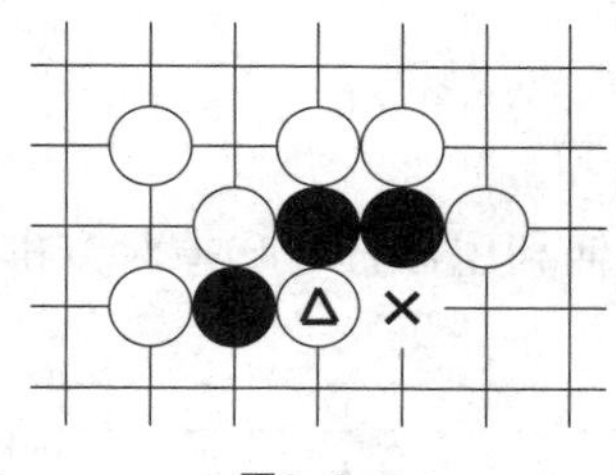

图2-2-3

如图2-2-3中，当白下㊀处双打吃黑棋时，在都可以逃跑的情况下，我们选择价值更大的两子，黑应下在×处；如图2-2-4中，白下㊀处双打吃黑棋时，虽然两子价值更大，但无法再救，若再救损失会更多，所以只能下×处救1子，以减少损失。

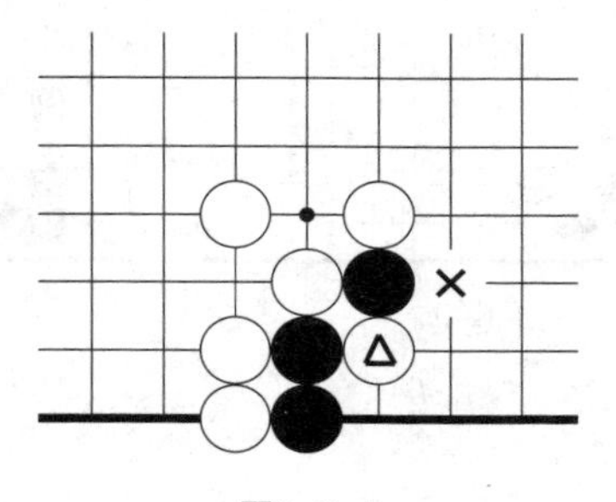

图2-2-4

当然，真正具备一定水平后，遇到双打吃是否一定要救、救哪一块都要根据周围情况来定，这里只是初学围棋时的基础道理。

三、“232”

双打吃中有一种比较典型的、无法第一时间就双打吃对手的棋形，需要自己依据棋形特点将双打吃做出来，因为其气的排列为2口气、3口气、2口气，所以简称“232”。

如图2-2-5中，ⓐ白棋都是2口气，很明显两块棋之间没有共同的断点，也就是有阻隔，无法马上完成双打吃。但我们可以利用×处的断点设法将▣处白棋由3口气变为2口气，这样与2口气的白ⓐ子配合，即可出现双打吃。

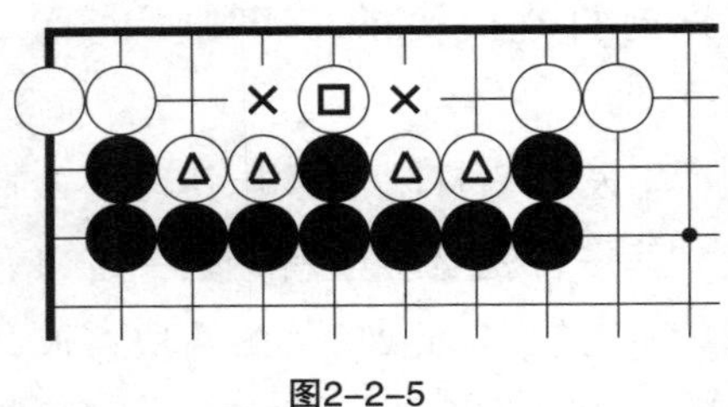

图2-2-5

如图2-2-6中，黑先下1断打白2子，白需下2连接，之后黑再下3，即为双打吃。1先下3也可，方向相反。

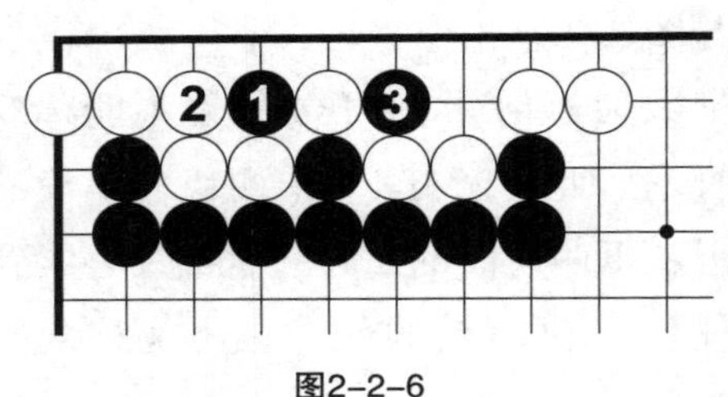

图2-2-6

课后练习

如何利用双打吃吃掉对方棋子（黑先）？

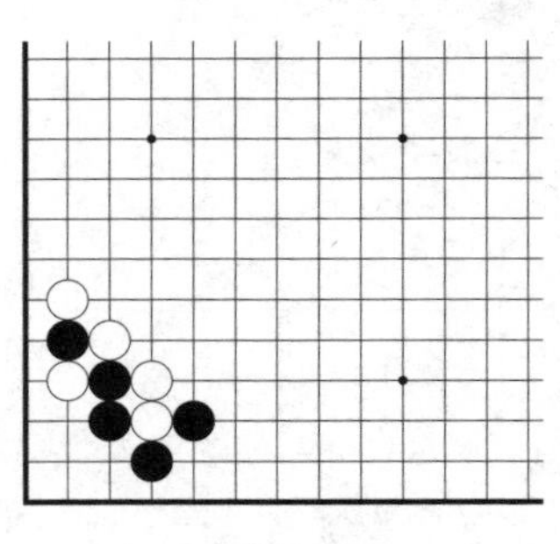

第1题

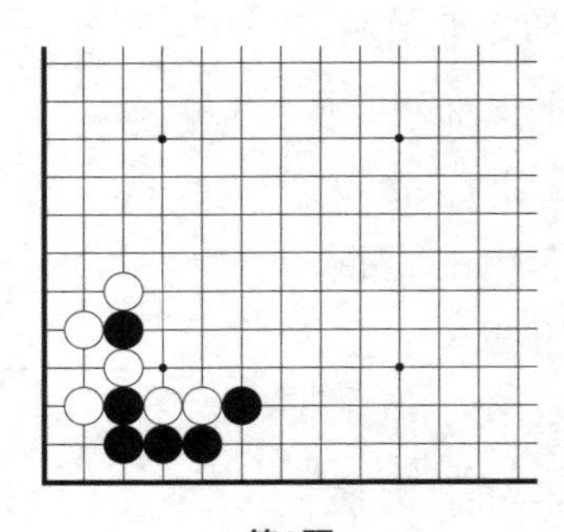

第2题

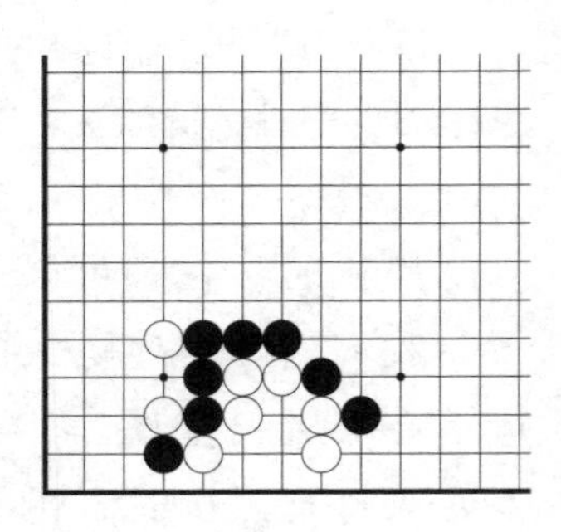

第3题

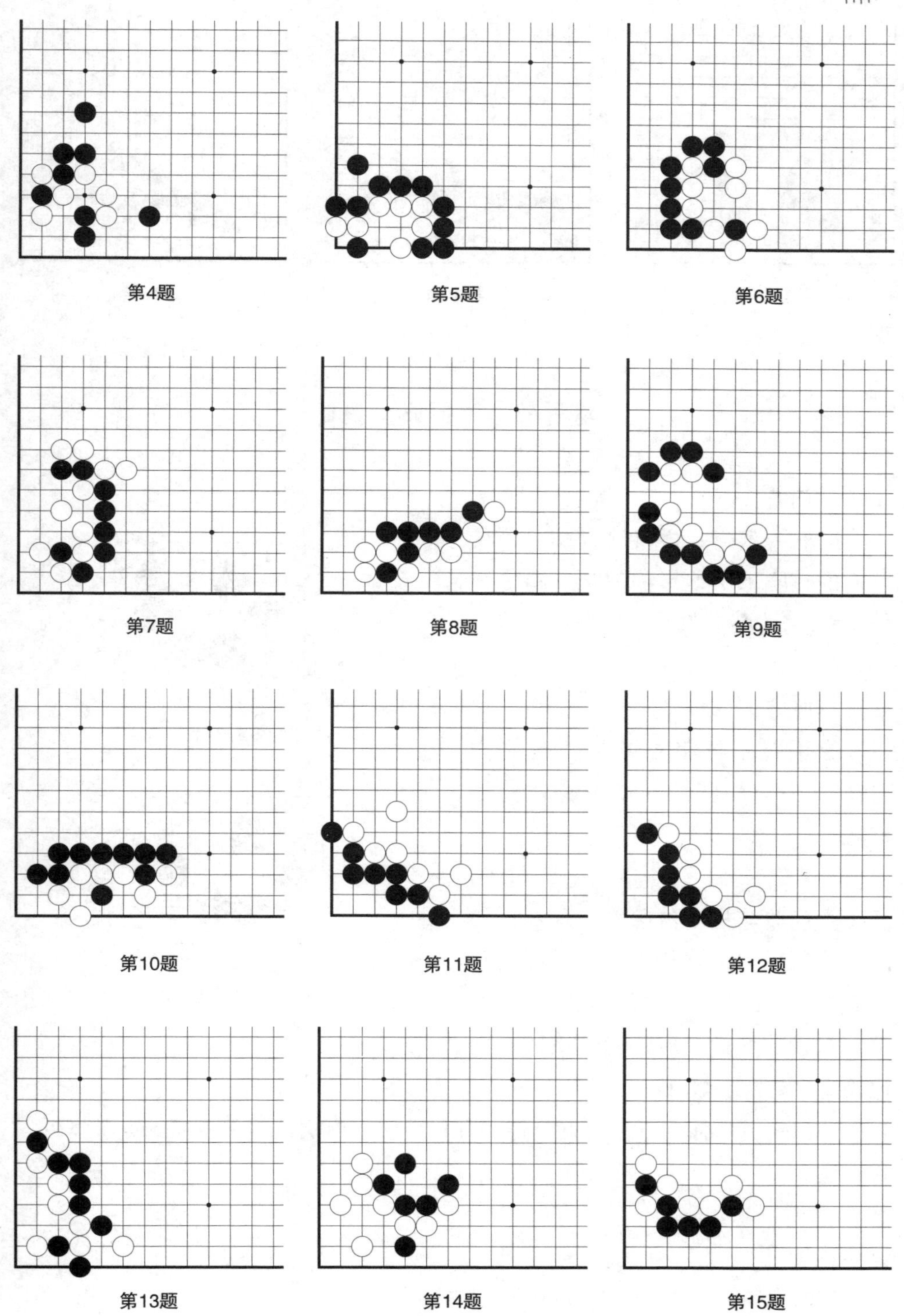

第4题 第5题 第6题

第7题 第8题 第9题

第10题 第11题 第12题

第13题 第14题 第15题

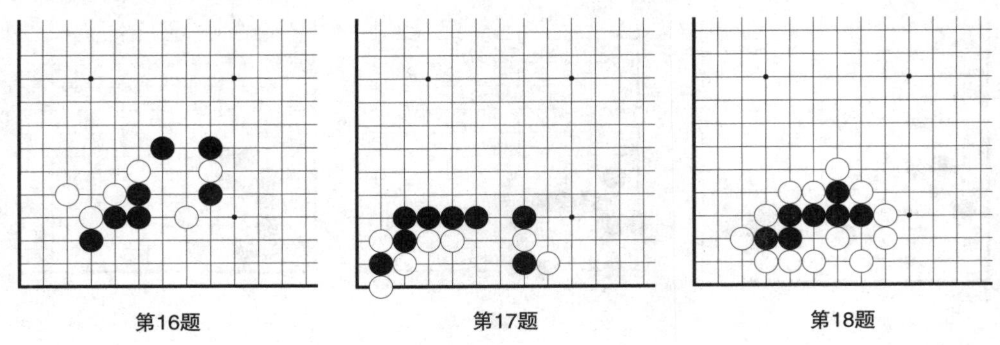

第16题　　第17题　　第18题

第三节　关门吃、抱吃

一、关门吃

形似一扇门一样将对方棋子关在里面的打吃下法，又称门吃、闷吃。如图2-3-1中⚫△处就是关门吃。

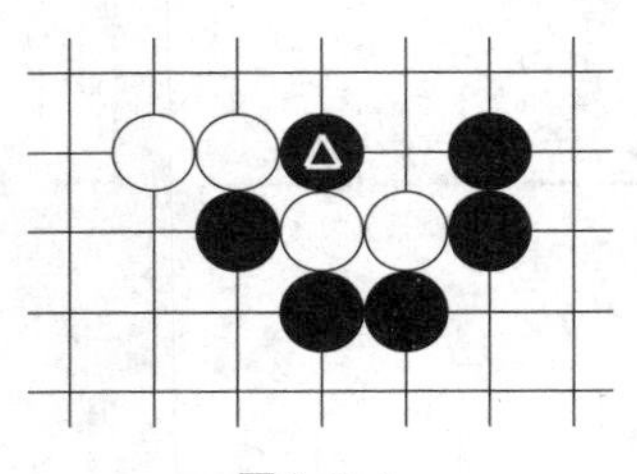

图2-3-1

二、抱吃

像手臂一样将对方棋子抱住的打吃下法，如图2-3-2中⚫△处就是抱吃。

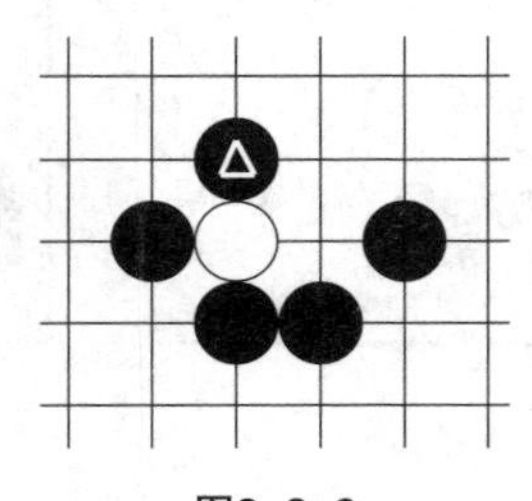

图2-3-2

三、关门吃与抱吃的区别

关门吃与抱吃从棋形和作用上看没有本质上的区别，都是紧贴住对方将其封锁在里面，所以初学围棋时去说关门吃与抱吃都可。

关门吃更加强调下在断点上将对方封锁住；抱吃是不用下在断点上将对方封锁住。

课后练习

如何利用关门吃吃掉对方棋子（黑先）？

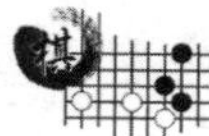

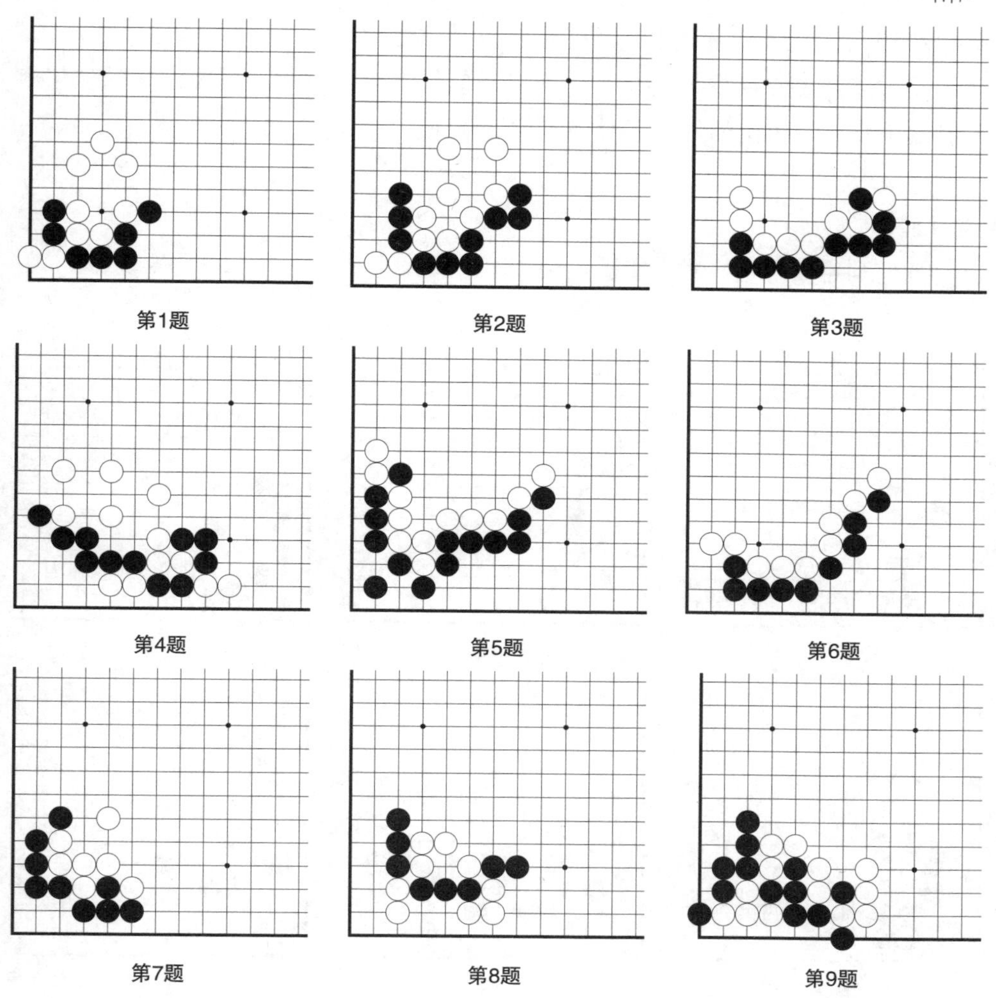

第四节　枷吃

一、枷吃

形似笼子一样将对方封在里面的吃子下法。如图2-4-1中黑1就是枷吃，白棋无论哪一侧逃跑都会被挡在里面。

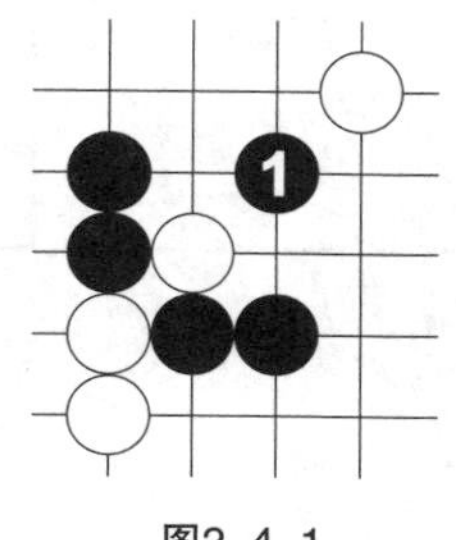

图2-4-1

二、枷吃与关门吃、抱吃的区别

绝大多数的枷吃都是不下在对方棋子的气上将其封锁在里面；关门吃与抱吃都是下在对方棋子的气上将对方棋子封锁在里面。

课后练习

如何利用枷吃吃掉对方棋子（黑先）？

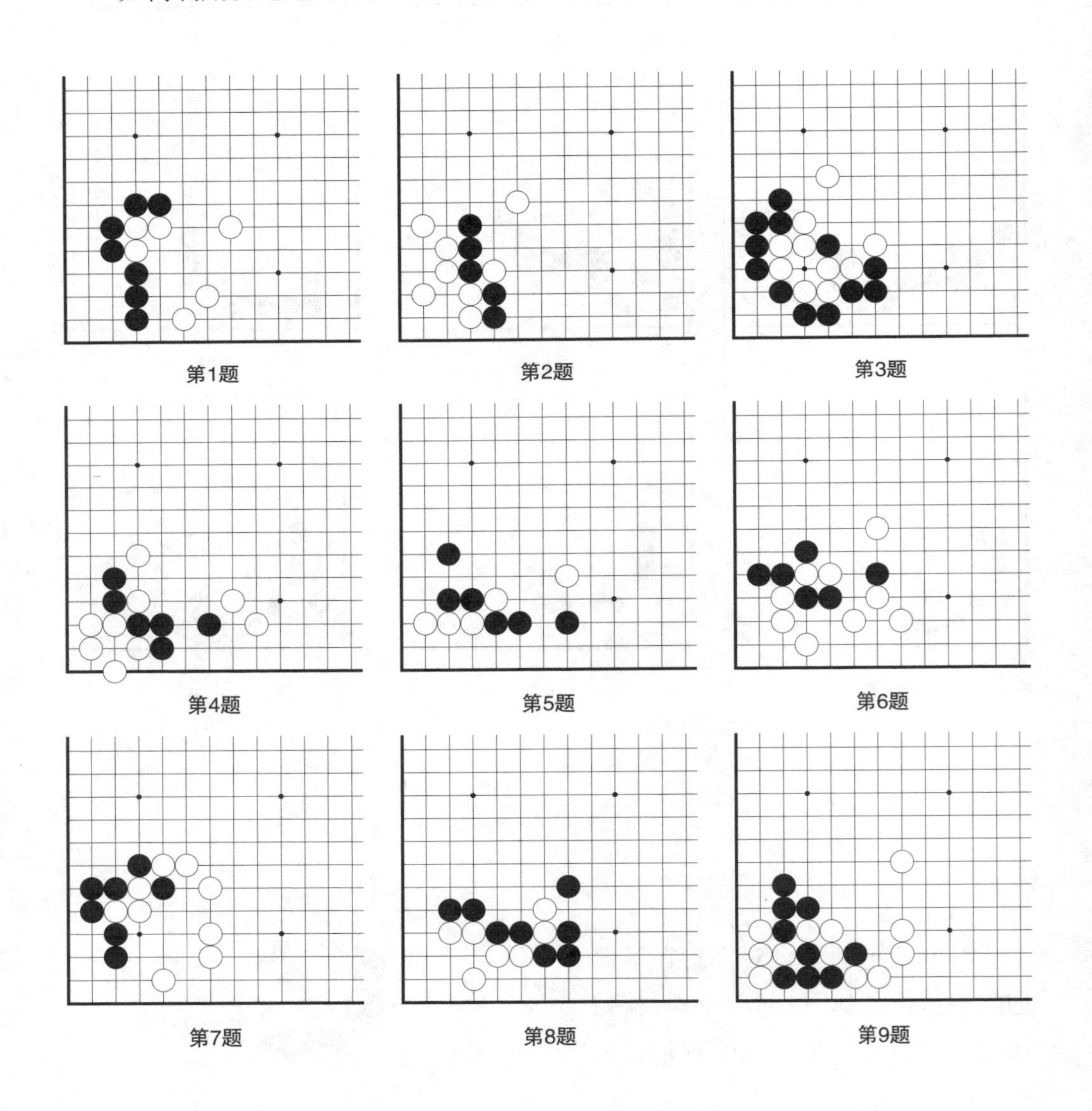

第1题 第2题 第3题

第4题 第5题 第6题

第7题 第8题 第9题

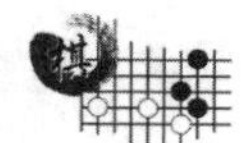

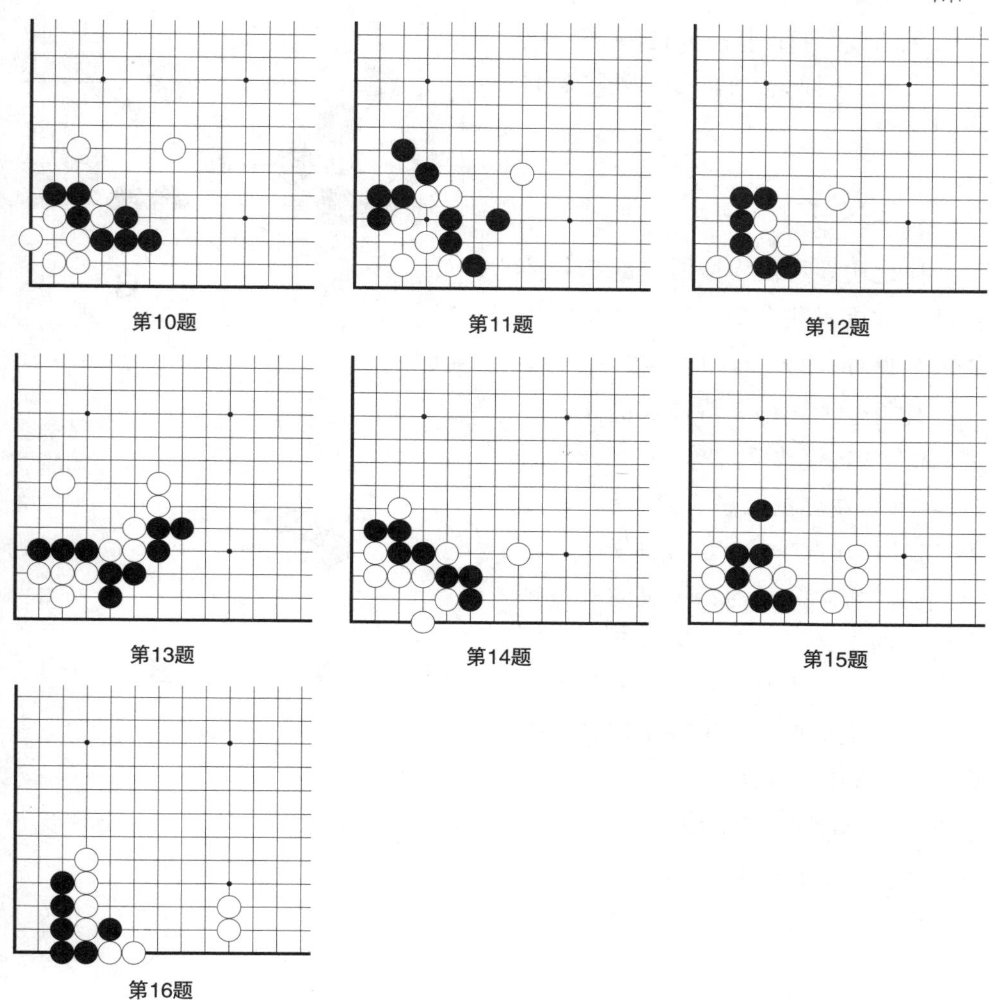

第10题　第11题　第12题

第13题　第14题　第15题

第16题

第五节　扑、倒扑

一、扑

向对方虎口中行棋的下法。如图2-5-1中黑▲一子。

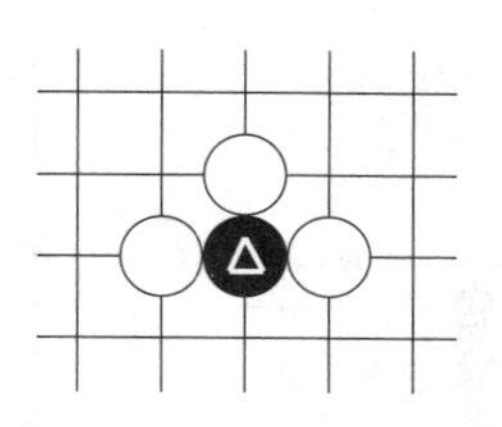

图2-5-1

二、倒扑

向对方虎口中扑一个，待对方提掉之后，下在刚才扑的地方将对方吃回来。

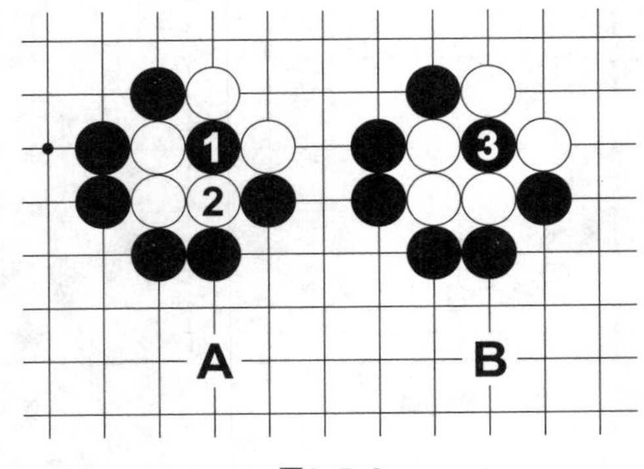

图2-5-2

如图2-5-2A中，黑1扑后白2提子，形成B中样子，再于黑3处将对方吃回来。

三、扑的作用

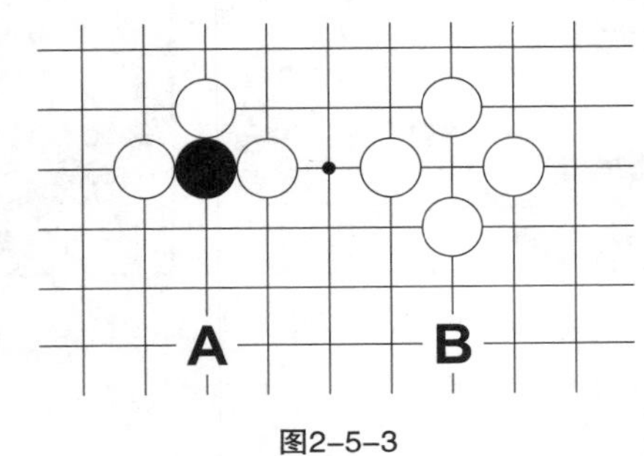

图2-5-3

扑是初学围棋中接触到的第一种主动放弃棋子获利的下法，其作用是用来减少对方的气。如图2-5-3A中黑一子扑得毫无作用，待白棋提掉之后成B的形状，气数反而增加；但像上图2-5-2A中左侧白两子有2口气，经过黑1白2后，白棋两子只剩1口气。

就像前面提过的，围棋的胜负是看谁占的交叉点多，即谁地盘大。但是初学围棋因为对于吃子抱有很大兴趣，使其主动送死棋子非常困难，所以，一要理解围棋的核心含义——比地盘；二要理解扑的作用不是单纯的无意义地送，而是主动地、积极地减少对方的气，进而更好地进攻对方。

课后练习

如何利用扑、倒扑吃掉对方棋子（黑先）？

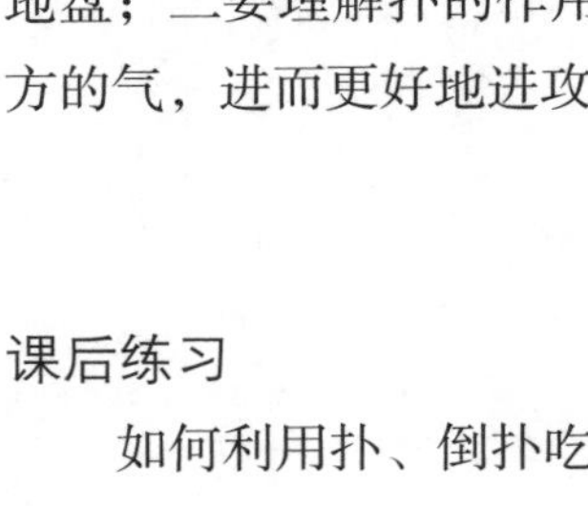

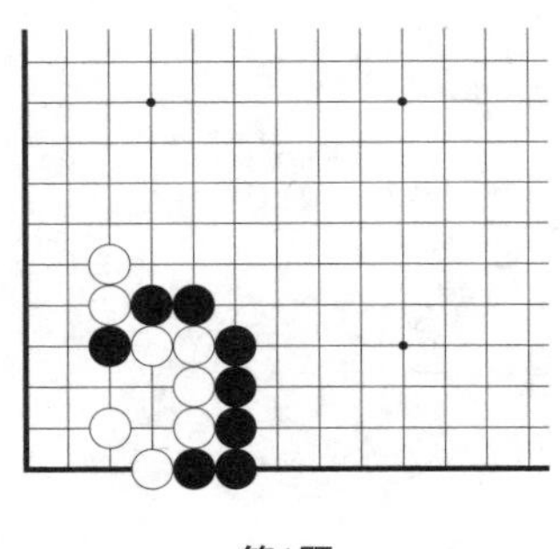

第1题

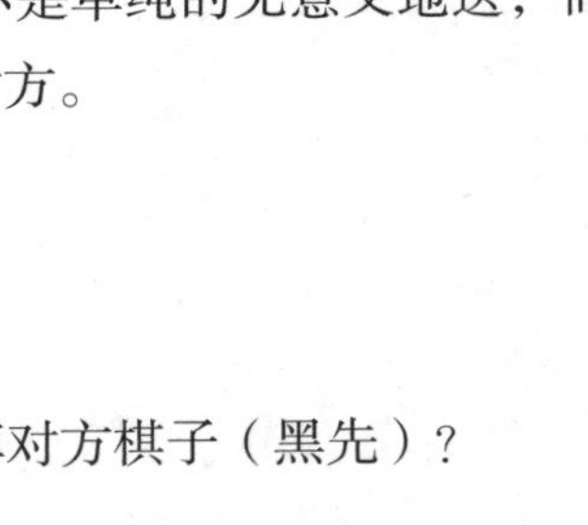

第2题

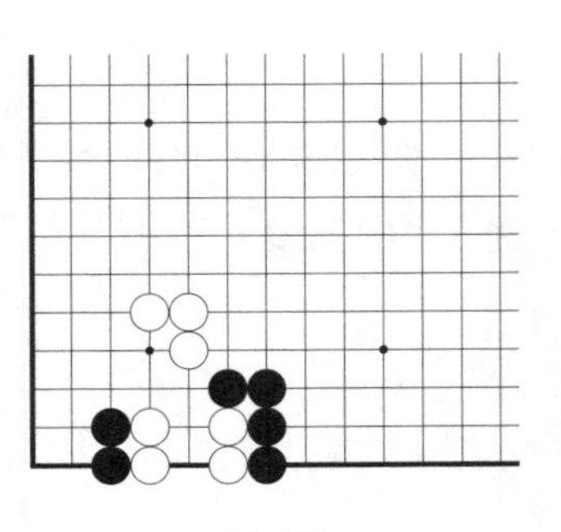

第3题

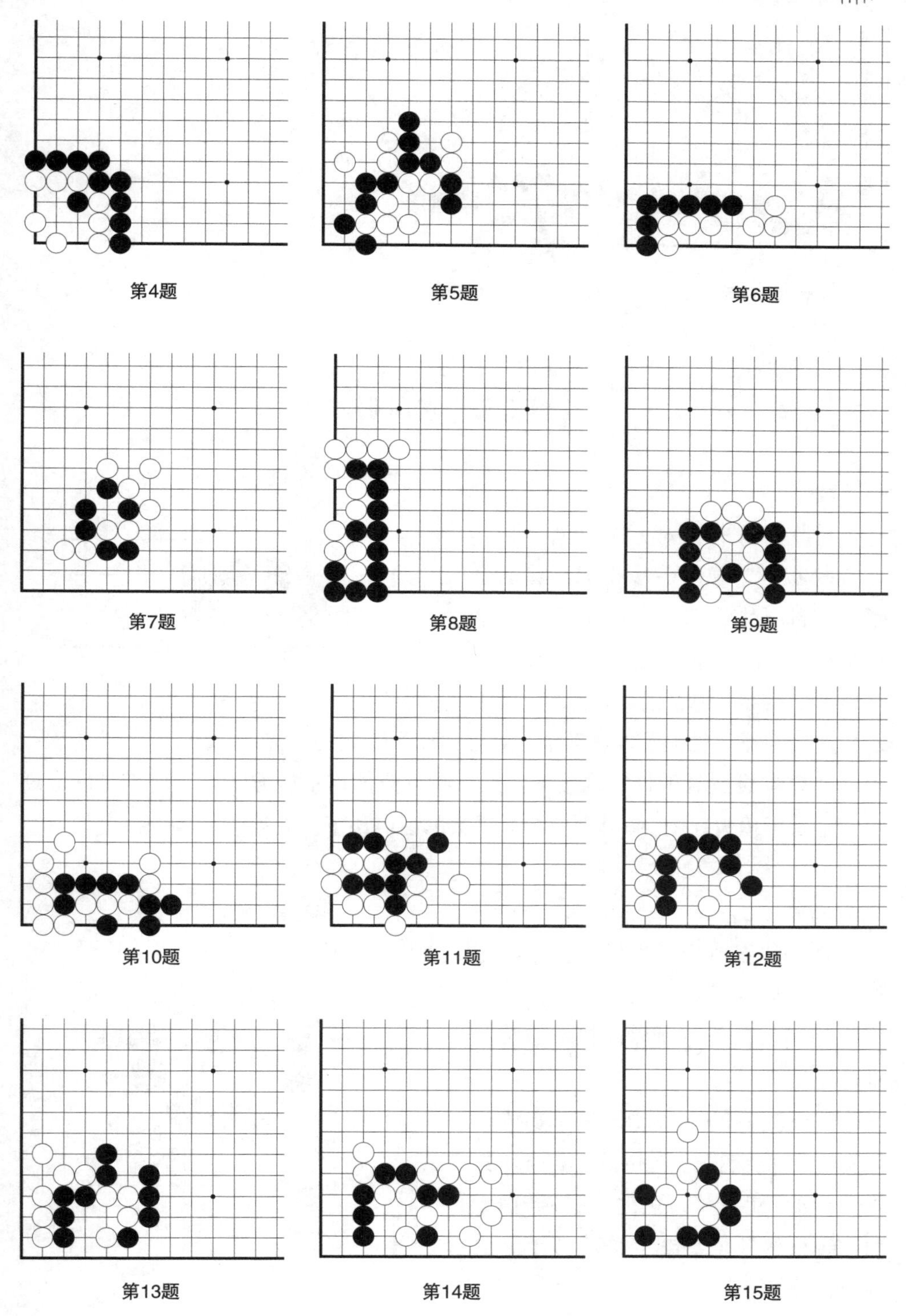

第4题　第5题　第6题

第7题　第8题　第9题

第10题　第11题　第12题

第13题　第14题　第15题

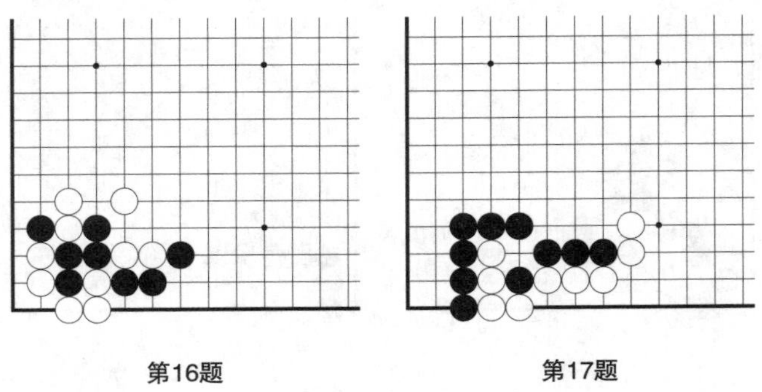

第16题　　第17题

第六节　接不归

一、接不归

打吃对方时，对方棋有两个相邻连续的断点，导致一步棋无法将两个断点全部补上，其中一部分棋一定会被吃掉的下法。

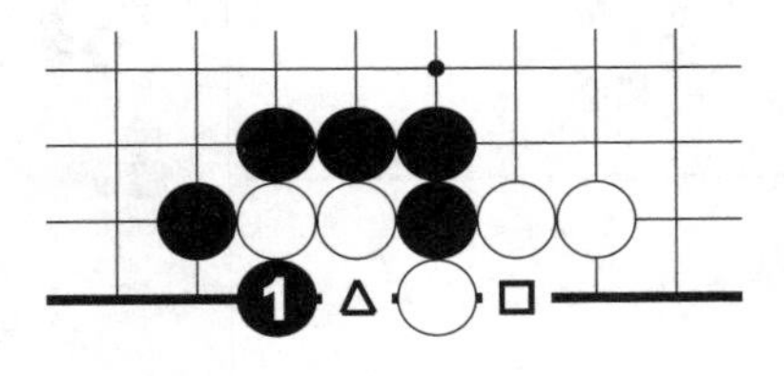

图2-6-1

如图2-6-1中，黑1打吃，白若下△处连接则黑□处提子，白若下□处连接则黑△处提子。

如果实战被对手打吃成接不归形，我方应该连接后方断点，而不是前方断点，来减少损失。图2-6-1中白棋如果救的话应该下□处连接来减少损失。

二、乌龟不出头

有一种很典型的棋形中就运用了接不归，因为其结束后形似一只无法出头逃跑的乌龟，所以此棋形被称为乌龟不出头。

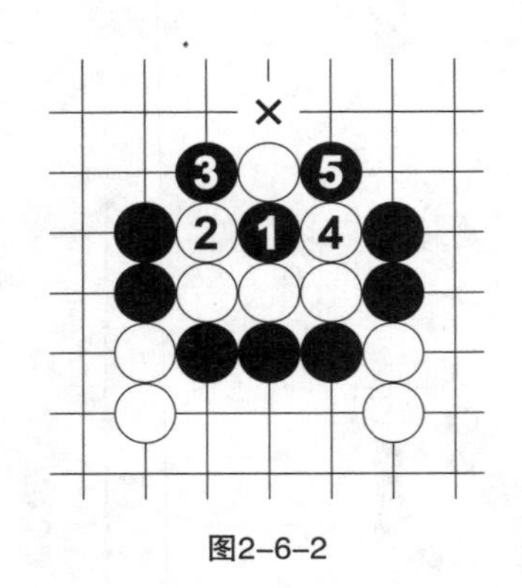

图2-6-2

如图2-6-2中，黑1断，白2打吃，黑3不于4位连接，直接于3位挡住打吃，白4只能提掉，黑5之后，若白于1位连则黑在×处提子，若白于×处长则黑在1位提子。

课后练习

如何利用接不归吃掉对方棋子（黑先）？

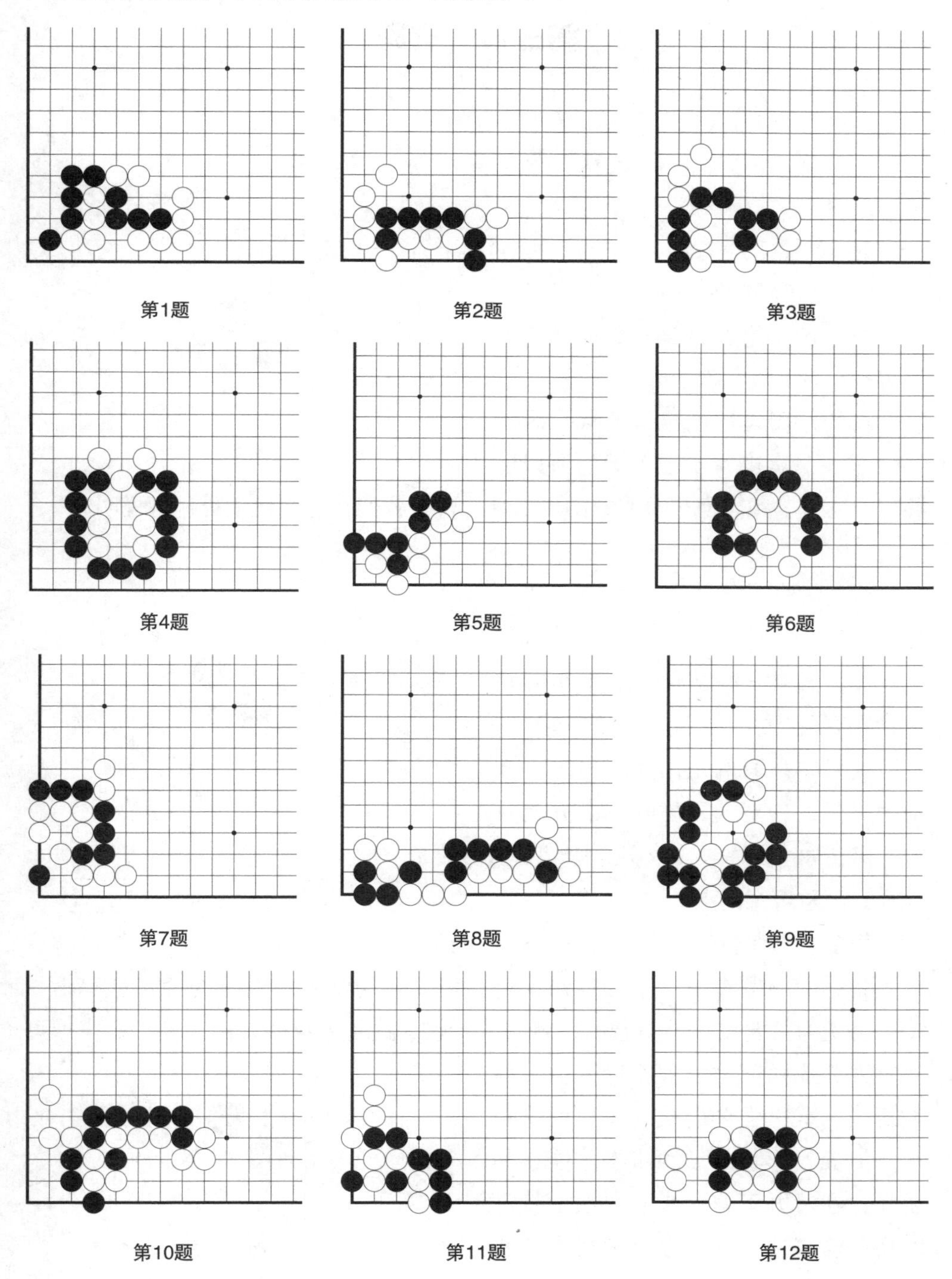

第1题　第2题　第3题

第4题　第5题　第6题

第7题　第8题　第9题

第10题　第11题　第12题

第三章　逃跑

第一节　长、尖、跳、飞、冲

一、长

沿着自身气的方向，紧贴棋子下一步棋，用来增加自身气数的下法。如图3-1-1中△。

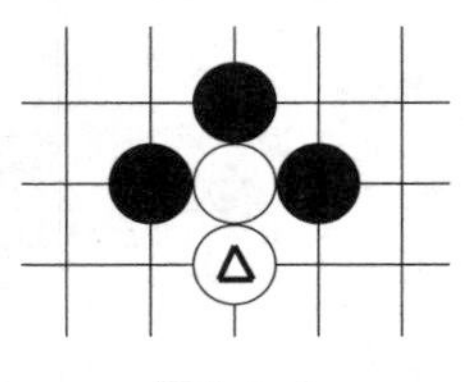
图3-1-1

长的作用是增加自身的气。因为气增多了，棋也就变强大了，所以能够帮助己方逃跑。但长也有它的局限性，这个我们在后面跳里再进行说明。

二、尖

1. 尖

在己方棋子的基础上向小方格斜对角下的下法。如图3-1-2中▲。

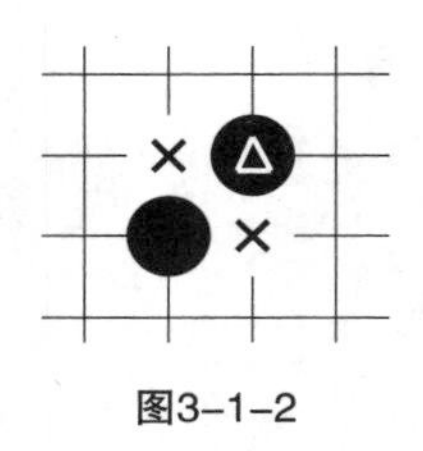
图3-1-2

这里要强调的是，在下尖时小方格中另外的斜对角不能存在己方或对方的棋，如上图中两个×处，也就是这里要是空的。

2. 尖是否有断点

很多初学者会认为尖有断点，其实不然。

断点的问题在第一章已经讨论过，但很多初学者对断点的含义理解不扎实，会认为只要棋形是斜着的，就会有断点，这是错误的想法。下一步棋即可将对方分成两部分，那么这种位置称为断点。这里强调的是一步棋就能断开，但尖的形状必须两步棋才能将其断开，在对方下第一步时，己方就可以马上连接了，不存在会被对方切断

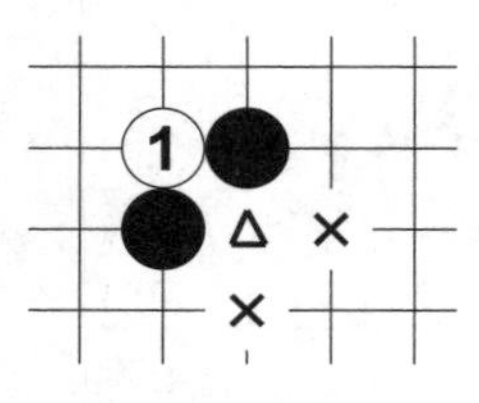
图3-1-3

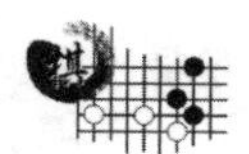

的可能，所以尖没有断点。

如图3–1–3中，当白1开始动手欲下一步在△处断开黑棋时，轮到黑棋下，直接下在△处连接或者下在×处做假断点都可，白无法实现想法。

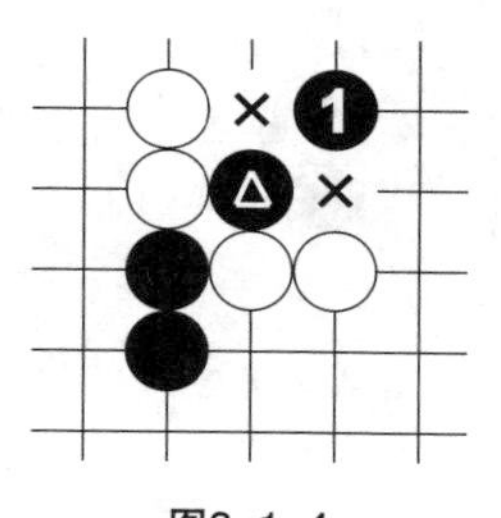

图3–1–4

3. 逃跑中尖的作用

从尖的棋形上看，很明显是斜着走的。学习尖这种逃跑方式是为了在逃跑时，如果斜线的方向比较空，向此方向行棋利于己方逃跑后存活。

如图3–1–4中，黑◭一子危险，此时黑向×处长虽然也可以逃跑，但很明显贴在白棋身上，易变弱；但黑1尖的斜线方向十分空旷，所以此时尖很妥当。

三、跳

1. 跳

沿着气的方向隔一个交叉点落子的下法。如图3–1–5中◭。

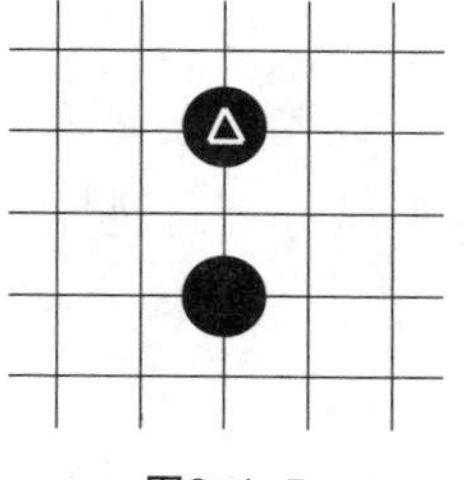

图3–1–5

2. 跳的用法

跳在围棋里的用法多种多样，攻击、围地、连接、逃跑等方面都可以用到。这里只强调初学时用其逃跑的方面，举两种初学时常见的跳的形状来进行讨论。

如图3–1–6中在己方一颗子的基础上，如果想往某一方向跳，那么在跳旁边的6个交叉点（如图中×处）上无对方的棋子，这种跳是可以的。如果不注意这6个交叉点的话，就会像图3–1–7与3–1–8中那样对方简单几步后，己方就会出现多个断点（如图中△处）。

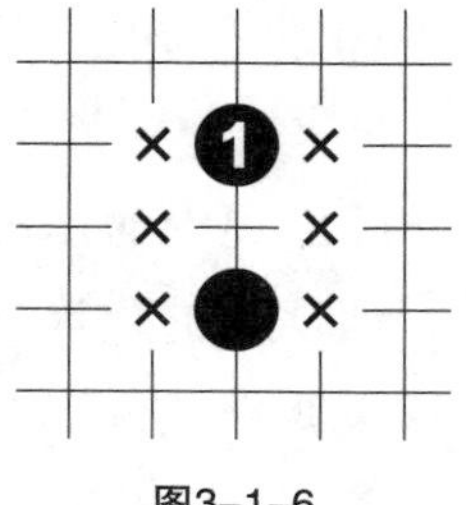

图3–1–6

同理，如图3–1–9中在己方两颗子的基础上，如果想往某一方向跳，那么在跳旁边的两个交叉点（如图中×处）上无对方的棋子，这种跳是可以的。

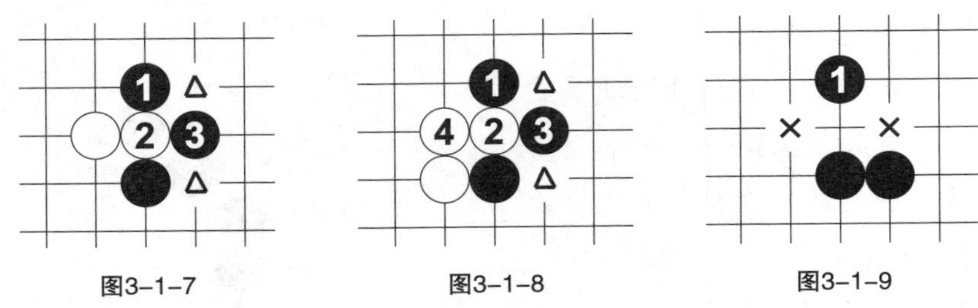

图3-1-7　图3-1-8　图3-1-9

通过两个例子可以看出，跳这种棋形因为存在断点，所以在使用之前一定要观察周围情况，以防被对方切断。

3. 长与跳的比较

长与跳之间在使用时是有不同的。如图3-1-10中，比较A的长与B的跳后，我们可以发现跳的逃跑速度明显快于长；但因为跳中间有间隔易被断，所以长的强度要优于跳。那么，实战时使用长还是跳，要根据实际情况来决定，通常是在能跳的情况选择跳，这样棋形舒展且逃跑速度快。

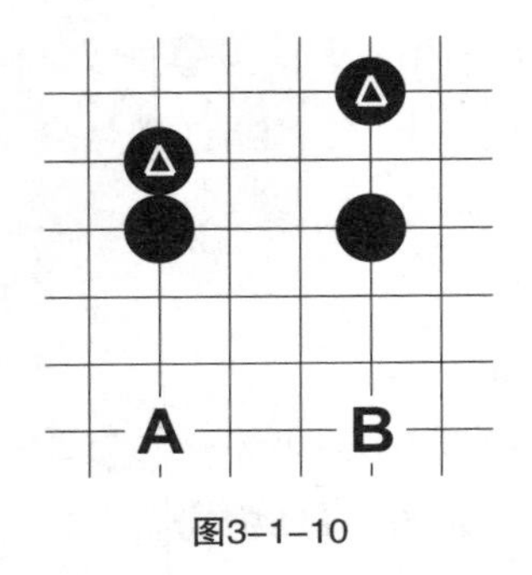

图3-1-10

四、飞

在棋盘上与已有棋子形成一个“日”字形或“目”字形斜对角的下法。如图3-1-11A中◬一子成“日”字形为小飞；B中◬一子成“目”字形为大飞。

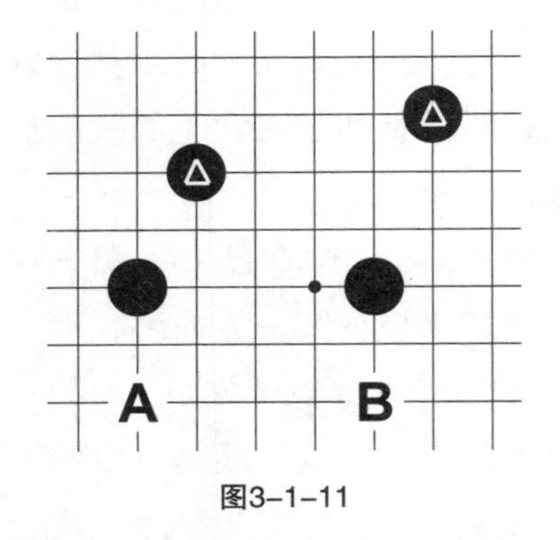

图3-1-11

飞在实际应用中的作用很多，进攻、封锁、围地、逃跑等方面都可以用到它。这里我们只说明在逃跑中也是可以使用飞的，但因为飞的棋形相较跳来讲更弱，所以初学时首先要认识飞的棋形，其次知道飞在特定情况也是可以帮助我方棋逃跑的就可以，待今后实力提高后对飞这一类棋形会有专门讨论。

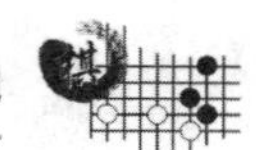

五、冲

从一个狭小缝隙处向外逃跑的下法。如图3–1–12中△。

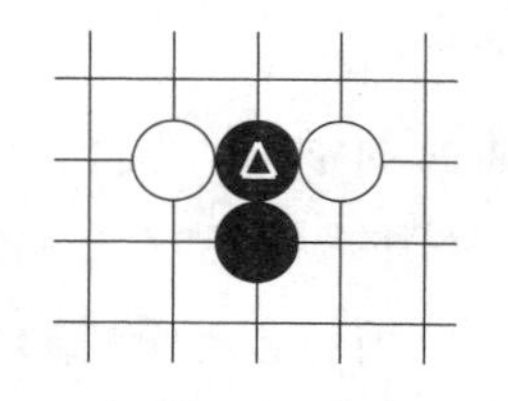

图3–1–12

如图3–1–13中，黑1冲，白2若挡住，则黑3关门吃，黑棋成功跑掉。所以，白只能如图3–1–14中那样，在黑1冲后于白2保护自身，之后黑3在▲处尖或者在■处长都可以，白棋已经无法有效吃掉黑棋了。

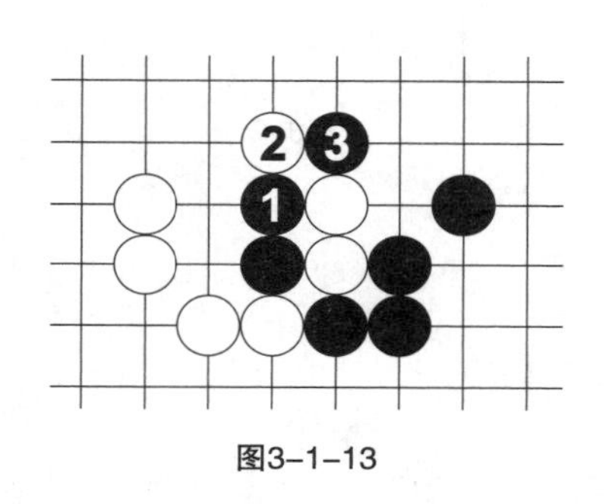

图3–1–13

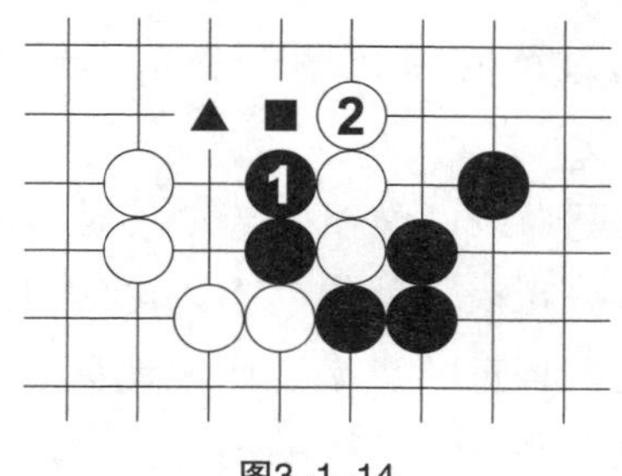

图3–1–14

所以冲虽是从包围的空隙往外逃跑，但一味不找对方棋形弱点胡冲胡跑也是不行的，要善于观察对方棋形弱点，这点在各种逃跑的形状中都是很必要的。

第二节　打连、吃子方法

一、打连

即打吃与连接。打吃与连接是什么、怎么下在前边已经讨论过，当这两种方法结合在一起时，可以帮助己方的棋脱离危险。

如图3–2–1中，4颗黑子已经被白棋包围中，当黑1打吃，迫使白2长后，黑3连接，跑出白棋包围圈。

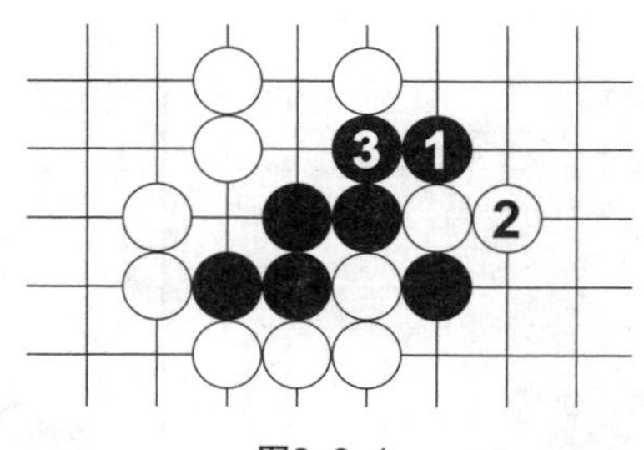

图3–2–1

打连是我们接触到的第一种两个下法互相配合达到目的的方法。通过其可以了解到围棋多种下法之间是可以互相配合并且要比单一方法更能达到目的。

二、吃子方法

通过前面的学习，我们已经掌握吃子方法有征吃、双打吃、关门吃、抱吃、枷吃、倒扑、接不归，可以利用这些吃子方法来帮助己方逃跑。

如图3–2–2中，两个◬黑子陷入白棋包围之中，在任一×处行棋已经无用，这时黑棋想逃跑就只剩下将某些包围的白棋吃掉这一种办法了。

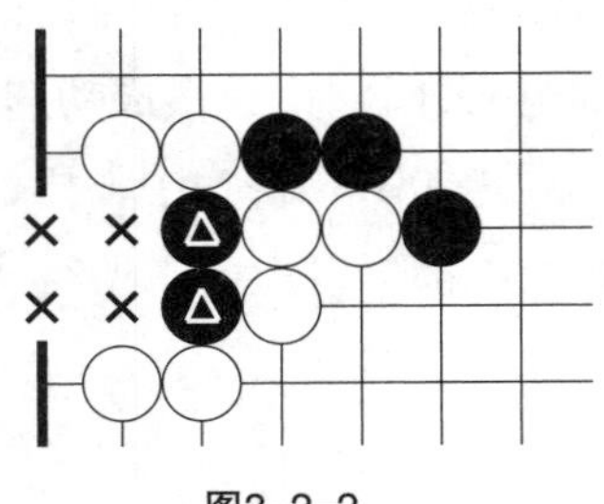

图3–2–2

如图3–2–3中，黑棋找到白棋弱点，通过征吃将包围的一些白子吃掉，成功逃跑。

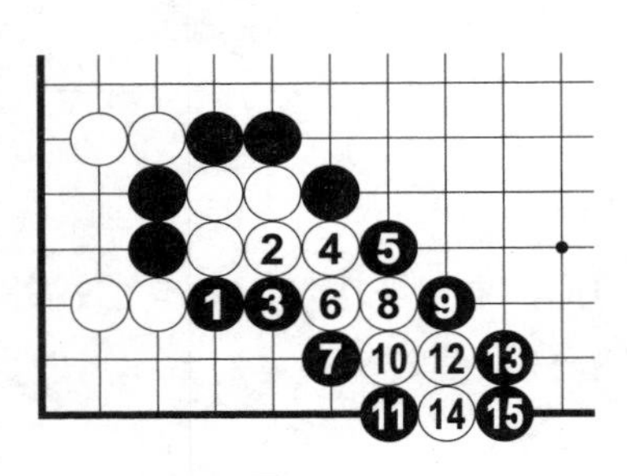

图3–2–3

这里强调，学习吃子并不是鼓励初学者去吃棋，就像前面讨论学习过的，围棋真正的意义是比较地盘的多少，吃子并不是胜负的绝对关键。学习吃子是为了在关键时刻、关键的局部，能更好地帮助己方利用吃子方法迫使对方放弃地盘，抑或通过吃掉对方或逼迫对方放弃进攻来达到防守的目的，这才是吃子的核心意义。

课后练习

如何帮助本方棋子逃跑（黑先）？

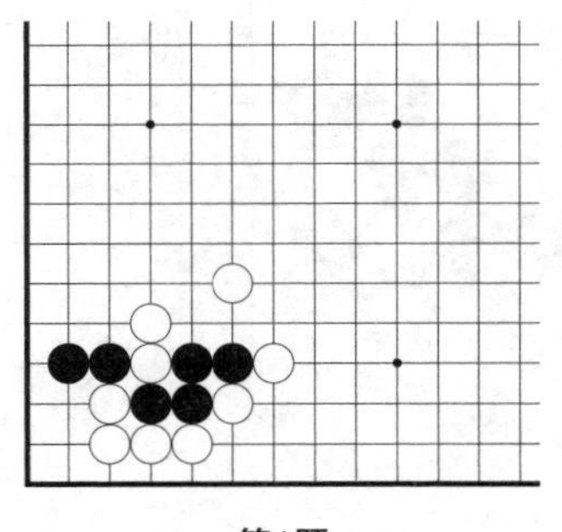

第1题

第2题

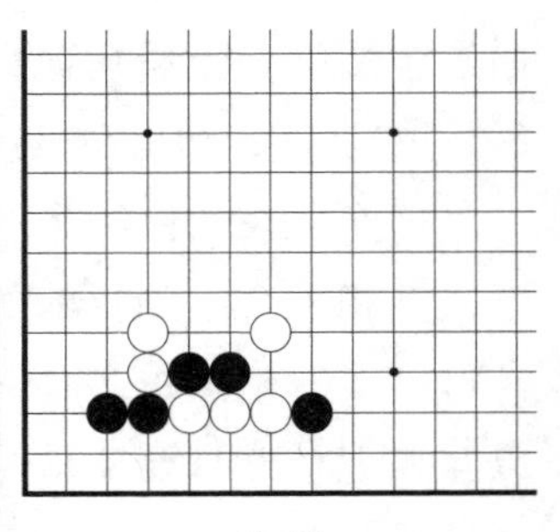

第3题

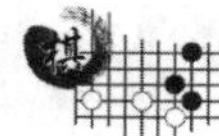

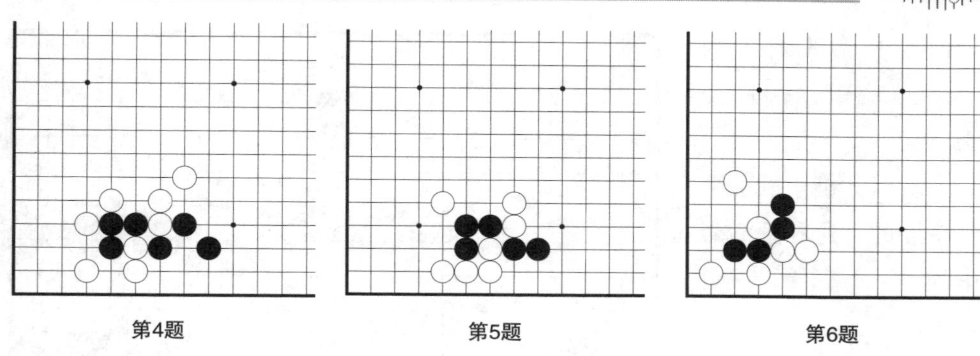

第4题　　第5题　　第6题

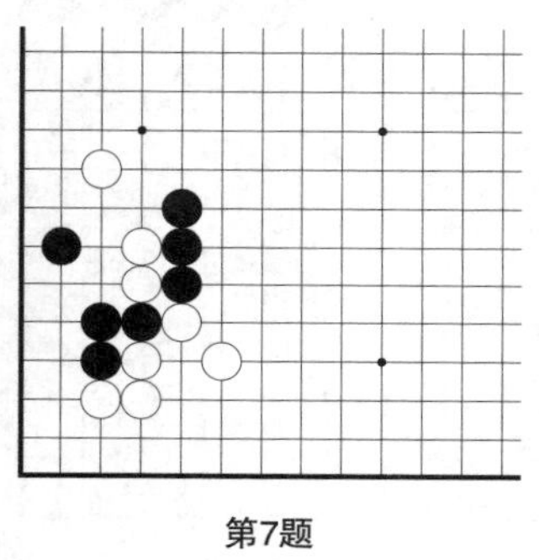

第7题

第四章　边线吃子

第一节　棋盘上下之分

一、棋盘上线数的表达

棋盘上最外围的一圈被称为一线，再往里边稍小的一圈被称为二线，再往里一圈被称为三线，依此类推……所以，棋盘上的线数就是一圈套一圈的方形圈组成的，由外到内依次为一线、二线、三线……

二、上下之分

我们先在每边的三线上放一颗棋子，如图4–1–1中▲，然后再在每个▲子旁边的四线放一颗棋子，如图中■。

因为▲子在三线，■子在四线，从三线到四线是往上走（就如现实中从三楼到四楼一样，当然是向上走），每边上的方向都指向棋盘的中央，也即越往棋盘中央走为上，越往棋盘四周走为下。

所以，棋盘的上下是绕圈的，这和生活当中的上下不一样，一定要牢记。

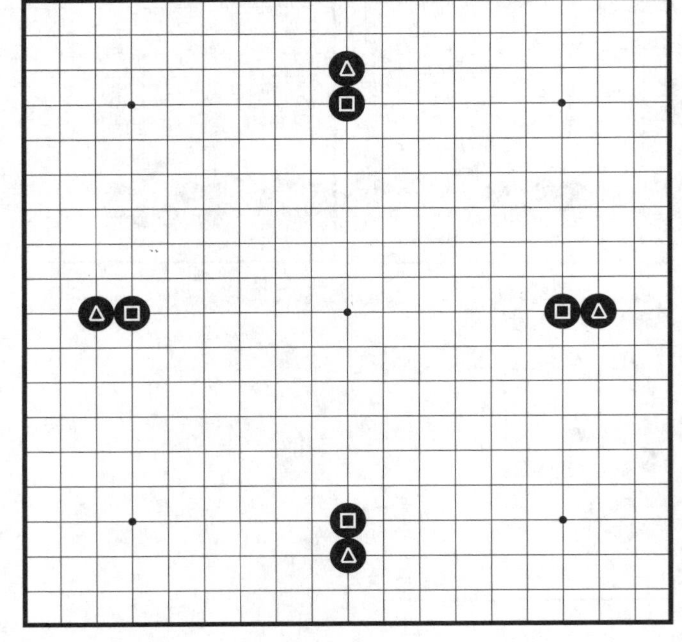

图4-1-1

第二节　扳、边线吃子

一、扳

与对方棋子并排靠在一起，挨着自己棋子在对方棋子的两侧行棋的下法。如图4-2-1中，黑与白靠在一起，黑下在△处都为扳。

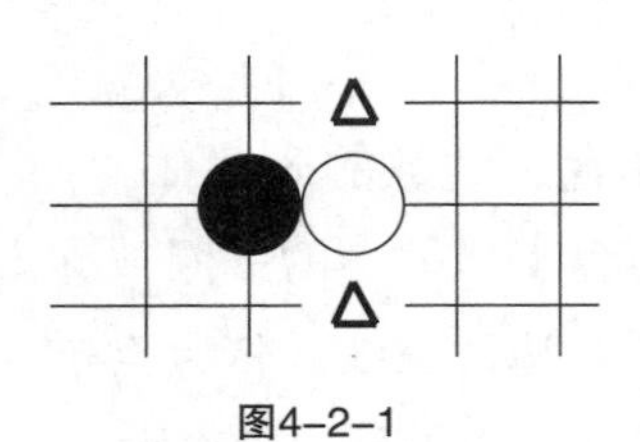

图4-2-1

二、边线吃子

1. 一线

如图4-2-2中，白棋一子在一线的角里，黑棋想把其吃掉只要下△处的打吃或□处的枷吃即可。

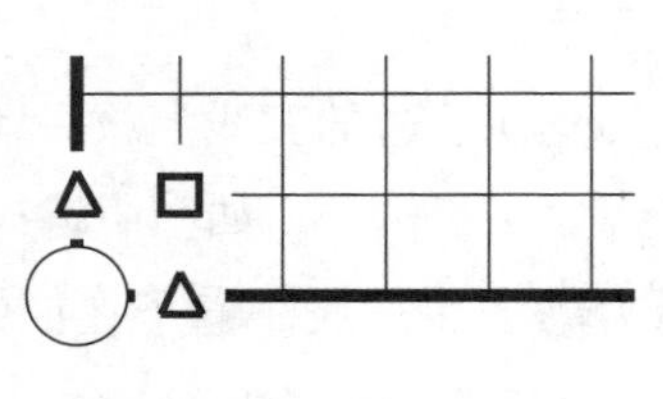

图4-2-2

如图4-2-3中，白棋一子在一线的

边上，黑棋想把其吃掉只要下△处的枷吃即可。

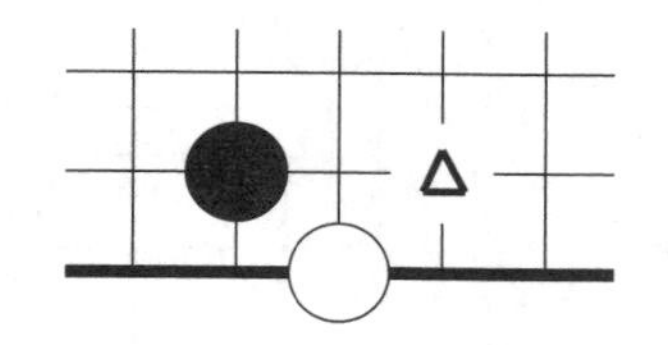

图4–2–3

对于吃一线子，若棋子在角落里，基本上不用其他本方棋子的帮助即可轻松将其吃掉；若棋子在边上，则需要己方棋子的帮助，但帮助的棋子并不用十分的强大。

2. 二线

如图4–2–4中，黑棋下在△处打吃即可。要想吃掉二线白棋，需要有己方比一线更强的棋子帮助才行。

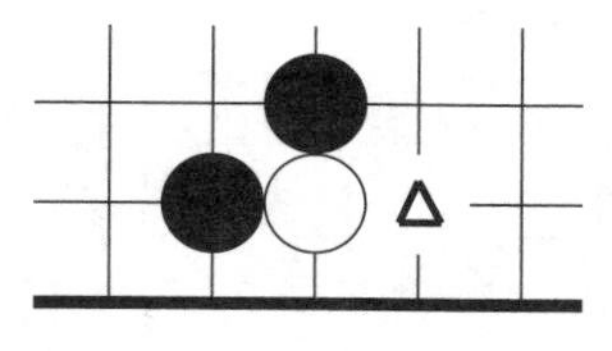

图4–2–4

3. 三线

如图4–2–5中，在三线白棋的一侧黑棋十分强大，黑棋按图中行棋顺序成功将白棋吃掉。

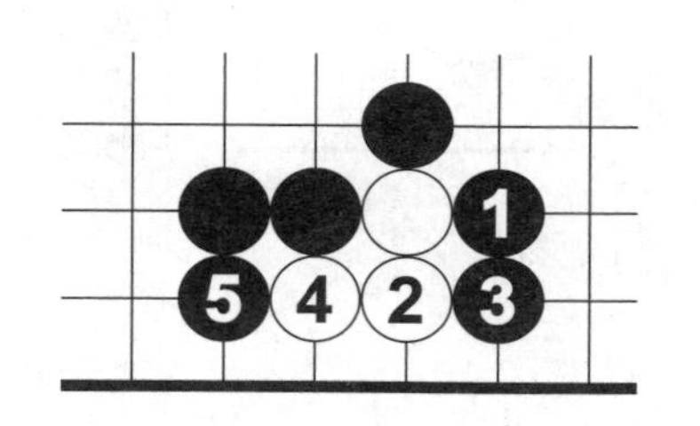

图4–2–5

如图4–2–6中，如果在一侧棋不是很强大，就会出现像图中一样的情况，白棋成功逃出。

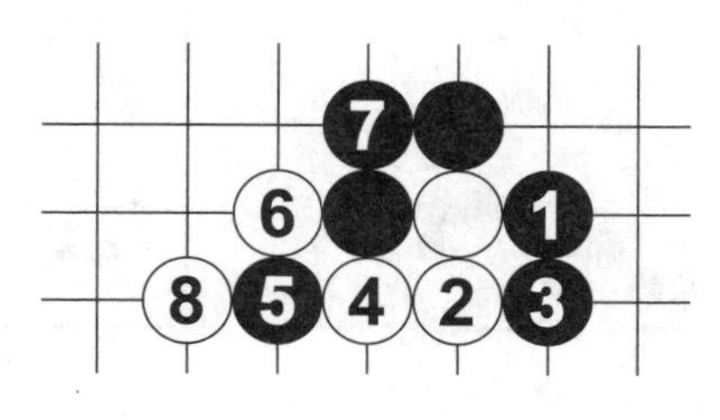

图4–2–6

虽然实战进行中不会出现如此简单的棋形，但基本道理就是攻击一线棋子在无帮助或者很少帮助的情况下就可以成功，攻击二线棋子就必须要在有帮助的情况下才能成功，攻击三线棋子则需要在其一端十分牢固与强大才可。

课后练习

如何吃掉对方边线棋子（黑先）？

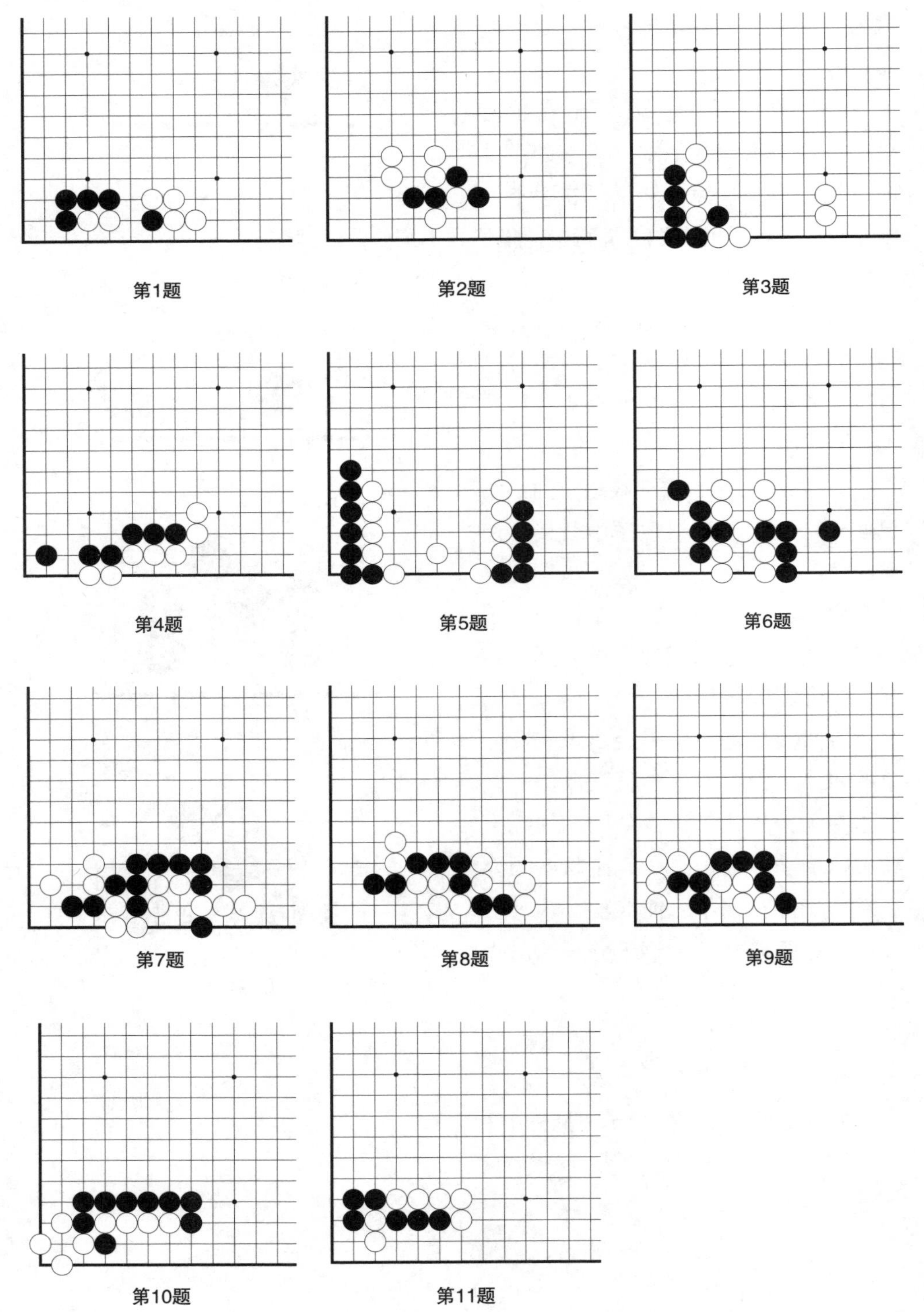
第1题
第2题
第3题
第4题
第5题
第6题
第7题
第8题
第9题
第10题
第11题

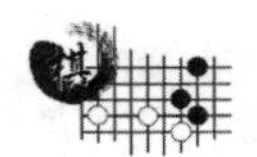

第五章　死活

第一节　眼

一、眼

若干棋子围成的一个交叉点。如图5–1–1△处就是眼。

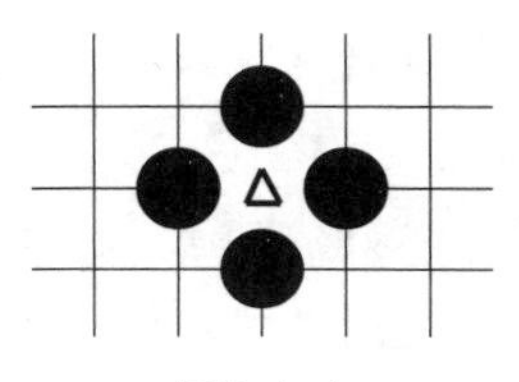

图5–1–1

二、眼的分类

简单从位置关系上可以分为角、边、中央三种眼，如图5–1–2△。从性质上可以分为两种：真眼和假眼。如何判断真眼、假眼及它们相关的知识对我们能否掌握死活的做法至关重要。

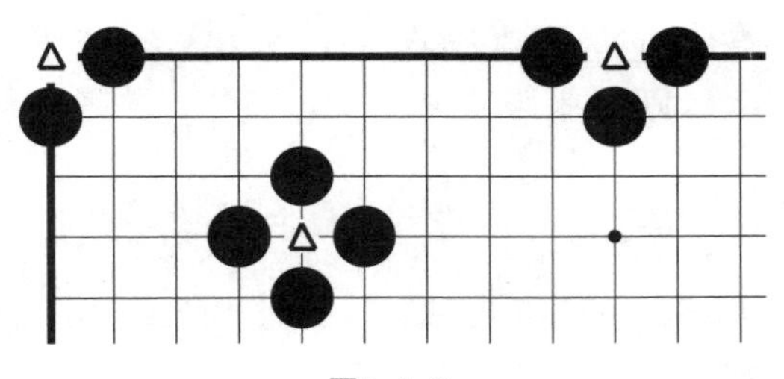

图5–1–2

三、弯三角

三颗棋子打弯依次紧靠排列形成的棋形。如图5–1–3。

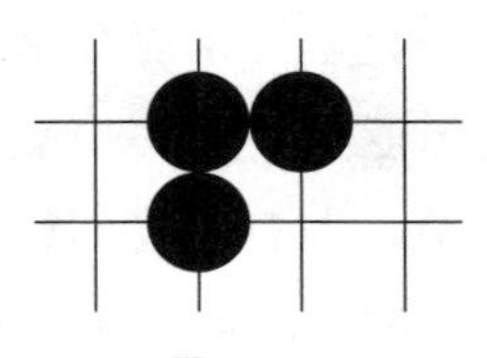

图5–1–3

四、如何判断真眼、假眼

就如前边所说，眼在死活中至关重要，如何判断真眼和假眼就是必须掌握的知识。判断的方法有两种：一种就是弯三角法；一种是连线法。这里我们主要用弯三角法，因为其实际运用更为便利。

比如图5–1–4中角上的眼，如果×处有黑棋，会形成一个完整的弯三角，这样对方除非完全紧紧地包围，否则不能通过简单的紧气、打吃一子来破坏黑方的眼，这时这个眼是真眼；如果×处被白棋占住，眼形不完整，为假眼。

同理，边上眼的两个×处有自身的棋子，弯三角完整，为真眼；中央眼的四个×处有3个或者4个被自身棋子占住就是真眼。

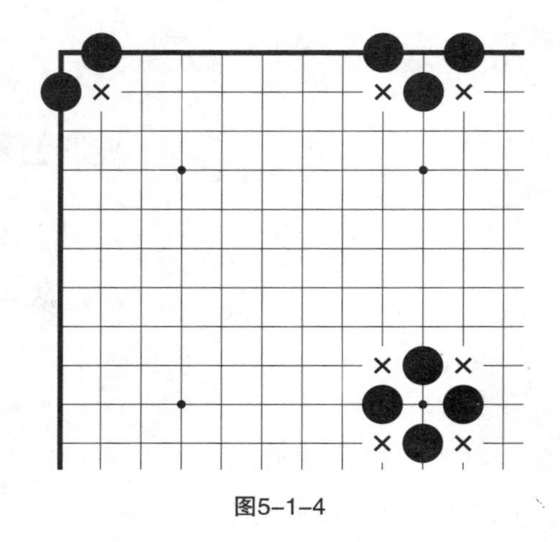
图5-1-4

这里讨论一种特殊情况。如图5-1-5，×处可能并没有本方黑子，但因为×处形成虎口，白棋没法占住，所以×处属于黑棋一方，对于黑棋来讲弯三角依然成立，角上是真眼。

所以是不是真眼最主要观察形成弯三角的拐弯处位置是否属于己方控制。

用连线法判断真眼、假眼就是将围成眼的棋子连成一条线，如果首尾是完整连续的一条线，则这个眼是真眼；如果首尾连线有断开、不连续，则是假眼。

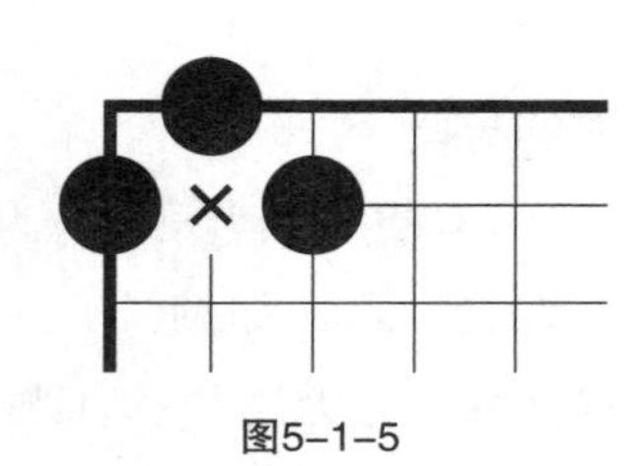
图5-1-5

五、眼的作用

当一块棋被对方包围时，光看气是不够的，这时就靠眼来帮助我方棋子顺利成活。

棋子在棋盘上如果能存活下来，那么所占的交叉点就归自己所有；如果这些棋子被对方吃掉，所占位置也会被对方夺走。前面学习过，有气的棋子可以存活在棋盘上，但有气也不代表能一直存活下来，我们还要学习另一个重要的活棋条件，即两眼活棋。这也就是我们学习眼的重要目的。

具有两个或两个以上真眼的棋，对方无法再继续紧气，也就是无法再吃掉我方被包围棋子，这样的形状就是活棋，如图5-1-6。

对方不能再继续紧气的原因是我方两个真眼处（图中△、□处）现在都为禁入点，且不可能被破坏解禁，对方不能进入紧气，所以杀不掉。

反之，如果做不出至少两个真眼的话，我方棋子早晚会被对方提掉，

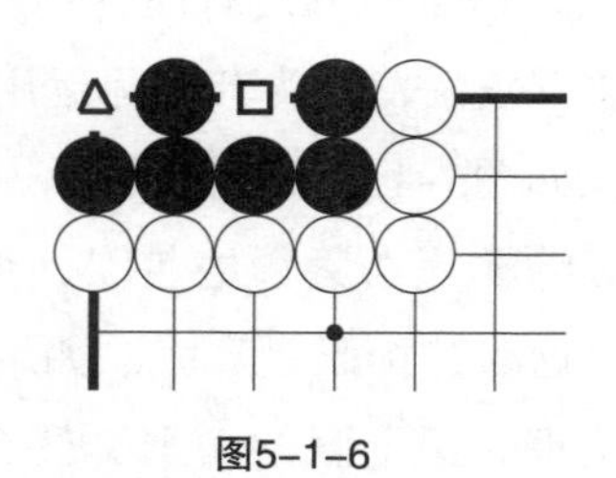
图5-1-6

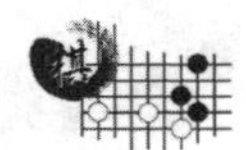

就是死棋，如图5–1–7和图5–1–8。

图5–1–7中黑棋只有1个真眼，△处假眼虽是劫，但劫不论谁消掉，此处必然是“实心”的，所以黑棋只有1个真眼，不能存活，早晚会被提掉；图5–1–8中黑棋干脆只有一个眼，不能存活。

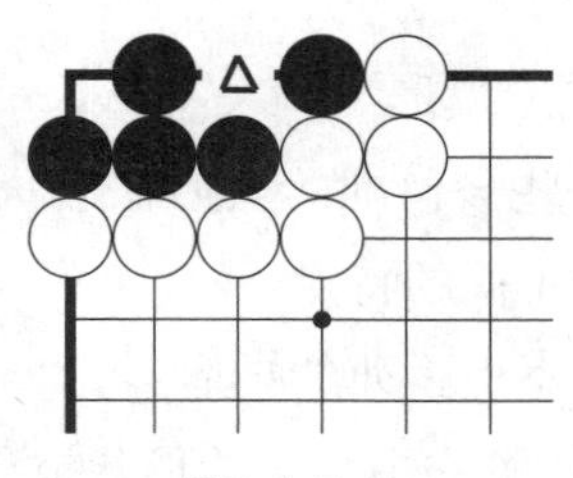

图5–1–7

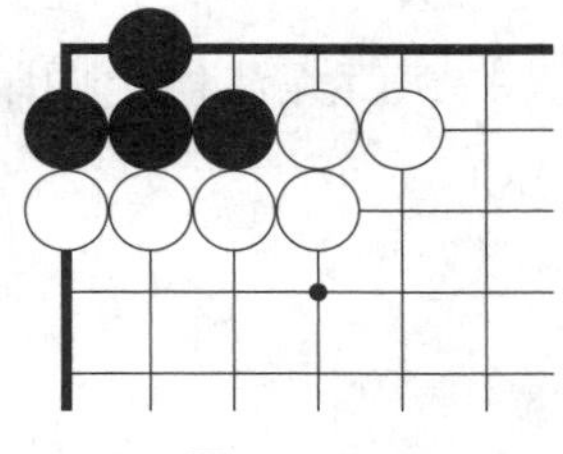

图5–1–8

一块棋被包围时，眼是应该考虑的第一要素，所以围棋里有句话：两眼活棋。两眼活棋的真正描述应该是两个真眼活棋，假眼对帮助活棋起不到一点儿作用。

六、大眼

我们有时将若干棋子围成的多于两个交叉点的棋形称为“大眼”。如图5–1–9。大眼我们一般视作真眼。

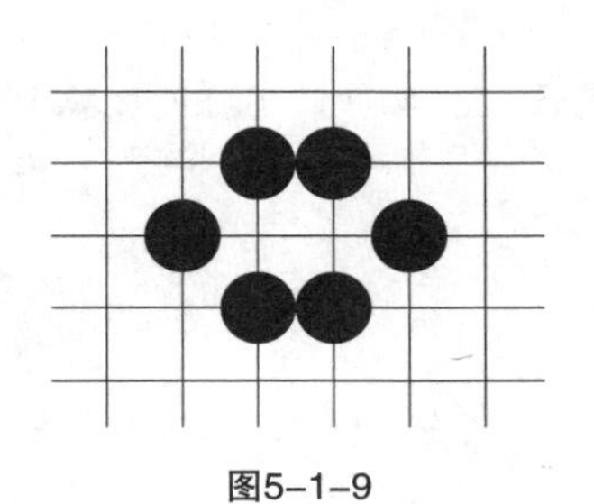

图5–1–9

第二节　基础棋形

一、点

使对方棋形上出现破绽、凝重、恶味，处理起来十分“难受”甚至无法继续处理的下法。

如图5–2–1和图5–2–2中黑▲一子就为点。

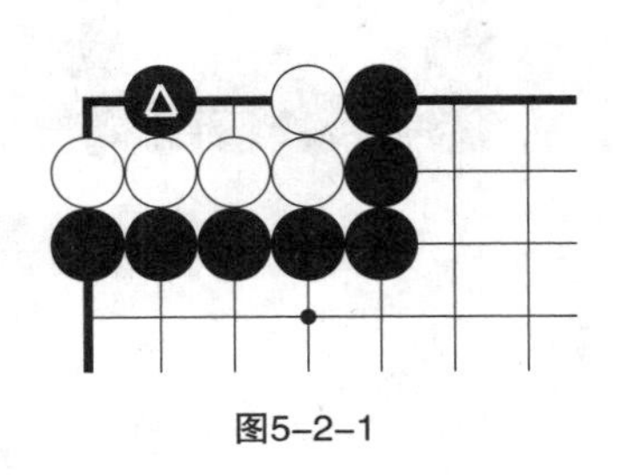

图5–2–1

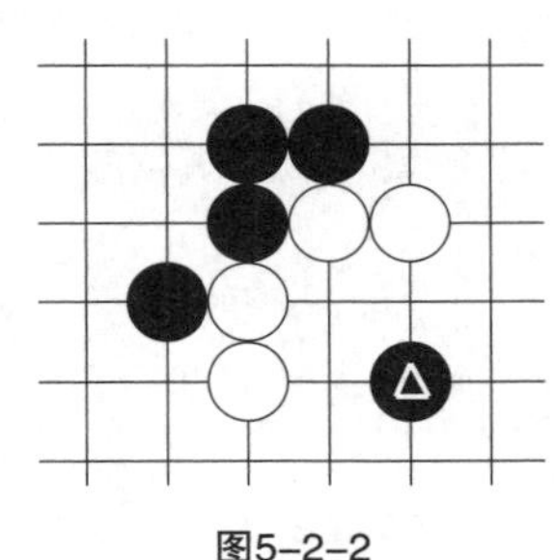

图5–2–2

二、常见棋形

一些被包围的棋形在形状上有专有的名称（无棋子的空白的形状）并且死活上有不同的特点。

1. 不点也死的棋形

图5-2-3中白棋的形状被称为“直二”。直二只有一个眼，无论黑棋点与不点，白棋都无法做出两眼，所以直二为死棋。

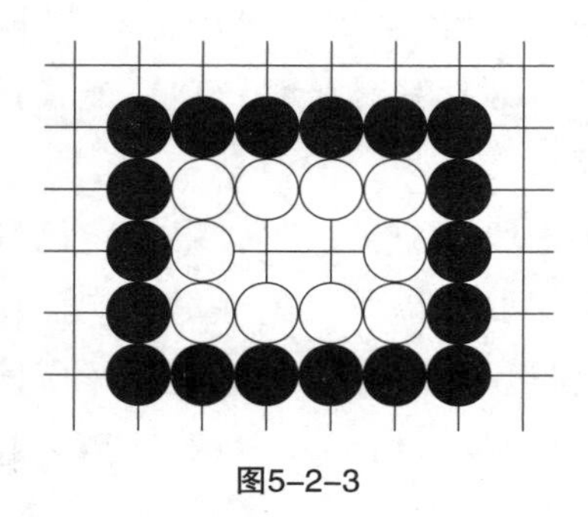

图5-2-3

图5-2-4中白棋的形状被称为“方四”。

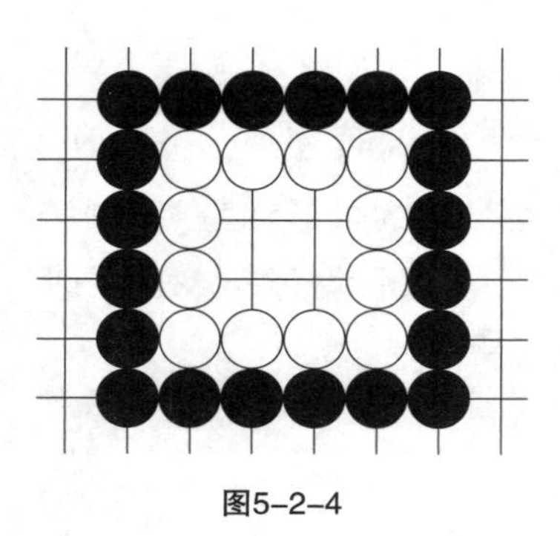

图5-2-4

图5-2-5中，若白棋在方四中落一子，黑棋再于黑1点，白棋依然无法做出两眼，所以方四为死棋。

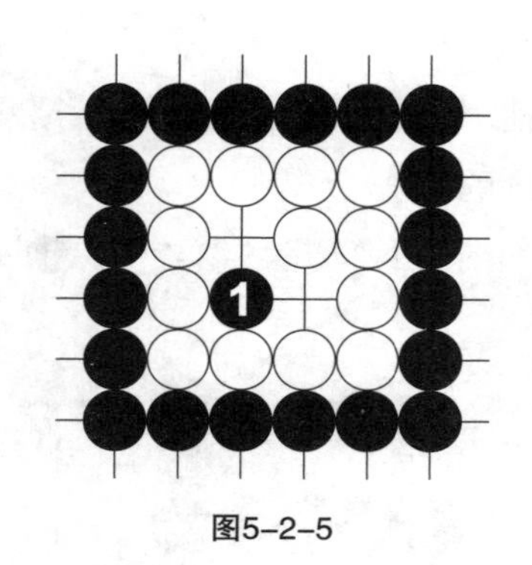

图5-2-5

2. 一点就死的棋形

图5-2-6中白棋的形状被称为“直三”。

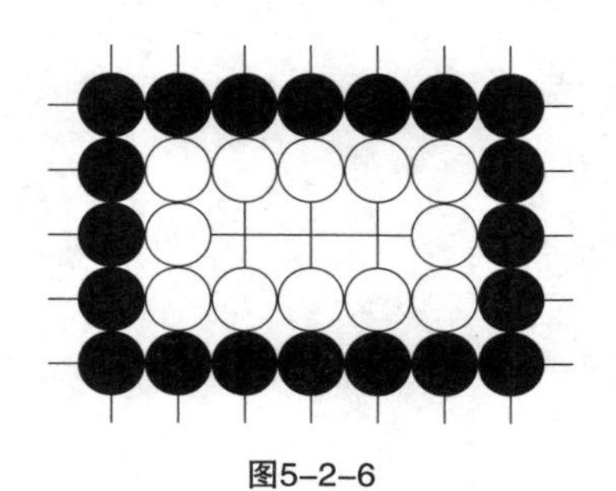

图5-2-6

图5-2-7中，黑1点，白棋无法做出两眼；若黑1不点，白棋走1位则两眼活棋。

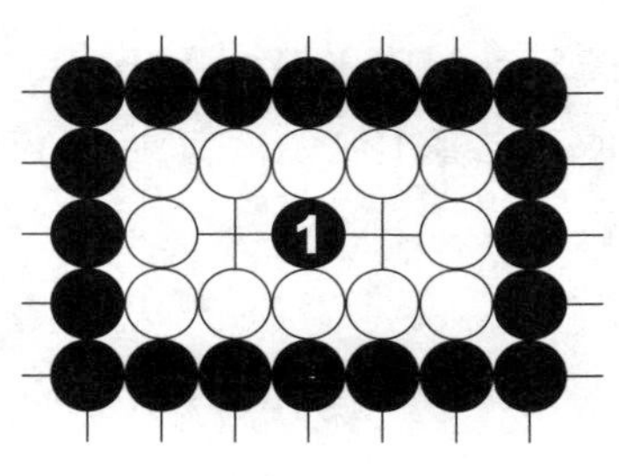

图5-2-7

图5-2-8中白棋形状被称为“曲三”。

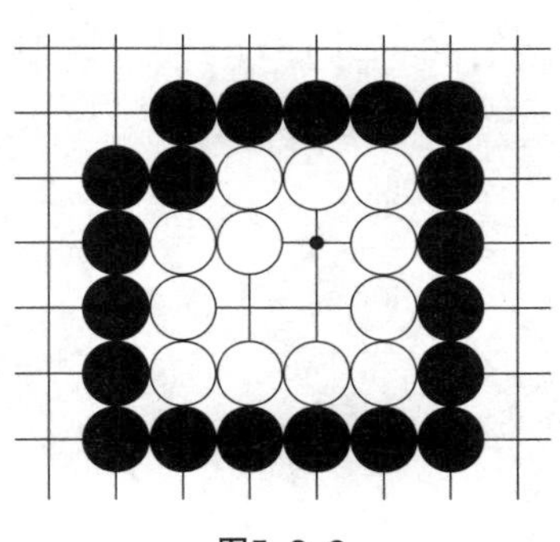

图5-2-8

图5-2-9中，黑1点，白棋无法做出两眼；若黑1不点，白棋走1位则两眼活棋。

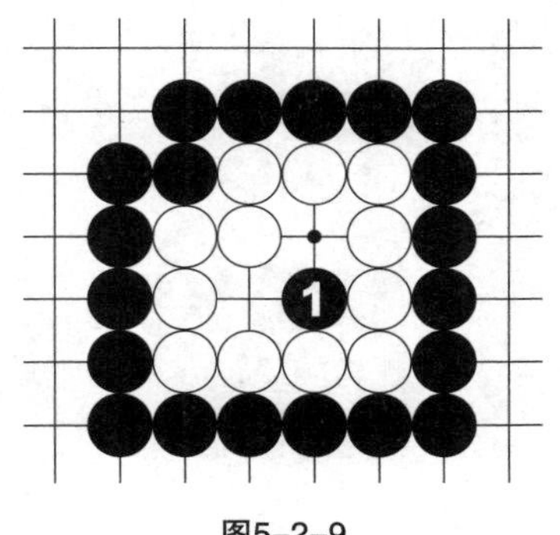

图5-2-9

如图5-2-10中白棋形状被称为“丁四”。

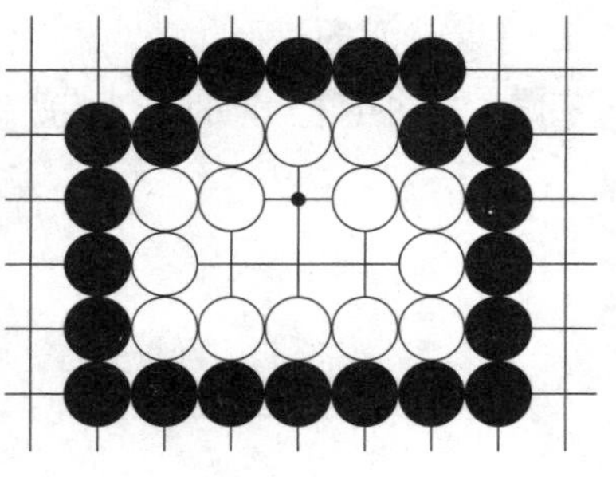
图5-2-10

图5-2-11中，黑1点，白棋无法做出两眼；若黑1不点，白棋走1位则两眼活棋。

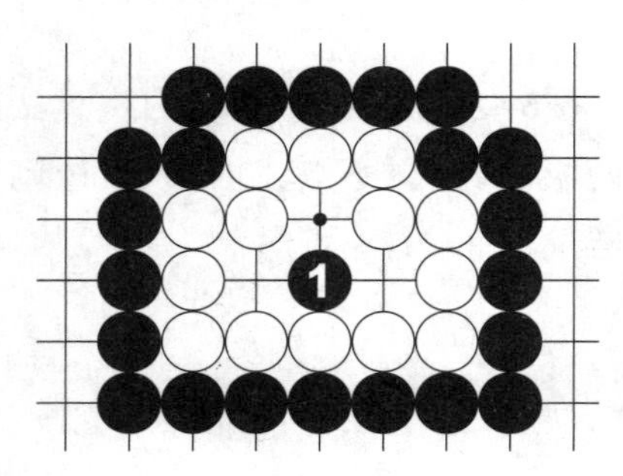

图5-2-11

如图5-2-12中白棋形状被称为“梅花五”。

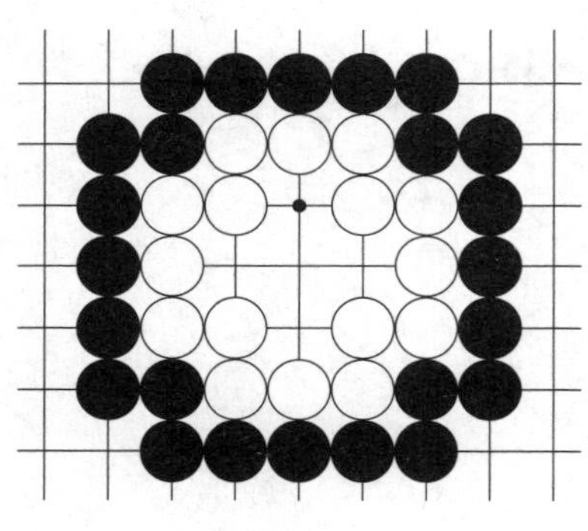
图5-2-12

图5-2-13中，黑1点，白棋无法做出两眼；若黑1不点，白棋走1位则两眼活棋。

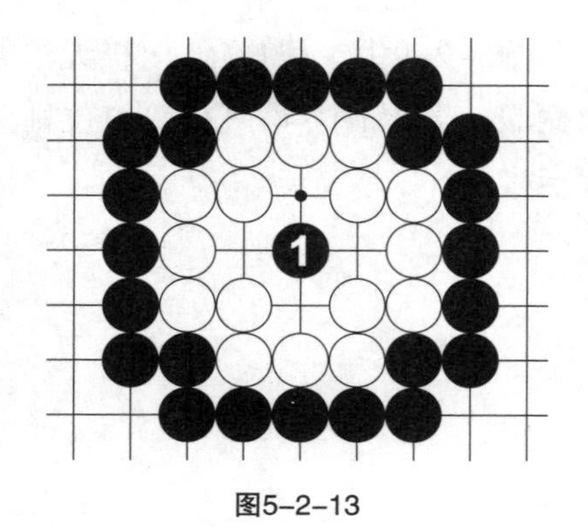

图5-2-13

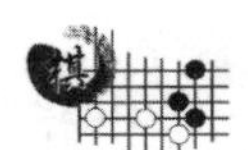

如图5-2-14中白棋形状被称为“刀把五”。

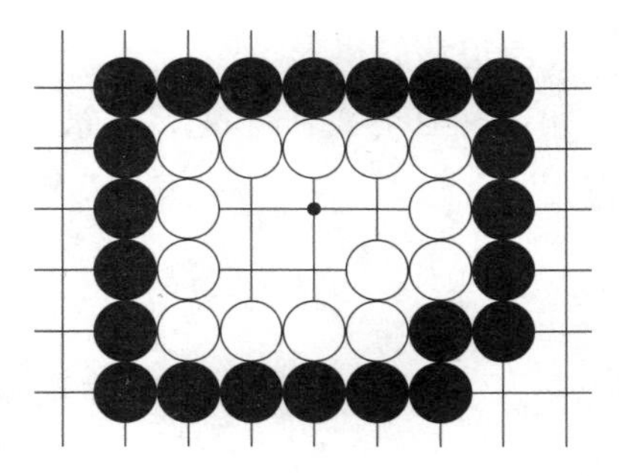

图5-2-14

图5-2-15中，黑1点，白2抵抗，黑3做直二后白棋无法做出两眼；若黑1不点，白棋走1位则两眼活棋。

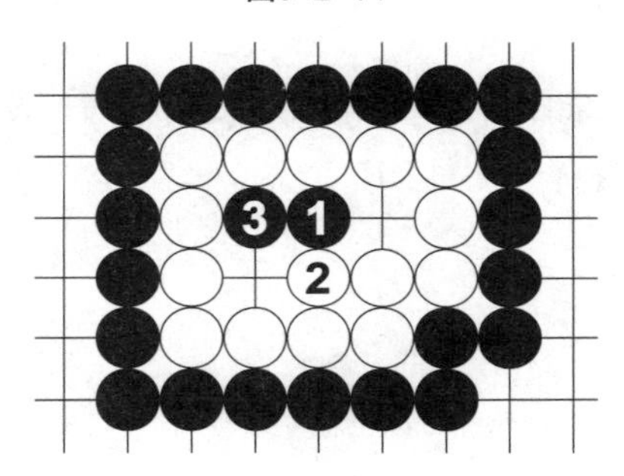

图5-2-15

如图5-2-16中白棋形状被称为“葡萄六”。

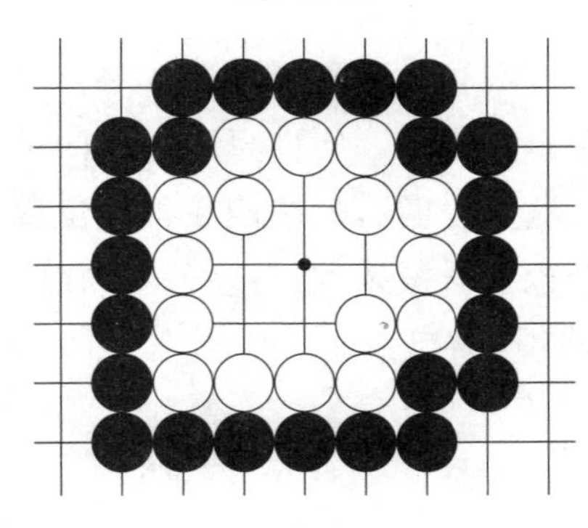

图5-2-16

图5-2-17中，黑1点，白2抵抗，黑3做直二后白棋无法做出两眼；若黑1不点，白棋走1位则两眼活棋。

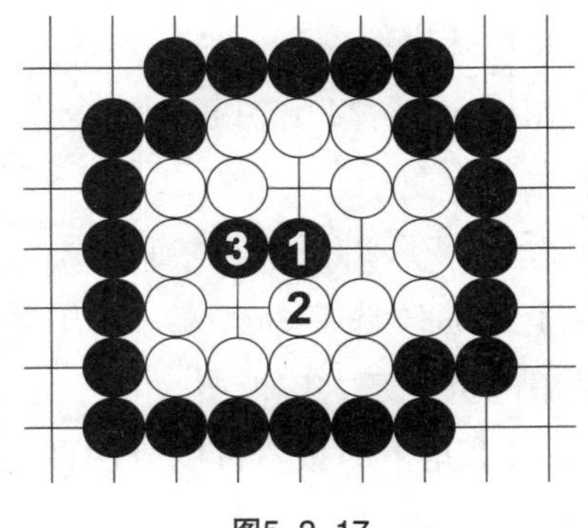

图5-2-17

3. 点也活的棋形

如图5-2-18中白棋形状被称为“直四”。

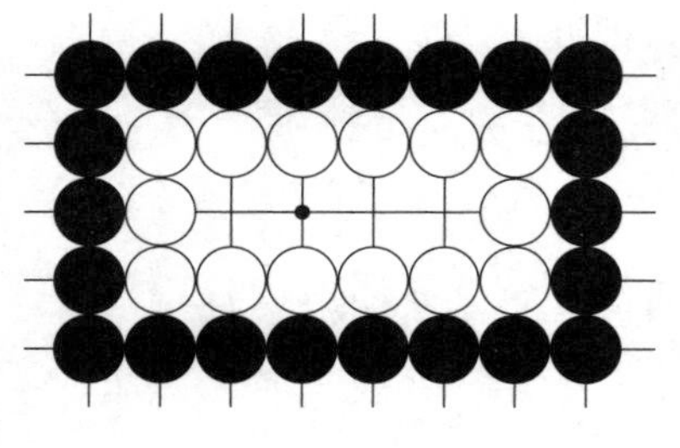
图5-2-18

如图5-2-19和图5-2-20中白棋形状被称为“曲四”。

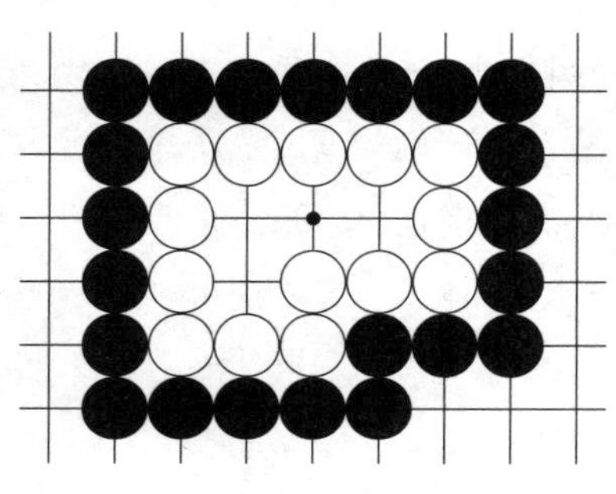
图5-2-19

直四和曲四不论点哪，对方都可以做出两眼来，所以直四、曲四是活棋。这里说明有的曲四在特殊位置、场合也是会被杀的，这些我们在后面的学习会有讨论。

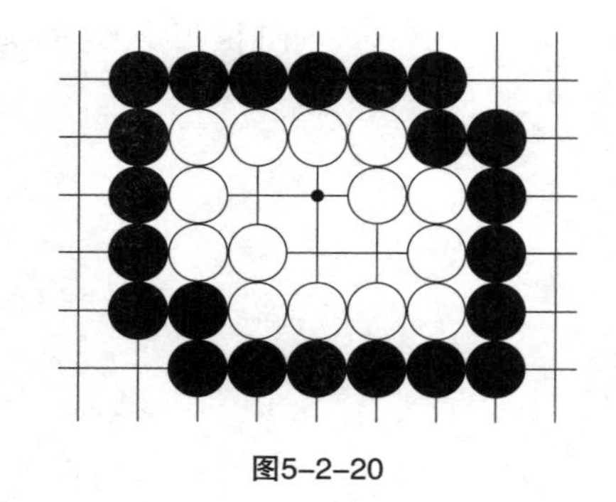
图5-2-20

4. 特殊棋形

如图5-2-21中白棋形状被称为“板六”。

板六棋形的死活会与位置、板六四个角的残缺与否有关，这里举几种简单的例子来大体说明。

（1）角里的板六可以分两种：被严实包住外面没有气的和外面有气的。

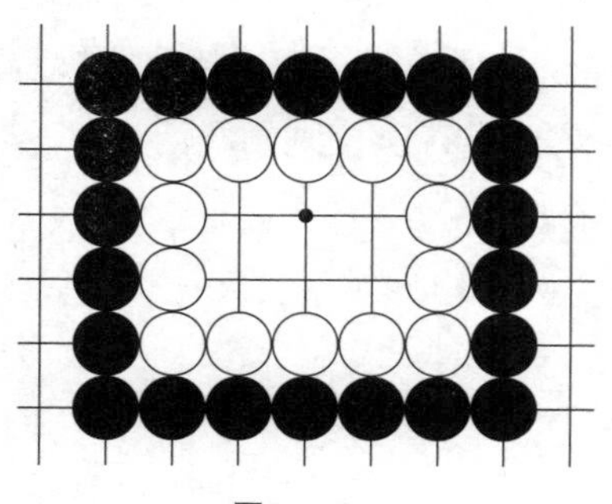
图5-2-21

如图5–2–22中，黑在一线点，如此进行成劫，白不一定成活。

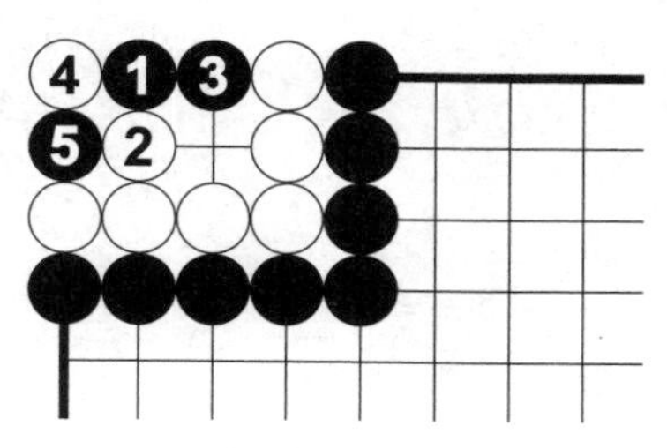

图5–2–22

如图5–2–23中，黑在二线点，白2黑3后，白不论走▲处还是■处，不是被做成直二，就是被黑直接提掉。

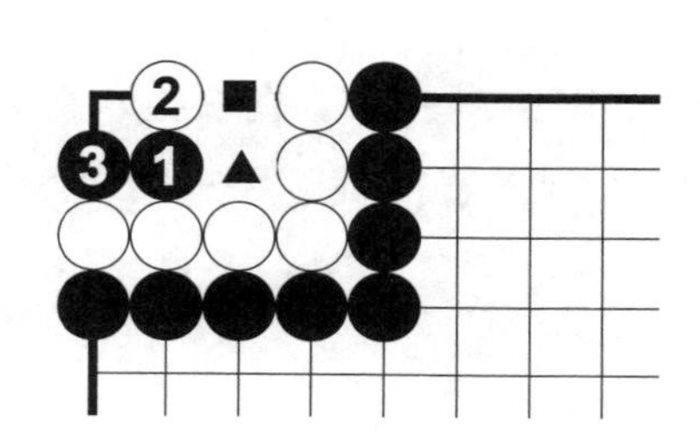

图5–2–23

如图5–2–24中，黑在一线点，如此进行成劫，白不一定成活。

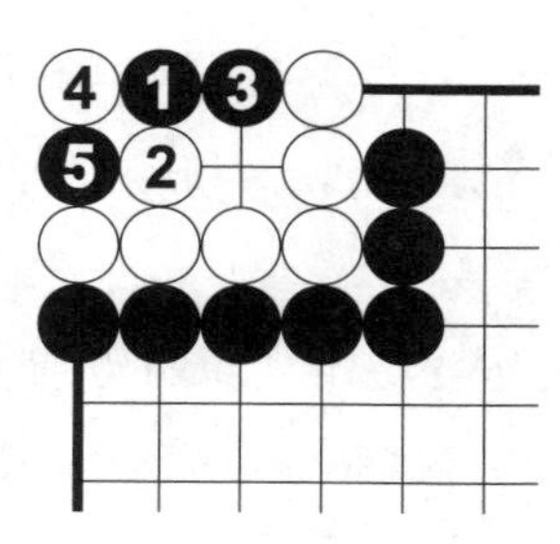

图5–2–24

如图5–2–25中，黑在二线点，至白4后，白棋已经成活。

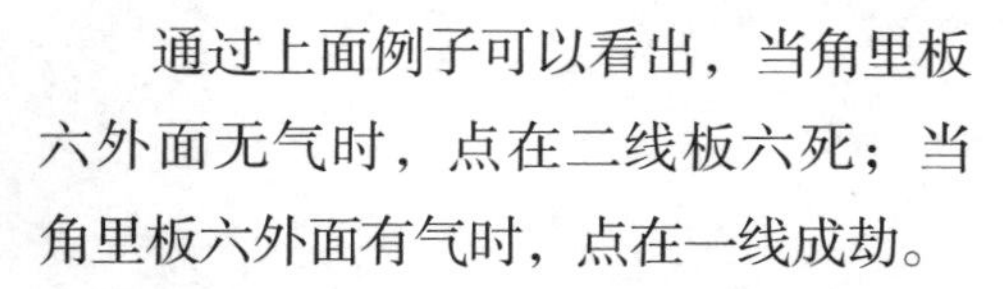

通过上面例子可以看出，当角里板六外面无气时，点在二线板六死；当角里板六外面有气时，点在一线成劫。

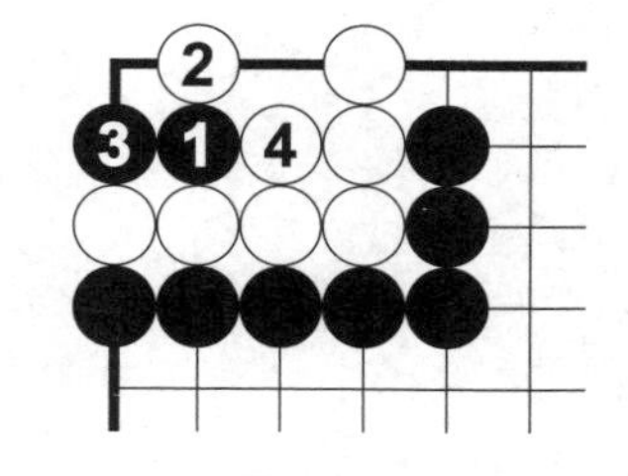

图5–2–25

（2）边上的板六死活与两个拐角有关。

如图5–2–26中，黑1点，白2也在中央应对，继续进行白活。

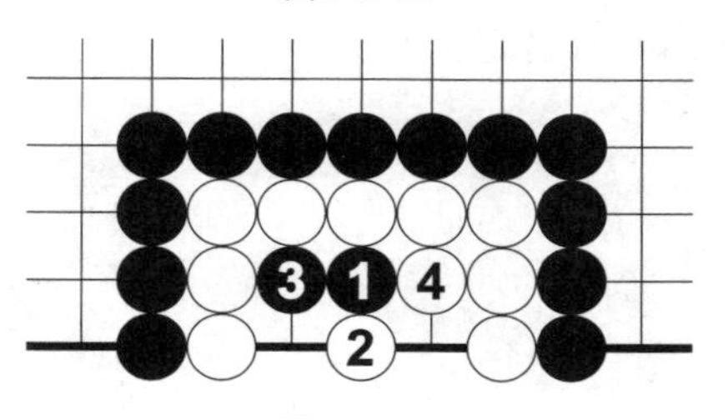

图5–2–26

如图5–2–27中，黑1点，白2同样也在中央应对，继续进行白活。

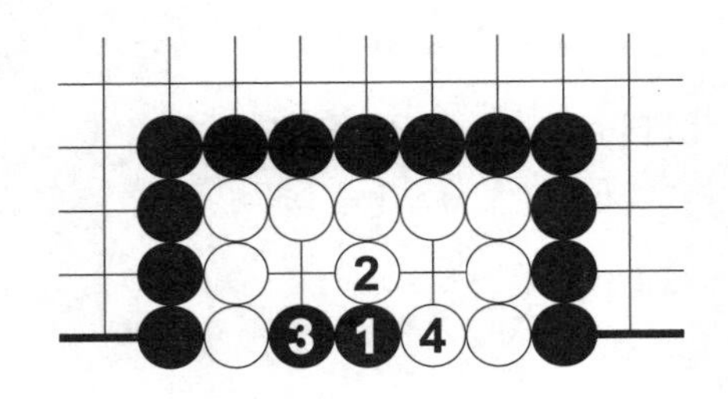

图5–2–27

如图5–2–28中，白棋板六拐角处有缺陷。黑1直接断打，白无法应对。

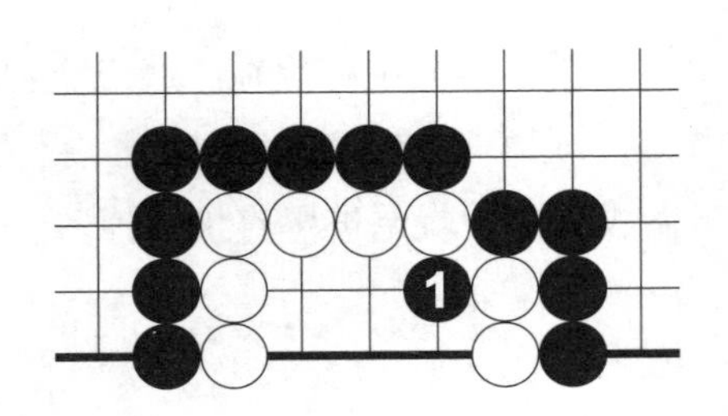

图5–2–28

（3）中腹的板六死活与四个拐角有关。

如图5–2–29中，黑1点后，白2针对性抵抗，至白4，白成功活棋。

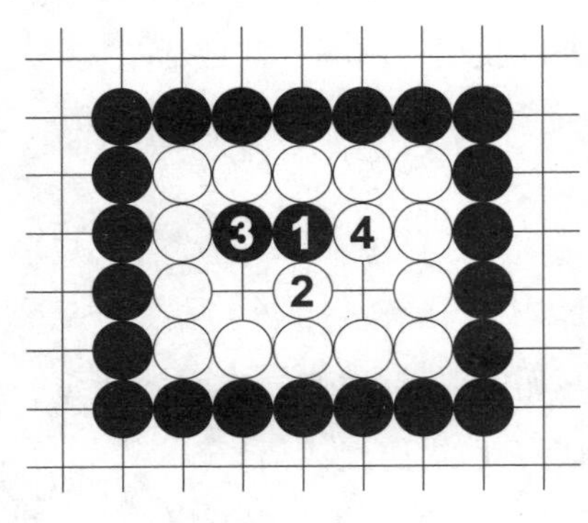

图5–2–29

如图5–2–30中，有一处拐角有缺陷。黑1点后，白2针对性抵抗，黑3断至白4，白依然成功活棋。

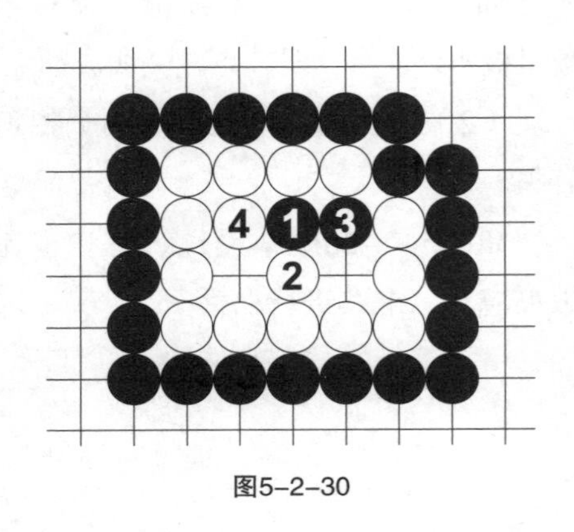

图5–2–30

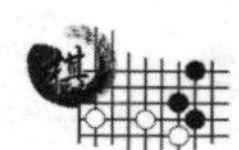

如图5-2-31中，也是有一处拐角有缺陷。黑1在另一处中央点后，白2针对性抵抗，至白4，白成功活棋。

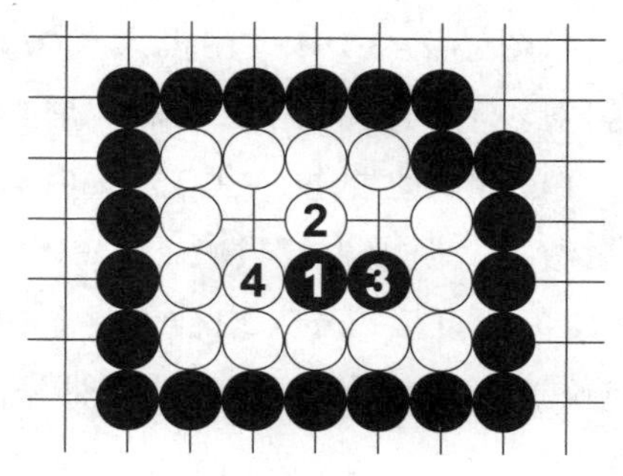

图5-2-31

如图5-2-32中，在板六长方形的长边有两处拐角有缺陷。黑1点后，白2针对性抵抗，黑3断至白4，白依然成功活棋。

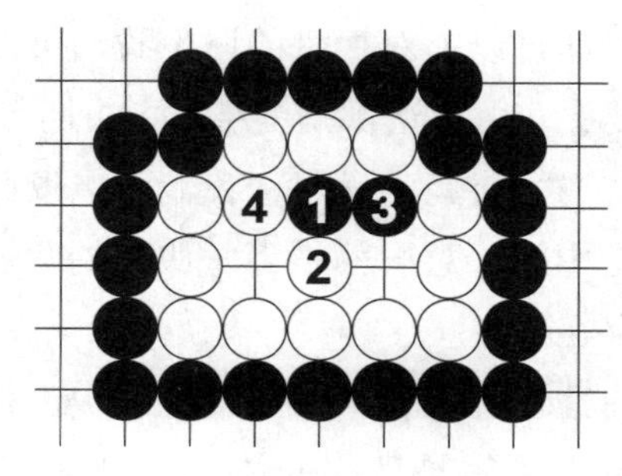

图5-2-32

如图5-2-33中，依然在板六长方形的长边有两处拐角有缺陷。黑1在另一处中央点后，白2针对性抵抗，白4，白依然成功活棋。

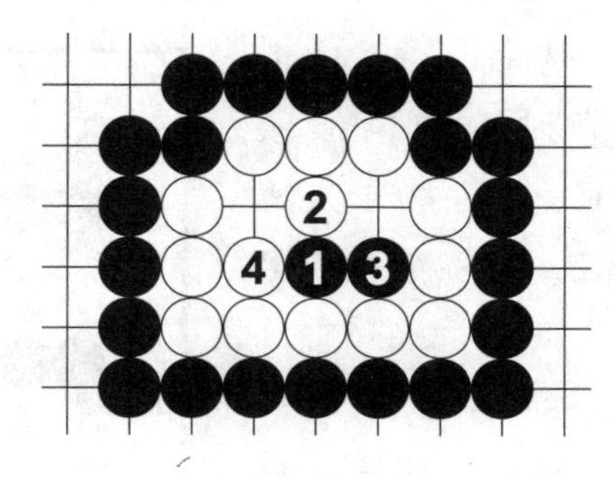

图5-2-33

如图5-2-34中，在板六长方形的短边有两处拐角有缺陷。黑1点后，白2针对性抵抗，黑3断打致使白棋没机会去做眼，白4连后，黑在5位长做成直三，白被杀。

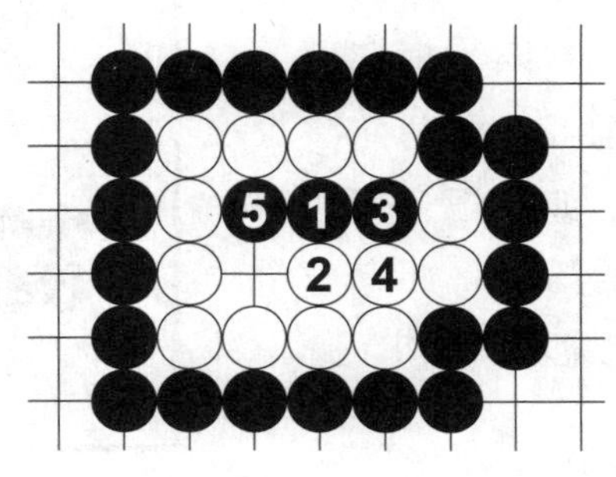

图5-2-34

如图5–2–35中，在板六长方形的斜对角有两处拐角有缺陷。黑1点后，白2针对性抵抗，黑3断，白4挡意图做眼，但因为气只剩下了一口，黑5位可以直接提子，白被杀；若白4在5位连，黑棋做成直二，依然是白棋死。

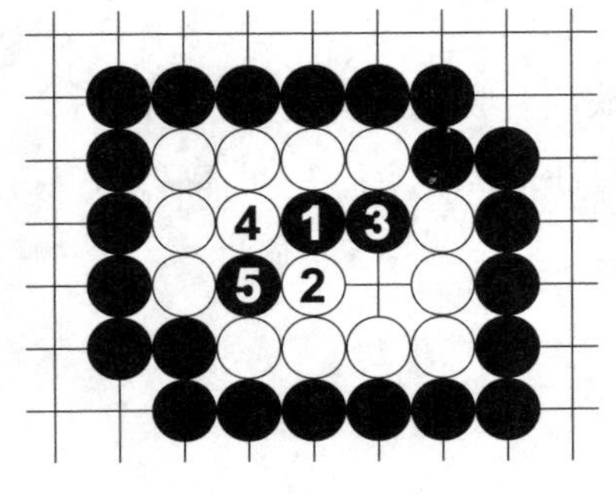

图5–2–35

通过以上对板六的讨论我们可以发现，在板六棋形中两个中央点对其至关重要，相关下法都是围绕着中央两点来下的。

通过板六的学习，我们可以以此来了解到一种围棋常识的谚语，即左右同形走中间。意思就是当一块棋的两侧形状一致或者类似，往往其整块棋形的中央存在好点。

这里强调，本小节讨论的板六都是理想状态，即只考虑拐角处或者外面是否有气等容易理解的情况，只是让初学者对板六这种棋形的复杂程度有个大致了解，具体下法要根据实际情况来定。

最后，我们把本节讨论的棋形做一个综述。为了方便记忆，只将空表示出来。如图5–2–36中，从左至右分别是直二、直三、曲三、直四、曲四、曲四、丁四、方四、梅花五、刀把五、葡萄六、板六。如果把弯三角加上的话，一共有13个棋形需要大家牢记。

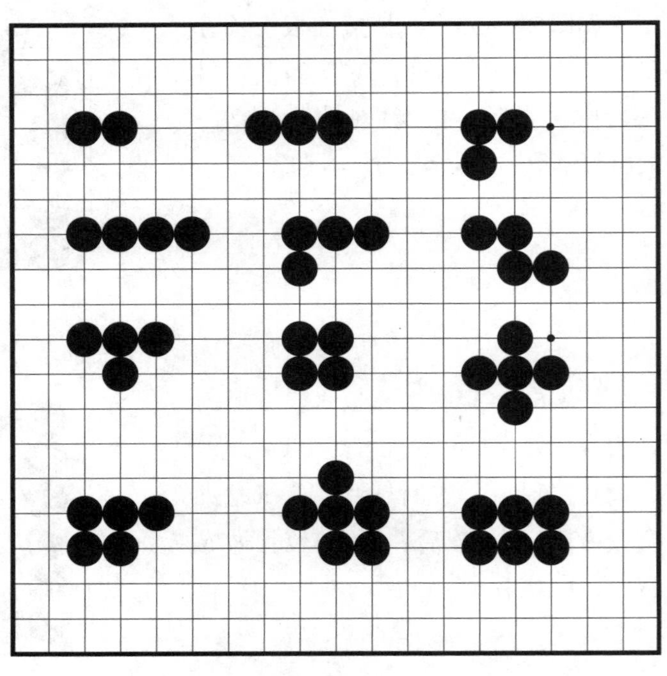
图5–2–36

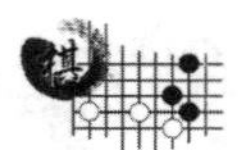

第三节　做眼与破眼

一方包围另一方且被包围的一方没有完全活，这种题型被称为死活。因为一方被包围此时这方靠气已经不能保证最后会存活下来，所以死活与眼有关。

那么出现死活后，必然一方要为能否两眼活棋而绞尽脑汁；另一方也要为阻止对手两眼活棋而努力。与之对应的就是做眼与破眼，我们列举几种常见的方法。

一、做眼

在死活里为了活棋去制造眼位的做法。

1. 补

在己方棋有缺陷的地方行棋，补掉弱点的下法。

如图5-3-1中，黑棋直三的棋形，如若黑棋不管就会被白在1位点死，所以黑1需补棋来使自身安全。

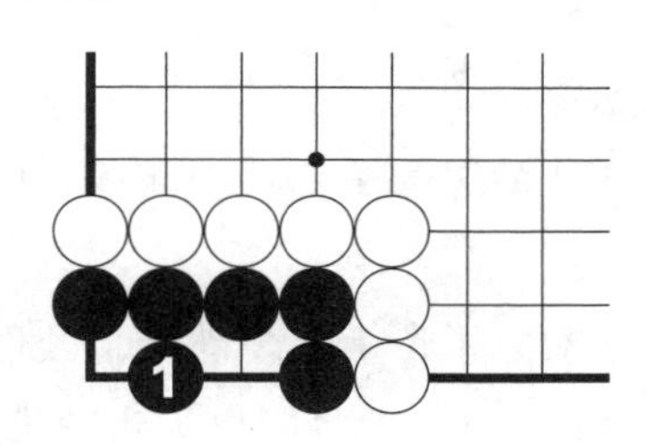

图5-3-1

2. 挡

对方想往某一方向进入或跑出，紧贴将其拦住的下法。

如图5-3-2中，白△子冲，意图破眼，黑1必须挡才能保证两眼活棋。

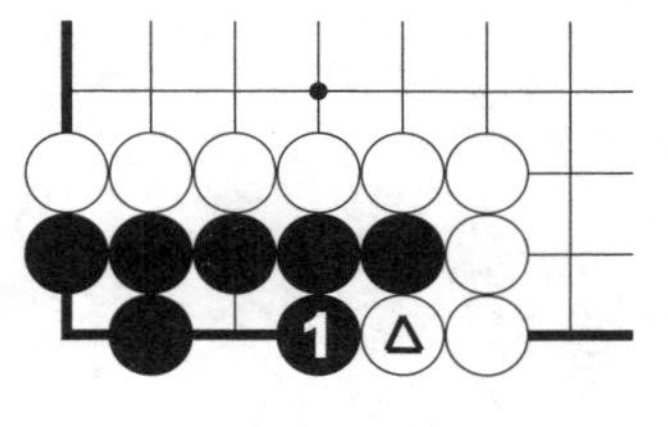

图5-3-2

3. 立

在棋盘四周继续向下行棋的下法。

如图5-3-3中，黑1立后，确保自身有两个真眼活棋。

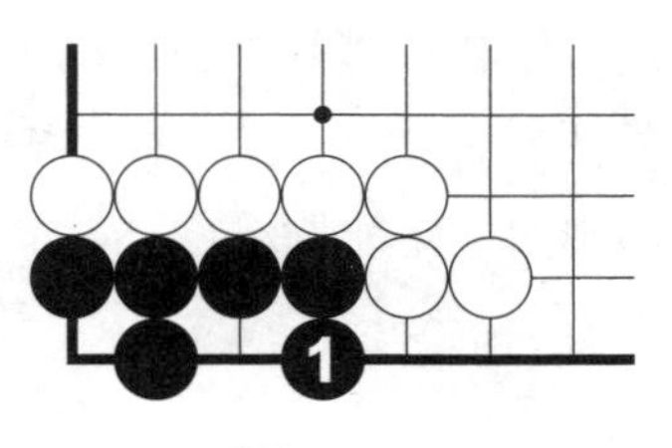

图5-3-3

4. 连

即连接。

如图5-3-4中，黑1连后，确保自身有两个真眼活棋。

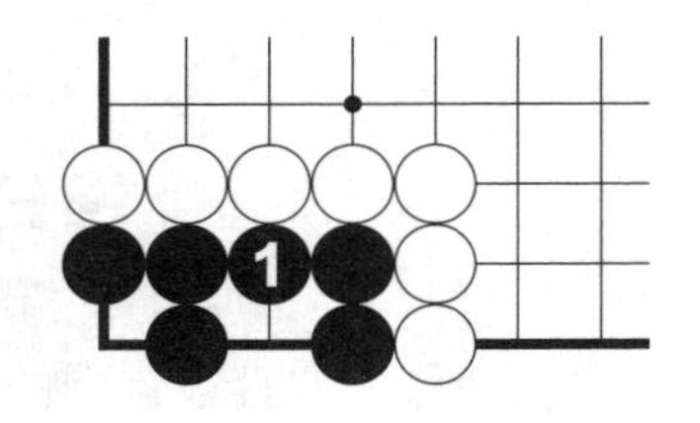

图5-3-4

5. 扳

与对方棋子并排靠在一起，挨着自己棋子在对方棋子的两侧行棋的下法。做眼中扳的意义在于能够扩大自身地盘，所控制的地盘大了就有做眼的空间了。

如图5-3-5中，黑棋扳扩大自身所占地盘，以此来确保△处能做出真眼。

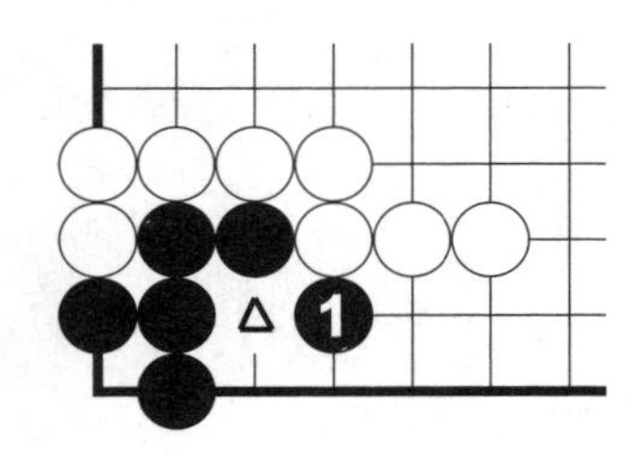

图5-3-5

二、破眼

在死活里为了杀棋而破坏眼位的做法。

1. 点

使对方棋形上出现破绽，处理起来十分“难受”的下法。

如图5-3-6中，白棋为直三棋形，黑1点，白已无法做出两个真眼。

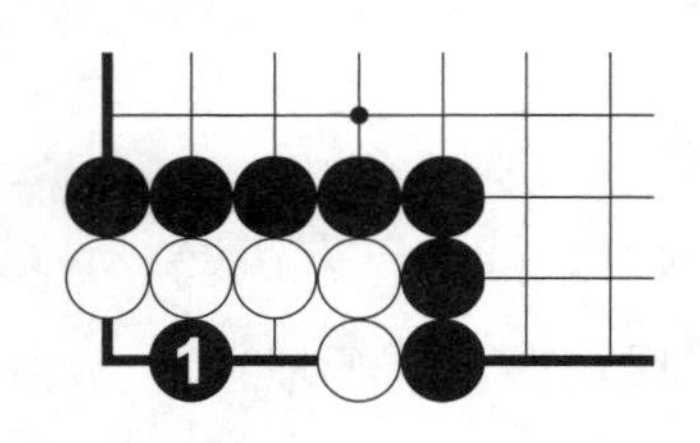

图5-3-6

2. 冲

向一个狭小缝隙处行棋的下法。

如图5-3-7中，黑1冲，白棋已经无法做出第二个真眼。

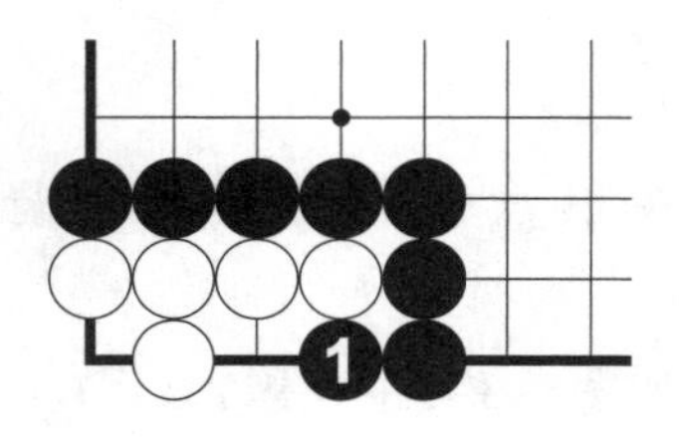

图5-3-7

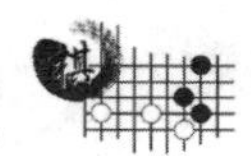

3. 扑

向对方虎口中行棋的下法。

如图5-3-8中，黑1扑，阻止了白在1位连做真眼的下法。

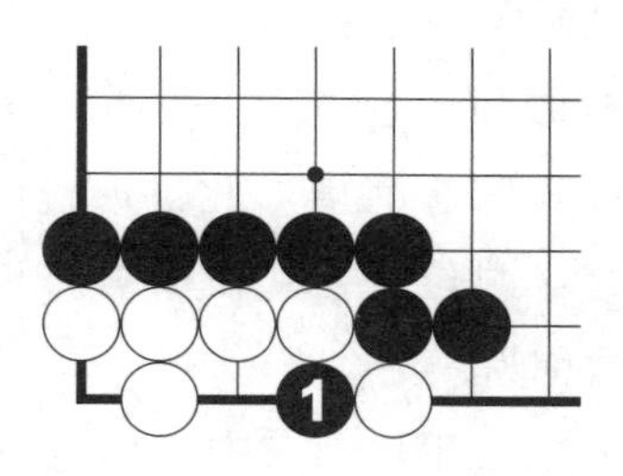

图5-3-8

4. 挤

向尖的棋形的两子之间行棋的下法。

如图5-3-9中，黑1挤，使白棋无法形成真眼。

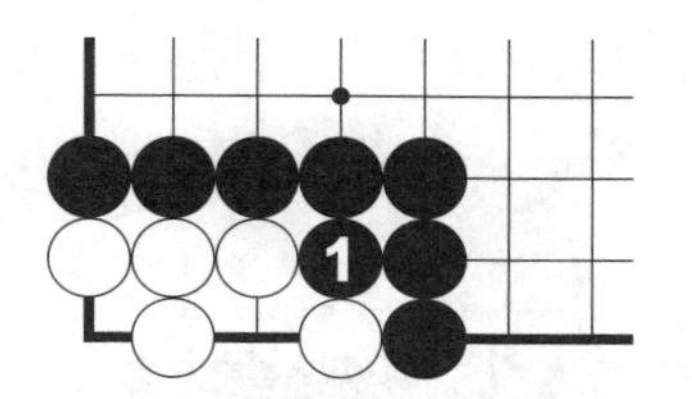

图5-3-9

5. 扳

与对方棋子并排靠在一起，挨着自己棋子在对方棋子的两侧行棋的下法。破眼中扳的意义在于能够缩小对方地盘，对方所控制的地盘小了做眼就困难了。

如图5-3-10中，黑1扳，缩小了白棋做眼的空间。

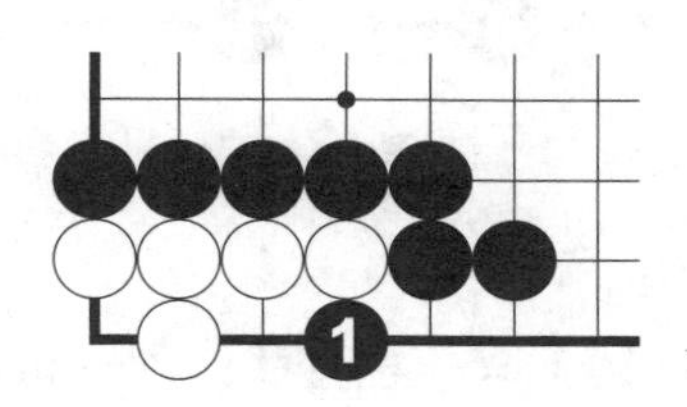

图5-3-10

第四节　角、边基础死活形状

一、角

在角上有一种直线排列的棋形，根据其排列的棋子数量的改变会出现不同的死活情况。我们将这些情况用一句话加以总结，即**四死六活五需补**。

（1）如图5-4-1中，白棋角里直线排列4子，此时白棋先行于1位立，形成直三被黑棋2位点，死棋。此棋形即使让被包围一方先行也依旧被杀，故称为四死。

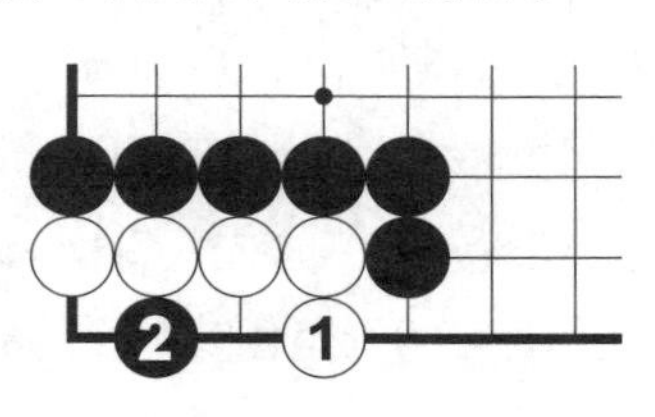

图5-4-1

（2）如图5-4-2中，白棋角里直线排列6子，此时黑棋先行于1位扳缩小白棋眼位，白棋于2位挡，角里依然形成直四，活棋。此棋形包围一方先行缩小眼位，被包围一方依旧能做活，故称为六活。

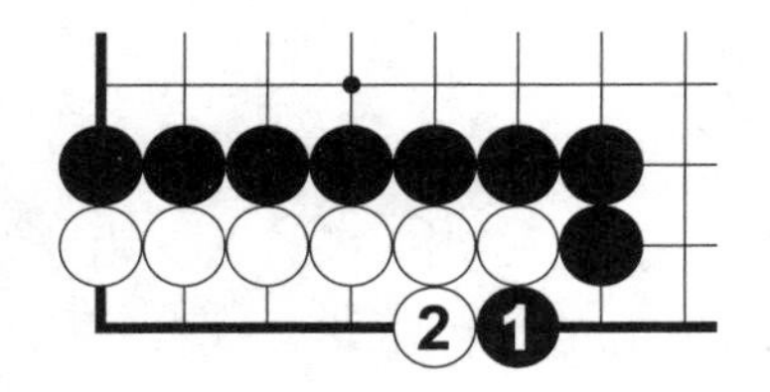

图5-4-2

（3）如图5-4-3中，白棋角里直线排列5子，此时黑棋先行于1位扳缩小眼位，白2挡形成直三被黑3点，死棋；如图5-4-4中，同样的棋形换成白棋先行，白棋于1位立，角里形成直四，活棋。此棋形如若被包围的一方想活棋需要先行一着来补棋，故称为五需补。

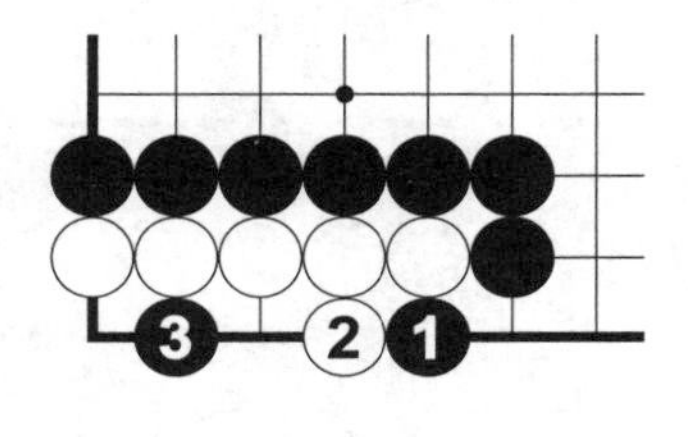

图5-4-3

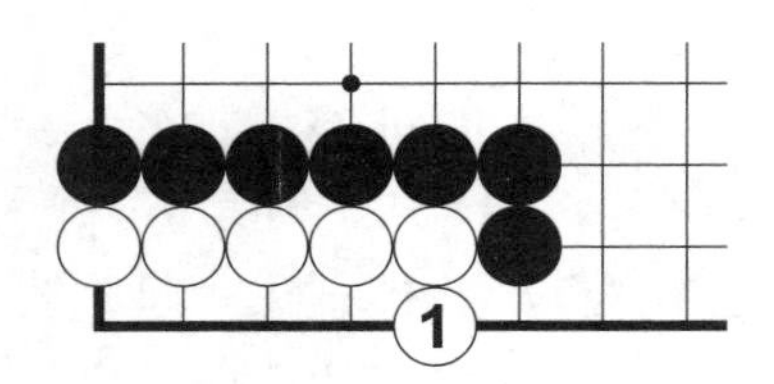

图5-4-4

二、边

在边上有一种直线排列的棋形，根据其排列的棋子数量的改变会出现不同的死活情况。我们将这些情况用一句话加以总结，即**六死八活七需补**。

（1）如图5-4-5中，白棋边上直线排列6子，此时白棋先行于1位立，黑棋2位扳缩小眼位，白3挡，形成直三被黑棋4位点，死棋。此棋形即使让被包围一方先行也依旧被杀，故称为六死。

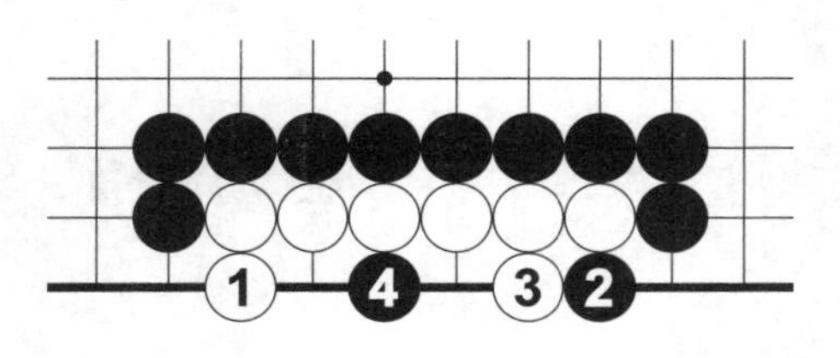

图5-4-5

（2）如图5-4-6中，白棋边上直线排列8子，此时黑棋先行于1和3位扳缩小白棋眼位，白棋于2和4位挡，边上依然形成直四，活棋。此棋形包围一方先行缩小眼位，被包围一方依旧能做活，故称为六活。

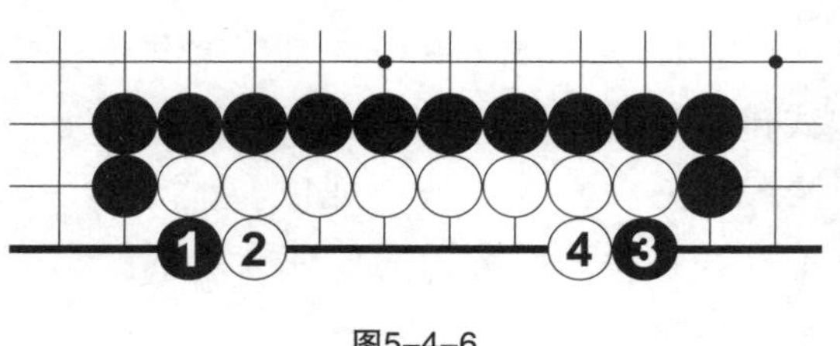

图5-4-6

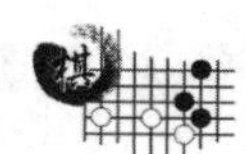

（3）如图5–4–7中，白棋边上直线排列7子，此时黑棋先行于1和3位扳缩小眼位，白棋于2和4位挡，形成直三被黑5点，死棋；如图5–4–8中，同样的棋形换成白棋先行，白棋于1位立，黑2扳，白3挡，边上形成直四，活棋。此棋形如若被包围的一方想活棋需要先行一着来补棋，故称为七需补。

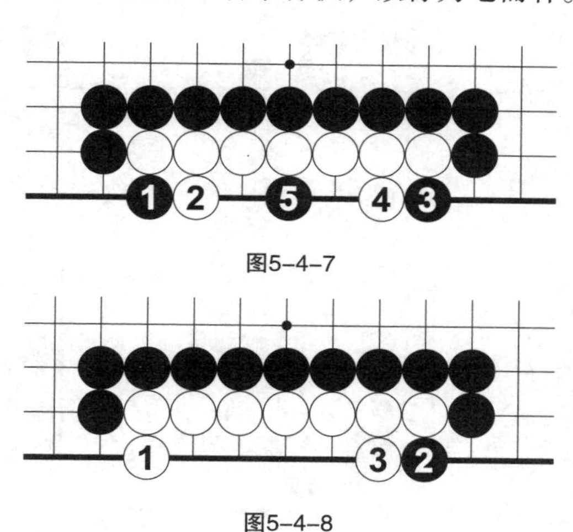

图5–4–7

图5–4–8

以上所讲两例，都是对基础棋形的经验总结，在实际应用中不能完全照搬。比如图5–4–9中，白棋角里依然是直线排列的4子，但是因为其在A处还存在一个真眼，所以四死就不再适用，这在实际应用中大家一定要注意。

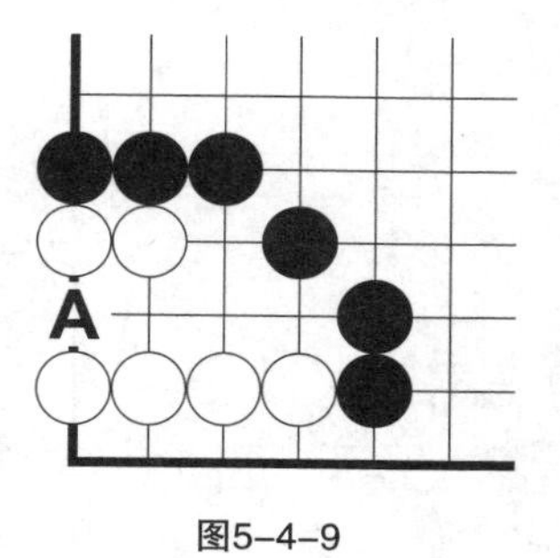

图5–4–9

课后练习

如何做眼活棋或者破眼杀棋（黑先）？

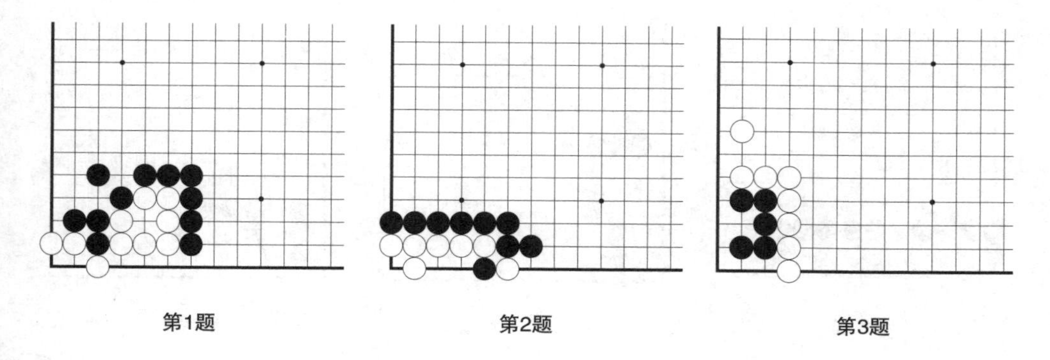

第1题　第2题　第3题

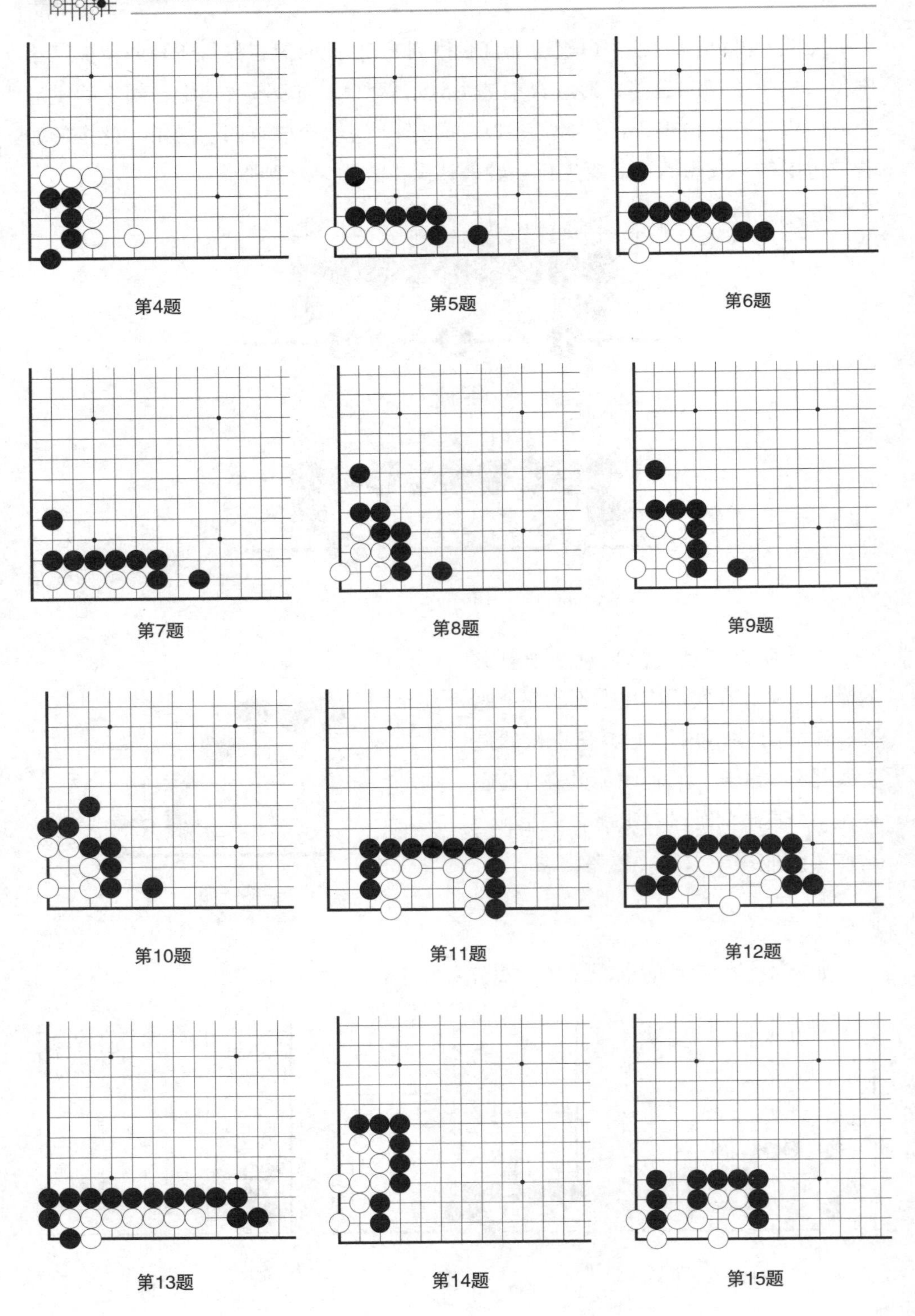

第4题 第5题 第6题

第7题 第8题 第9题

第10题 第11题 第12题

第13题 第14题 第15题

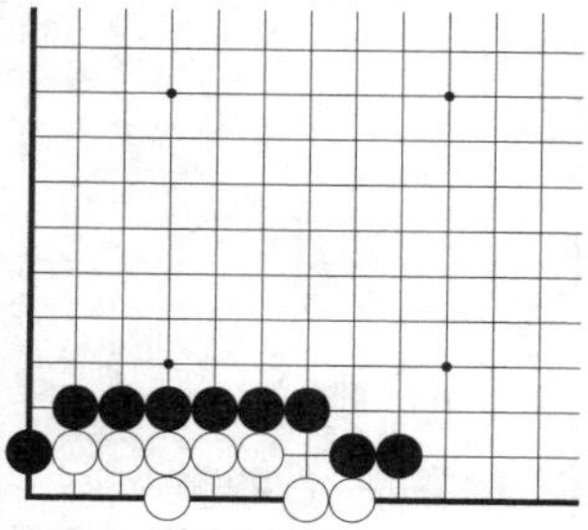

第16题

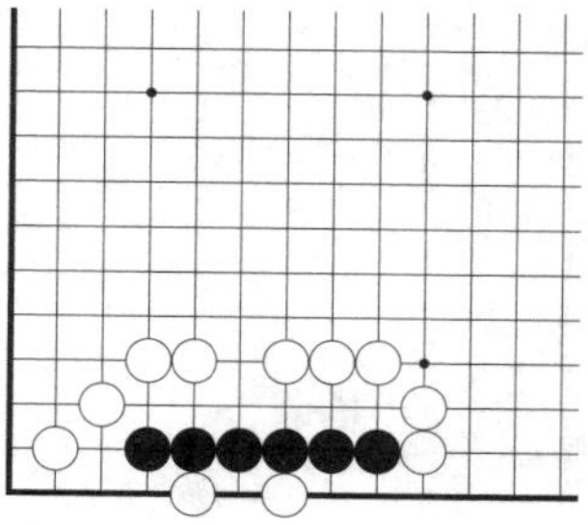

第17题

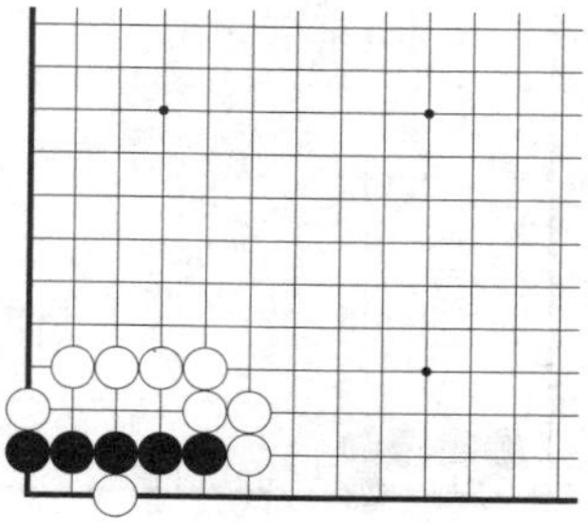

第18题

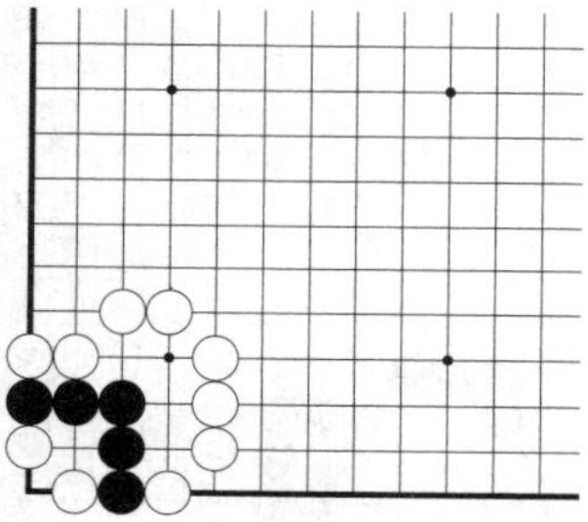

第19题

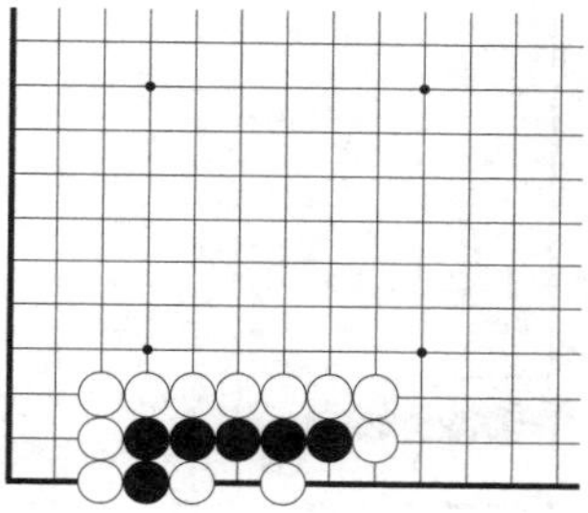

第20题

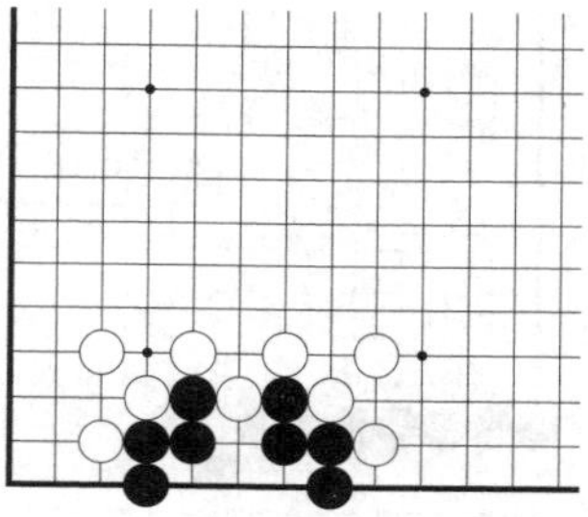

第21题

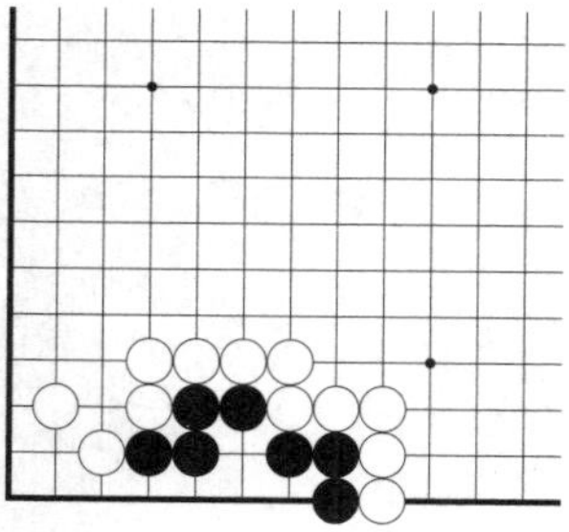

第22题

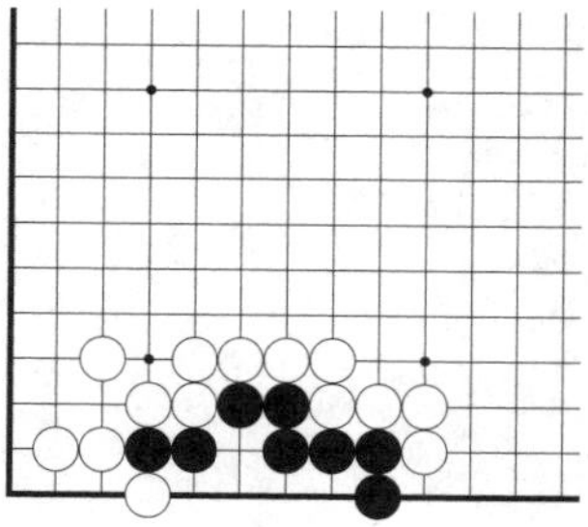

第23题

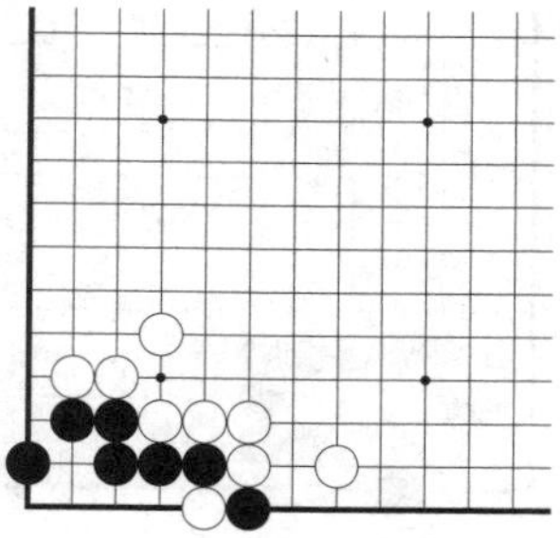

第24题

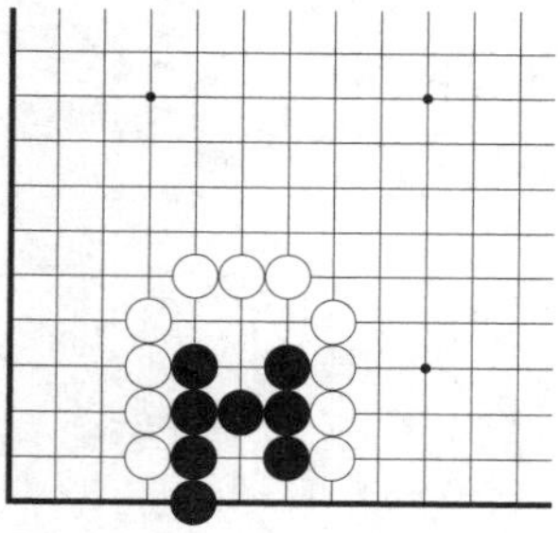

第25题

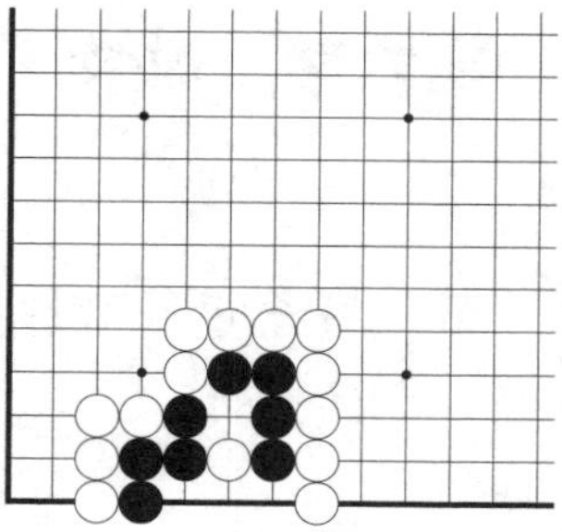

第26题

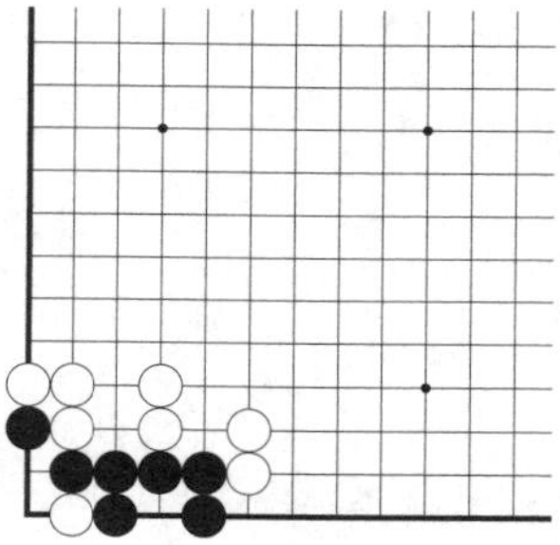

第27题

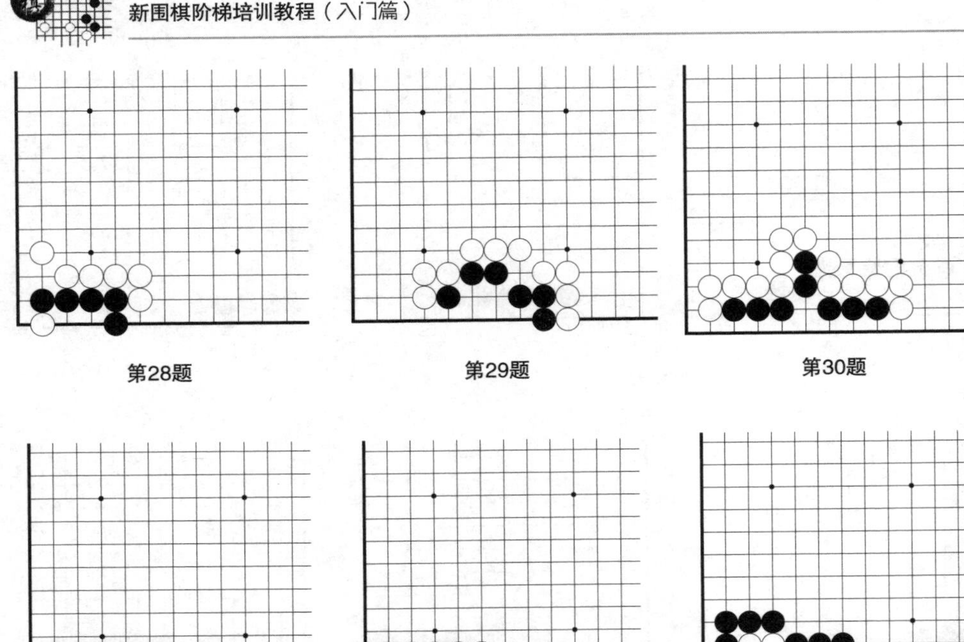

第28题　　第29题　　第30题

第31题　　第32题　　第33题

第34题

第六章　对杀

第一节　对杀中气的种类

一、对杀

双方相互包围且相互包围的双方没有完全活，那么这种题型被称为对杀。

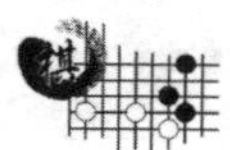

如图6–1–1中黑白双方△子就处于对杀中。因双方都没有做出两眼活棋的可能，要想活出必须杀掉对方，所以对杀与气有关。

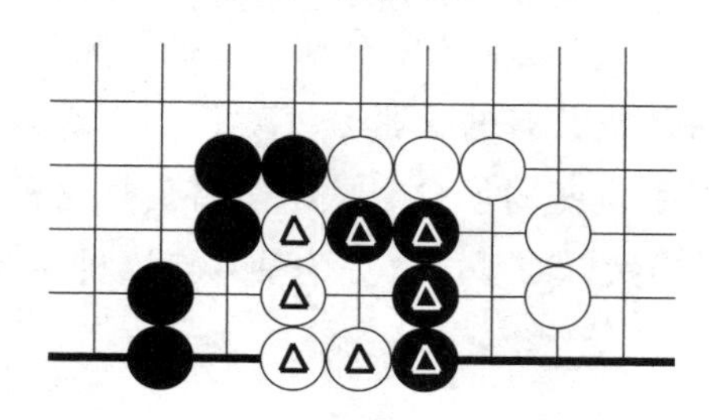

图6–1–1

二、对杀中气的种类

对杀中气一共有3种，分别为外气、内气、公气。

外气为与己方对杀棋挨着且不与对方对杀棋挨着的气。如图6–1–2中，A即黑棋的外气，B即白棋的外气。

内气为对杀一方自己包围出来的气，内气实际就是眼。如图6–1–2中，C即黑棋的内气，D即白棋的内气。

公气为既属于本方对杀棋同时也属于对方对杀棋的气，为双方共有。如图6–1–2中，E为公气。公气有时也被叫作共气。

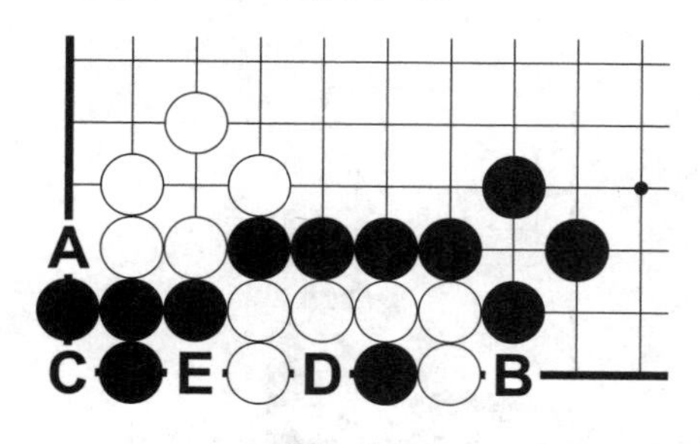

图6–1–2

三、对杀的紧气顺序

因为对杀与气有关，所以在实战中如何紧气就是对杀中非常重要的事情，若对杀紧气错误后果会非常严重。

对杀的正确紧气顺序为：外气→内气→公气。

外气只与单方对杀棋挨着，紧外气不会对己方棋的气造成影响，所以要先紧掉。

内气在对杀紧气中较为特殊。如果内气能入气正常紧气就可以，但当内气只有一口气时，在还有公气存在的情况下，内气处可能会变成禁入点，导致内气无法正常被紧气了，只能跳过先去紧公气。就因为对杀中内气的这种特殊性，往往会造成有内气的一方在对杀中有利。这种情况在后面会有讨论。

对杀公气是双方对杀棋共有的，紧公气时相当于既紧对方的气同时也紧了自身的气，既攻击了对手也变弱了自身，所以将公气这种对自身也会造成伤害的紧气下法放在最后。当然，对手内气处为禁入点这种情况视作特殊状况。

课后练习

数出对杀中黑白双方的气数，分清气的种类。

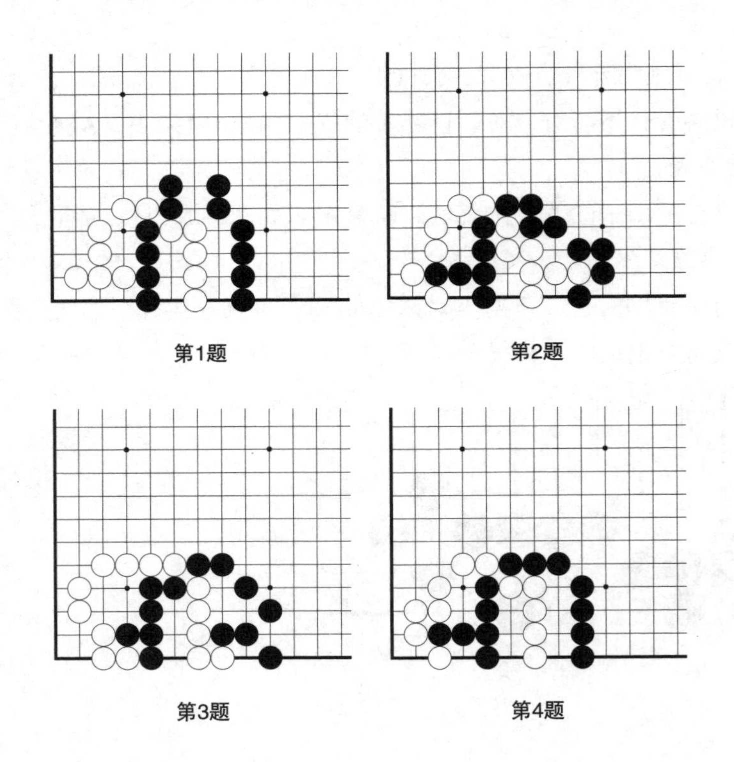

第1题　第2题

第3题　第4题

第二节　对杀的种类

对杀的种类根据是否有内气，即是否有眼来划分，一共有两大类共3种：无眼对杀、有眼对杀（单方有眼对杀、双方有眼对杀）。

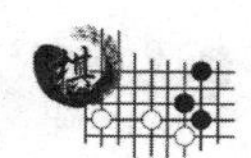

一、无眼对杀

1. 平气谁先走杀对方

对杀中双方气数相等的情况称为平气。如图6–2–1中，对杀双方各有3口气，那么在平气情况中，谁可以在对杀中先行就是取胜的关键。

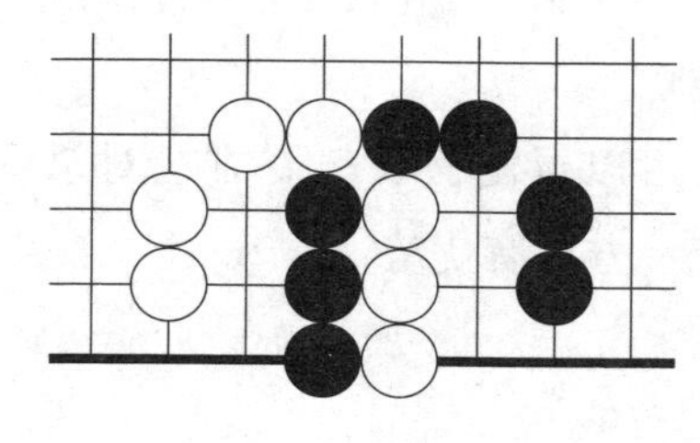

图6–2–1

如图6–2–2中，黑棋先行，黑快于白棋将其吃掉。

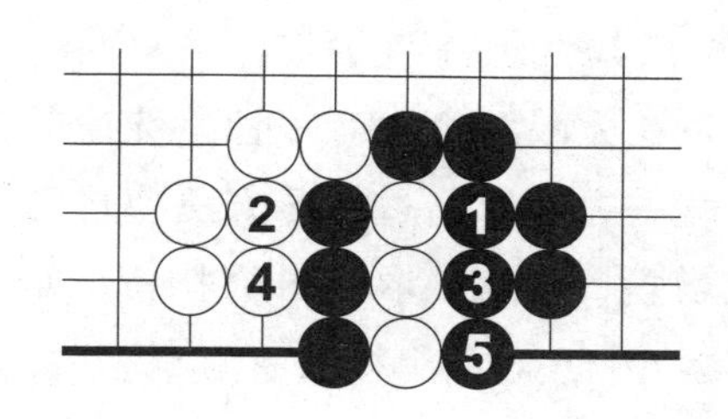

图6–2–2

如图6–2–3中，换作白棋先行，白快于黑棋将其吃掉。

可以看出，在平气情况时，谁能先行紧气是对杀取胜的关键。

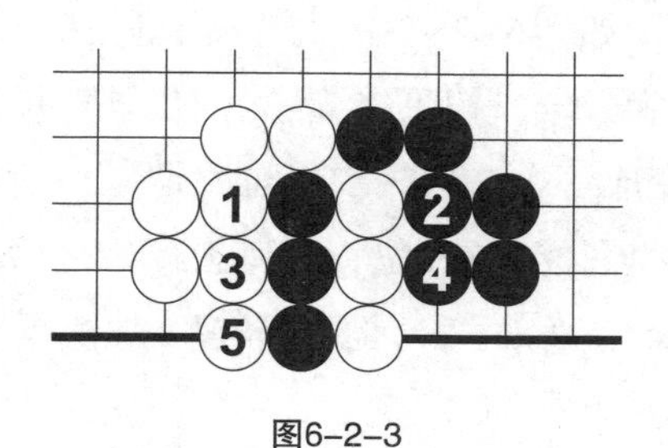

图6–2–3

2. 长气杀短气

对杀中双方气数不相等，气数多的一方被称为长气，气数少的一方被称为短气。如图6–2–4中，对杀黑棋为4口气，白棋为3口气。黑棋长气，白棋短气。

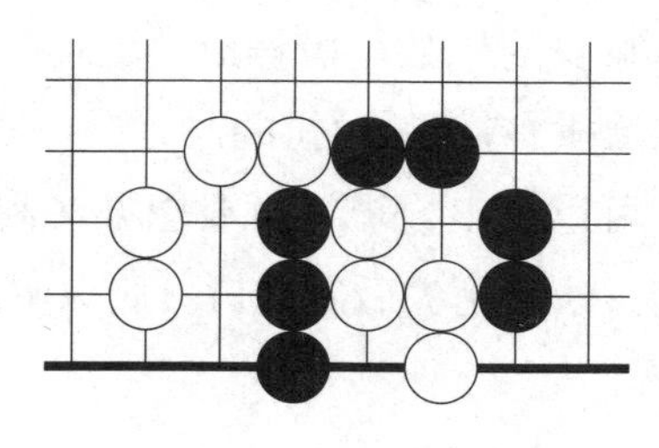

图6–2–4

如图6–2–5中，我们让短气的白棋一方先紧气，白1至黑6后，白棋依然被吃。

可以看出，长气一方在对杀中比短气一方更有优势。

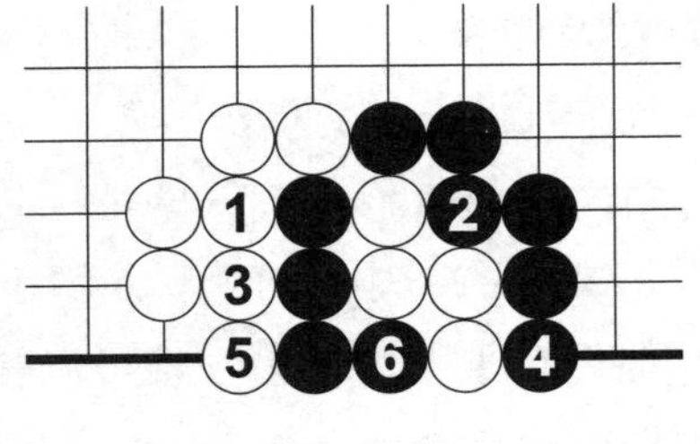
图6–2–5

3. 短气想特殊方法

在无眼对杀中有一种特殊情况，短气一方可以通过特殊方法使自己气数增多，以此来取得对杀胜利。如图6–2–6中，对杀黑棋只有2口气，白棋为3口气。按照长气杀短气的规则应该是黑棋被杀，但实际情况并不一定。

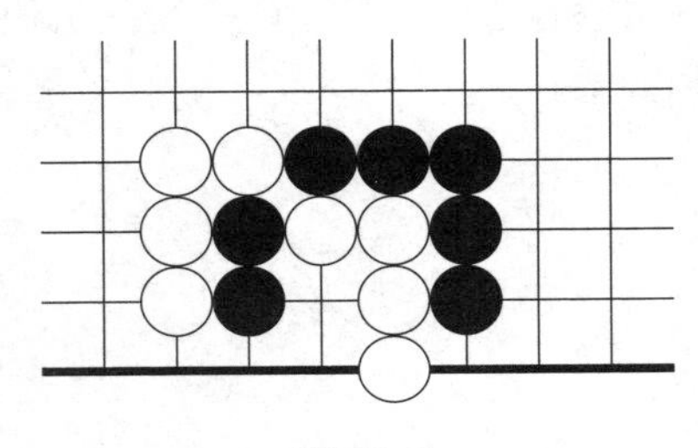
图6–2–6

如图6–2–7中，黑棋于1位尖，5位为公气白棋不能先紧。4位外气被黑1变成一个虎口，白棋也不敢紧，所以白棋只能先在2位将虎口去掉，之后再于4位紧外气，但是至黑5白棋反而被杀。

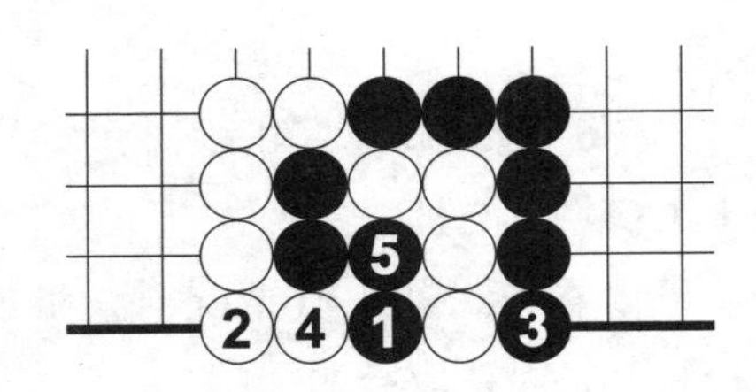
图6–2–7

出现上述情况的原因是因为黑棋做出虎口后，白棋无法正常紧气，只能去虎口后再紧气，这样虎口处就相当于变成两口气了，也就是黑棋一方成功地增加了自身的气数。黑棋成功增加气数的同时还减少了白棋的气数，气数反超，所以黑棋3口气杀白棋的2口气。

可以看出，短气时要想办法利用边角的特殊性增加气数，我们现阶段最常见的方法就是尖后做虎口。所以本质上依旧是长气杀短气的规则没变。

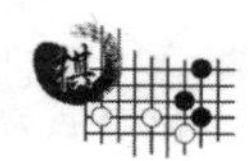

二、有眼对杀

有眼对杀分为两种：单方有眼对杀和双方有眼对杀。虽然有眼对杀也是遵循对杀的紧气顺序外气→内气→公气，但在紧内气的时候往往会遇到不能紧气的特殊情况，所以有眼对杀的复杂程度要高于无眼对杀。其中的双方有眼对杀复杂程度更高，我们暂且不在这里讨论。

如图6-2-8中黑方先行，黑方有3口气，其中有1口是内气；白方有4口气。如果按无眼对杀气的情况来判断，应该是白棋杀黑棋，但实际情况并非如此，黑棋的那1口内气在对杀里起到了关键作用。

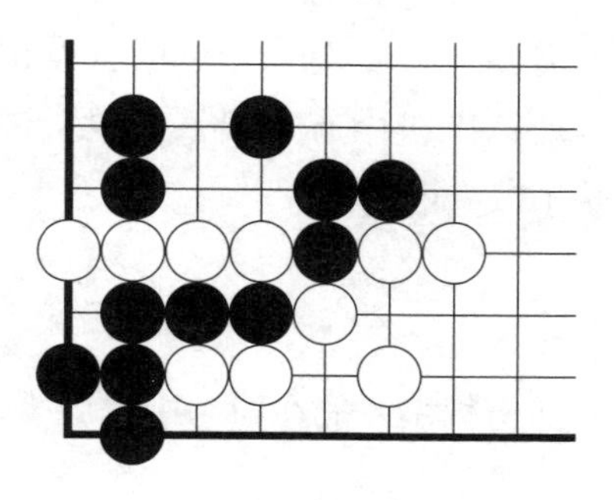

图6-2-8

如图6-2-9中，黑1至黑3双方正常紧外气，此时白棋按对杀紧气的顺序应该紧内气，但此时内气处恰好是禁入点，所以白棋只能跳过内气直接去4位紧公气，但这也导致本身只剩1口气了，黑5后白棋被吃。

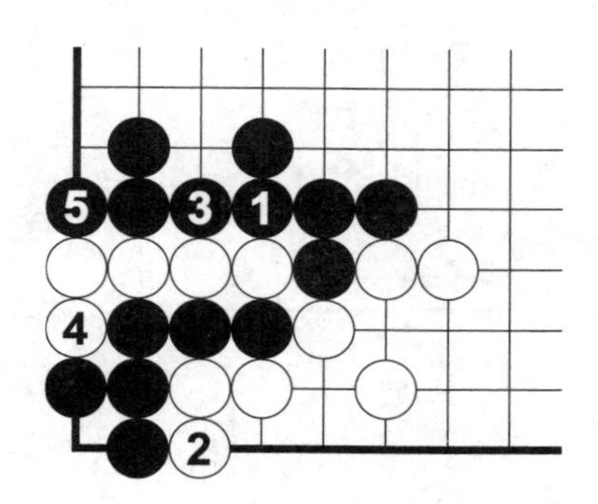

图6-2-9

从此题可以看出，当有眼即有内气的一方在对杀中，利用内气可能是禁入点的因素逼迫对手跳过内气直接紧公气，这就是第一节所提及的特殊情况。

如图6-2-10，我们再来看看白方有内气的情况。

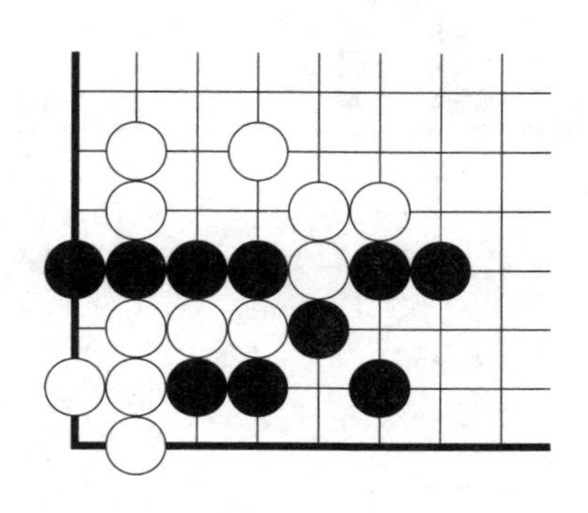

图6-2-10

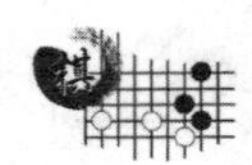

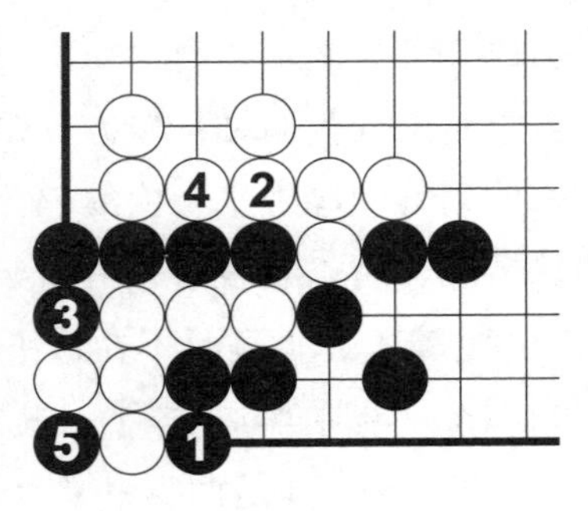

图6-2-11

如图6-2-11中，黑1至黑5后黑棋杀白棋。从图中可以看出黑棋有4口气，白棋有内气共3口气，黑棋先行的情况下依然是长气杀短气。

我们可以看出在对杀中如果短气的一方有内气，在对杀中可能会有很大优势，所以围棋中有有眼杀无眼一说，就是基于以上的道理。

课后练习

如何行棋才能在对杀中取胜（黑先）？

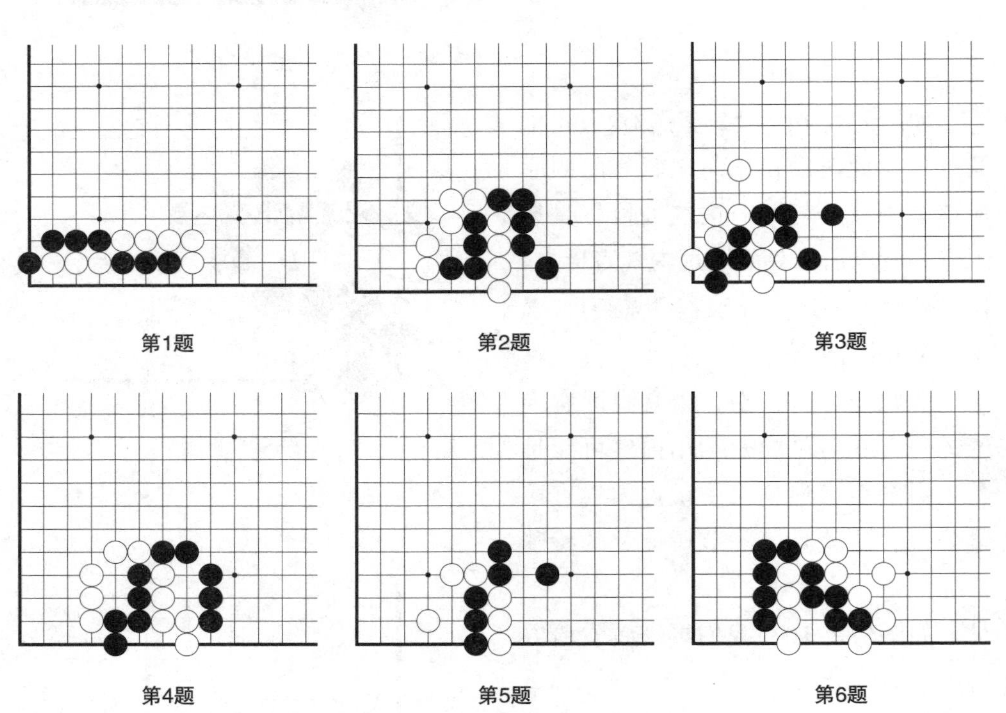
第1题　第2题　第3题

第4题　第5题　第6题

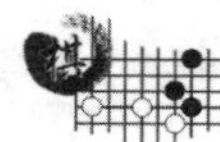

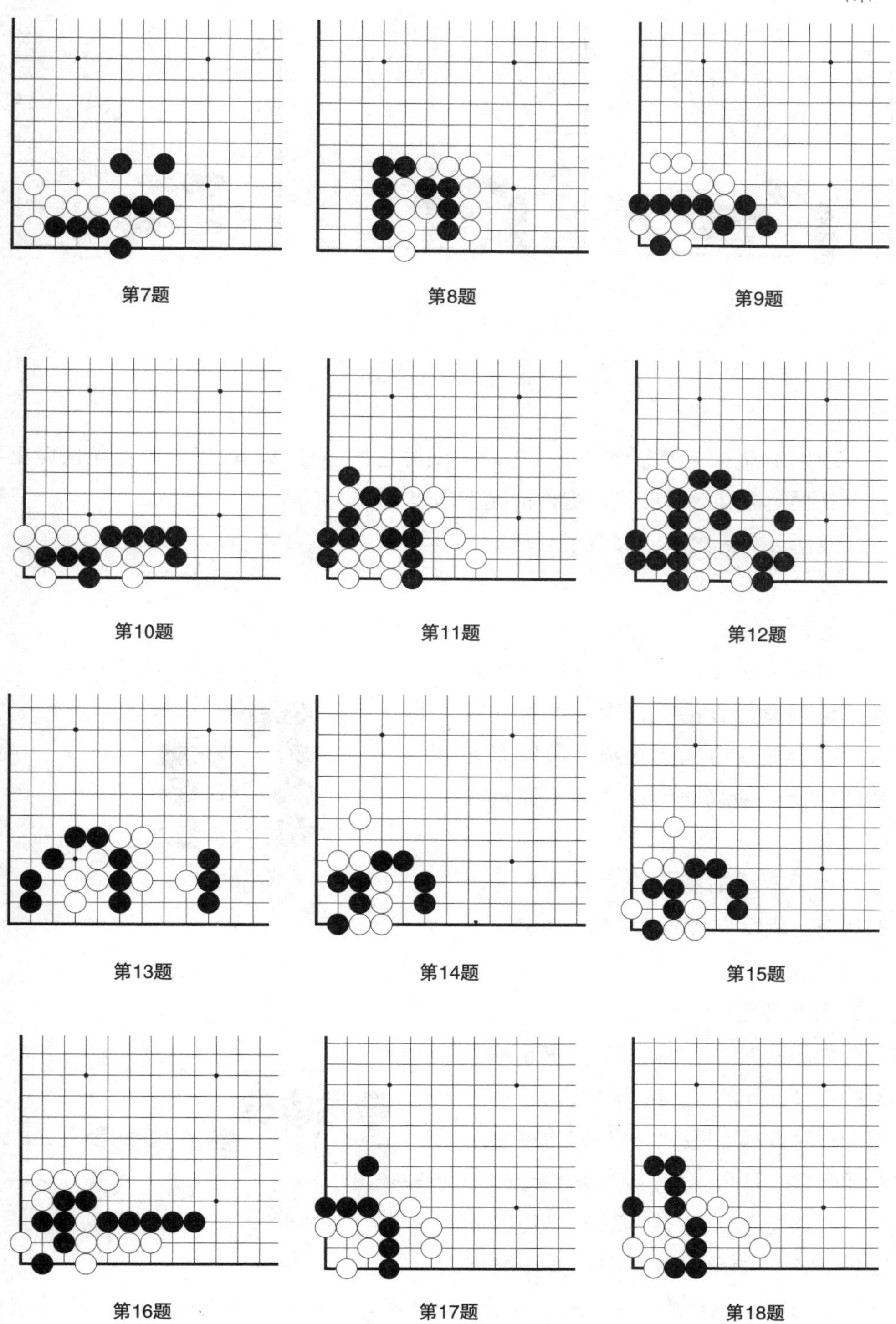

第7题　第8题　第9题

第10题　第11题　第12题

第13题　第14题　第15题

第16题　第17题　第18题

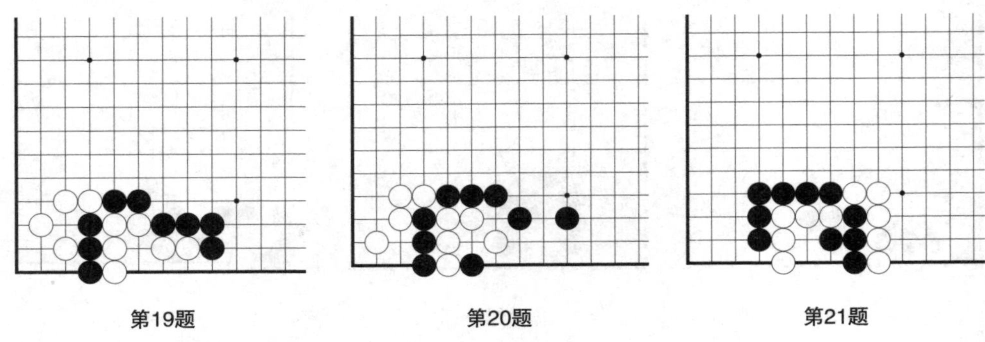
第19题　　第20题　　第21题

第三节　双活

围棋中存在一种形似对杀，但双方实际情况中谁也不敢紧气，也无法做出两个真眼的标准活棋形状，这种情况就是双活。

双活分为无眼双活和有眼双活。

一、无眼双活

如图6–3–1中，黑棋与白棋此时都不敢去紧△处的气，因为谁先去紧气，就会被对方马上提掉，所以双方就此保持无两真眼但谁也杀不掉对方的状态。

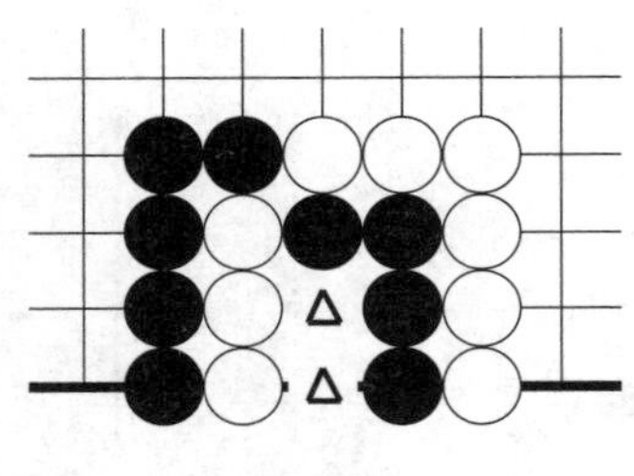
图6–3–1

无眼双活的特点是双方都是无眼的状态，且双方有两口公气。

二、有眼双活

如图6–3–2中，黑棋与白棋此时都不敢去紧△处的气，因为谁先去紧气，就会被对方马上提掉，所以双方就此保持无两真眼但谁也杀不掉对方的状态。

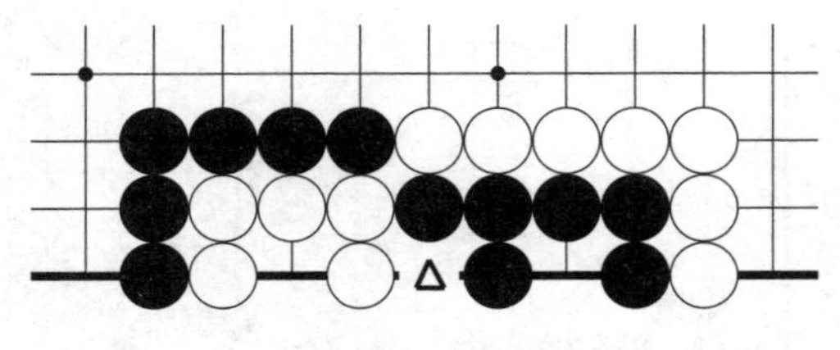
图6–3–2

有眼双活的特点是双方都是有一眼的状态，如果一方有眼一方无眼就会变为有眼杀无眼的对杀，不是双活了。有眼双活只有一口公气。

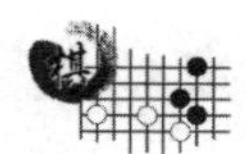

第七章　围地

第一节　角、边、中腹的区别

就像此书开始所讲的那样，因为大部分初学者对围棋的认识就是吃子，在水平提高之前思路和下法还上升不到围地思维，所以初学时可以先在棋盘中央练习局部的攻防。在此后的学习过程中再强调围棋胜负的核心——围地，不断地植入围棋正确的思考路径。通过大量基础知识的学习后，从这章开始我们将真正了解围地的思路与下法。

如图7-1-1中，在角、边、中腹三处都有用棋子围成的地盘，它们相同之处是所围的空都是四个交叉点，也就是围的地盘一样大；但它们所花的棋子数量并不一致，其中角上只用了四颗棋子，边上用了六颗棋子，中腹用了最多的八颗棋子。

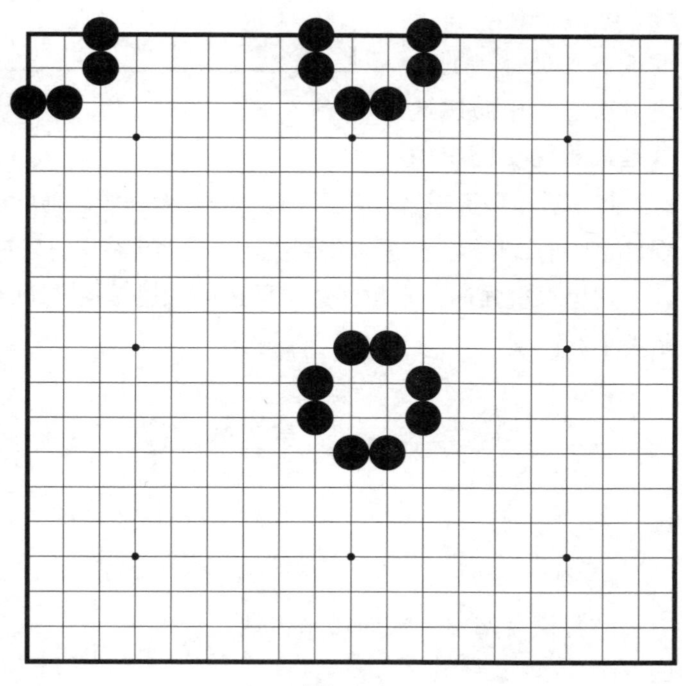

图7-1-1

从中我们就可以看出在所围地盘一样大的时候，角上所花棋子的数量是最少的，边上所花棋子数量第二少，中腹所花棋子数量最多。

如图7-1-2中，在角、边、中腹三处都有一颗棋子，它们相同之处是所花棋子数量一样；但它们所围的地盘大小并不一致，其中角上一颗棋子大致控制了整个角的地盘，边上一颗棋子只占了向下的一条线的地盘，中腹一颗棋子仅仅占了一个交叉点。

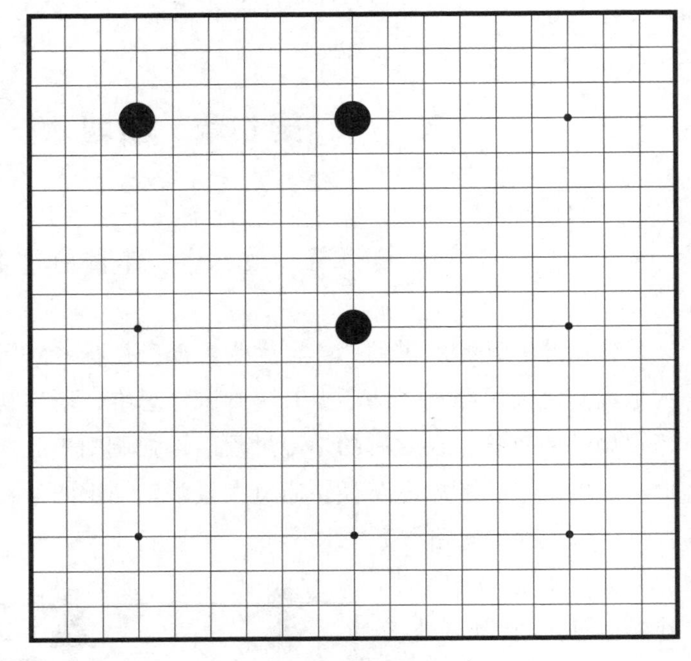

图7-1-2

从中我们就可以看出在所花棋子数量一样的时候，角上所占地盘是最大的，边上所占地盘是第二大的，中腹所占地盘是最小的。

综上所述，角上围地盘是最容易的，边上次之，中腹围地盘是最难的。围棋中有一句话对这种道理进行了简单的描述：**金角银边草肚皮**。所以围棋的下法一般都是先从角部开始，然后发展到边上，进而再往中央发展。

这里再次强调，金角银边草肚皮的意思是指各个区域围地盘的难易，而不是大小。

第二节　拆、飞

一、拆

1. 拆

沿着棋盘四周，横向用来占地盘的下法。

如图7-2-1中，在边上一子的基础上，横向在△处落子就是拆。因为两子之间间隔两条线，被称为拆二；若下在A处则是拆一；下在B处是拆三。

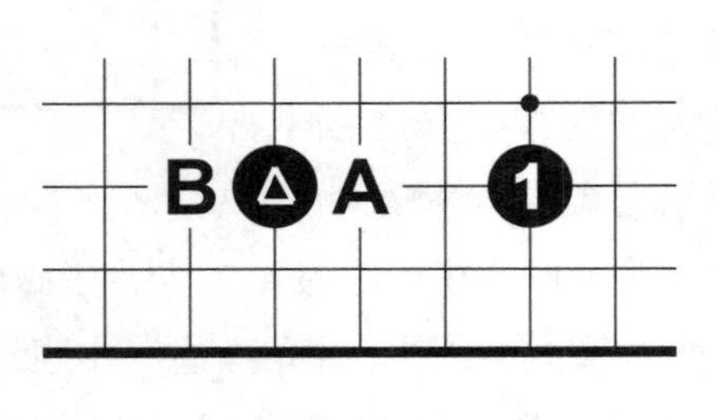

图7-2-1

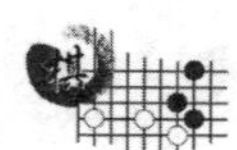

2. 拆的位置

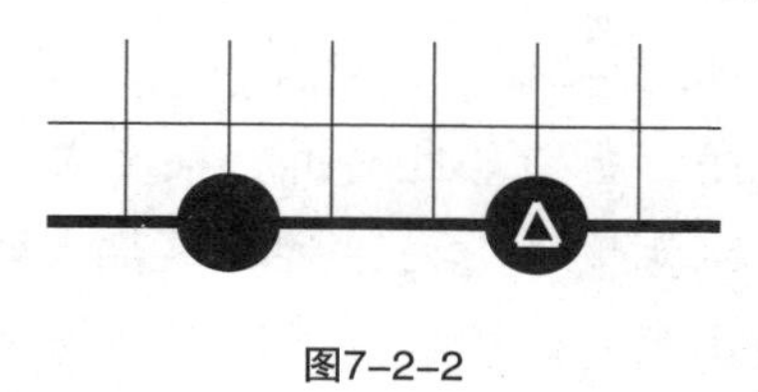

图7-2-2

拆的下法是用来占据地盘的，所以拆都是以下在三线与四线为主。

如图7-2-2中，拆在一线，地盘不光小且棋子贴近棋盘边容易被攻。

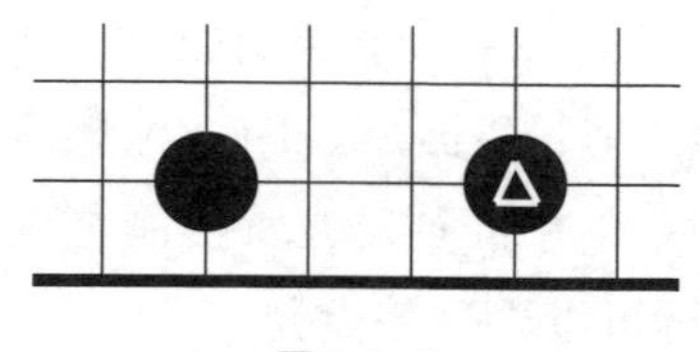

图7-2-3

如图7-2-3中，拆在二线，地盘太小且依然太靠近棋盘边还是易被攻。

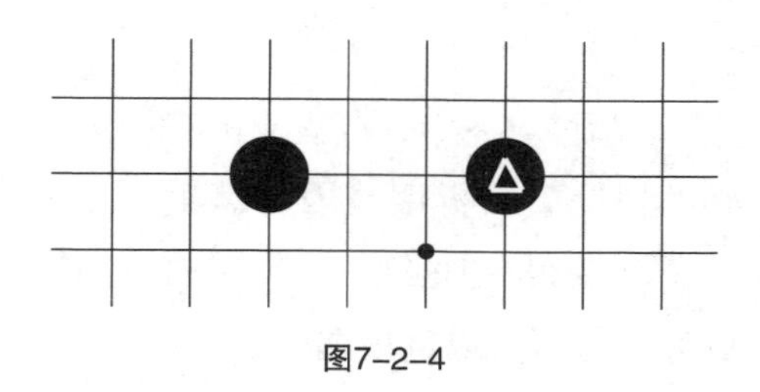

图7-2-4

如图7-2-4中，拆在五线，地盘过于空虚易被对手破坏。

拆在三线和四线的话，既有地盘同时可以利用边线吃子等方法守住地盘，如图7-2-5中A、B这样。

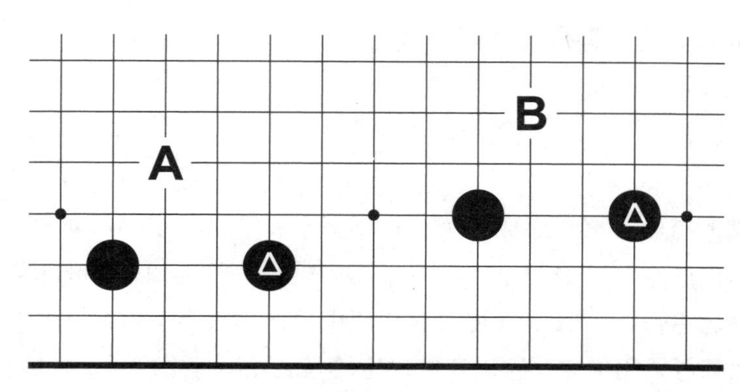

图7-2-5

3. 拆的固定下法

拆在满足一定情况时有几种固定下法：一子拆二、立二拆三、立三拆四。

如图7-2-6中，当有一子为基础的情况下，拆二。此时拆一幅度太小，所占地盘不大；拆三的话，距离太远易被攻击断开。所以一子拆二是既最大幅度占领地盘，又顾及了自身安全。

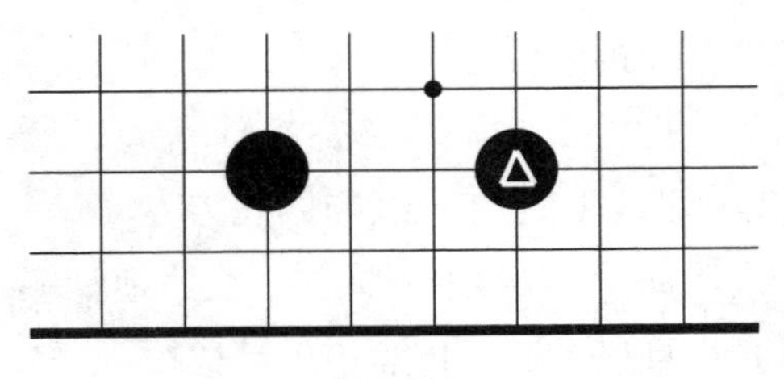
图7-2-6

如图7-2-7中，当有立的二子为基础的情况下，拆三。因为黑棋多了一子，变得更加强大，所控制范围大，所以拆可以更远一点儿。

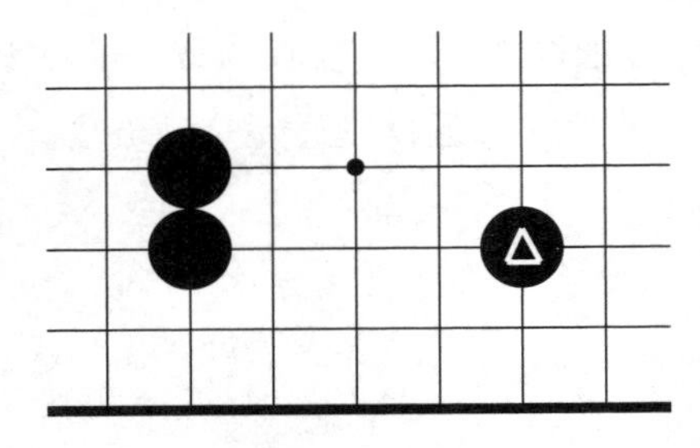
图7-2-7

如图7-2-8中，当有立的三子为基础的情况下，拆四。因为黑棋又多了一子，变得更加强大，所控制范围也更大，所以可以拆更远一点儿。

以上就是拆的几种固定下法，但切记不可以此为依据有立四拆五等想法，因为即使棋再强所控制的范围也不可能无限大，所以拆得再远的话会被攻击破坏。

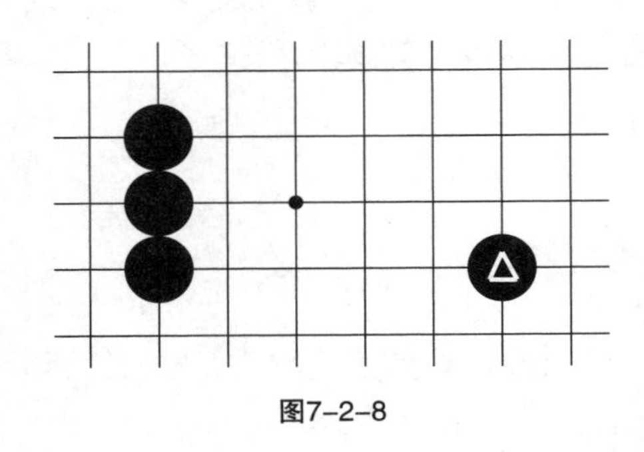
图7-2-8

二、飞

在棋盘上与已有棋子形成一个“日”字形或“目”字形斜对角的下法被称作飞。在前面的章节中我们已经学习过飞的棋形，并且知道了飞可以在棋遇到危险时帮助己方逃跑。其实飞在实际应用中的作用很多，进攻、封锁、围地、逃跑等方面都可以用到它。这里我们讨论的是飞在围地中应用。

因为大飞棋子之间的距离较远，坚固程度较差，这里我们学习的是坚固程度更高的小飞。常见的小飞围地的方法有两种：二线、三线小飞和三线、四线小飞。

1. 二线、三线小飞

指棋形中一子在二线上，另一子在三线的小飞。如图7–2–9所示。

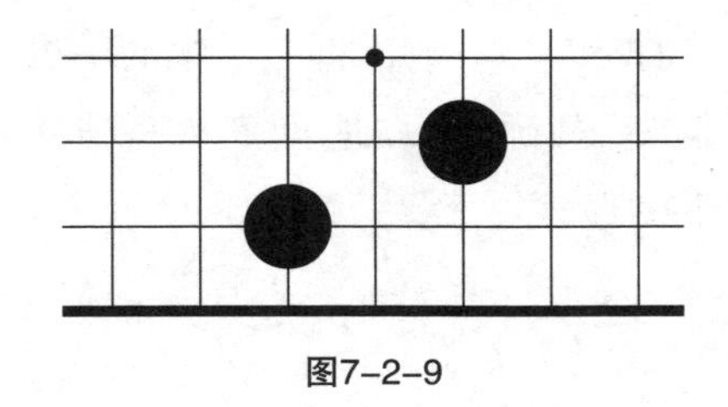
图7–2–9

2. 三线、四线小飞

指棋形中一子在三线上，另一子在四线的小飞。如图7–2–10所示。

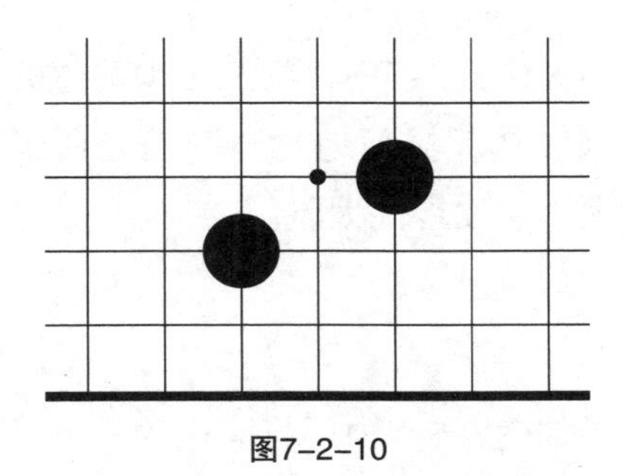
图7–2–10

以上这两种小飞都是可以用来在棋盘边上围地的下法。其中二线、三线小飞围地的位置太低，所以三线、四线小飞的使用频率更多。至于位置更高的小飞，因其对地盘的保护能力更差，所以围地一般不会使用，其意义与拆的道理类似。

第三节　高低配合

围棋是一种很讲究棋子和棋子之间配合的棋类。在前面所学习的吃子、逃跑等下法都是棋子和棋子之间的相互作用、相互配合，在一定的方式方法后得到己方想要的结果。那么，围地也一样需要各个棋子之间有所配合才能使所围地盘坚固不易被破坏，其中很重要的一条就是高低配合。

通过高低配合的名称我们可以看出，在围地的时候不同棋子之间形成高位低位的相互配合才是有效围地的关键。加上前面的学习，我们也可以看出在棋盘边上的三线与四线上围地是既有地盘又坚固，所以我们讨论高低配合的时候基本上就是围绕三线与四线围地的配合。

这里我们举几个简单道理来帮助理解。如图7–3–1中，黑三子全部在三线上，白棋已经无法对其进行有效的破坏了，那么黑棋的地盘就显得有些局促，没有利用高低配合来扩大优势。

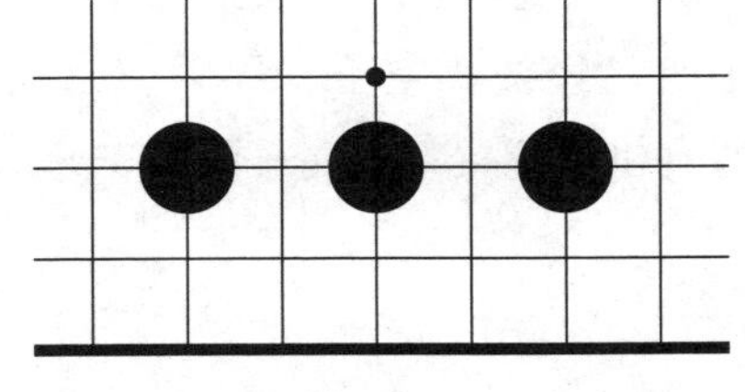
图7–3–1

如图7-3-2中，将三子中的中央一子提高到四线上，地盘依然坚固并且比上图地盘更大。

图7-3-2

如图7-3-3中，将三子中两边的子降到二线，虽然地盘坚固但是所围地盘太小、发展性太差。

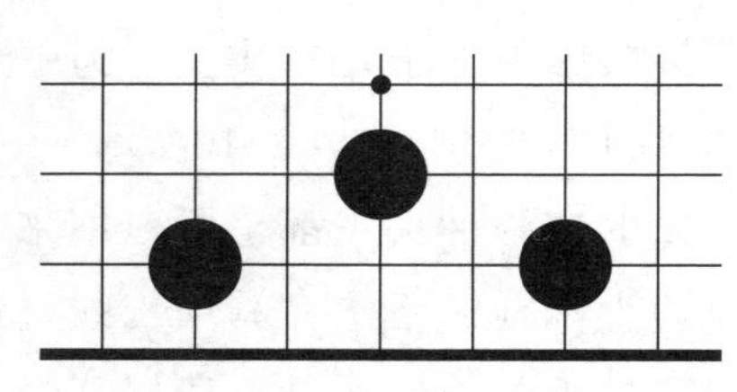

图7-3-3

如图7-3-4中，将旁边的一子提高到四线，看起来不错，但因为是旁边的棋“翘起来”了，有地盘“漏风”之嫌。这样，黑棋的主体就是左边拆一的两颗黑棋，反而有地盘变小的意思。

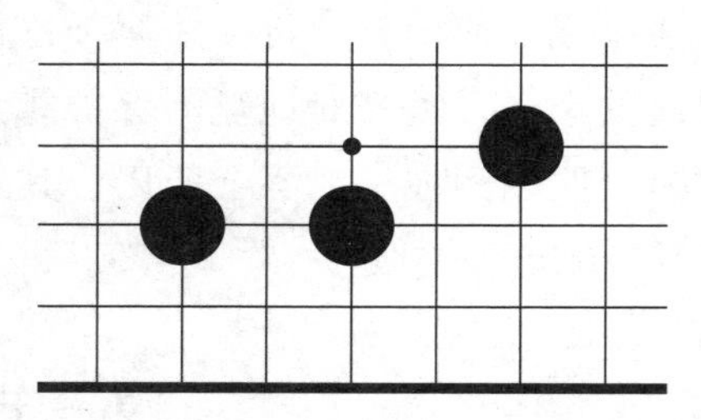

图7-3-4

如图7-3-5中，黑棋三子在四线上，因为全部在高位，黑棋地盘的坚固程度存在问题。

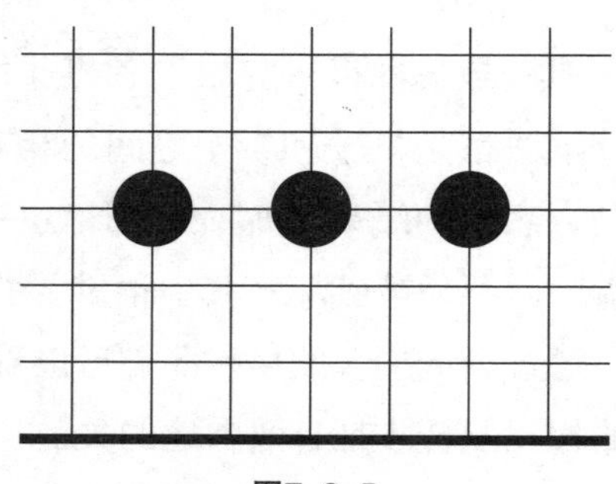

图7-3-5

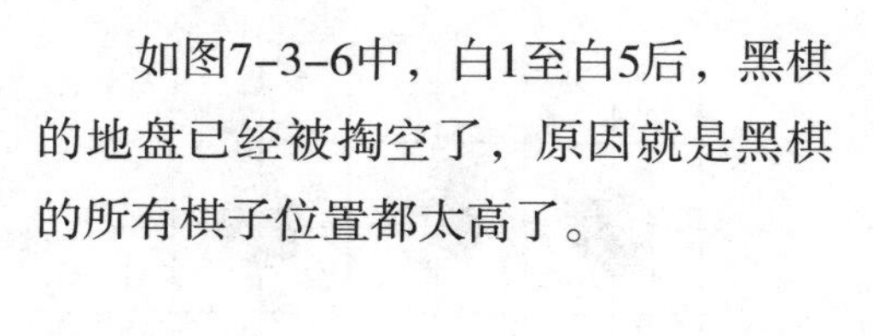

如图7-3-6中，白1至白5后，黑棋的地盘已经被掏空了，原因就是黑棋的所有棋子位置都太高了。

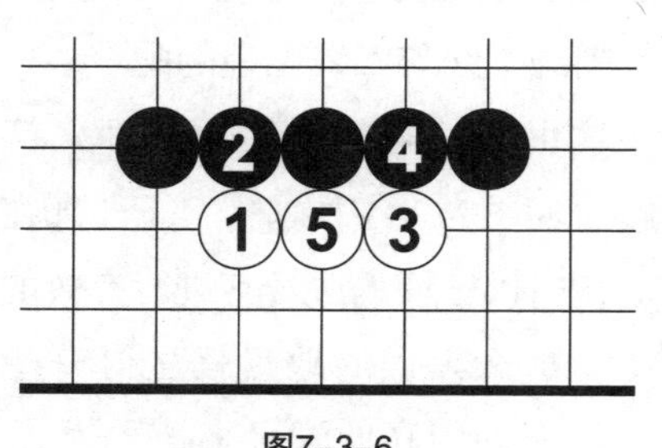

图7-3-6

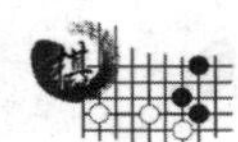

如图7–3–7中，将两边的黑棋降到三线，与图7–3–5相比看起来像小了，但因为地盘的坚固程度大大提高，这样就避免了上图中被对方掏空的风险。

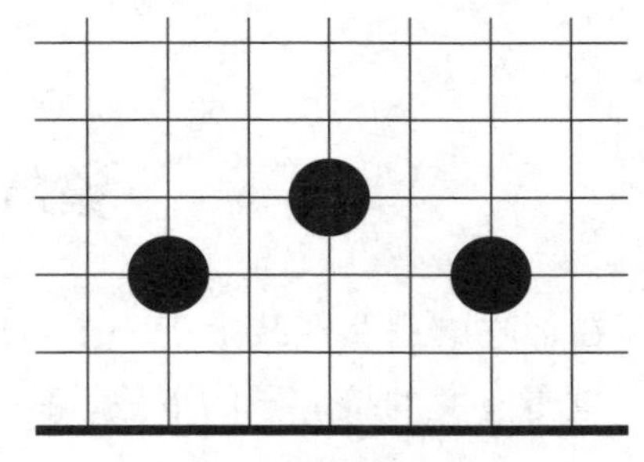

图7–3–7

如图7–3–8中，将中央的一子降到三线，与图7–3–4的情况一样，两边的棋“翘起来”了，地盘“漏风”，主体仅为中央一子了。

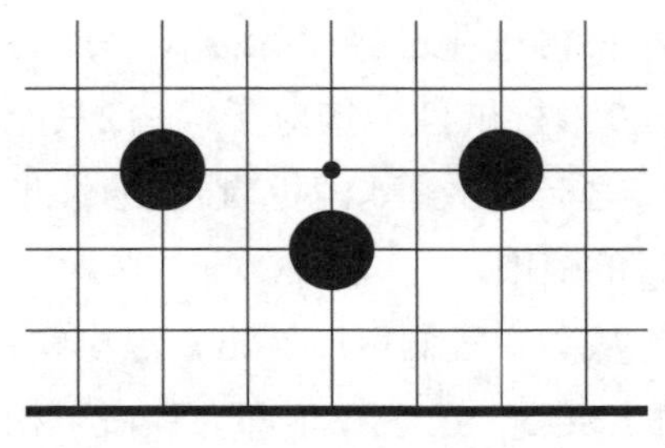

图7–3–8

如图7–3–9中，把中央一子提高到四线，地盘更高了，坚固程度没有改观，依旧可能被掏空。

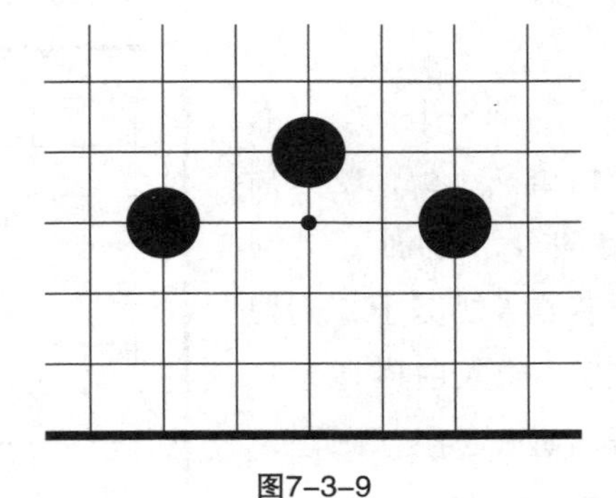

图7–3–9

综上所述，要想使所围地盘既大又坚固，棋与棋之间一定要有高低配合。高低配合的核心就是要用棋子之间的配合来加强地盘的坚固程度。简单总结有几点：一、棋子基本要在三线或者四线，其他线的棋子的发展性或坚固程度不好；二、高低配合中的“高”尽量要在地盘当中，如果在两旁的话，地盘就有开门漏风之嫌；三、拆与飞要配合使用。

第八章 引征

在征吃的逃跑路线上走一个与地盘、攻击有关的接应子的下法，称为引征。

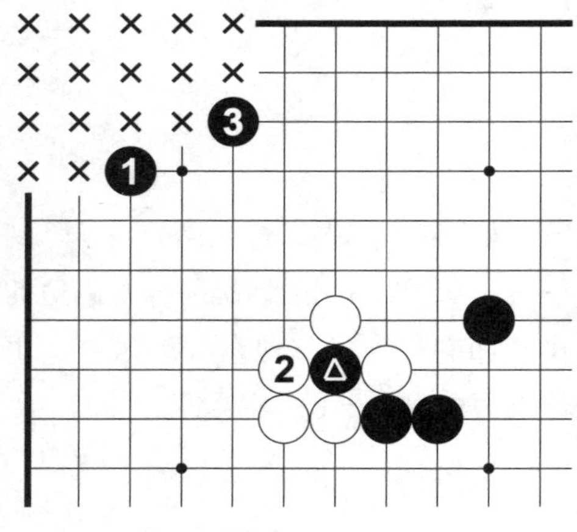

图8-1-1

如图8-1-1中，黑棋△一子被白棋征吃，再逃跑已经毫无意义，此时黑1在边角行棋且为接应子，白2只能提掉，之后黑3在黑1的基础上继续扩大自身的范围。

从图中我们可以看出，黑棋在1、3两步棋后，已经在角部大致占了相当可观的地盘（×处），反观白棋的收获只是将△黑一子吃掉后的一点点地盘，白棋大亏。

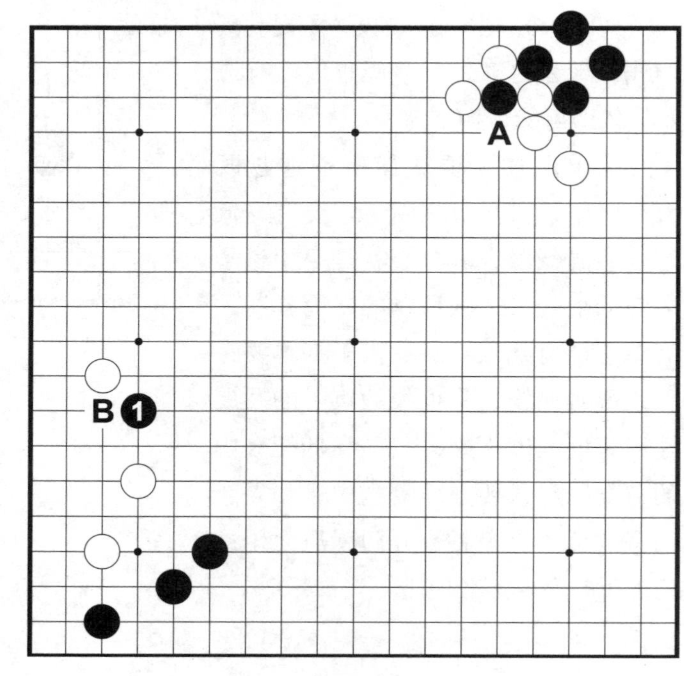

图8-1-2

如图8-1-2中，右上角黑一子被征吃，黑1于左下角引征。此时白若在A处提子，则黑在B处冲入白棋地盘；若白在B处挡，则黑可以在A处逃跑。

从以上两题可以看出，在出现征吃之后，有效地利用引征的方法可以在实际对局中占得先机。引征实际上就是一个跟地盘、攻击有关的接应子，它所包含的

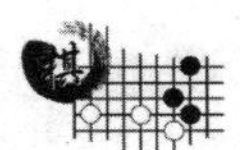

意义要比单纯的接应子要多也更加复杂，但是如果能善于利用引征，就可以在征吃中扭转不利局面。

因为引征的存在，在既能征吃又可以枷吃的情况中，我们要选择枷吃，要尽量避免对手利用引征的便宜。所以围棋中有一句话——能枷不征。

第九章　布局

在前八章的基础知识学习后，从本章开始我们要学习围棋常见进程的下法。

围棋的整个进程被分为三个阶段：布局、中盘、收官。

布局是一盘棋的第一阶段，即沿着棋盘的四周，双方互相扩大本方、影响对方范围的阶段。布局阶段简单说就是双方围绕着棋盘的四周互相扩大本方势力范围，并在进行中尽量限制对方发展，为之后的中盘阶段打好基础。所以一盘棋的好坏与布局有很大关系，本章开始我们就来学习一些与布局相关的基础知识。

此外，中盘是双方围绕着地盘互相争夺发生激烈战斗的阶段，本阶段地盘往往会发生大幅增加、减少。

收官是一盘棋的尾声，地盘不会再产生剧烈的变化，是双方以彼此地盘的边界为界线，争夺剩余地盘的阶段。

第一节　基础术语

一、角上位置名称

1. 星位

每个角上4・4的位置被称为星位。

如图9-1-1中，×处就是星位。

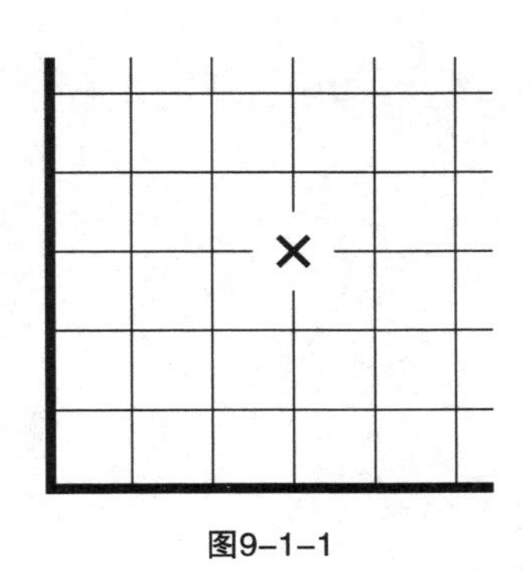

图9-1-1

2. 小目

每个角上3・4和4・3的位置被称为小目。

如图9–1–2中，角上两个×处就是小目，一个角上有两个小目。

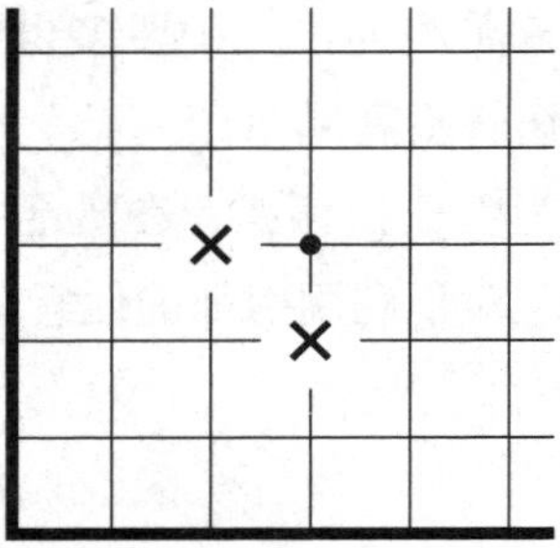

图9–1–2

此外，延伸一下其他相关位置名称。每个角上3・5和5・3的位置被称为目外；每个角上4・5和5・4的位置被称为高目。目外和高目这两种位置在实际下棋的时候并不常见，所以只要先了解两种位置的准确方位和叫法就可以。

如图9–1–3中，两个△处就是目外，两个□处就是高目。

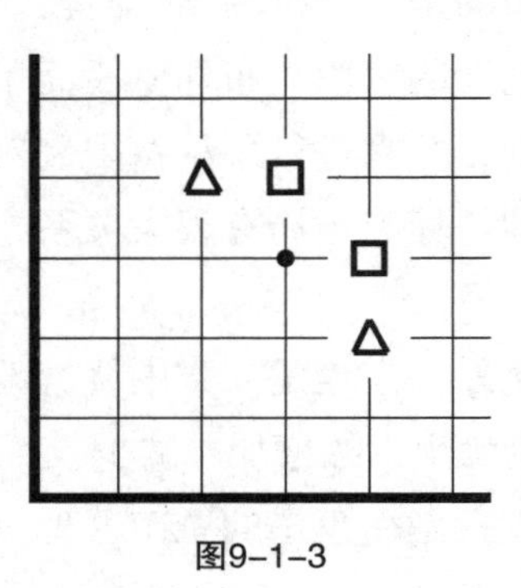

图9–1–3

3. 三三

每个角上3・3的位置被称为三三。

如图9–1–4中，×处就是三三。

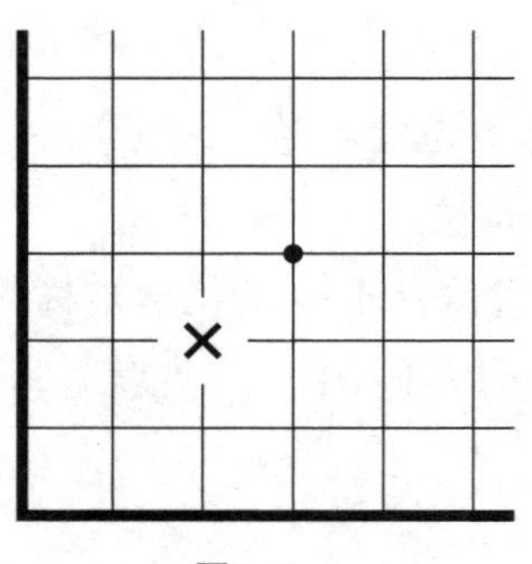

图9–1–4

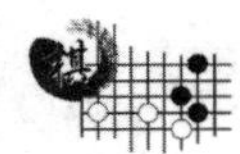

4. 星位、小目、三三的区别

从每个位置的所在线数来看，星位每边都是四线是高位，所以其发展速度快、范围大，但是坚固程度很差易被破坏；三三每边都在三线是低位，其坚固程度很强，但位置太低发展速度太慢不利于布局速度；小目一边在三线上，一边在四线上，所以介于星位和三三之间，既一定程度上照顾了发展速度，又一定程度上照顾了坚固程度，比较平衡。

星位因为发展的速度快，符合现今布局对速度的要求，在布局中很常见；小目较为平衡，在布局里可以弥补速度上带来的坚固程度上的缺失，也很常见；三三因为位置太低发展性不好，不符合现今对布局速度的要求，所以三三在现今布局中并不常用。

所以在实际布局中，要依据自身的想法和意图来决定在角上所下的起始位置。追求发展速度可以多用星位；意图平衡平稳可以星位小目相互配合。具体我们在今后讨论。

二、挂角与守角

1. 间

棋子之间线数的间隔被称为间。

如图9–1–5中，A中黑棋2子之间差一条线的间隔，称一间；B中黑棋两子之间差两条线的间隔，称二间。

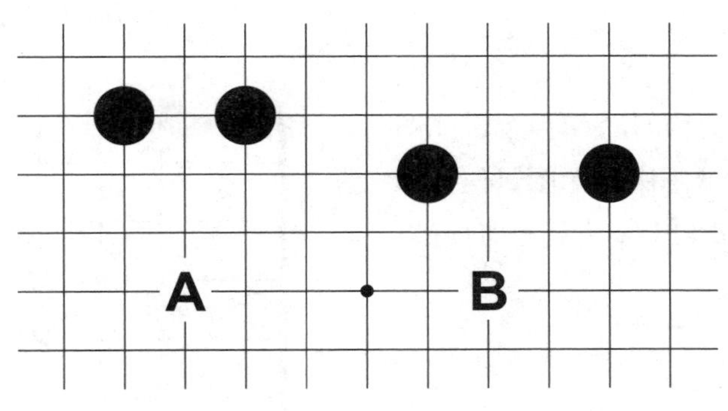

图9–1–5

2. 关

与己方在棋盘上的原有棋子隔一路行棋被称为关。

如图9–1–6中，A中形成一个跳的棋形，称为单关；B中形成两个跳的棋形，称为双关。

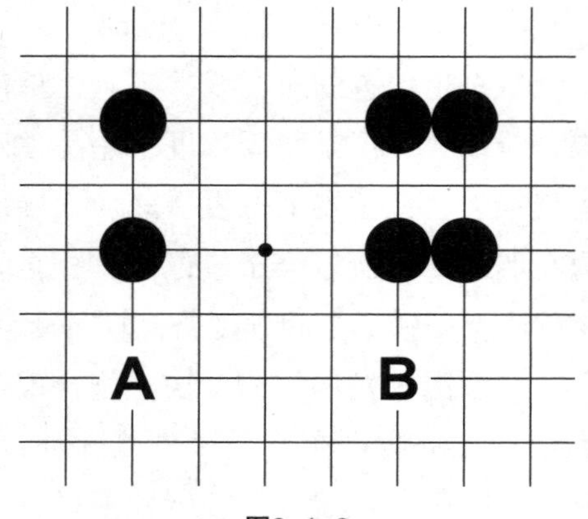

图9–1–6

3. 挂角

下在对方占角子的外围，限制影响对方角的下法。

星位常见的挂角位置一共有8个，如图9–1–7中×处。从图中可以看出星位一共有两个方向可以挂角，每个方向上有4个。两个方向互为对称。

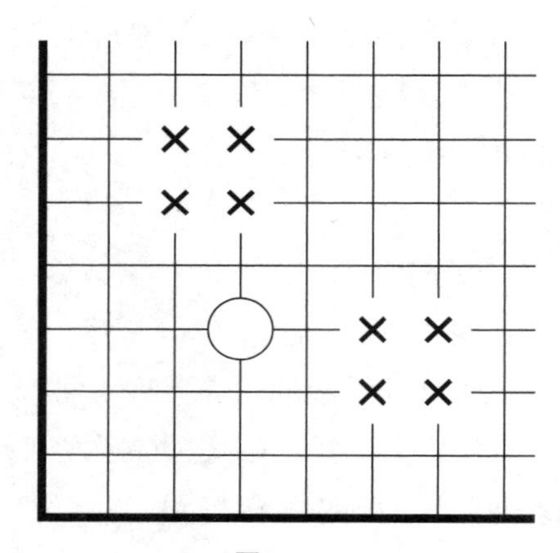

图9–1–7

小目常见的挂角位置有4个，如图9–1–8中×处。从图中与上图星位挂角位置可以看出小目只有一个方向可以挂角。

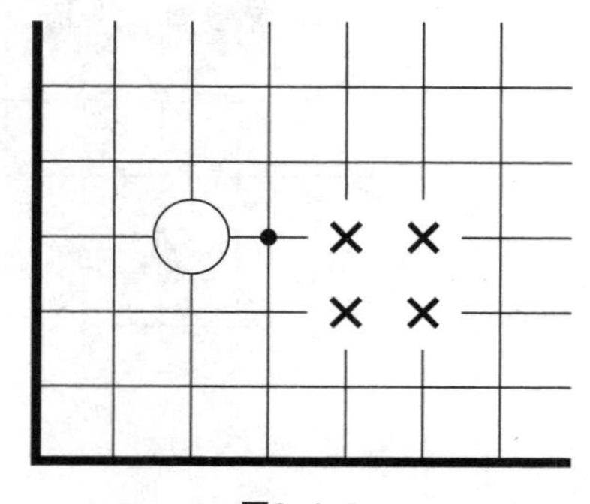

图9–1–8

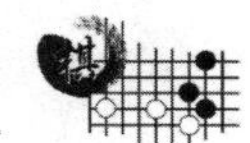

三三常见的挂角位置一共有8个，如图9-1-9中×处。从图中可以看出三三与星位挂角一样，也有两个方向可以挂角，每个方向上有4个。

从以上3图可以看出有对称性的角具有两个挂角方向，不对称的小目只有一个挂角方向。所以在针对小目挂角时切记不要选错方向。

每个挂角都有固定的名称，我们以星位为例来了解一下每个挂角的命名。

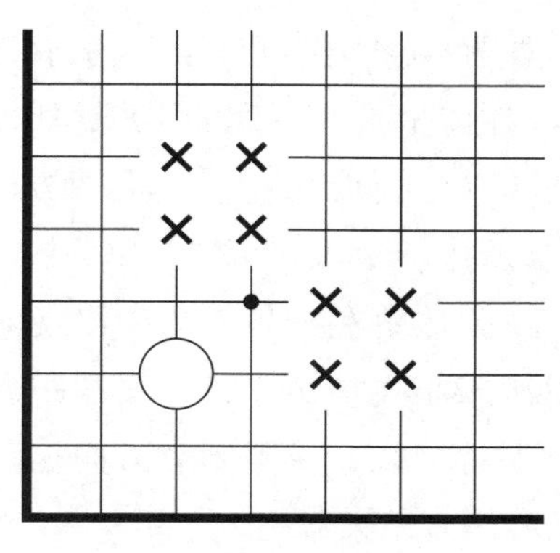

图9-1-9

如图9-1-10中，黑1挂角，挂在三线上且与白棋保持了一间的距离，所以我们把其称为一间低挂。因其与对方棋子形成小飞的棋形，又可以简称为小飞挂角。

小飞挂角在挂角下法中极为常见，因为其下在对方棋的错位，对对方棋的影响尤其是对地盘施加的压力较大，故在挂角中往往都是第一选择。

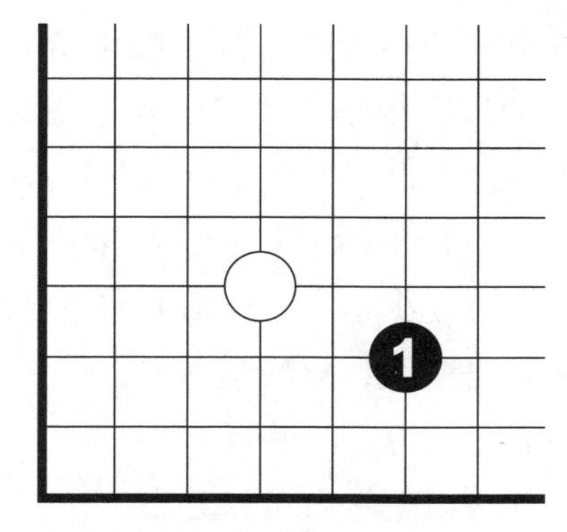

图9-1-10

如图9-1-11中，黑1挂角，挂在三线上且与白棋保持了二间的距离，所以我们把其称为二间低挂。因其与对方棋子形成大飞的棋形，又可以称为大飞挂角。

大飞挂角虽与对方是错位，但因距离较远，给对方的压力不及小飞挂角，故在挂角中不很常见。

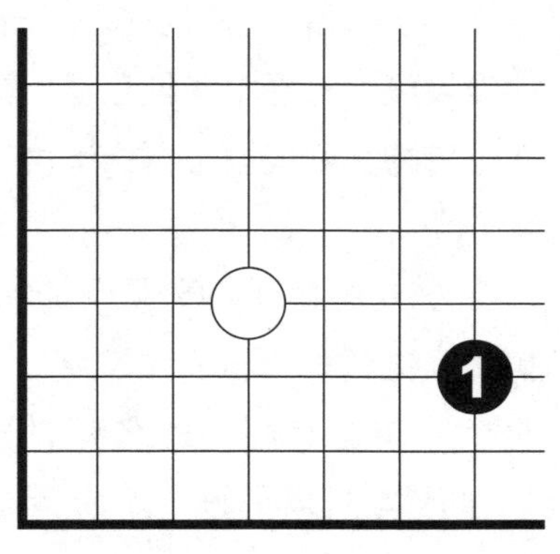

图9-1-11

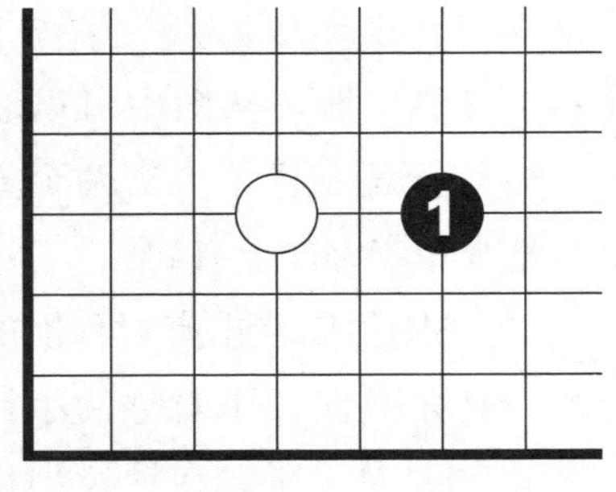
图9–1–12

如图9–1–12中，黑1挂角，挂在四线上且与白棋保持了一间的距离，所以我们把其称为一间高挂。因其与对方棋子形成跳的棋形，又可以称为单关挂角。

单关挂角在挂角下法中出现的频率仅次于小飞挂角。其一间的距离与对方保持平线，对限制对方向挂角方向的发展有很大作用。

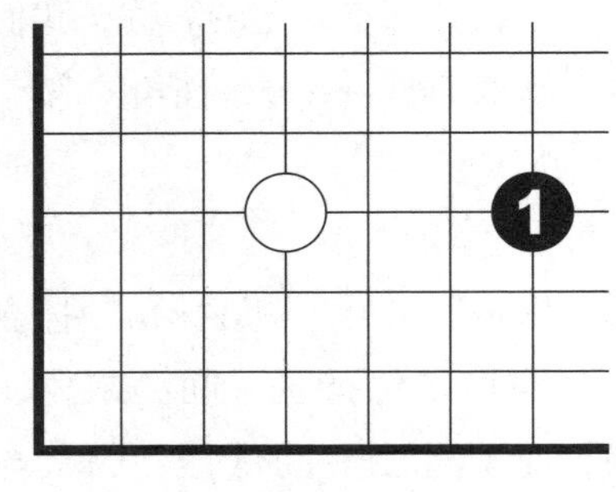
图9–1–13

如图9–1–13中，黑1挂角，挂在四线上且与白棋保持了二间的距离，所以我们把其称为二间高挂。

二间高挂因与对方棋子距离较远且在高位，所以在实际下棋中给对方施加的压力较小，更多的是限制对方的发展。

小目挂角的命名方式与星位是一致的，就是少了一个挂角方向而已。三三挂角的命名也是如此，但因三三位置起始就是三线，故略有不同，但三三在实际下棋中并不常见，不在这里讨论，以后有涉及再进行说明。

通过以上学习可以看出，在挂角中，小飞挂角和单关挂角因其距离对方棋子较近，对对方影响较大，故在实际下棋中的使用频率就高。

小飞挂角和单关挂角的区别简单可以看为，若想进攻并施加更多压力的话，可以选择小飞挂角；若想更多地限制对方角的发展可以选择单关挂角。但具体用法在今后的实际运用中再详细讨论。

4. 守角

下在本方占角子的外围，起到保护、扩大本方角的下法。

每个守角也有固定的名称，我们还是以星位为例来了解一下每个守角的命名。

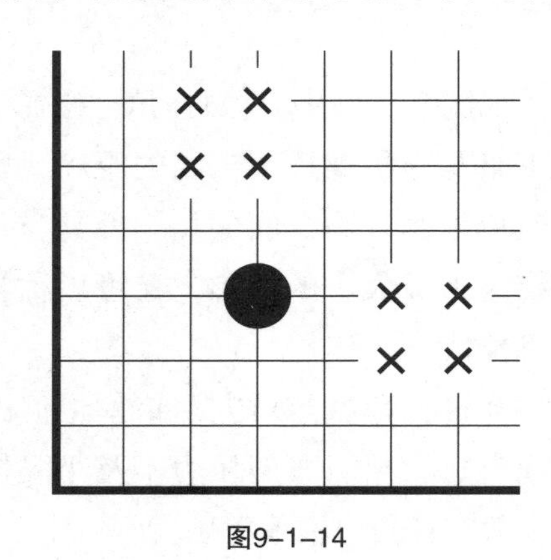
图9–1–14

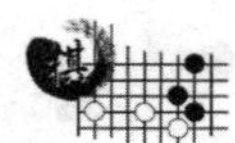

如图9–1–15中，黑1因其与本方棋子形成小飞的棋形，称为小飞守角。守角与挂角相比不用区分几间和高低位，只用棋形来表示即可。

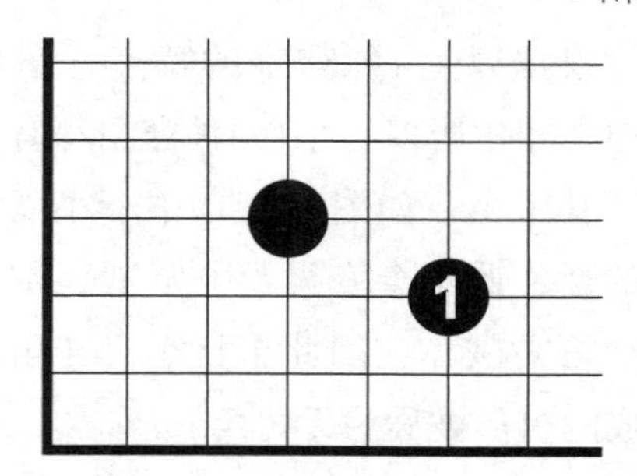

图9–1–15

如图9–1–16中，黑1因其与本方棋子形成大飞的棋形，称为大飞守角。大飞守角因与本方距离较远，对本方的保护力度不及小飞守角，故在守角中不如小飞守角常见。

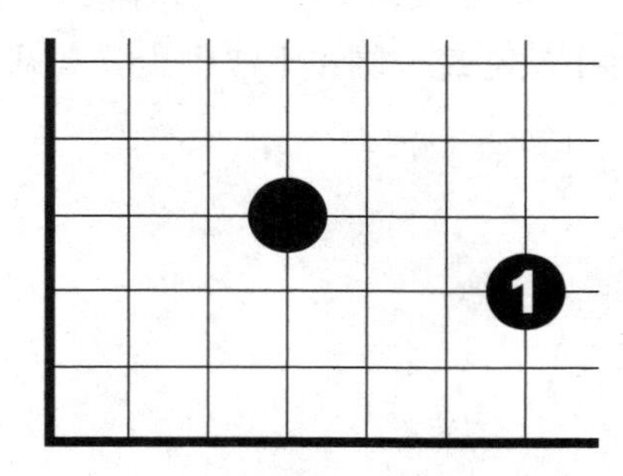

图9–1–16

如图9–1–17中，黑1因其与本方棋子形成跳的棋形，称为单关守角。

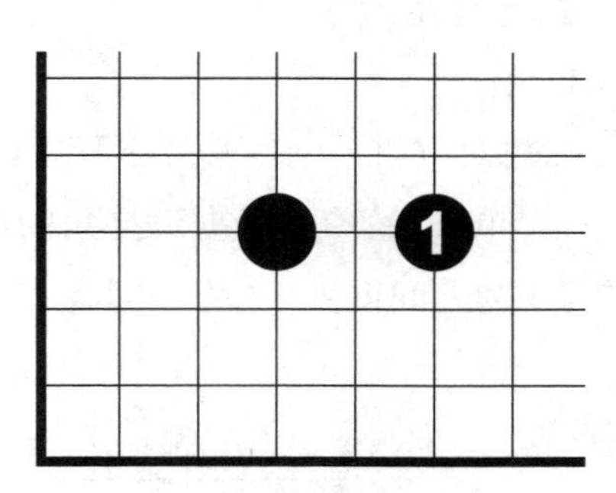

图9–1–17

如图9–1–18中，黑1与本方棋有二间的距离且还在高位，此守角对角的保护不是十分牢固，故一般并不称为守角了，在实际对局中一般称为二间高拆。

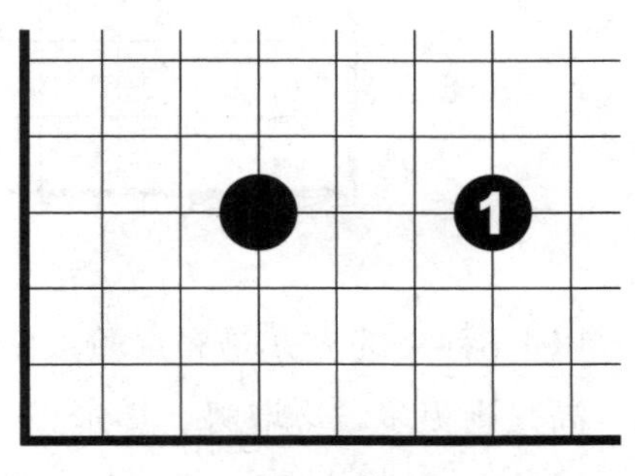

图9–1–18

根据以上4种守角的特点，星位下小飞守角居多；小目4种守角都有下的。其中小目如图9-1-19中下小飞守角的话，此角会变得十分坚固，基本不会再被破坏，因此小目小飞守角所形成的棋形被称为无忧角。

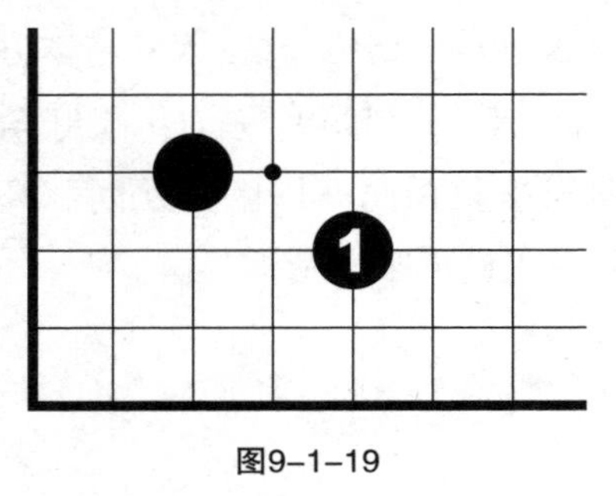

图9-1-19

如图9-1-20中，小目二间高拆。此种下法在现今围棋下法中十分常见。

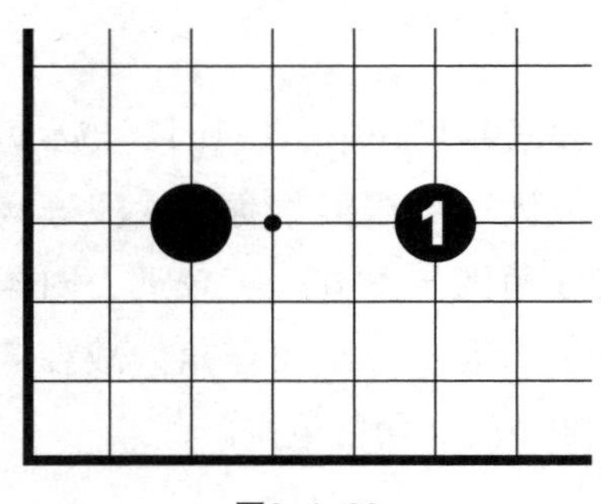

图9-1-20

三、其他常用术语

1. 夹

夹攻对方棋子，使其处于我方棋子之间的下法。

如图9-1-21中，依据对挂角的命名方式，黑1称为一间低夹。依次A为二间低夹，B为三间低夹，C为一间高夹，D为二间高夹，E为三间高夹。

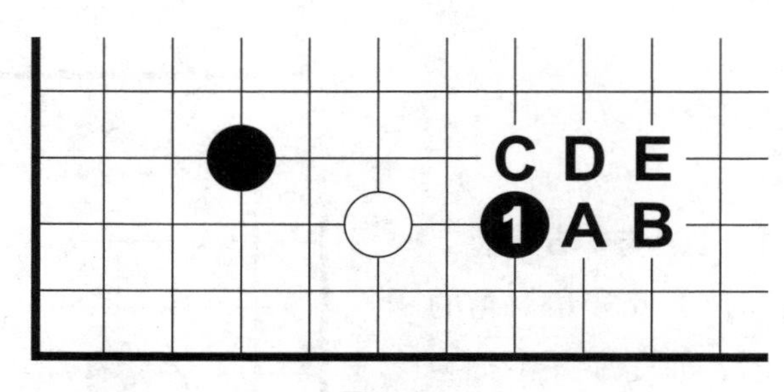

图9-1-21

以上6种夹的方式是布局阶段常见的夹攻下法。其中低夹更多考虑地盘问题；高夹则更多考虑取势、扩张。一间夹是夹攻中进攻性最强的，对对方棋子的影响最大；到三间夹，更多是考虑另一个方向上己方的发展。

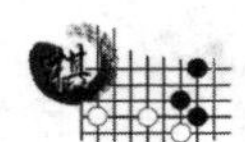

2. 压

紧贴对方棋子下在其上方。

如图9-1-22中，黑1即为压。因压是下在对方棋子的上方，所以压的作用是阻止对方棋向中央发展。

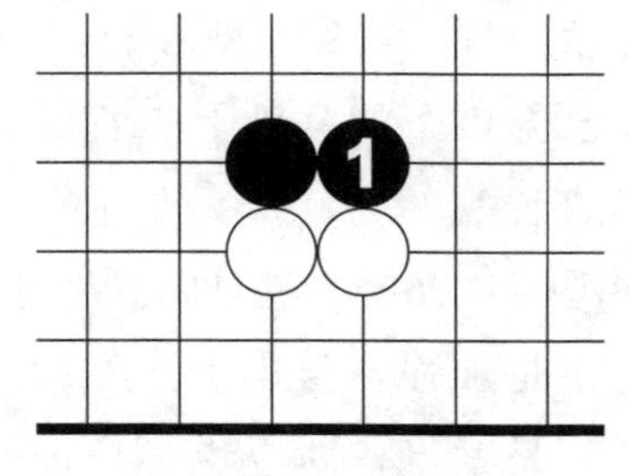

图9-1-22

3. 镇

以单关的形式下在对方棋子的上方。

如图9-1-23中，黑1即为镇。因镇是下在对方棋子的上方，所以其与压的作用类似，限制对方向中央发展。

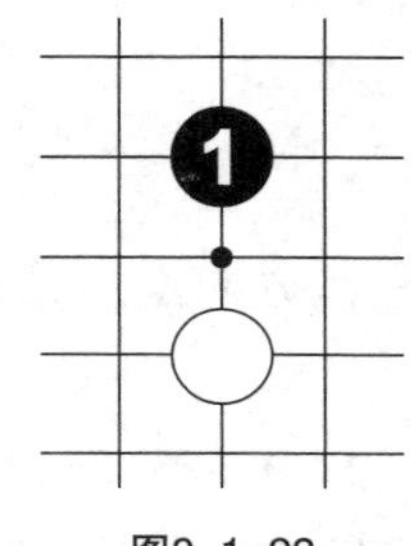

图9-1-23

4. 靠

以紧气的形式下在对方棋子的身上。

如图9-1-24，黑1即为靠。靠实际上就是紧气，很直接的进攻方式，但在实际运用中有很多需要注意的事项，比如和碰的区别、防止对方“借劲儿”等，在今后的学习中再讨论。

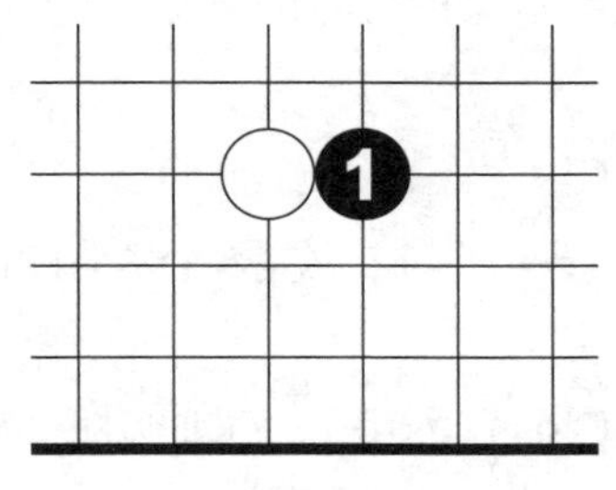

图9-1-24

5. 托

紧贴着下在对方棋子的下方。

如图9-1-25中，黑1即为托。托的作用有很多种，比如扩大眼位、连接等。

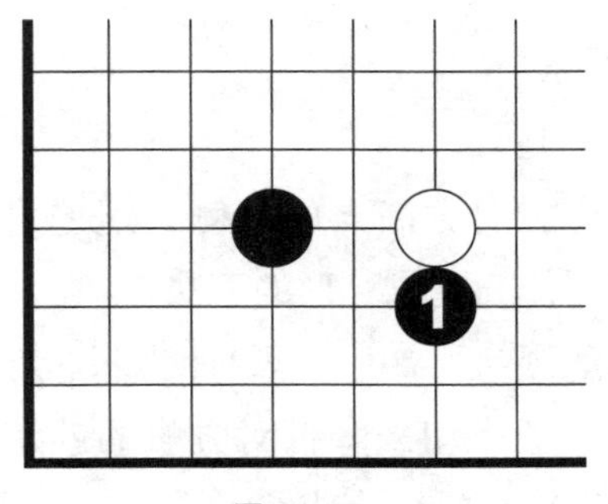

图9-1-25

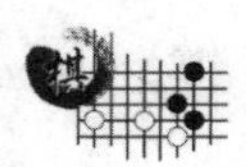

6. 贴

在己方棋子的基础上靠着对方棋子行棋的下法。

如图9–1–26中，黑1即为贴。贴多数情况下是加强自身棋子强度，因为其本质就是紧气，所以也是一种使对手变弱的手段。

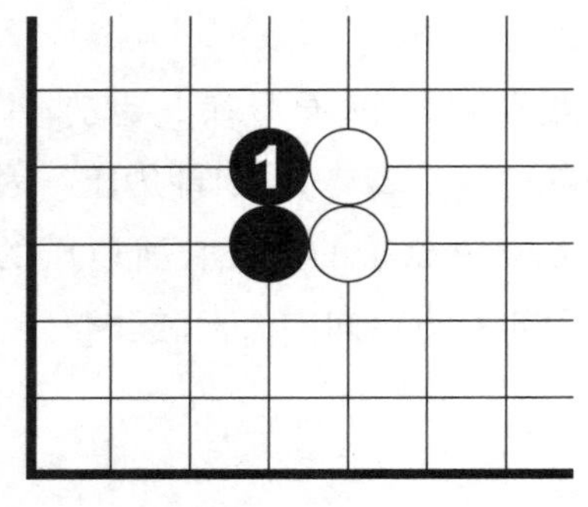

图9–1–26

7. 退

向本方地盘方向走长，即往回走的下法。

如图9–1–27中，黑1即为退。在黑棋一子受到白棋威胁之后，黑1向着△处已有的黑一子方向，向回走，所以退一般都是保护自身的下法。

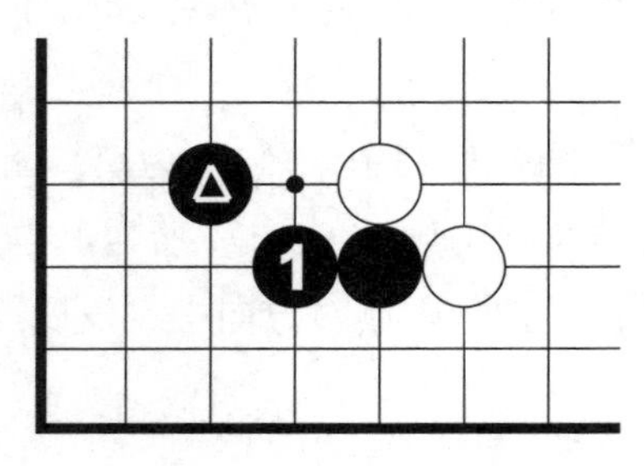

图9–1–27

8. 爬

沿着一线与二线紧贴对手横向行棋的下法。

如图9–1–28中，黑1即为爬。爬一般是在靠近棋盘边线时用来进一步扩大或缩小做眼位置的下法。

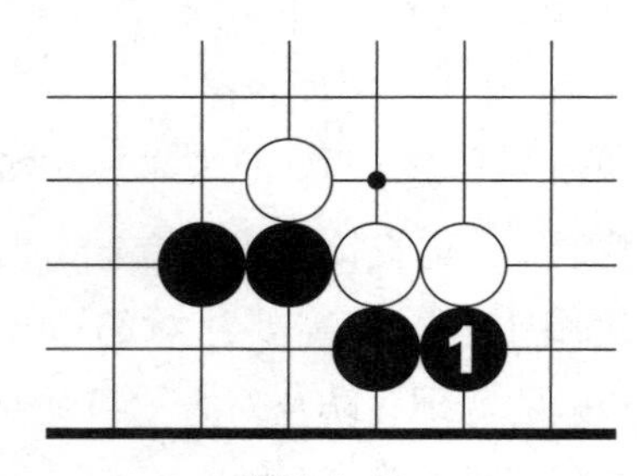

图9–1–28

9. 刺

走在对方断点的外侧，逼迫对方补棋，使其变成坏形的下法。

如图9–1–29中，黑1即为刺。刺的作用一般是用来降低对方棋的效率，或为以后行棋留有头绪。

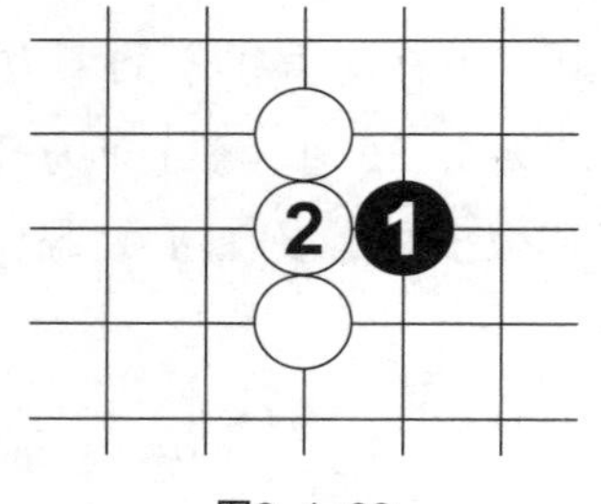

图9–1–29

10. 分断

不走断点而将对方棋子分开的下法。

如图9–1–30中，黑1即为分断。分断的本质与切断一样，都是阻止对方棋子的联络，使对方变弱。

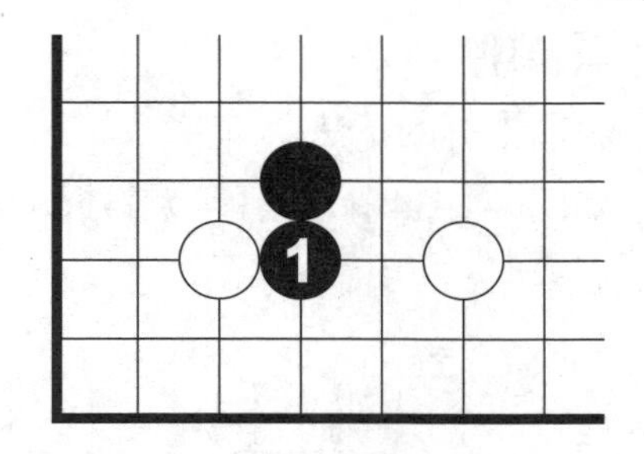

图9–1–30

11. 飞封

利用飞的棋形将对方封锁包围的下法。

如图9–1–31中，黑1即为飞封。飞封是将对手包围、封锁，限制其发展，并不一定是要将其吃掉，包围的同时也收获了外势。

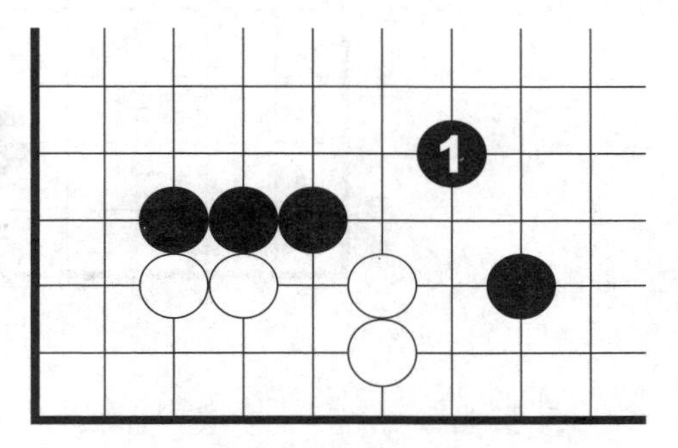

图9–1–31

12. 连扳

在扳的基础上再继续扳的下法。

如图9–1–32中，黑1即为连扳。连扳是本方在扳的基础上继续走扳，连扳是强烈限制对方出头的下法，但本身出现的断点也是在走连扳时需要特别注意的。

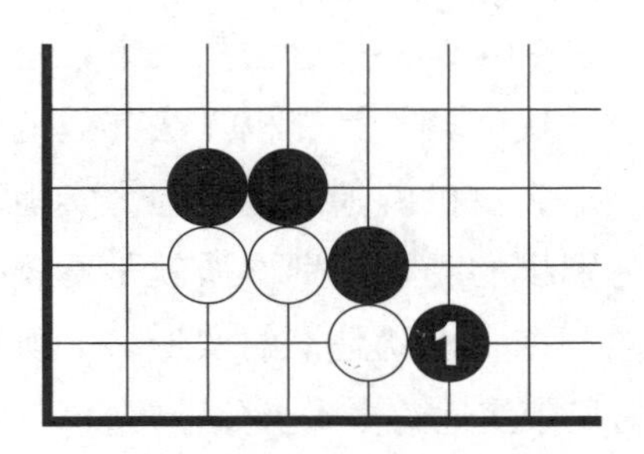

图9–1–32

13. 反打

对手打吃之后，对被打吃的棋子并不理睬，直接在此基础上打吃对方的下法。

如图9–1–33中，黑1即为反打。反打是利用本方已死棋子或已无利用价值的棋子，去在另一方向上构筑势力的下法，是初学围棋里接触最早的弃子方式之一。

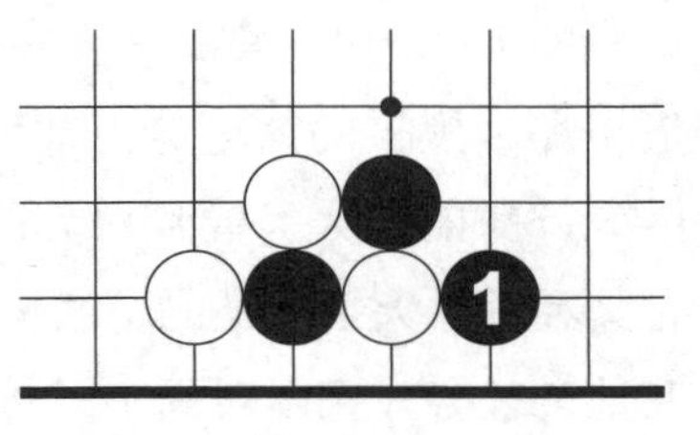

图9–1–33

14. 斜拆

斜向走拆的下法。

如图9–1–34中，黑1即为斜拆。斜拆的本质与拆一样，都是构筑自己的势力范围。

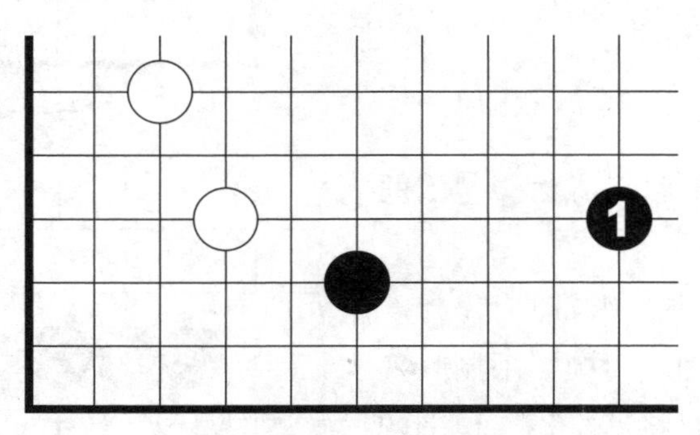

图9–1–34

15. 实地

实实在在围出来的地盘。

如图9–1–35中，白棋一方在角部围出一块区域，且黑棋无法有效地破坏，那么白棋所围的区域即为实地。因为围棋的胜负判别本质就是看哪一方地盘多，也就是谁的实地多，所以在对局中实地的多少十分重要。

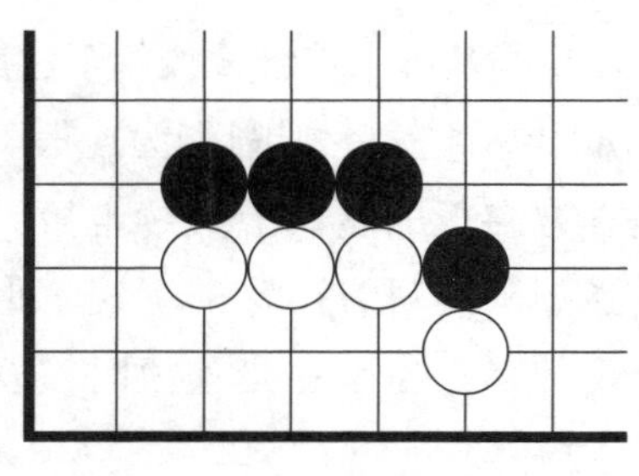

图9–1–35

16. 外势

与实地呼应，在外侧构建起来的势力范围。

如图9–1–35中，黑棋一方在外侧形成一堵厚实的“墙”，白棋无法轻易地接近，那么黑棋的这堵势力即为外势。外势虽不如实地那样有明显的地盘，但是因为外势的强大，导致对方的棋子不敢轻易地接近，所以外势所控制的区域，尤其和拆、大场之类的下法配合后，外势所形成的范围不可小觑。

实地和外势在实际对局中只要善于运用，都是对己方有利的因素。

17. 脱先

对手在一处行棋后，己方不予理睬，直接在他处先行的方式。

明白脱先并且想运用脱先的方式行棋，就必须对棋盘上各处的价值大小、

得失多少有很好的了解与掌握才能正确地运用。在初学水平对价值判断不够准确时脱先是比较难掌握的，我们现阶段只要清楚当一个局部的战斗大致结束，或者一个局部的定式、吃子结束，我们就可以去他处继续寻找机会。

第二节　定式、大场、分投

一、定式

在角部，按一定规则、顺序走出来的棋形称为定式。

定式在布局中的地位十分重要，一盘棋在布局阶段双方不可避免要进行定式的比拼，所以学好定式的走法与意义很关键。

定式的学习大体可分为定式本身的下法和定式的选择。因为定式数量十分庞大，本书只挑选几个初学围棋极其常见的定式来帮助大家学习与体会布局的意义（具体看下一节）。其他常见或繁复的定式在今后的学习里慢慢涉及。

二、大场

在布局阶段，可以扩大己方范围、减小对方范围或者双方都想占的点被称为大场。

如图9-2-1中，黑1在右边行棋，使右边形成一片，扩大了黑方的势力范围。黑1就是大场，黑棋如果下在△处也可以。

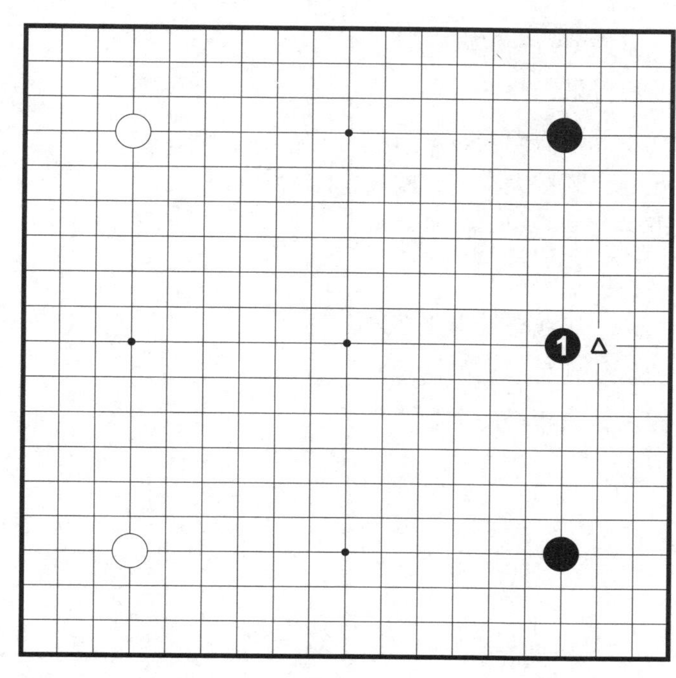

图9-2-1

如图9–2–2中，黑1点三三破坏白棋角部地盘，缩小了白方的范围，也是大场。

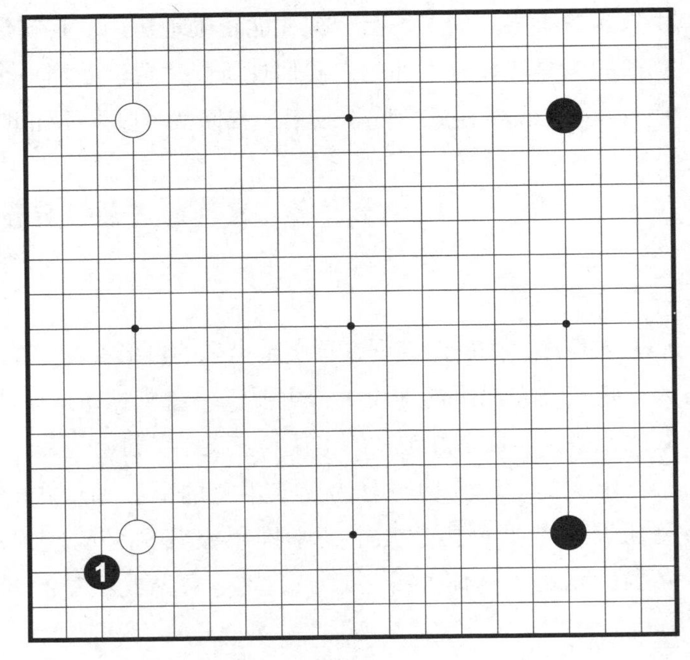
图9–2–2

如图9–2–3中，黑1上边行棋，此处是黑白双方范围的中心，谁占此处会既扩大本方范围也压缩了对方形成范围，也是大场。

大场在布局里更多的是起到角与角的联系作用，是布局的重要组成。

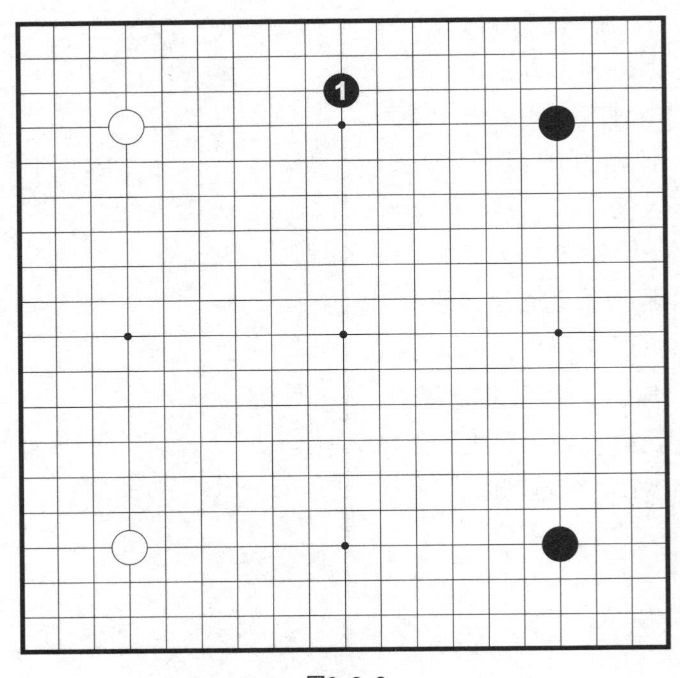
图9–2–3

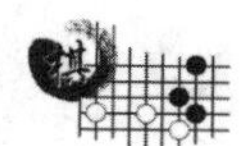

三、分投

1. 分投

下在对方地盘范围中间且两边都有拆的机会称为分投。

如图9-2-4中，黑1就是分投，意图破坏白棋在左边形成范围。

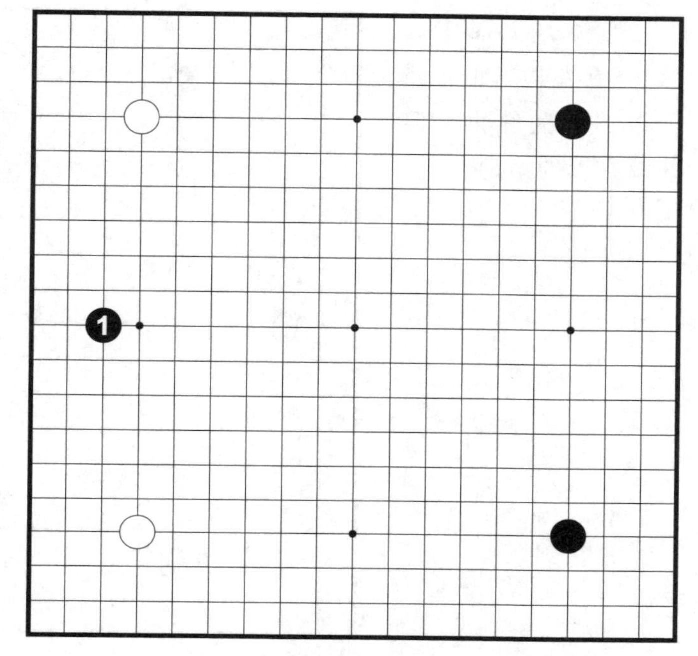

图9-2-4

如图9-2-5中，黑1也是分投，同样是意图破坏白棋在左边形成范围。但因是下在四线高位，一般称为高分投。

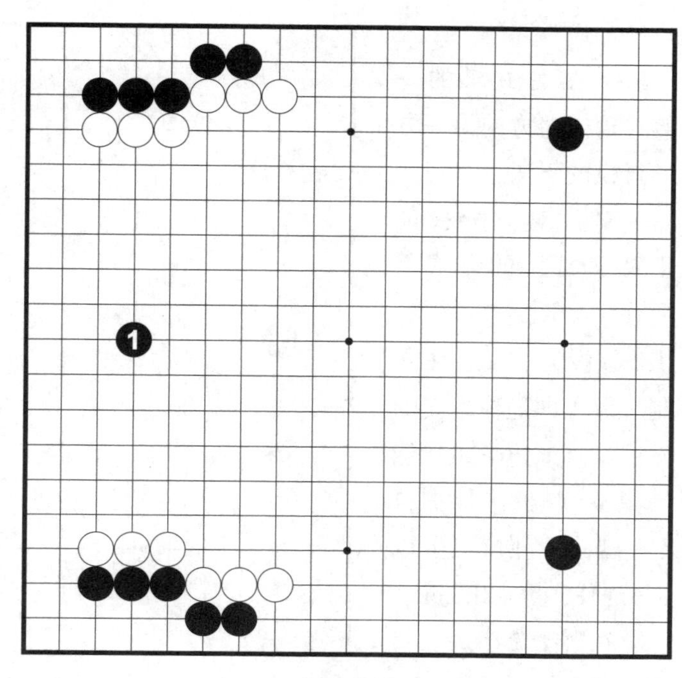

图9-2-5

如图9－2－6中，黑1下在左边，但不是分投，因为黑棋两侧并没有拆的余地。

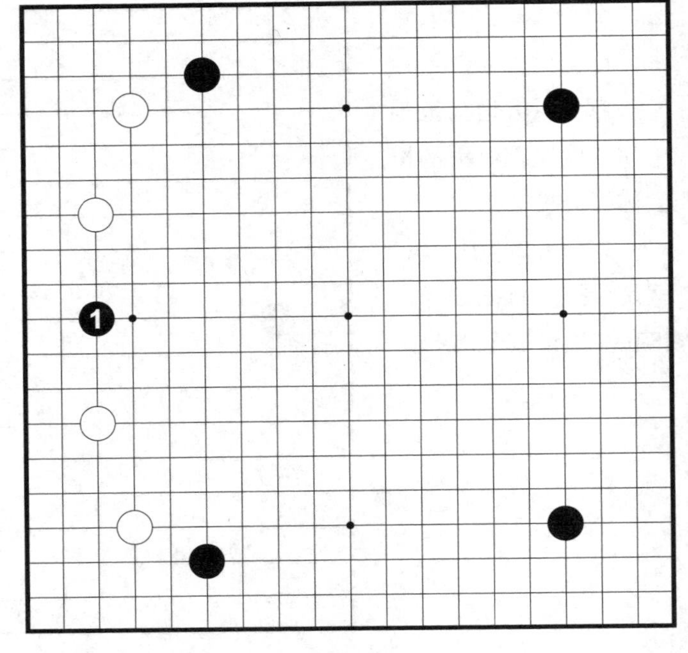

图9–2–6

2. 逼

下在对方棋的一侧，逼迫对方向另一方向行棋的下法。

对付对方分投的下法，常用的方式是逼住。如图9–2–7中，黑1分投，白2逼住限制了黑棋向逼住方向的发展，且逼迫黑棋只能向黑3一侧拆来保护自己。当然，白2也可以下A逼住，黑在B位拆。

在哪个方向逼住要根据实际情况而定，一

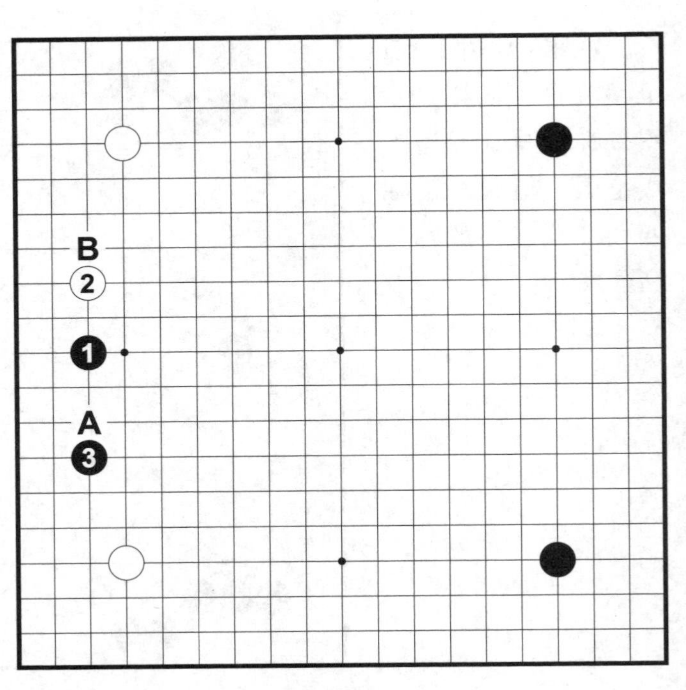

图9–2–7

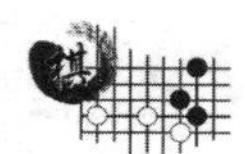

般是看己方哪个方向更有发展就在哪个方向逼住。

因为存在逼住这种压迫的下法，分投会被限制而且拆哪边会按对方的压迫进行，所以分投在布局当中的使用次数不如大场多。

第三节 基础定式

一、星位定式

第一步下在星位上的定式被称为星位定式。

（1）如图9–3–1中，是星位的一种常见定式。黑1星位占角，意图控制角部；白2小飞挂角，影响黑方角的发展并意图后续的进攻；黑3尖顶，防止白方进角并威胁白棋；白4长，加强、保护自己；黑5小飞守角，保护角的另一个方向；白6立二拆三，扩张自身地盘。

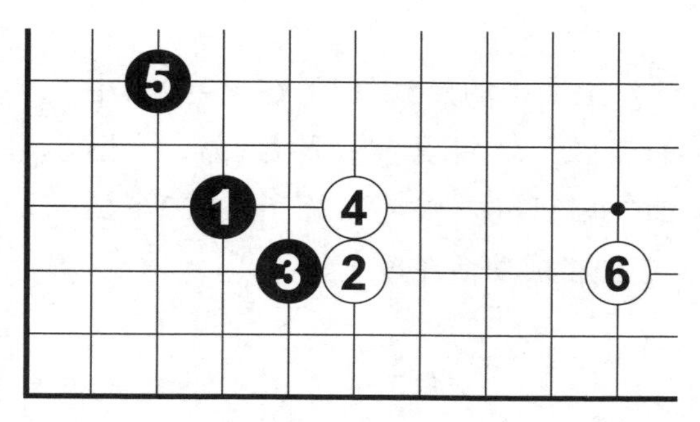

图9–3–1

如果上图中的白4在图9–3–2中的△处立的话，黑棋可以在本图黑1处扳，这样就限制了白棋今后向中央继续发展的能力与潜力。所以白棋不能用立来加强自身。

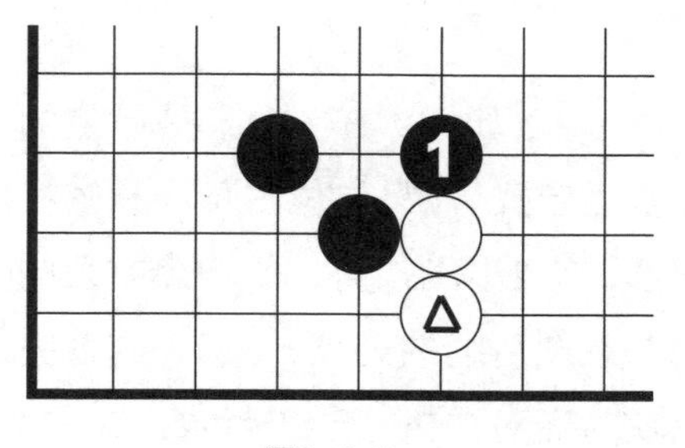

图9–3–2

如果图9–3–1中的白4在图9–3–3中的△处长的话，有点儿消极逃避作战的意思，黑棋正常进行即可，白棋不好。

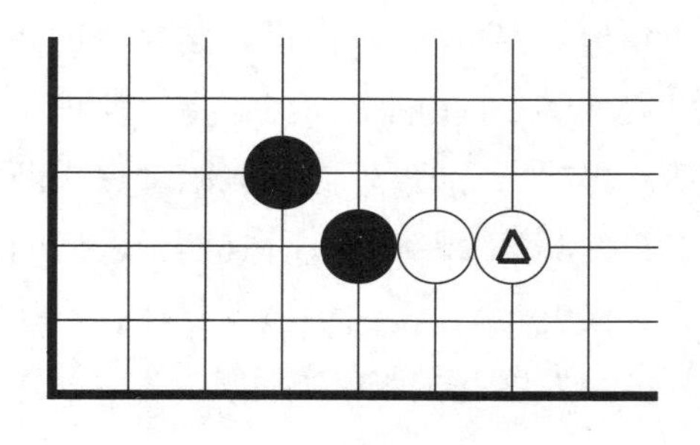

图9–3–3

（2）如图9–3–4中，是星位的一种常见定式。黑1星位占角，意图控制角部；白2小飞挂角，影响黑方角的发展并意图后续的进攻；黑3小飞守角，保护角的另一个方向；白4小飞进角，夺取黑方地盘；黑5尖三三，防守角部；白6一子拆二，扩张自身地盘。

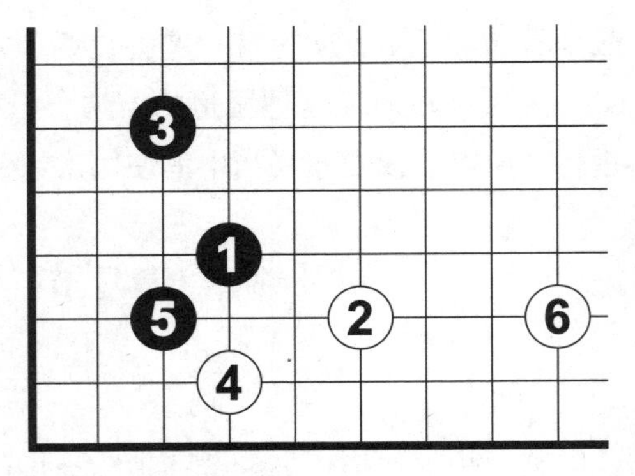

图9–3–4

上图中的黑5不能下在图9–3–5中的黑1处，如果黑棋在黑1处靠，意图挡住白棋进角破坏的意图，白2至黑7，白棋成功活在角里。

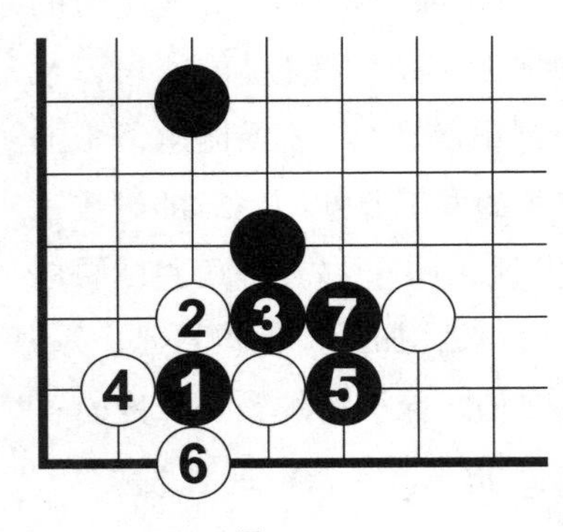

图9–3–5

（3）如图9–3–6中，是星位的一种常见定式。黑1星位占角，意图控制角部；白2小飞挂角，影响黑方角的发展并意图后续的进攻；黑3一间低夹，以攻为守对白棋一子进行攻击；白4点三三，在黑方没有防守角的情况下抢夺角地；黑5挡，将白棋限制在角里并发展外势；白6贴，加强自身，保护角地；黑7长，加强外势同时瞄着白棋断点；白8立，保护白2、白6两子之间断点；黑9飞封，将白棋包围封住，不让其继续发展并扩张己方外势。

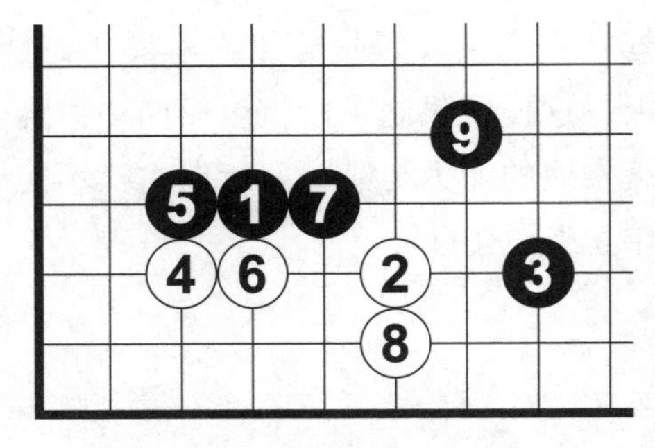

图9–3–6

上图中的白8如果如图9-3-7中于1位连，黑2继续飞封，白棋没有理由再在这里走棋，以后黑在4位尖，白棋还给5位挡，这样白1和白5就重复了。

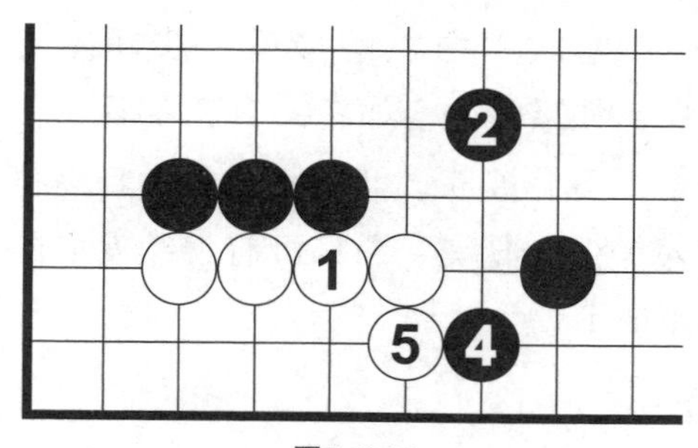

图9-3-7

（4）如图9-3-8中，是星位的一种常见定式。黑1星位占角，意图控制角部；白2小飞挂角，影响黑方角的发展并意图后续的进攻；黑3一间低夹，以攻为守对白1进行攻击；白4点三三，在黑方没有防守角的情况下抢夺角地；黑5分断，阻止白2与白4两子的联系；白6贴，加强自身，保护角地；黑7长，加强、保护两子；白8扳，利用白2一子扩大角地；黑9挡，必然，不能让白棋连接上；白10粘，防被吃；黑11粘，防断点；白12跳，防止被黑棋包围而被限制了发展。

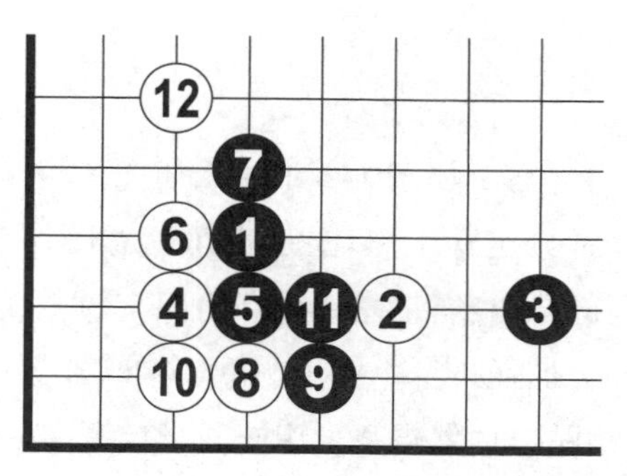

图9-3-8

如果上图中的黑7不长，而选择扳的话，就会如图9-3-9和图9-3-10中一样，黑棋会被吃一边，亏。所以黑棋此时长是必然。

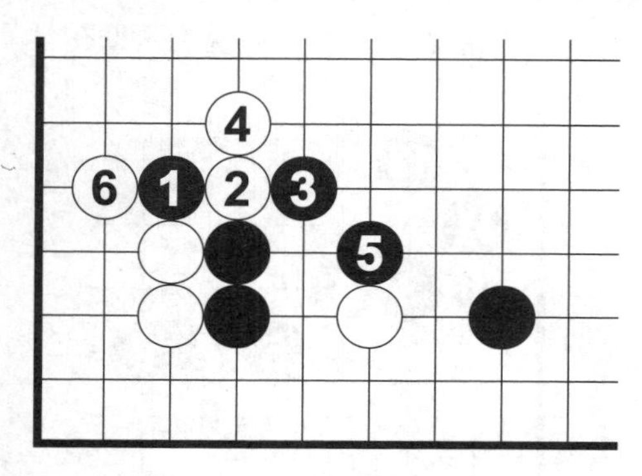

图9-3-9

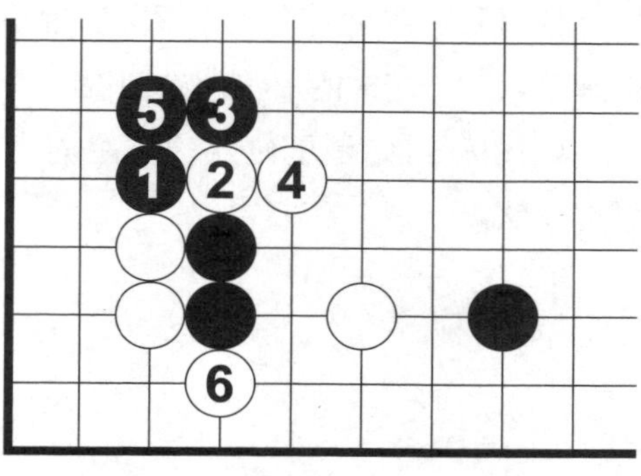

图9-3-10

定式中白棋的最后一步跳不能省，如果脱先会如图9-3-11那样，白角虽不会被杀，但被完全包围且黑棋外势强大厚实，白棋没有继续发展的可能了。

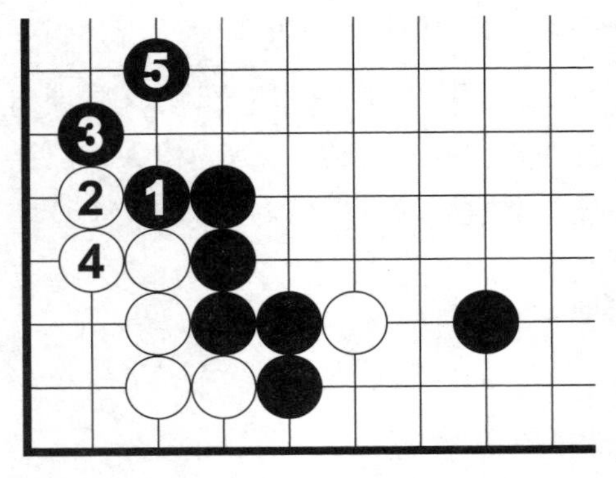

图9-3-11

（5）如图9-3-12中，是星位的一种常见定式。黑1星位占角，意图控制角部；白2点三三，抢夺角部实地；黑3挡，加强自身、保护一侧、构筑外势；白4贴，加强自身；黑5长，继续加强外势；白6贴，扩大自身实地；黑7扳，阻碍白棋向外发展；白8扳，扩大实地，一定程度减少黑棋包围的可能。

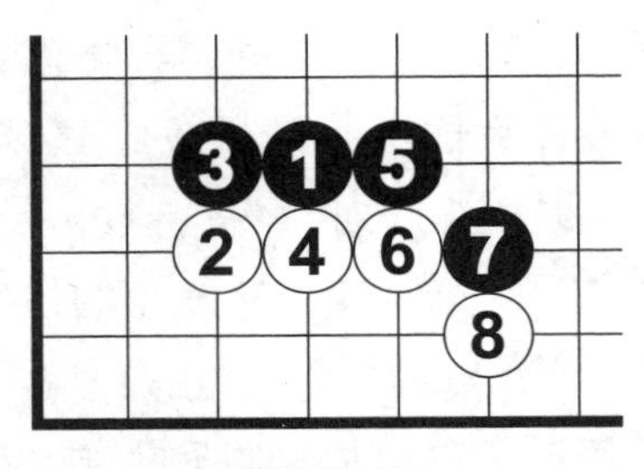

图9-3-12

此定式是现在星位点三三很常见的基础定式。随着电脑人工智能在围棋领域的开发，对点三三定式有了重新认识，点三三定式的使用频率和下法都有了相当大的提高。关于点三三定式的多种样式会在今后的学习中有涉及。

这里我们来看看在人工智能出现前星位点三三常见的下法，希望能帮助初学者理解点三三定式的一些理论知识。

如图9-3-13是星位点三三之前常见的下法。

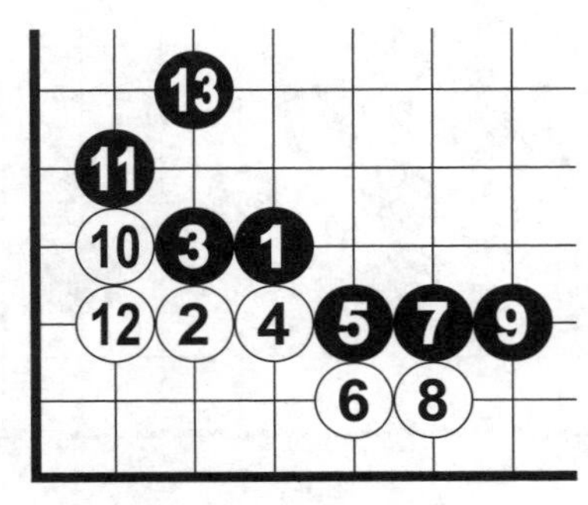

图9-3-13

但此定式的下法随着点三三定式的发展，发现白棋不扳粘的话，今后有可以攻击黑棋的有力手段，如图9–3–14。黑棋被压迫成一条“棍子”，不满意。

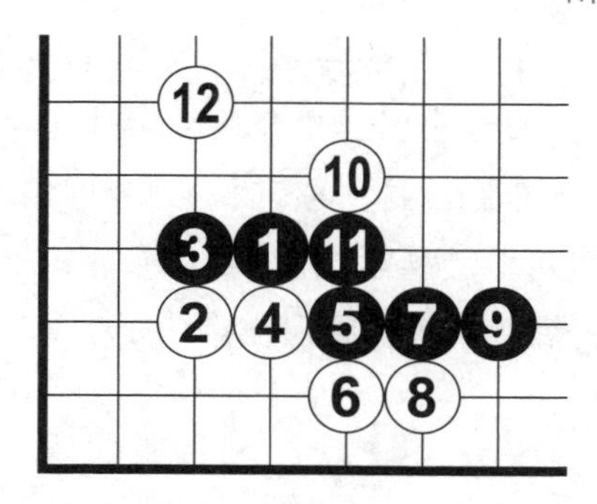

图9–3–14

所以此定式就演变为白棋不会扳粘的下法，如图9–3–15这样。

但黑棋的断点依旧是一个大问题，所以黑棋为了防止断点被白棋利用，就形成了9–3–12现在点三三常见的下法。

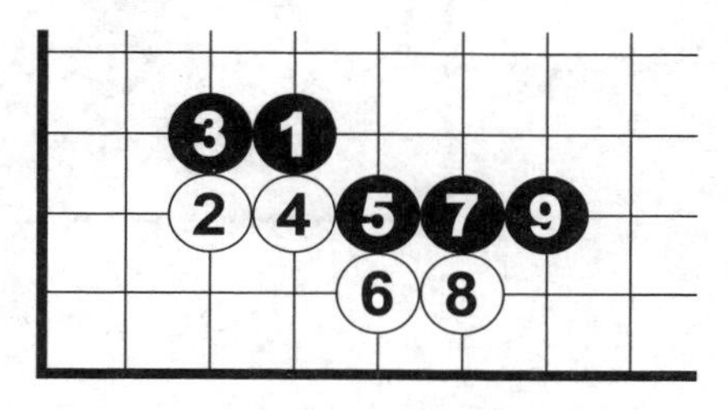

图9–3–15

首先进行到白8，黑棋是可以脱先去他处行棋的，如果黑棋执意将定式走完，就会形成图9–3–16中至黑11的形状。此时白棋如果还想利用黑棋断点，白12至白14后，白棋的棋形在四路，不易生根做眼，本身就不安稳，再想进攻黑棋就比较困难。

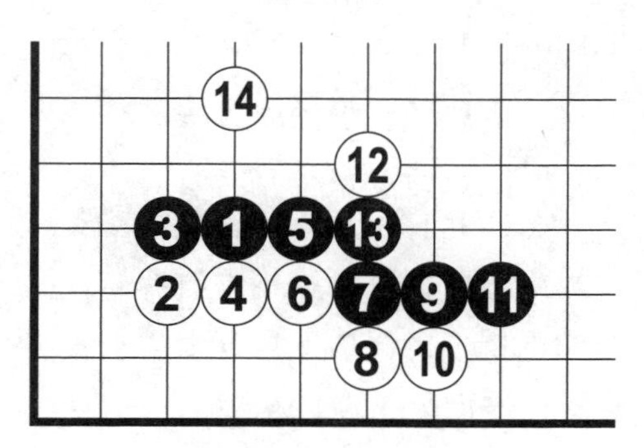

图9–3–16

黑棋亦可如图9–3–17这样，如此白棋反而更弱，今后成为被攻的目标。

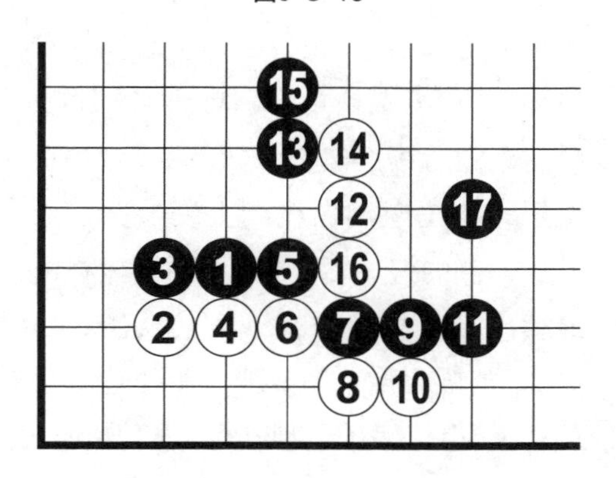

图9–3–17

（6）如图9-3-18中，是星位的一种常见定式。黑1星位占角，意图控制角部；白2点三三，抢夺角部实地；黑3挡，加强自身、保护一侧、构筑外势；白4贴，加强自身；黑5扳，为夺回角地做准备；白6扳，扩大地盘；黑7连扳，为吃回角地继续紧住白棋的气；白8断打；黑9连；白10打吃；黑11反打；白12提子；黑13打吃，将白棋点角子吃掉，夺回角地；白14斜拆三，扩大地盘。

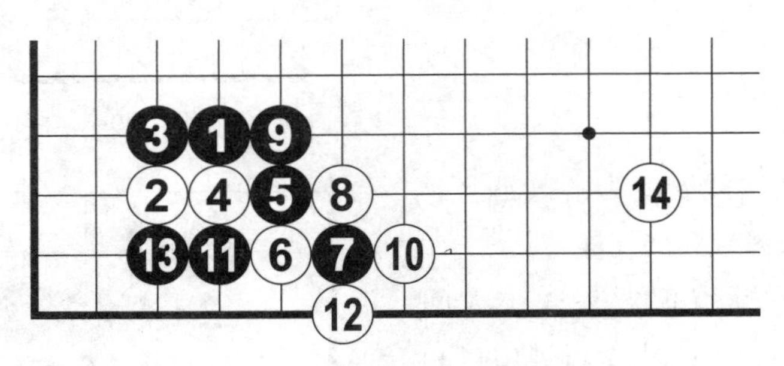

图9-3-18

上图中的白8不能在四线打吃，如图9-3-19中，白1至黑4后，不光白断打一子被征，角里白棋还没有完全活，白棋亏。

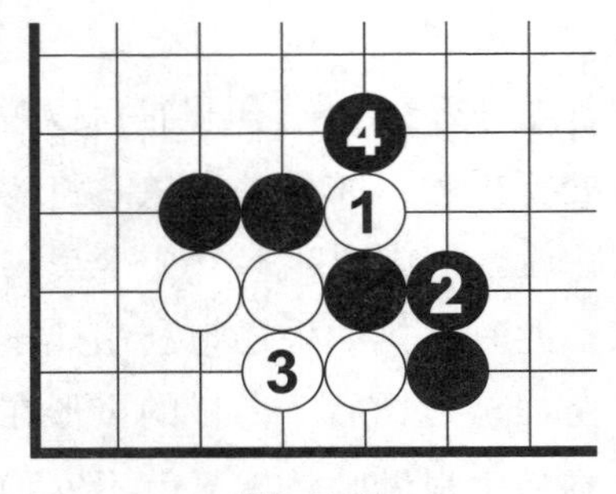

图9-3-19

图9-3-18中的点三三定式在实际对局中的白14是可能不去斜拆的，但初学围棋先以保护好自身为主，我们选择先进行斜拆的下法。

（7）如图9-3-20中，是星位的一种常见定式。黑1星位占角，意图控制角部；白2小飞挂角，影响黑方角的发展并意图后续的进攻；黑3靠或者也可说压，意图限制白棋向上发展并发展自身一侧的势力；白4扳，限制黑棋的继续压制并扩大白棋一侧的发展；黑5长，加强自身；白6长，加强自身地盘；黑7挡，保护角地；白8虎，预防黑棋刺利用断点；黑9飞，扩大地盘同时防断点。

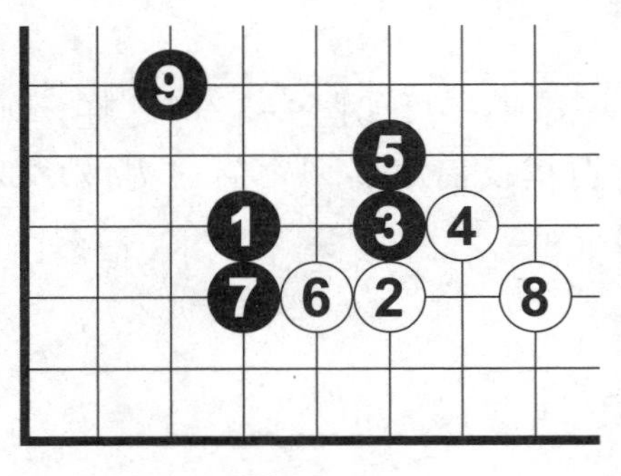

图9-3-20

如图9–3–21中，黑1若去断白棋，至白6黑棋被吃，所以此断点现在不能断。

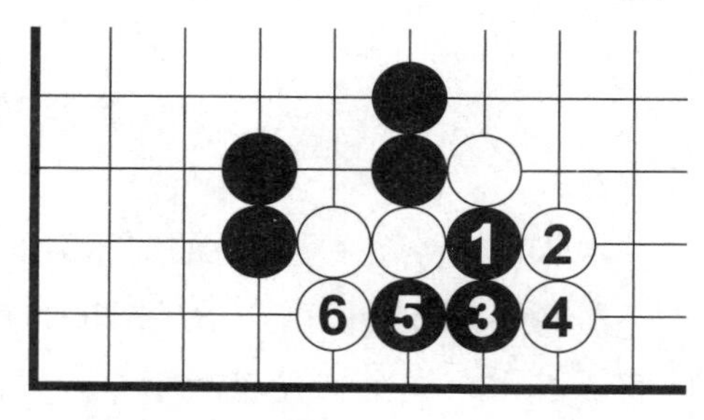

图9–3–21

如图9–3–22中，此时白棋若不做虎口，最担心的就是黑1刺，至黑3，白棋棋形不好。

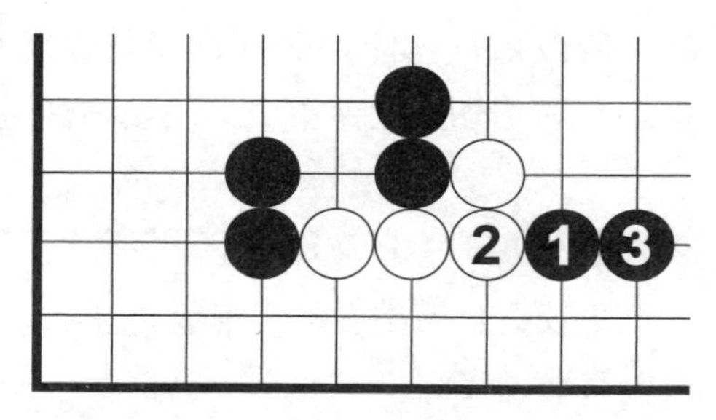

图9–3–22

二、小目定式

第一步下在小目上的定式被称为小目定式。

如图9–3–23中，是小目的一种常见定式。黑1小目占角，意图稳固地控制角部；白2单关挂角，影响黑方角的发展尤其是阻止黑棋形成无忧角并意图后续的进攻；黑3托，扩大角部实地；白4挡，阻止黑棋继续发展并威胁黑3一子；黑5退，保护角部；白6连，保护断点；黑7跳，防止白棋包围；白8拆三，扩大自身地盘。

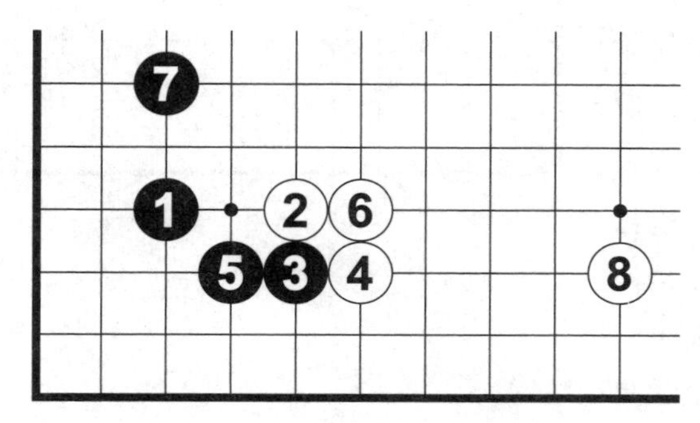

图9–3–23

小目定式的数量也很多，这里我们只选取一种出现频率最高的进行学习。

第四节 布局

本节我们将以一些简单的实际例子来帮助初学者体会布局的进程与下法。

前面的章节我们已经学过围棋的整个进程被分为3个阶段：布局、中盘、收官。其中布局是一盘棋的第一阶段，即沿着棋盘的四周，双方互相扩大本方、影响对方范围的阶段。布局阶段简单说就是双方围绕着棋盘的四周互相扩大本方势力范围，并在进行中尽量限制对方发展，为之后的中盘阶段打好基础。所以一盘棋能否顺利进行与布局有很大关系，想要布局成功就是要将定式、大场、分投三种布局下法熟练地进行运用。

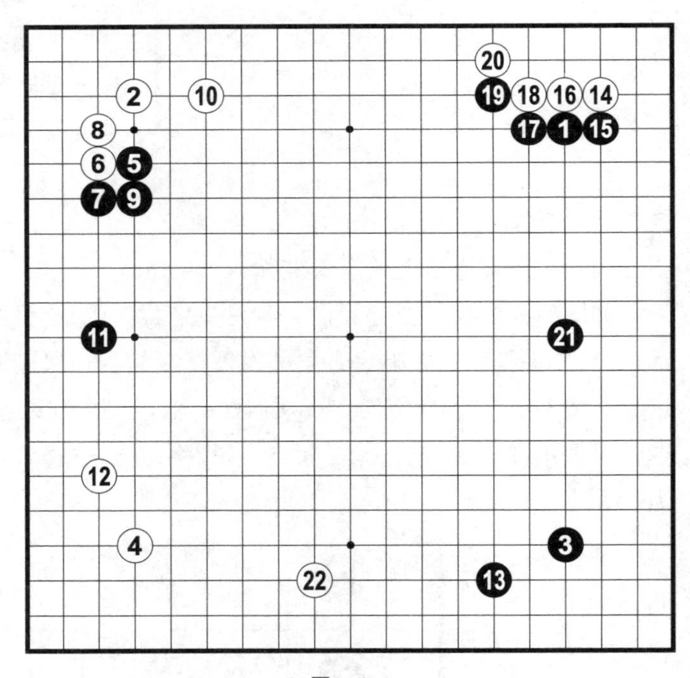

图9-4-1

如图9-4-1中就是一盘比较适合初学者的简单布局过程。

首先，围棋的第一步要下在黑棋一方的右上角，这么做是出于对对手的尊敬，落子于对手最近处，但具体落于右上角哪个位置并无具体要求。

双方平稳地抢占了四个角后，黑方抢先于左上角进行挂角，对白棋开始进行限制，双方形成定式；之后，白12守角，防止黑棋在12位挂角，一边限制黑棋一边发展自身；黑13守角后，双方再在右上角形成定式；之后，各自占据大场。

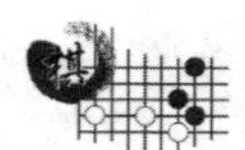

如图9-4-2中，前边双方正常展开。白6分投，黑棋进行逼住；至黑19、白20各自占领最后的大场。

通过上述例子可以看出，布局就是将定式、大场、分投等下法和高低配合等道理，在双方经营范围和限制范围的对抗中进行综合运用。

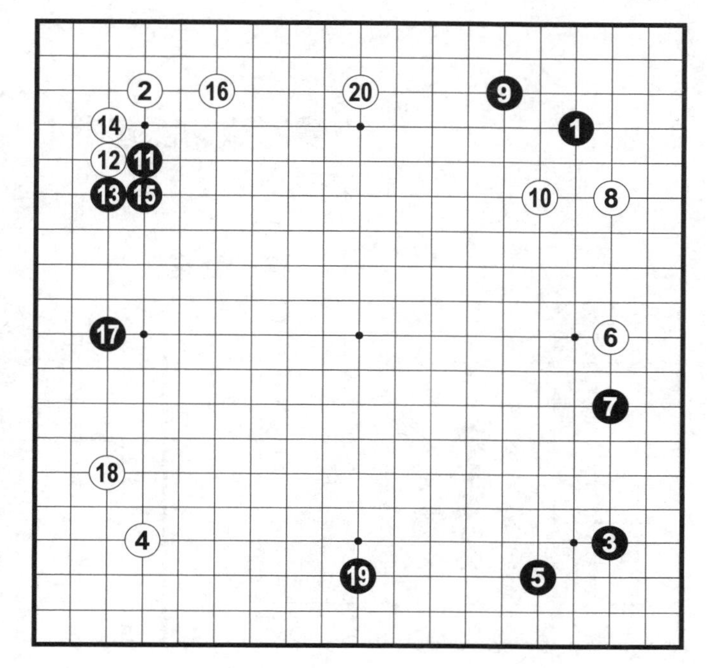

图9-4-2

课后练习题答案

第一章第二节

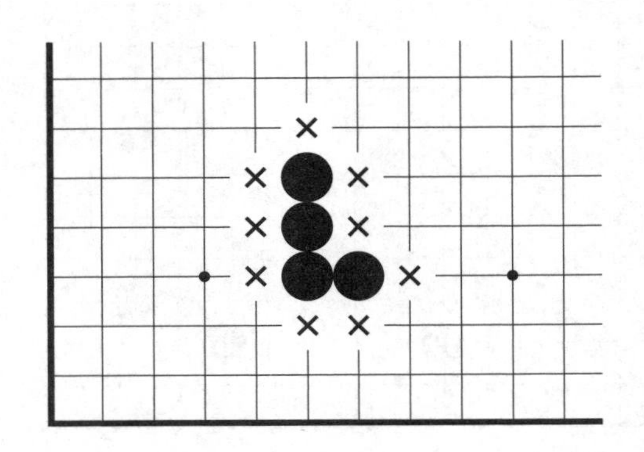

第1题 9口气

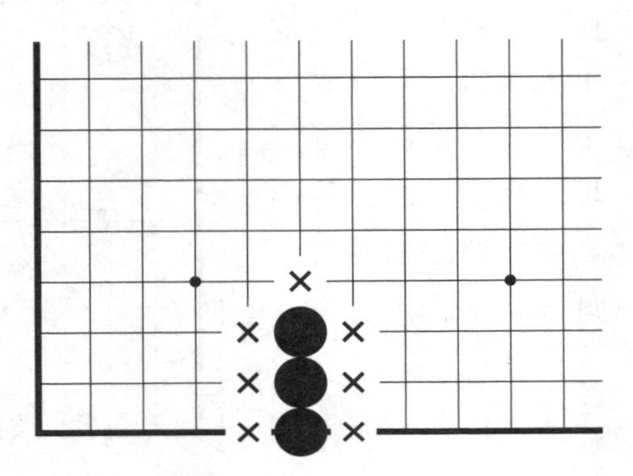

第2题 7口气

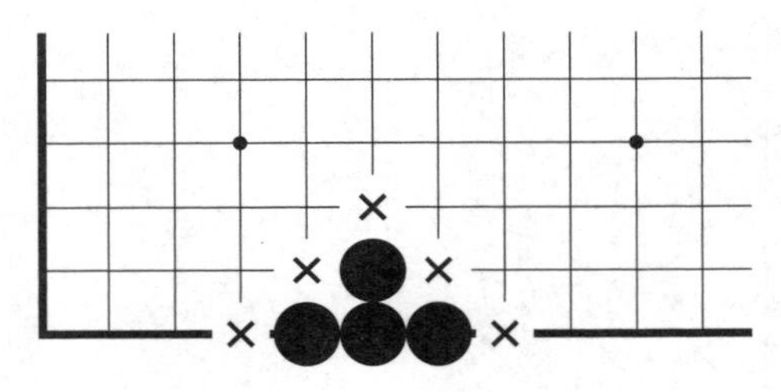

第3题 5口气

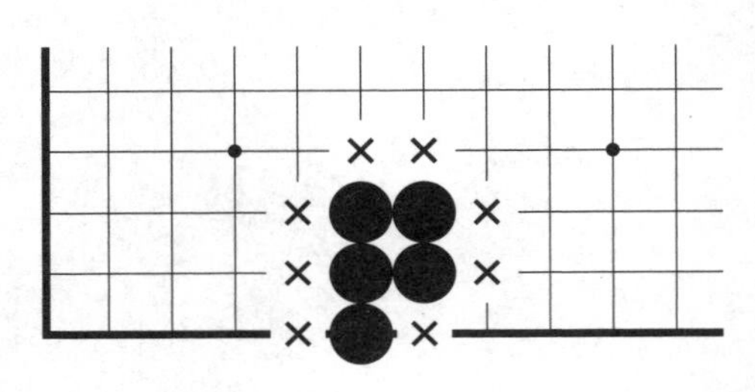

第4题 8口气

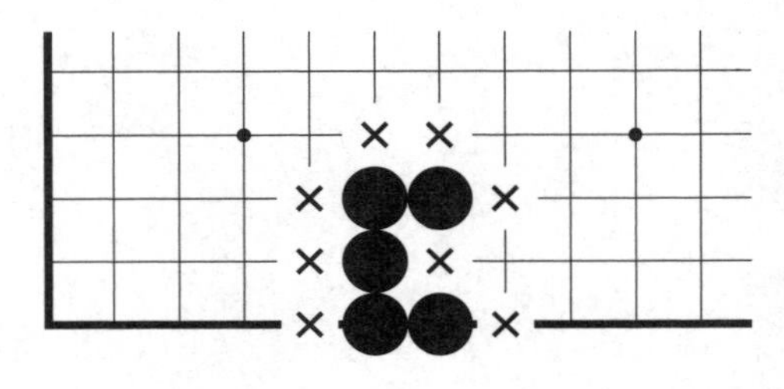

第5题 8口气

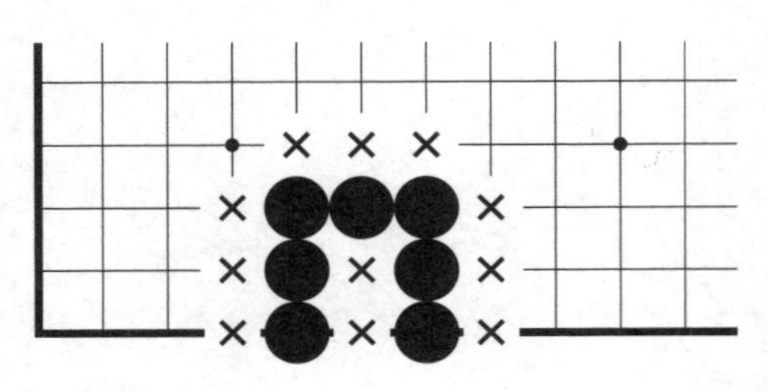

第6题 11口气

第一章第四节

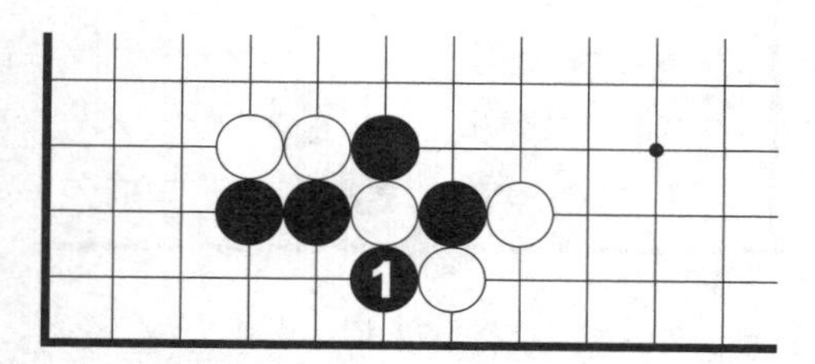

第1题正解　黑1提子后，3块黑棋全部连接到一起。

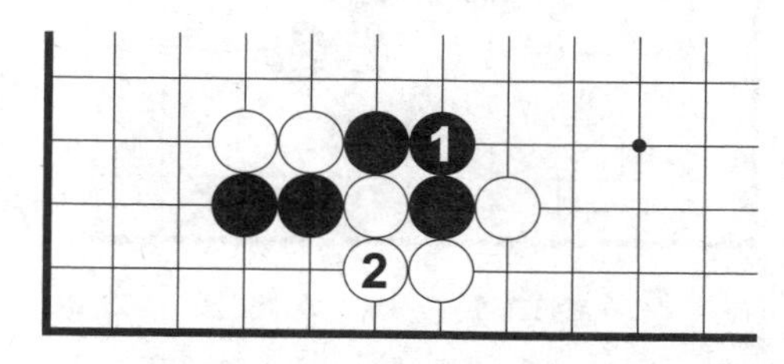

第1题错解　黑1连接，白2也连接，黑棋整体还是被分成两块，不如正解。

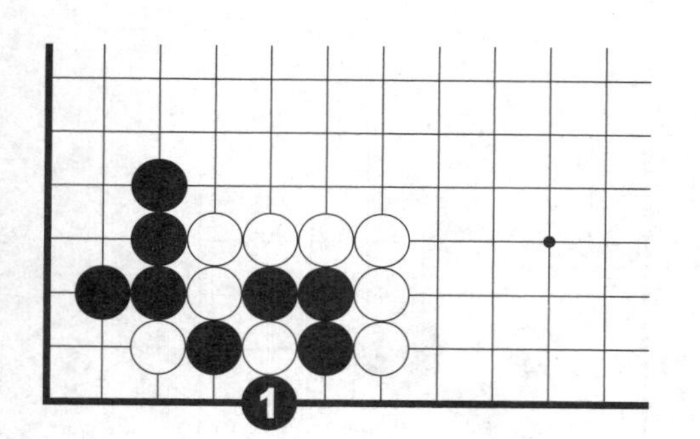

第2题正解　黑1提子后，角里的白1子无法跑出且气也不如黑棋多，早晚被吃掉。3块黑棋全部连接到一起。

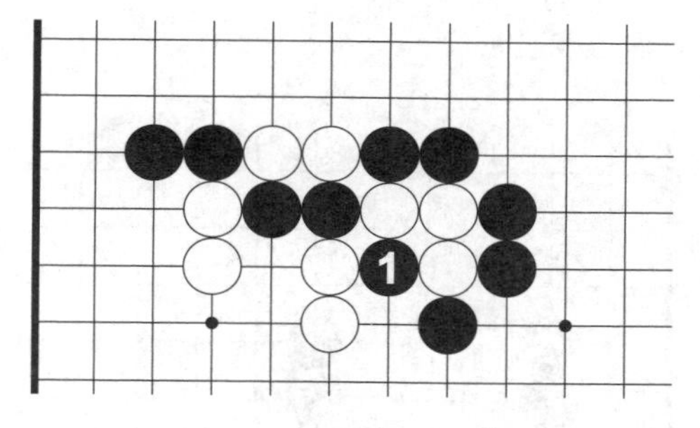

第3题正解　黑1提子后，上方白棋只有两口气、下方白棋存在断点，两块白棋都有问题。

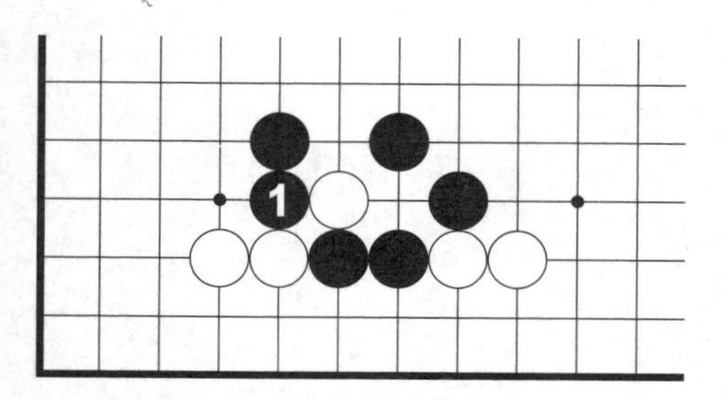

第4题正解　黑1切断，白棋1子无法跑出了。

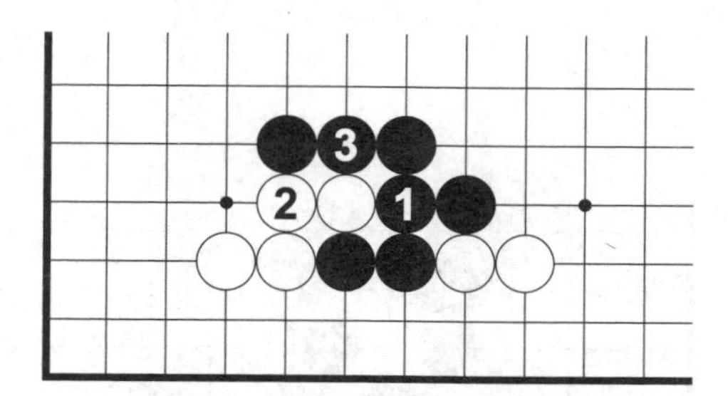

第4题正解　黑1先连接上方断点，白2连接救1子，黑3再连接，黑棋也都连接到一起，但和前边正解相比黑棋少吃掉一子，得利不如其多。

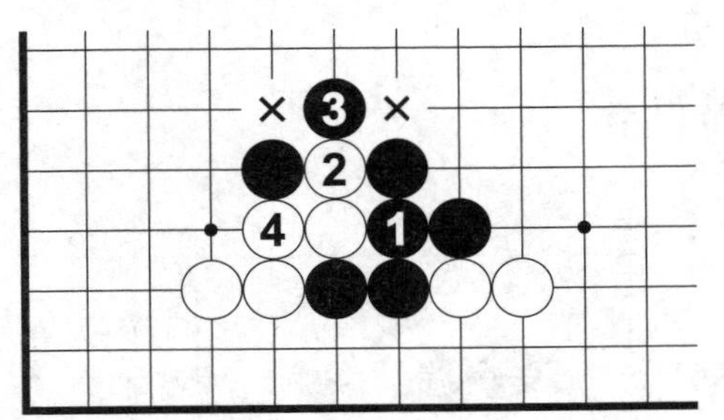

第4题错解　黑1先连接下方断点，白2切断，黑3挡，白4连接后，黑棋留下×两处断点，毛病依旧存在。

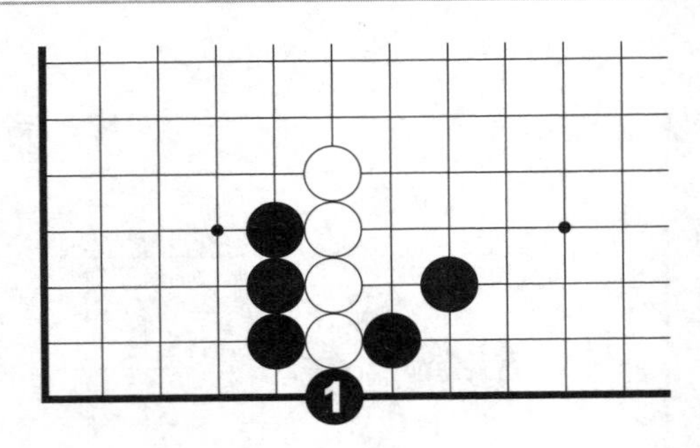

第5题正解　双虎。

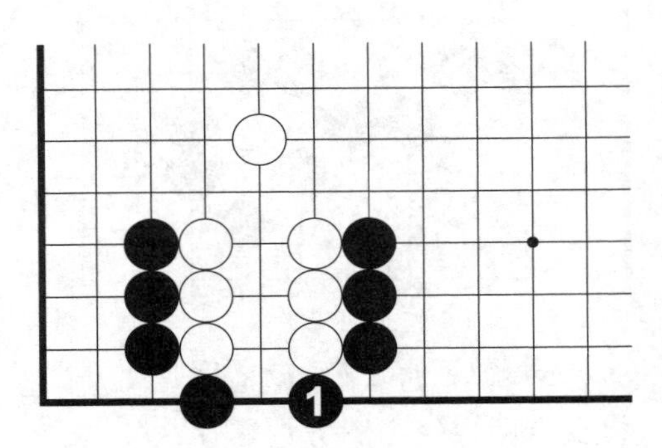

第6题正解　双虎。

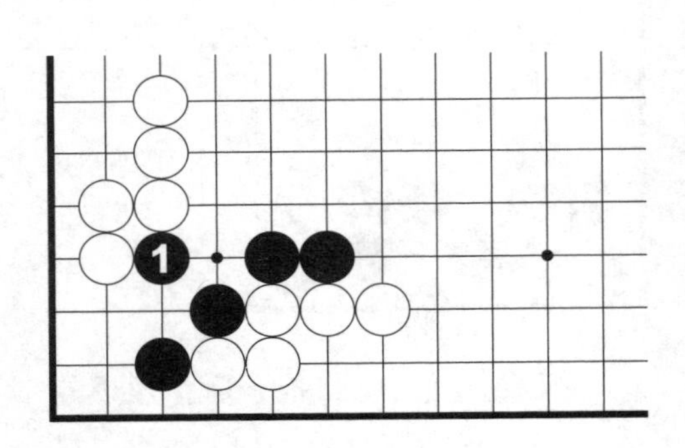

第7题正解　双虎。

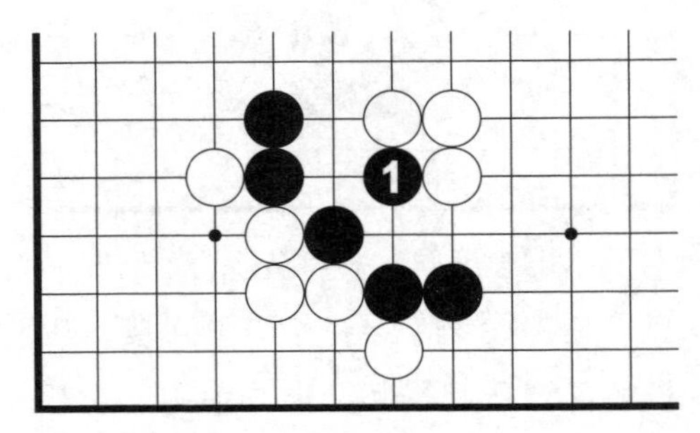

第8题正解　双虎。

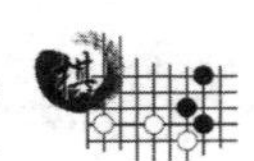

第二章第一节

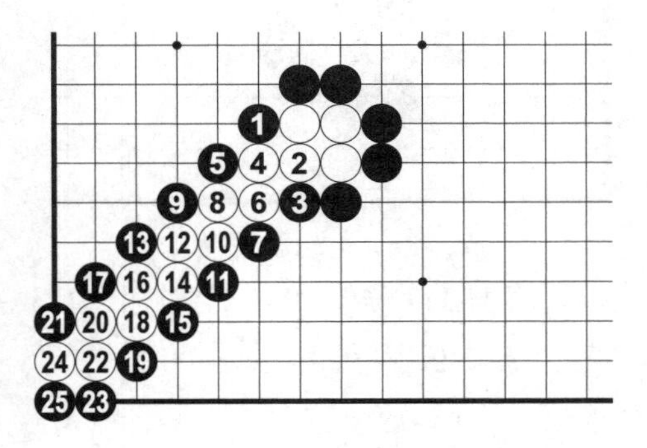

第1题正解　正常进行，注意黑1的打吃位置就可。

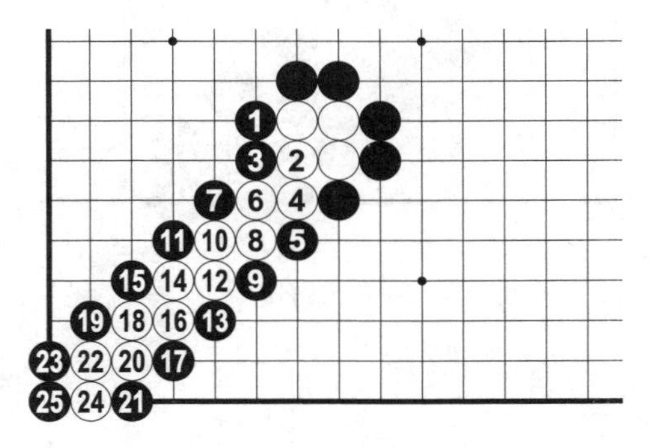

第1题正解　和上题相比，黑3的打吃位置不同，但最后的结果一样。

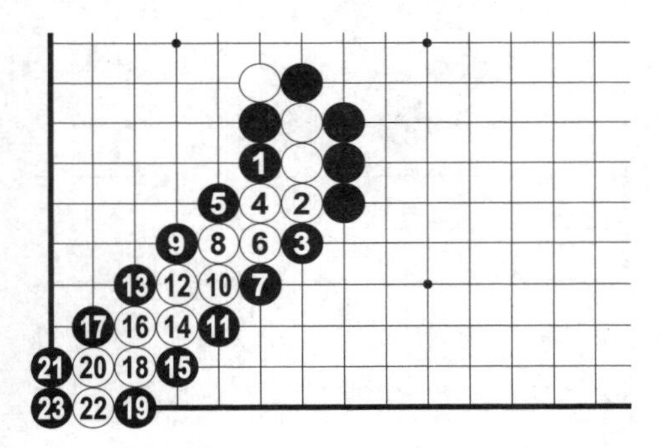

第2题正解　黑1在此处打吃正确，之后正常征吃进行。

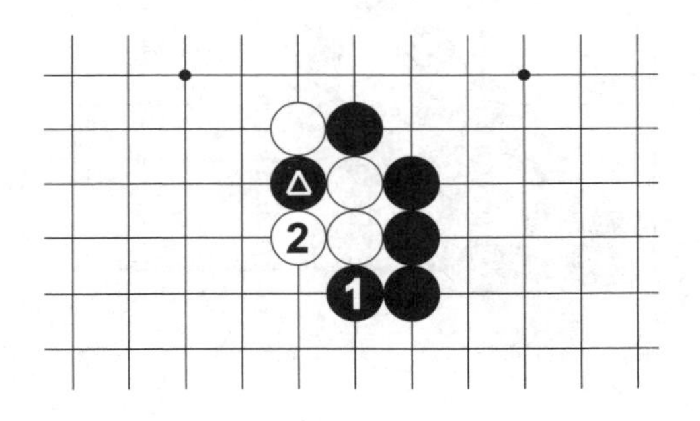

第2题错解　如果黑1如此解中的位置打吃，白2长后，出现征吃带响，黑无法继续征吃。

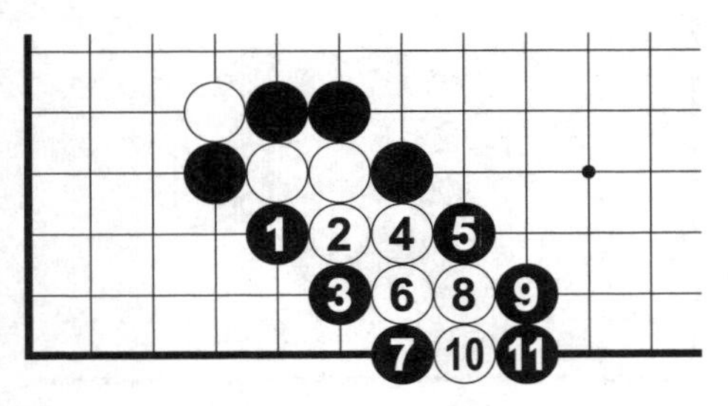

第3题正解　黑1在左侧打吃正确，正常进行。

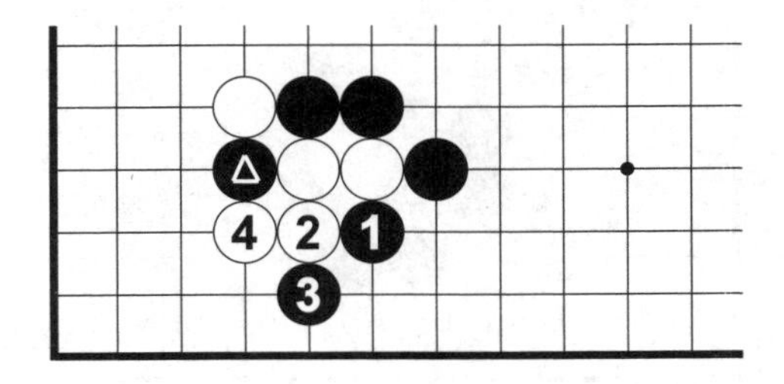

第3题错解　黑1在右侧打吃，行至白4后打吃黑△一子，征吃带响，黑棋无法继续。

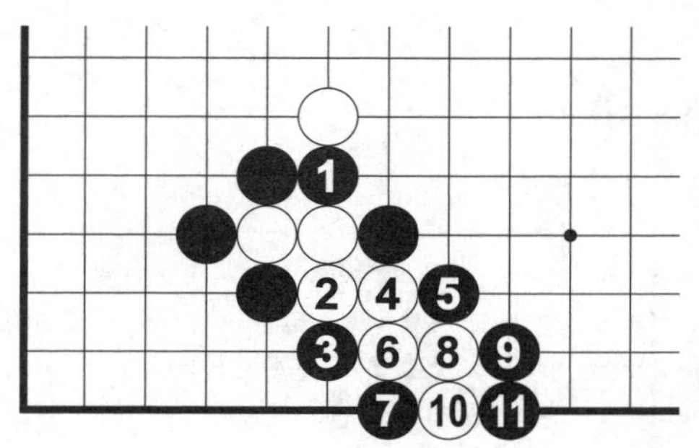

第4题正解　黑1断打正确选择，之后正常进行。

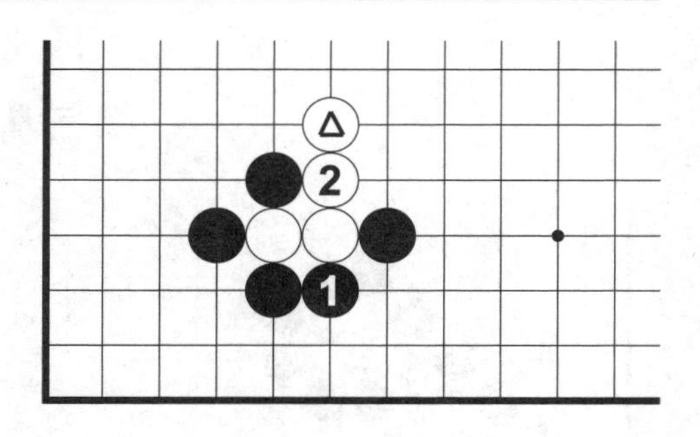

第4题错解　如果黑1在下边打吃，白2长后可以直接和Ⓐ白子连上。

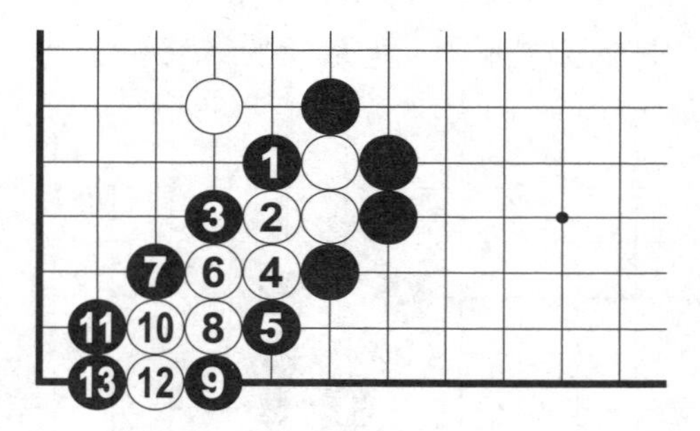

第5题正解　正常进行。

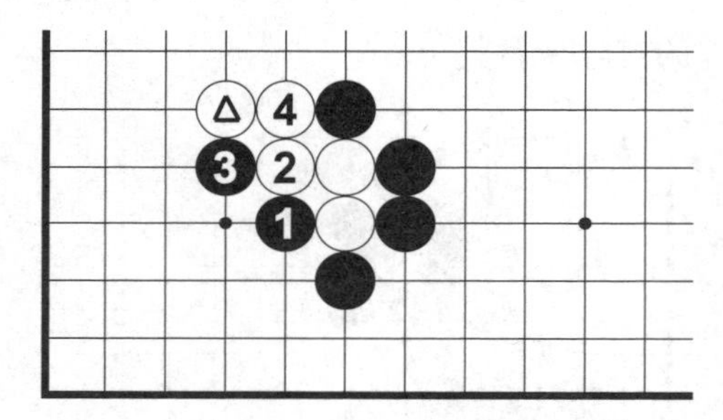

第5题错解　如果黑1在此处打吃，白Ⓐ一子为接应子，白棋2、4之后可以连上。

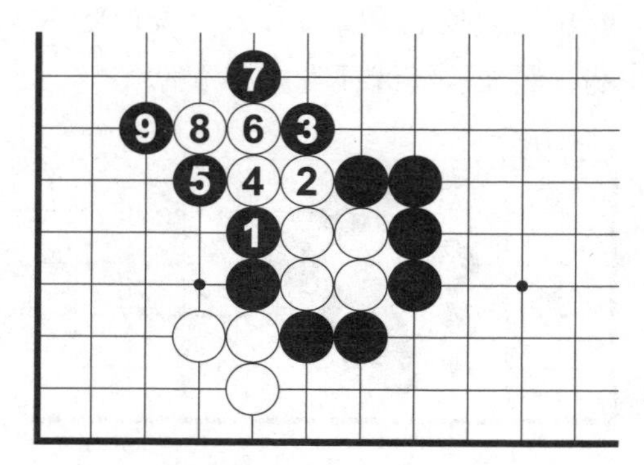

第6题正解　正常进行。

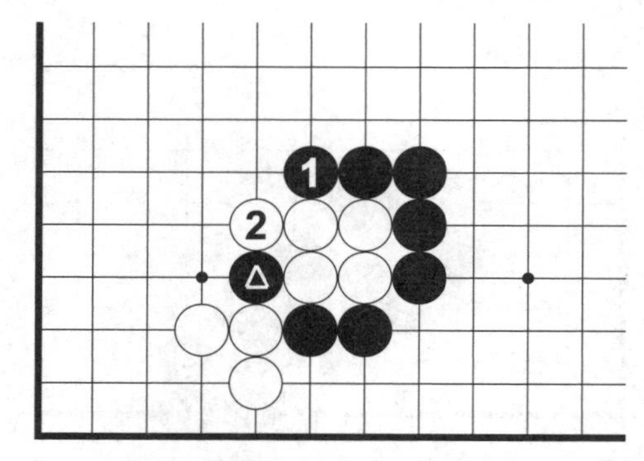

第6题错解　黑1在此处打吃错误，白2长后打吃黑Ⓐ一子，征吃带响。

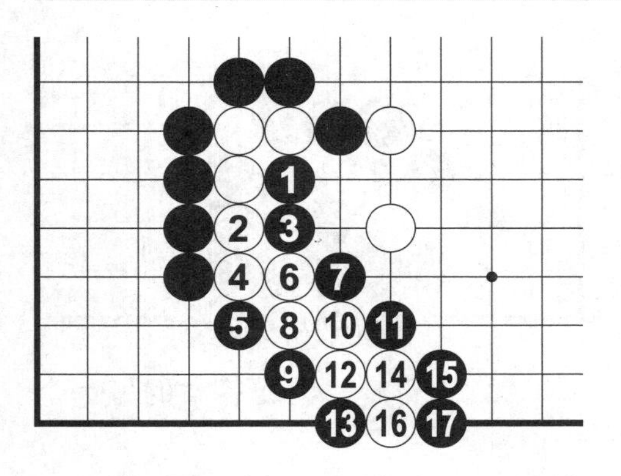

第7题正解　此题黑1、3是关键，此后正常进行。

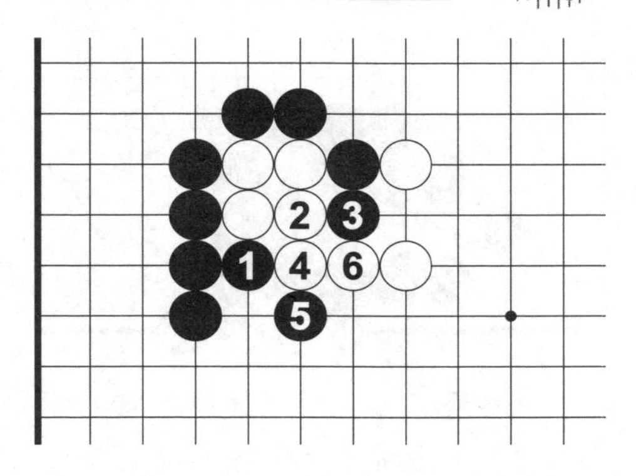

第7题错解　黑1若打吃方向弄错，白棋可以和外侧白棋连上。

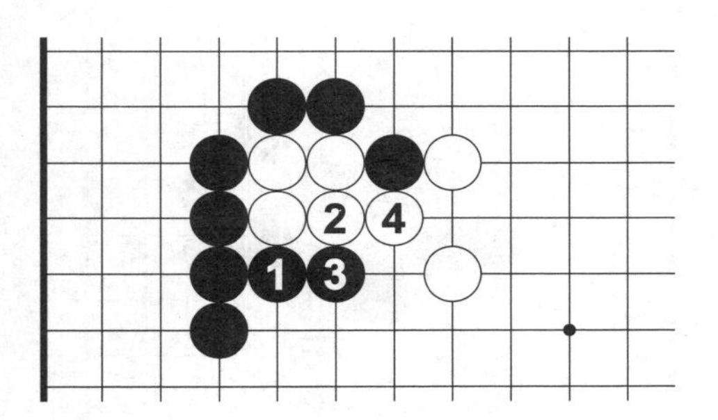

第7题错解　和上题解一样，打吃方向弄错。

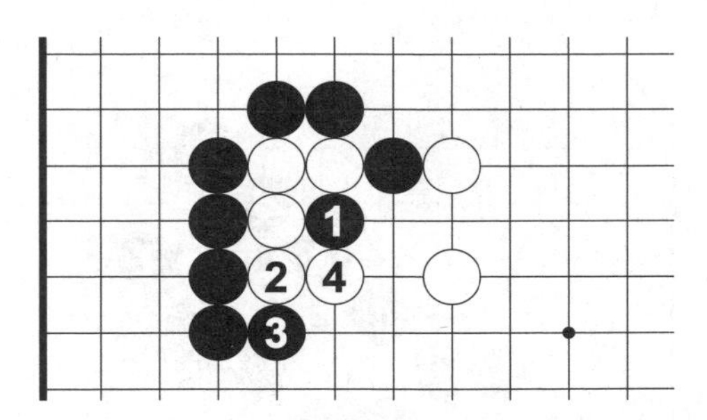

第7题错解　若黑1打吃正确，但黑3打吃方向弄错，黑1一子被打吃，出现征吃带响，黑不行。

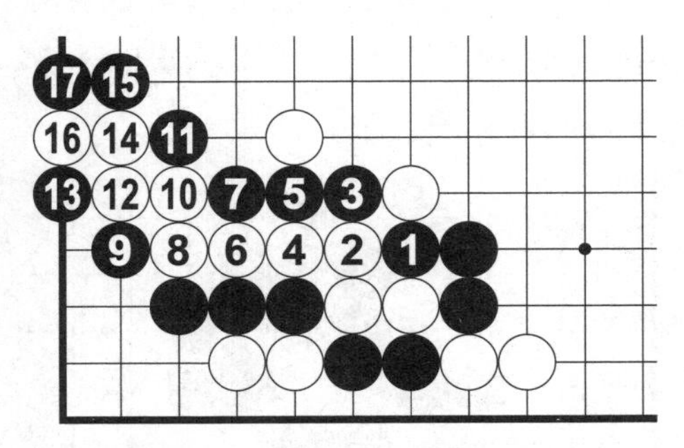

第8题正解　此题黑棋重点是要防好白棋利用外侧两子帮助其逃跑。黑1、3、5都是切断白棋，阻止其与接应子连接上；黑7必须打吃在此处防止征吃带响。此后正常进行。

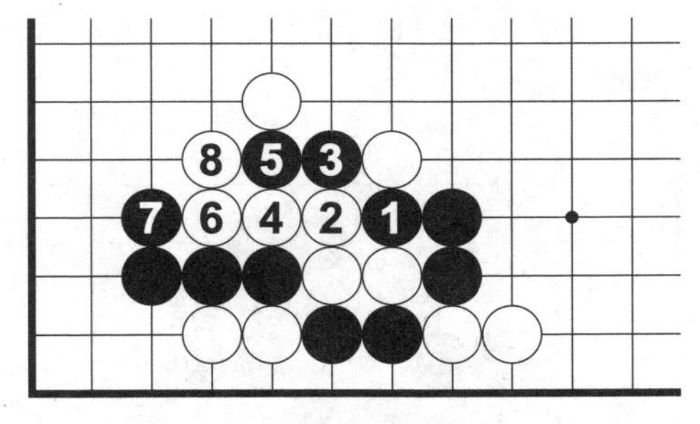

第8题错解　若黑7在此处打吃，白8长后，反而打吃黑棋3、5两子，征吃带响，黑棋无法继续征吃。

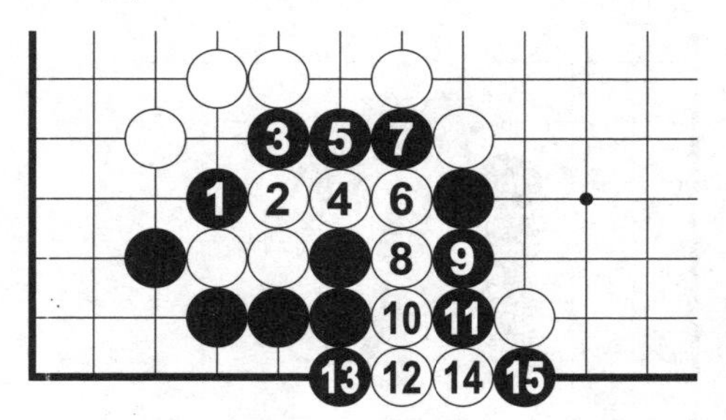

第9题正解　此题最后形状与常见征吃的楼梯形状有很大区别，但黑棋步步打吃追击，故符合征吃。征吃过程中注意接应子和征吃带响就可，待白棋跑到边上时在左右打吃都可。

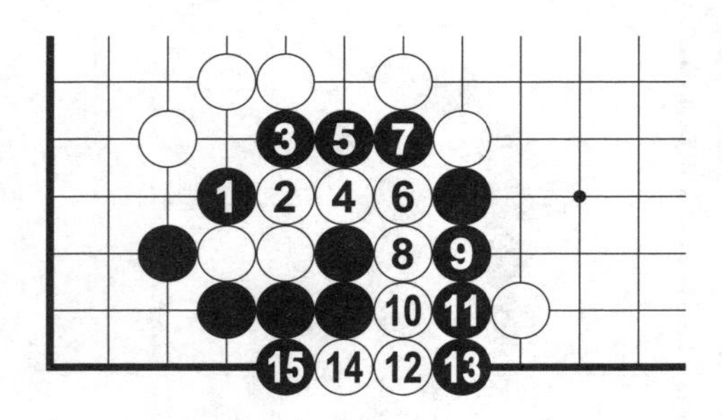

第9题正解　上题答案的另一个方向打吃。

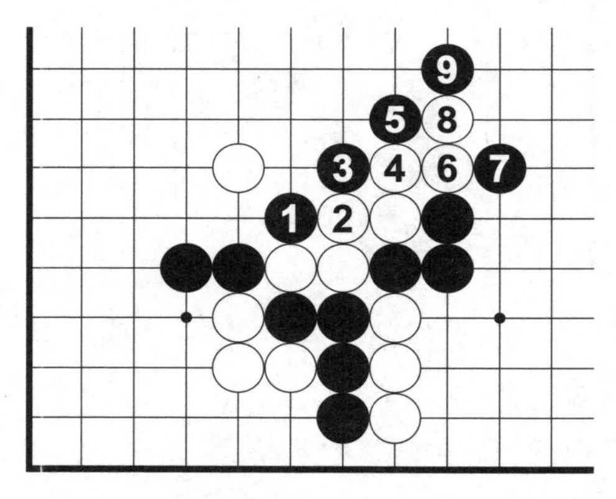

第10题正解　黑1打吃正确，之后正常进行。

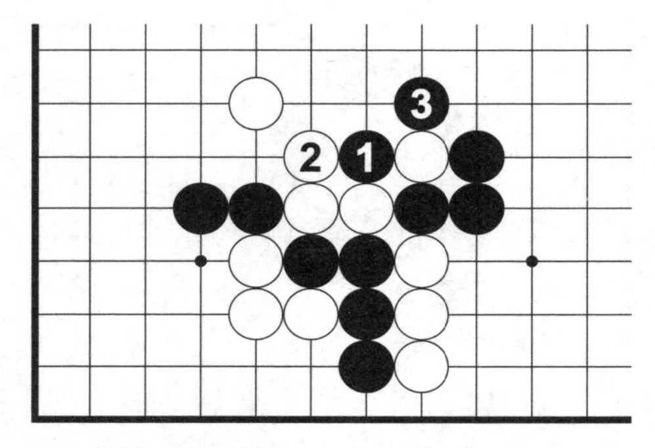

第10题错解　若黑棋贪图马上吃子在黑1处双打吃，白2逃跑重要的两子，黑棋吃一个白子并不能帮助本方下边四颗黑子逃跑。

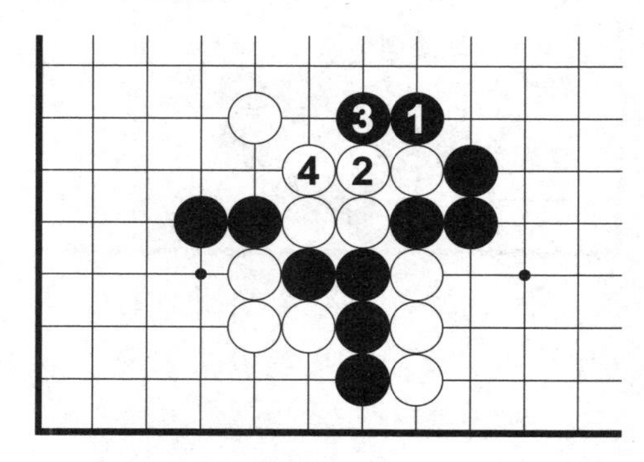

第10题错解　黑1在此处打吃也不行，至白4白棋成功逃跑。

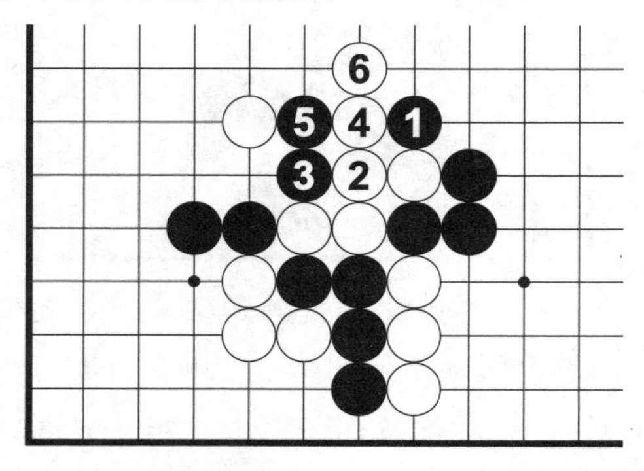

第10题错解　即使黑3此时改变打吃方向也不行。

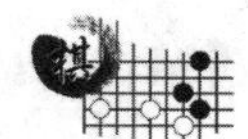

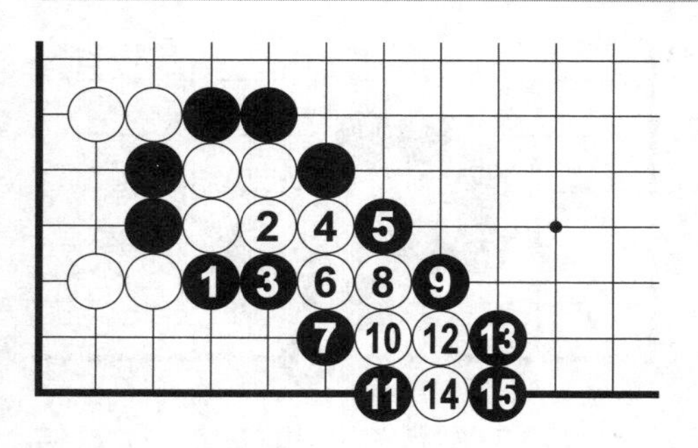

第11题正解　正常进行。

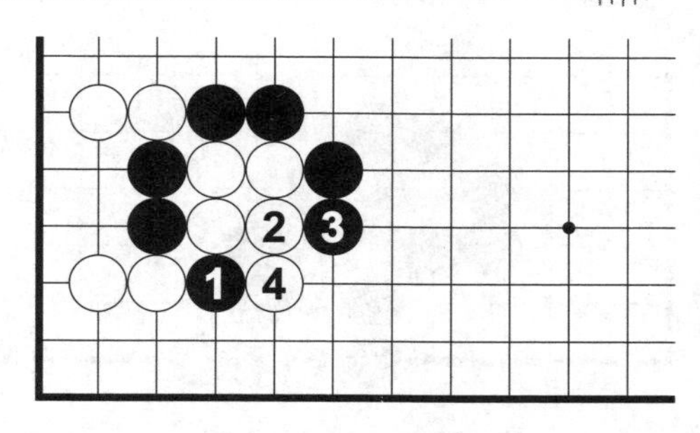

第11题错解　若黑3打吃错误的话，白4长后出现征吃带响。

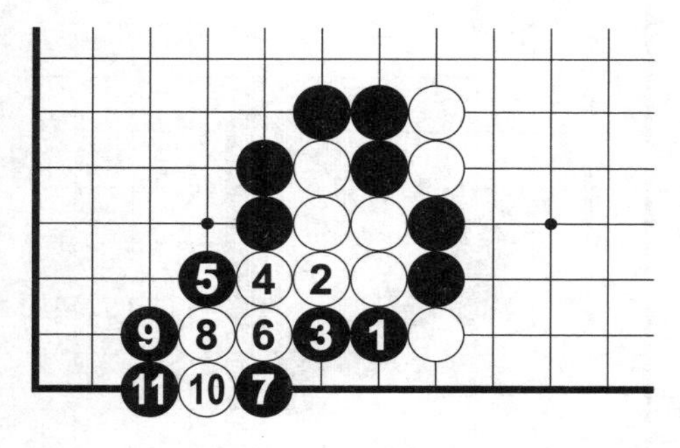

第12题正解　黑1断打，黑3在此打吃防止征吃带响是关键，此后正常进行。

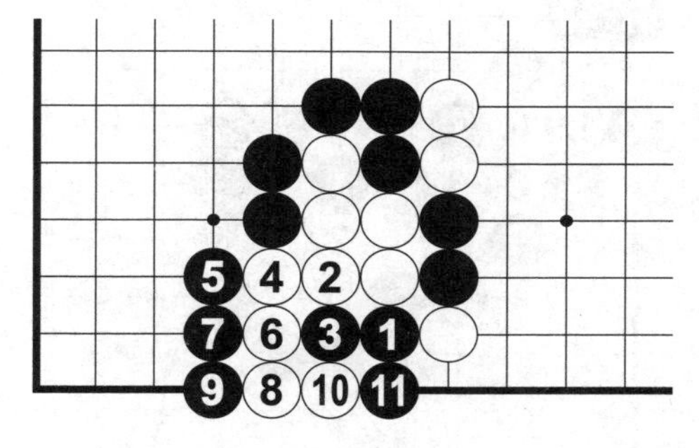

第12题正解　若利用打吃到二线可以继续向一线打吃的道理，本题如此进行也可。

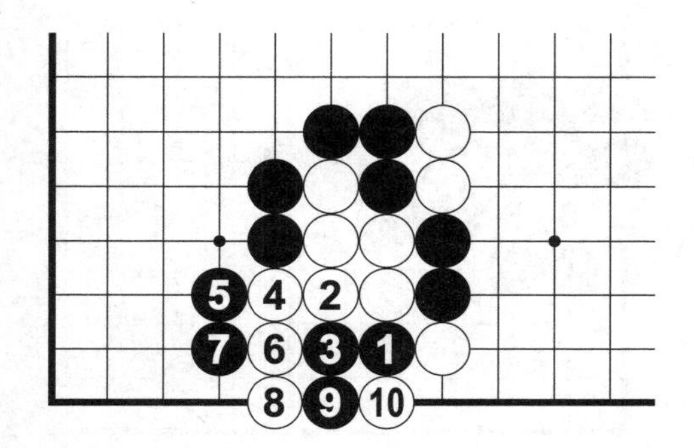

第12题错解　但切记黑9打吃不能弄反，若如此白10提，黑棋失败。

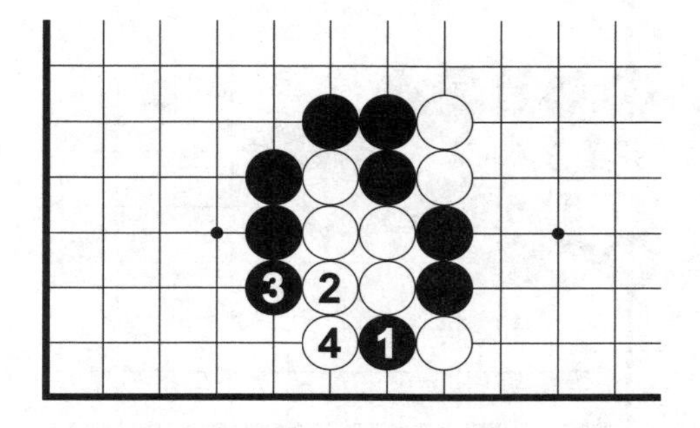

第12题错解　黑3不能着急去换方向打吃，若如此出现征吃带响，黑失败。

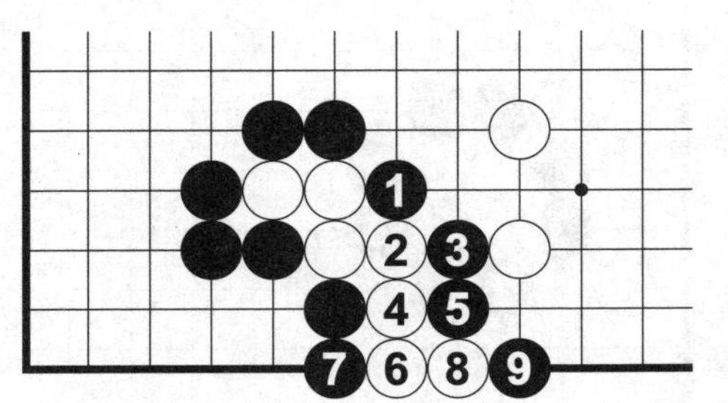

第13题正解　正常进行。

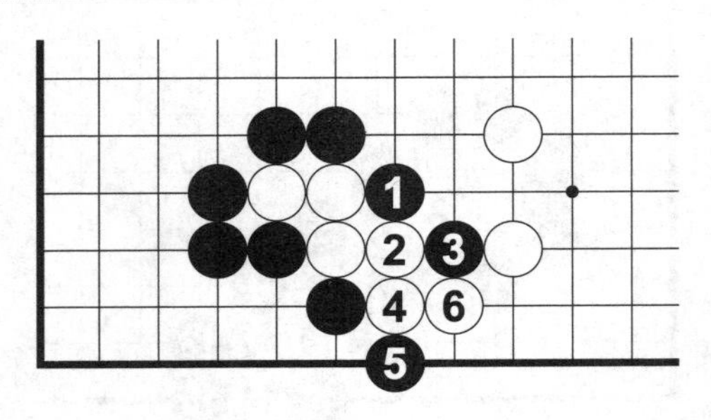

第13题错解　此解黑5打吃错误，出现征吃带响，黑失败。

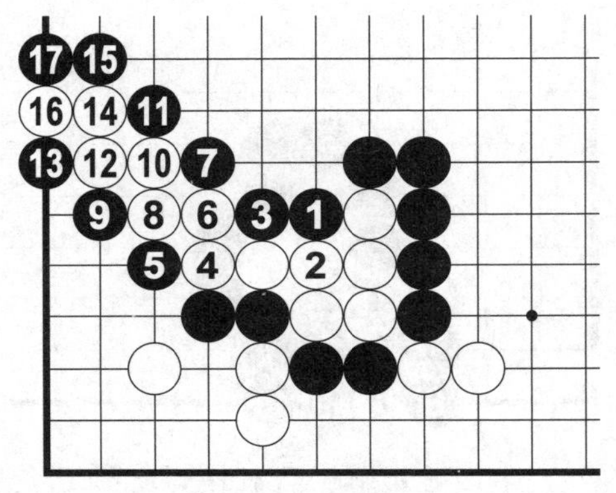

第14题正解　正常进行。

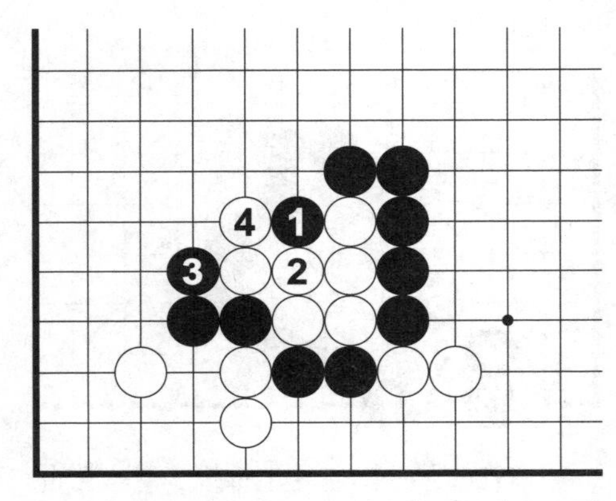

第14题错解　此解中黑3打吃错误，出现征吃带响，黑失败。

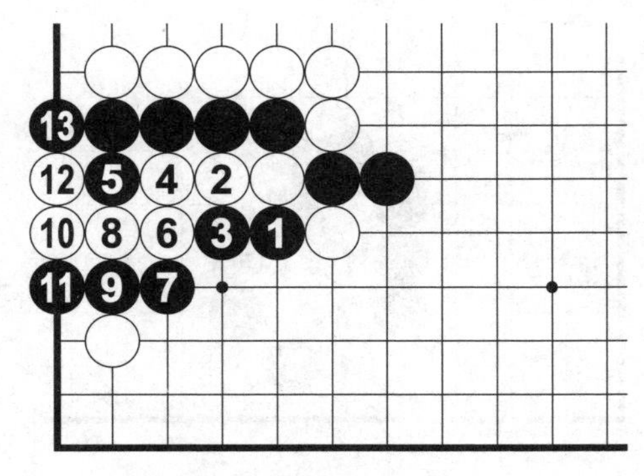

第15题正解　正常进行。

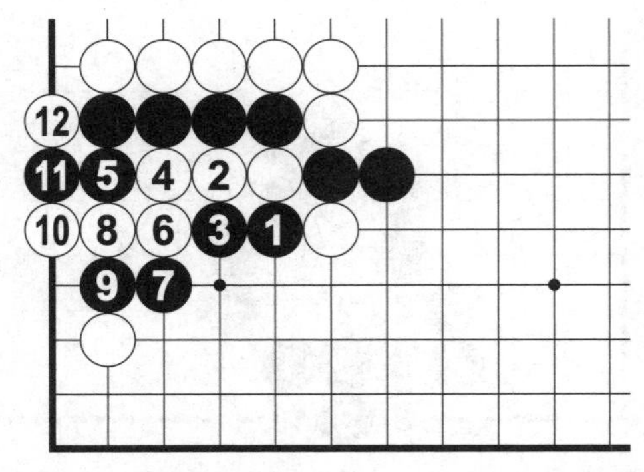

第15题错解　黑11一定不能在此解中的位置打吃，否则会被白12提掉。

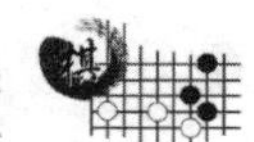

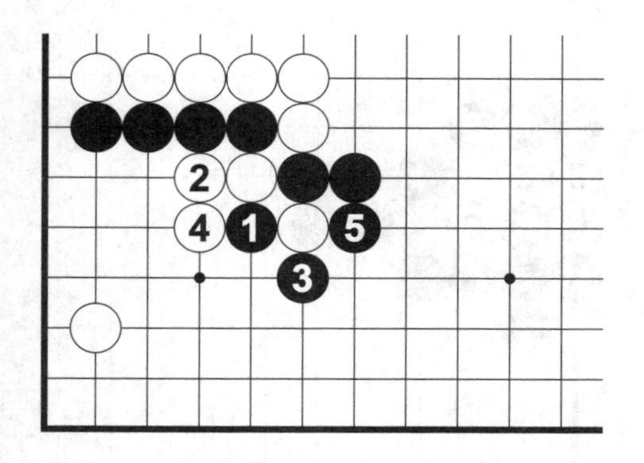

第15题错解　黑3若在此处打吃，其实也是征吃，但这样进行的话只能征吃掉白一子，黑棋边上四颗棋子就无法逃跑，黑棋大亏。

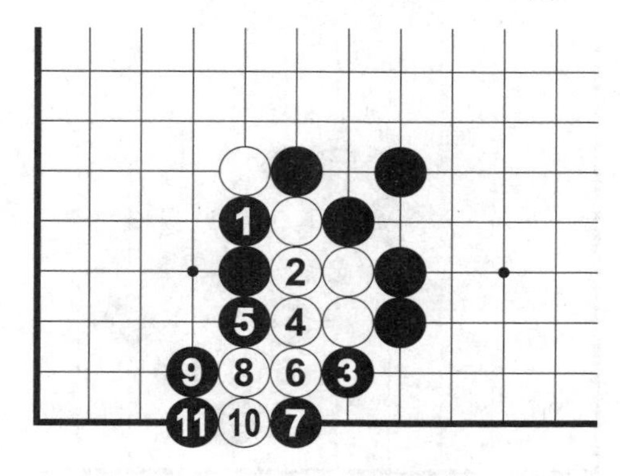

第16题正解　正常进行。

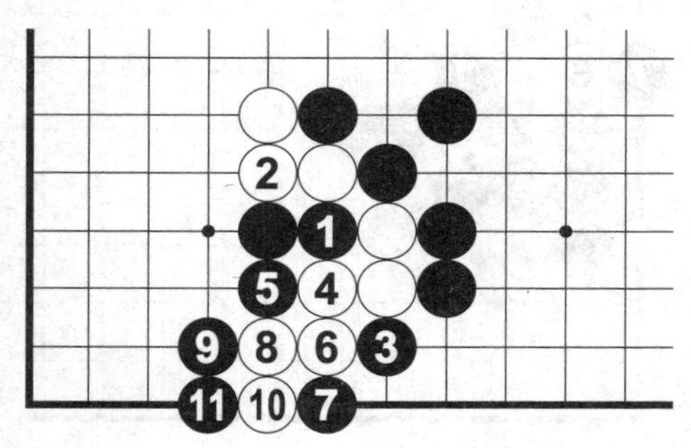

第16题正解　如此解在此处断打也可以，但战果不如上解战果大。

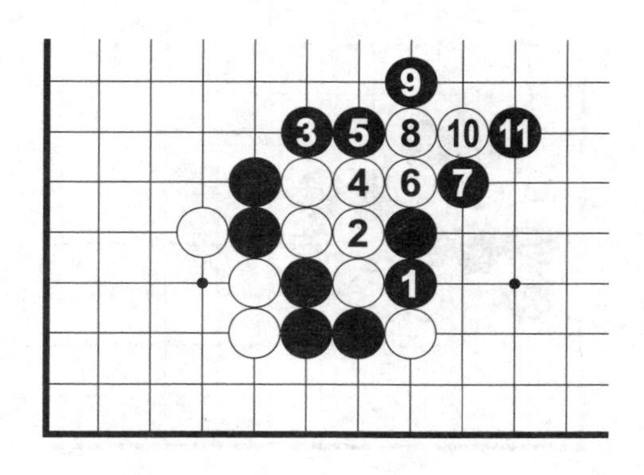

第17题正解　正常进行。

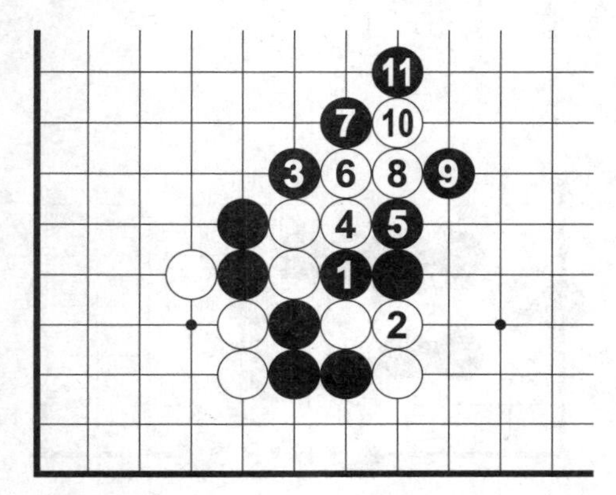

第17题正解　如此解在此处断打也可以，但战果不如上解战果大。

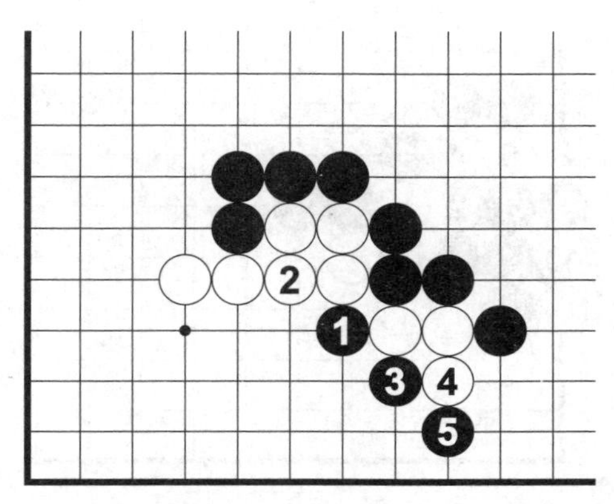

第18题正解　黑1断打是关键，抓住了白棋的弱点，之后正常进行。

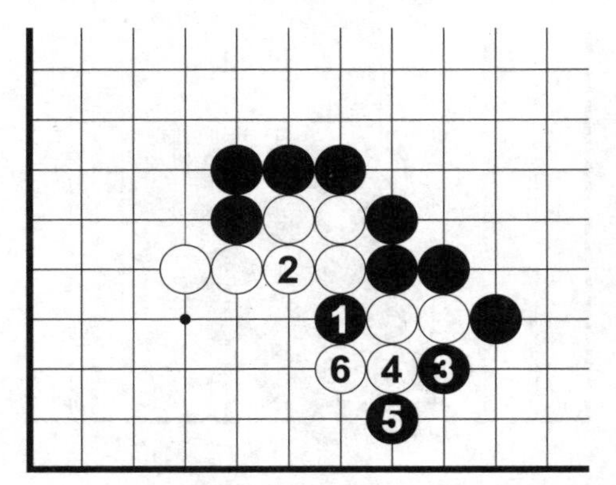

第18题错解　黑3打吃方向错误，出现征吃带响，黑失败。

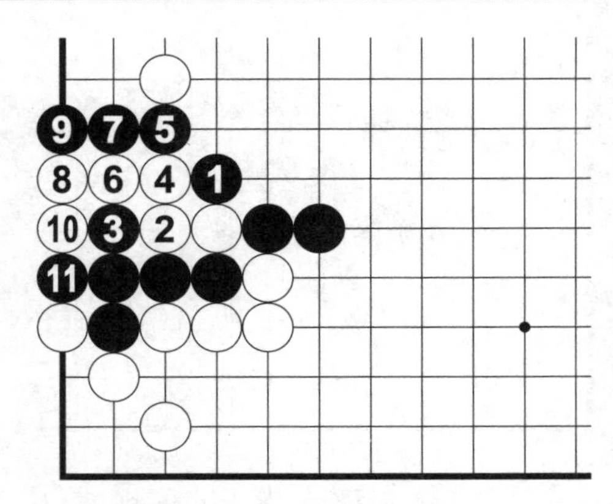

第19题正解　正常进行。

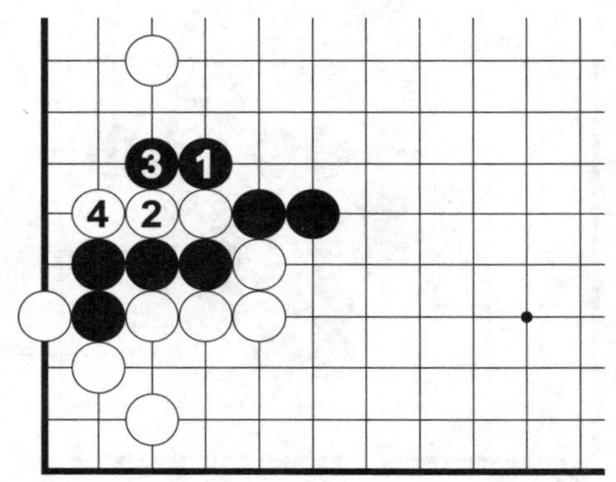

第19题错解　黑3若打吃此处，出现征吃带响，黑失败。

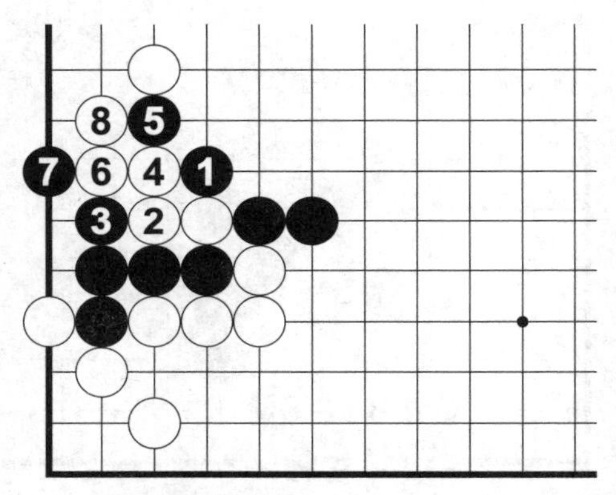

第19题错解　黑7若不继续向边线追击白棋的话，在此解的位置打吃白棋，也出现征吃带响。

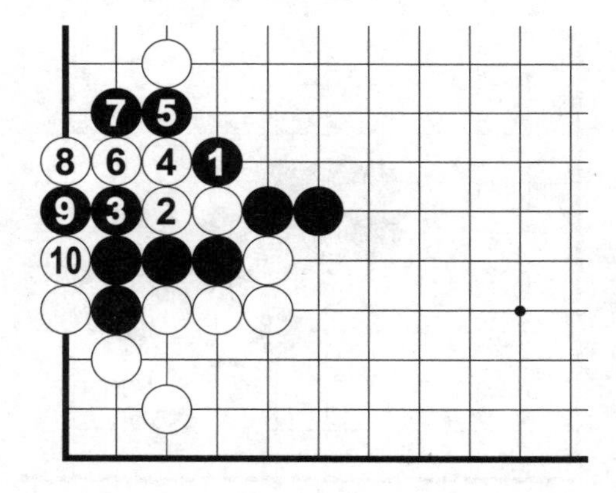

第19题错解　黑9若打吃在此处，白10就可以直接提掉黑棋，黑棋失败。

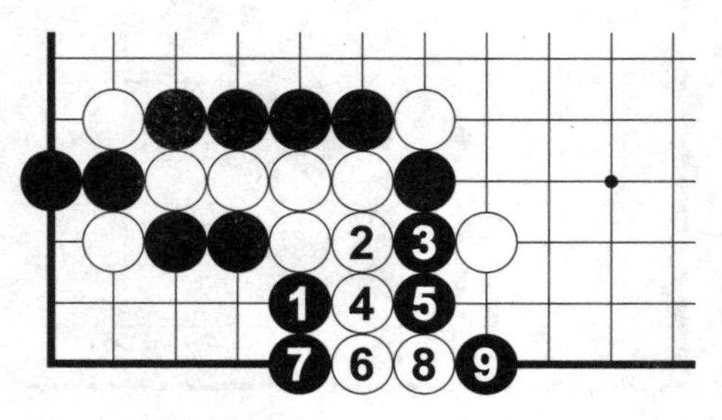

第20题正解　正常进行。

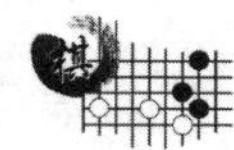

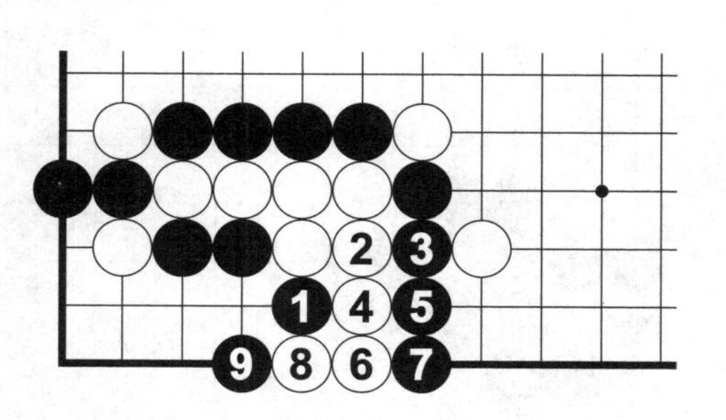

第20题正解　黑7在此处打吃也可以。

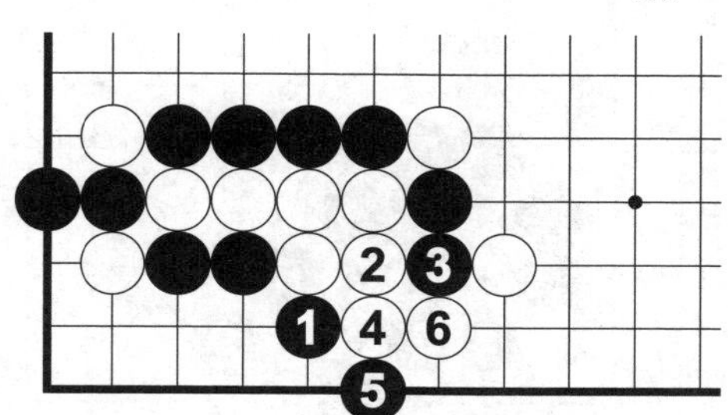

第20题错解　黑5若打吃方向错误会出现征吃带响，黑失败。

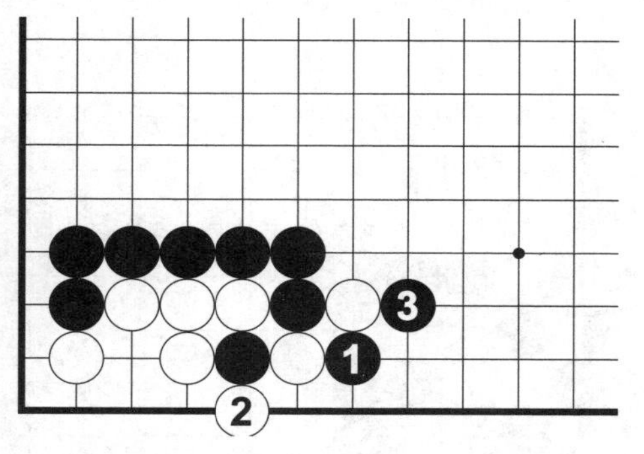

第21题正解　正常进行，此题不要贪图想吃掉角里白棋，要看清白棋的弱点弱棋在何处，征吃掉一颗白子为正确选择。

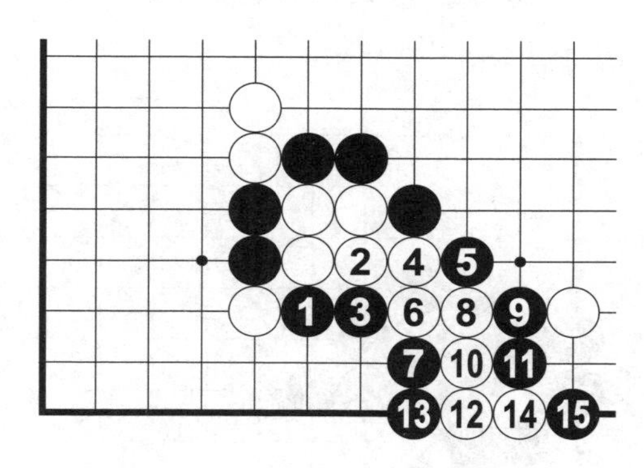

第22题正解　正常进行。

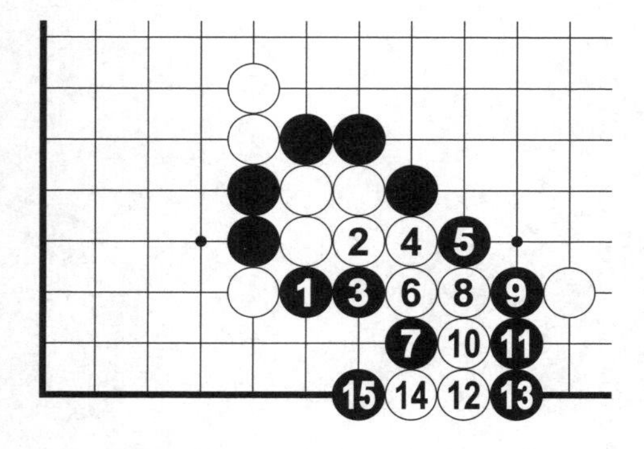

第22题正解　黑13在此处打吃也可。

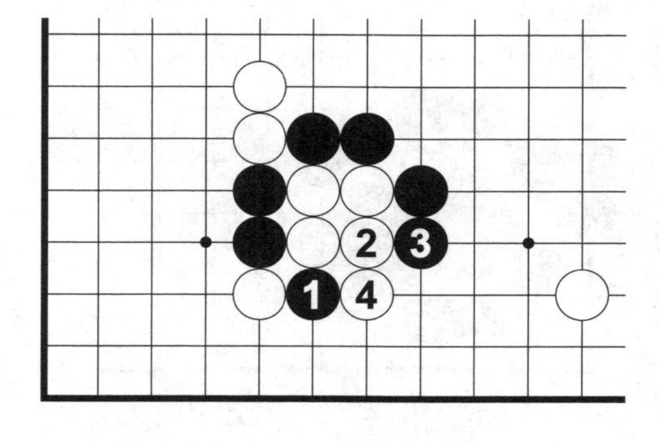

第22题错解　黑3打吃方向错误会出现征吃带响，黑失败。

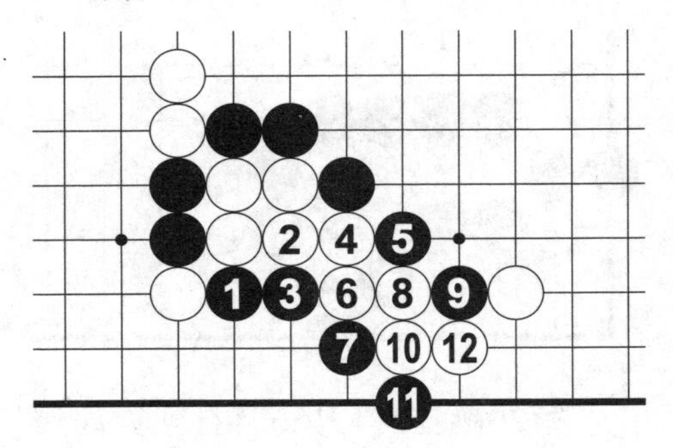

第22题错解　黑11必须继续向边线追击，否则出现征吃带响，黑失败。

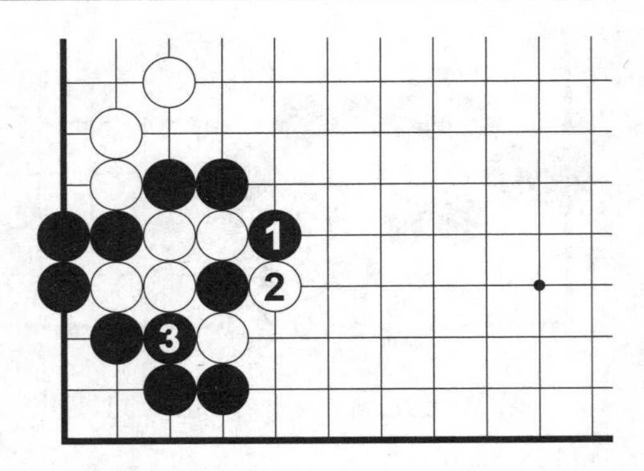

第23题正解　黑1打吃，不急于救1口气的黑子正确。

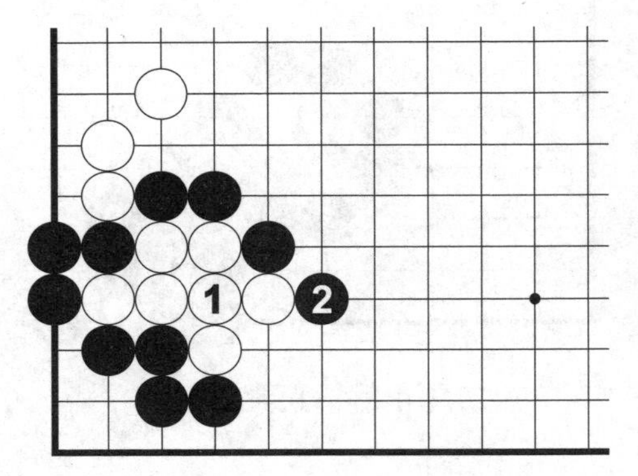

第23题正解　接上图，之后的正常进行。

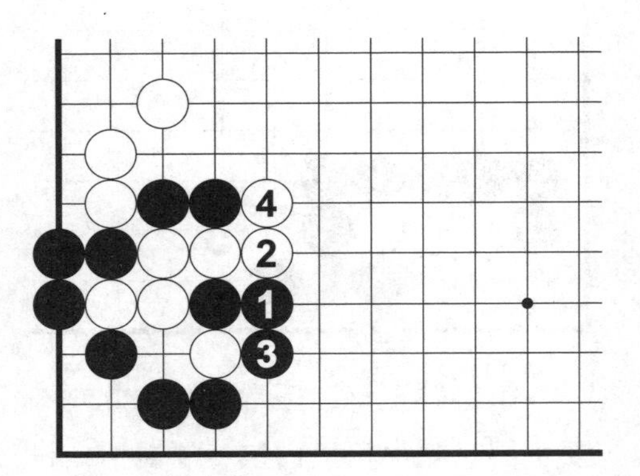

第23题错解　黑1若急于救一子，白棋可选择先逃跑大块，至白4，黑棋两子反而受到威胁。

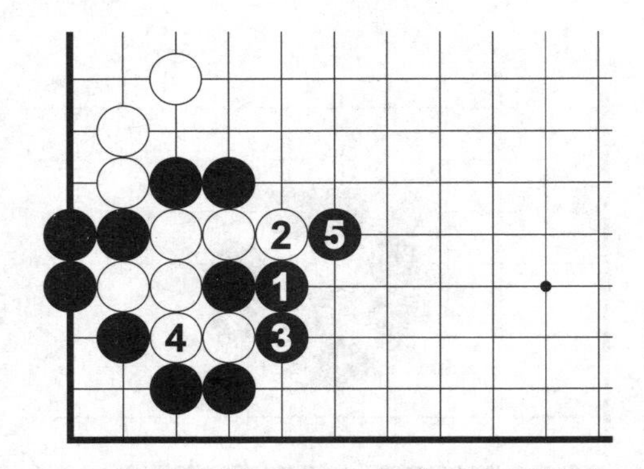

第23题错解　上解中白4不能贪图救一子，否则黑5打吃后依然征吃白棋。

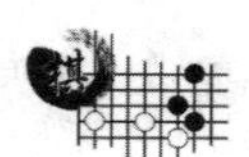

第二章第二节

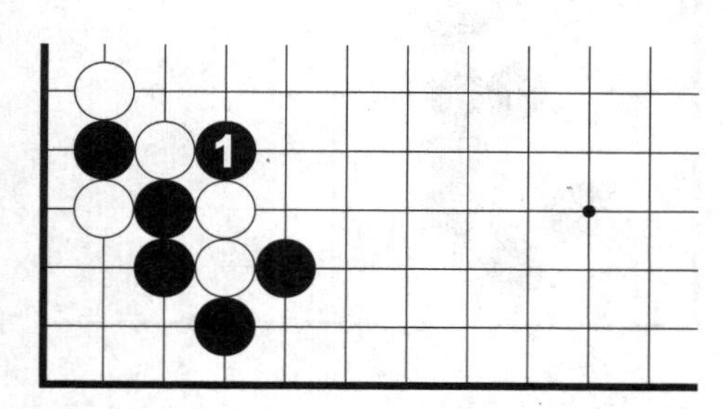

第1题正解

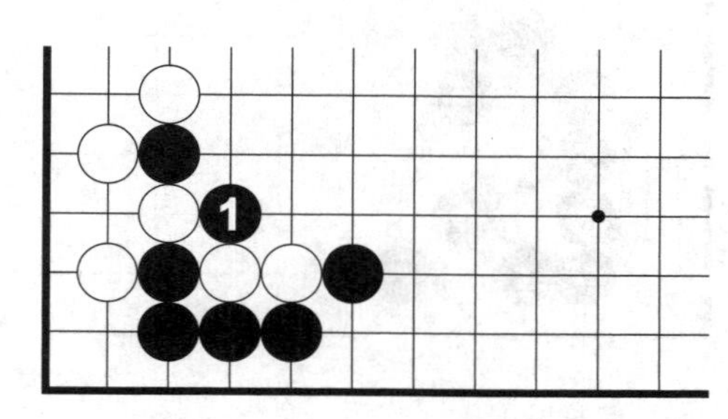

第2题正解

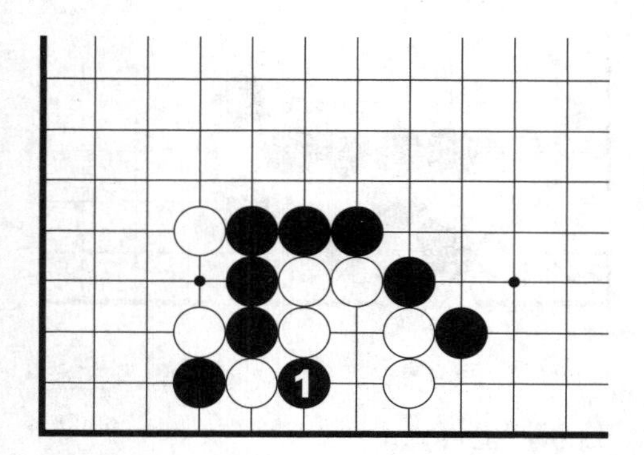

第3题正解

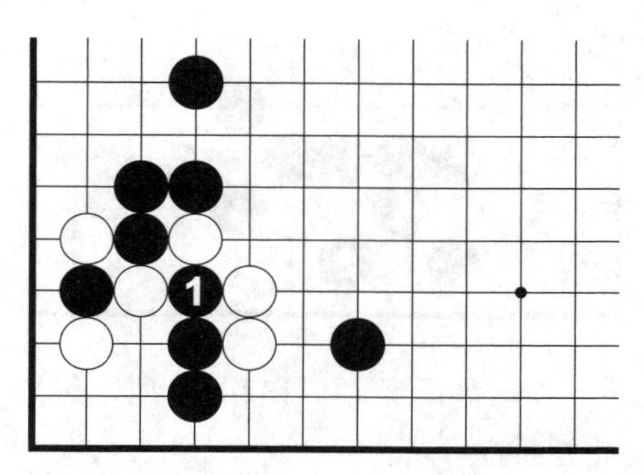

第4题正解

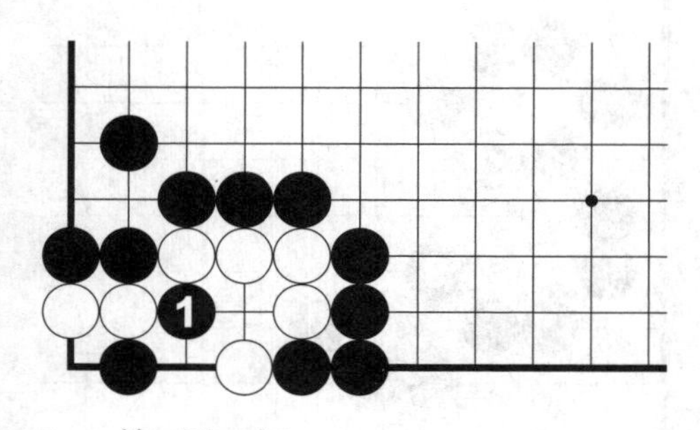

第5题正解

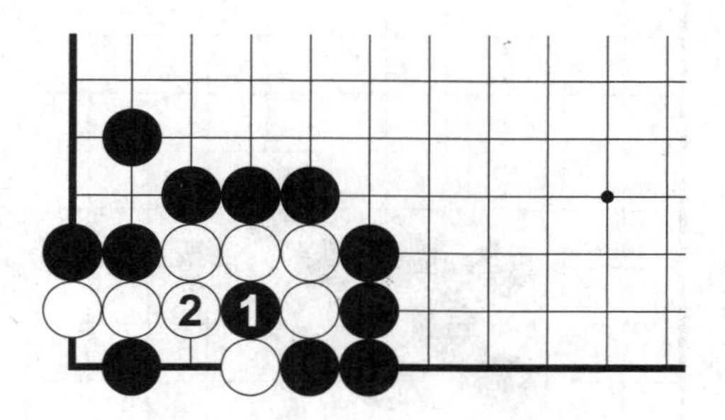

第5题错解　黑1在此处打吃也是双打吃，但白2提子后黑棋没有后续手段了。

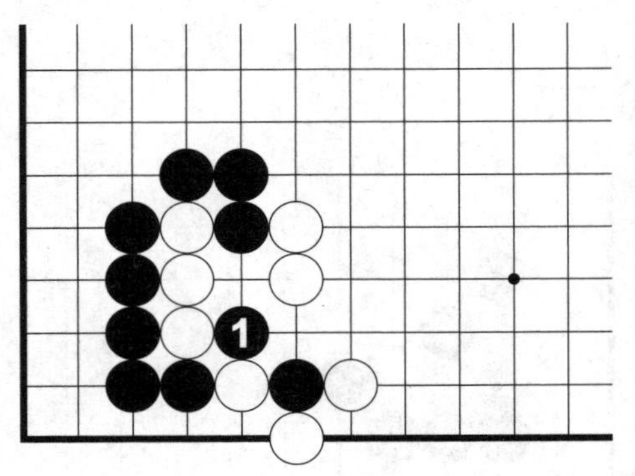

第6题正解

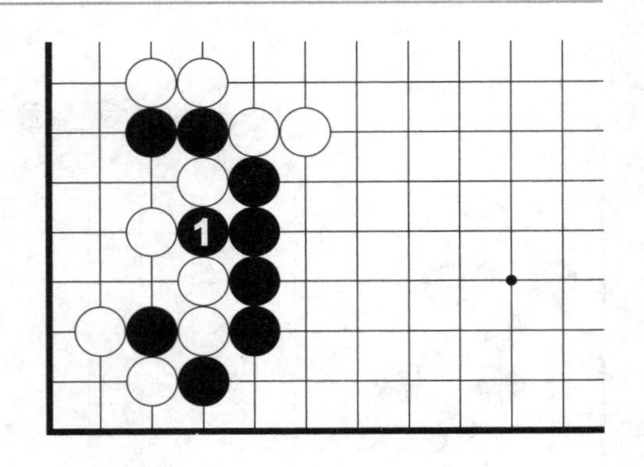

第7题正解

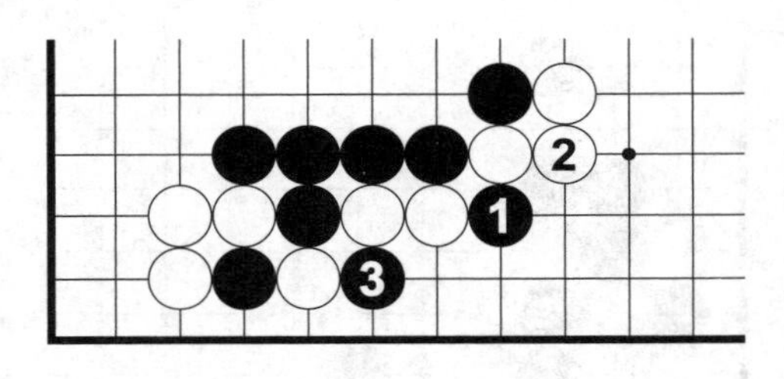

第8题正解　“232”一型，黑1此处断打可以。

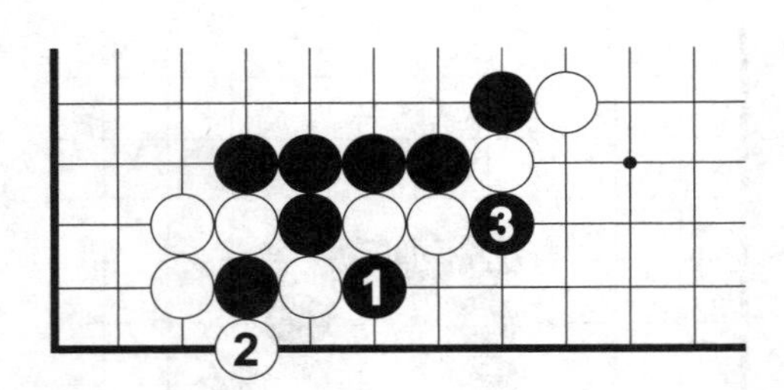

第8题正解　“232”一型，在此处断打也可以。

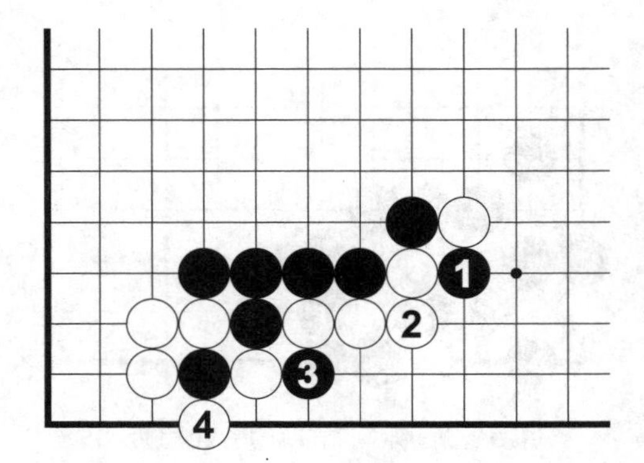

第8题错解　此解中黑1断打错误，黑棋无收获。

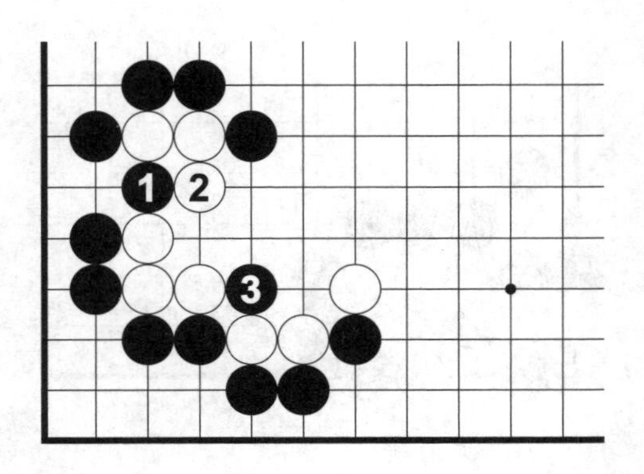

第9题正解　“232”一型，黑1此处断打可以。

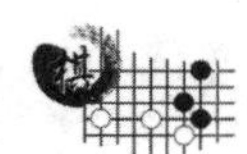

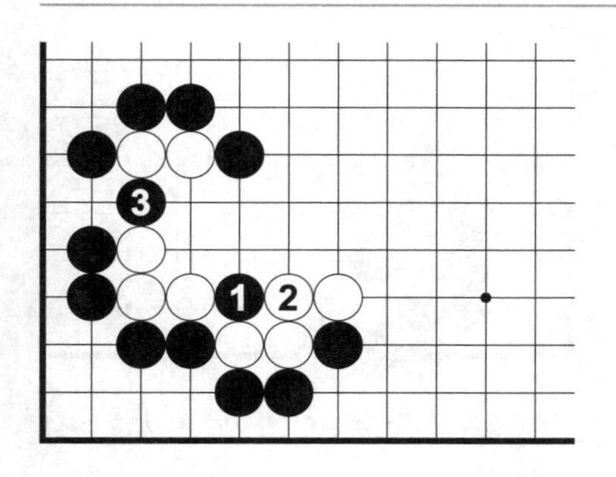

第9题正解　“232”一型，黑1此处断打也可以。此类题型中切记目的是为了做出双打吃，不要急于马上救黑1一子。

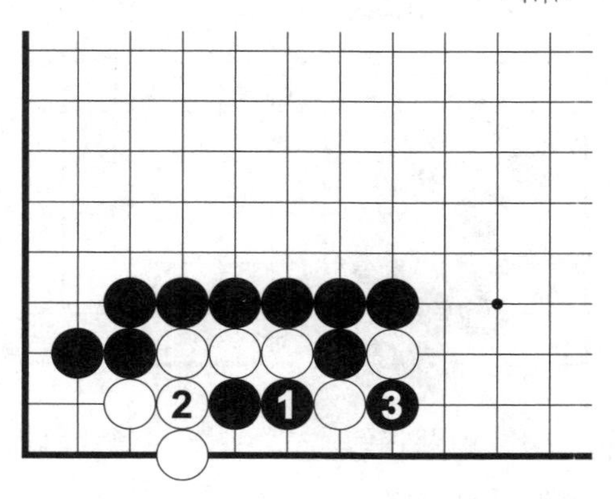

第10题正解　“232”一型，黑1此处断打可以。

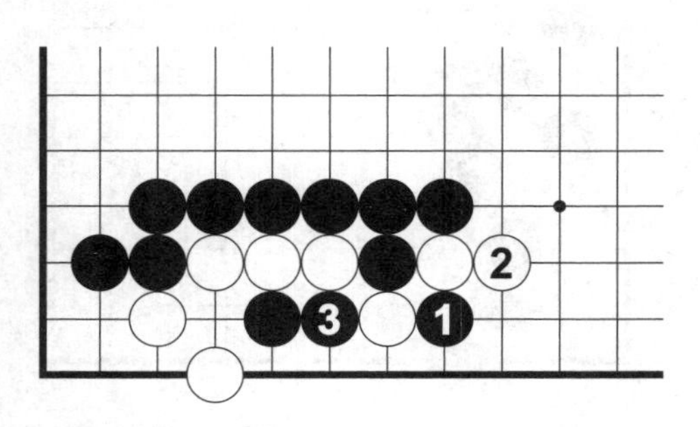

第10题正解　“232”一型，黑1此处断打也可以。

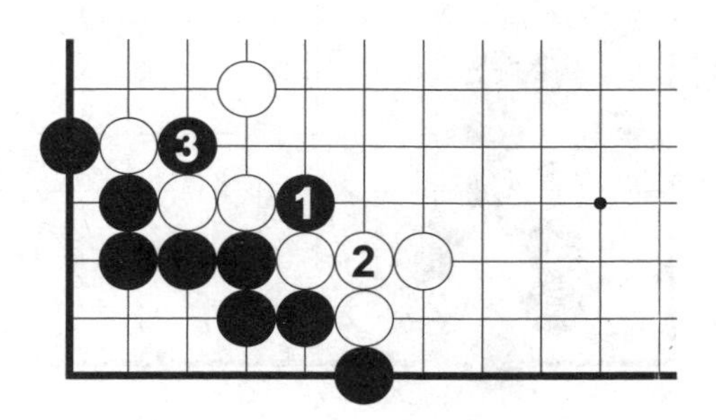

第11题正解　“232”一型，黑1此处断打可以。

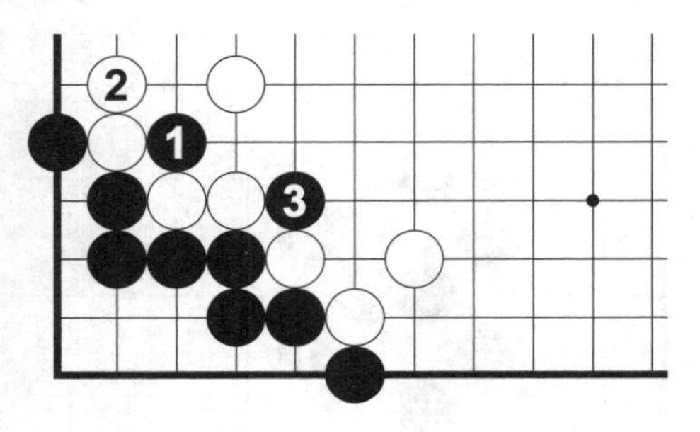

第11题正解　“232”一型，黑1此处断打也可以。

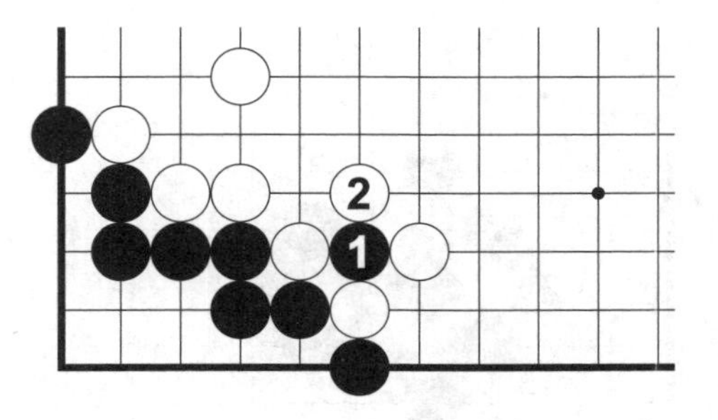

第11题错解　黑1在此处也是双打吃，但会被白棋直接提掉，黑棋无用。

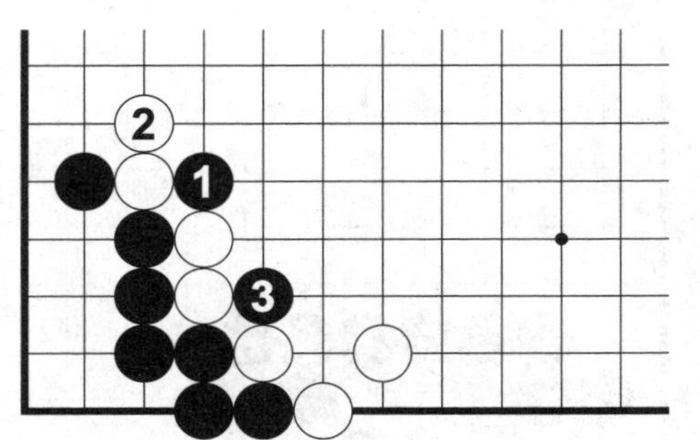

第12题正解　“232”一型，黑1此处断打可以。

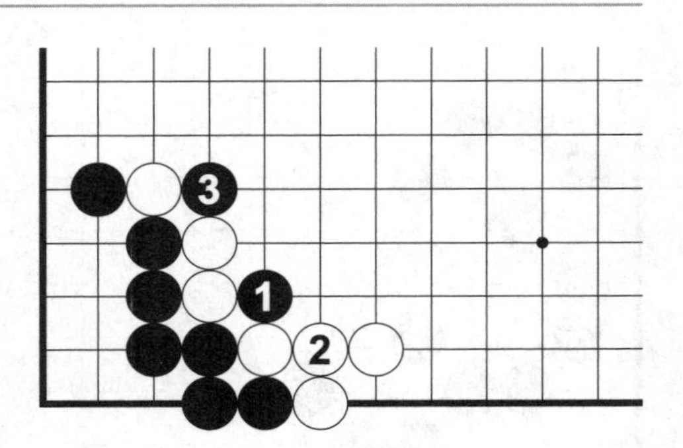

第12题正解　“232”一型，黑1此处断打也可以。

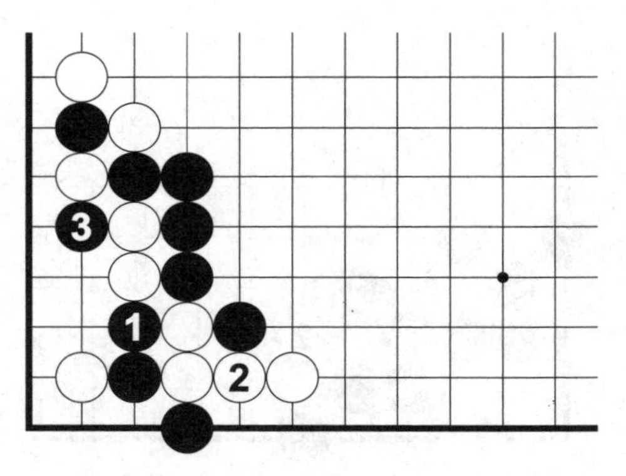

第13题正解　“232”一型，黑1此处断打可以。

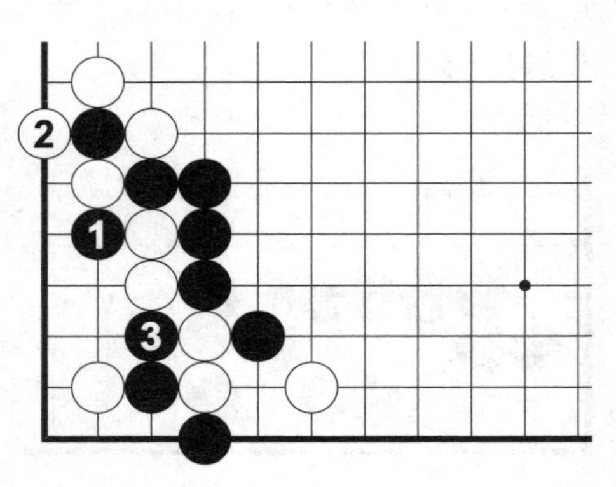

第13题正解　“232”一型，黑1此处断打也可以。

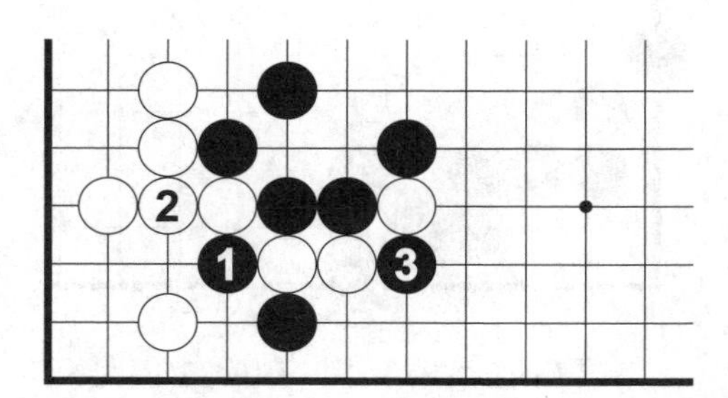

第14题正解　“232”一型，黑1此处断打可以。

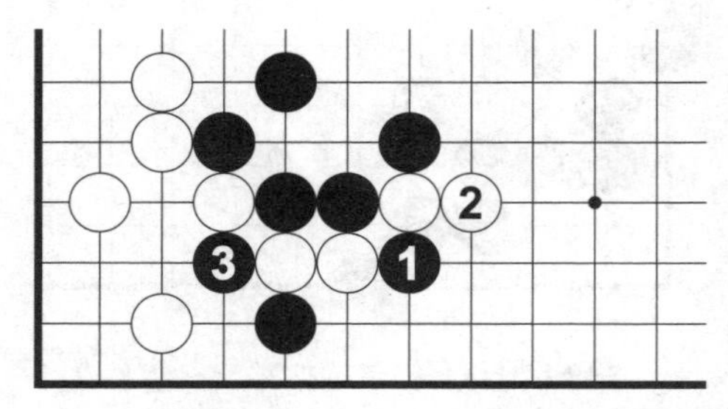

第14题正解　“232”一型，黑1此处断打也可以。

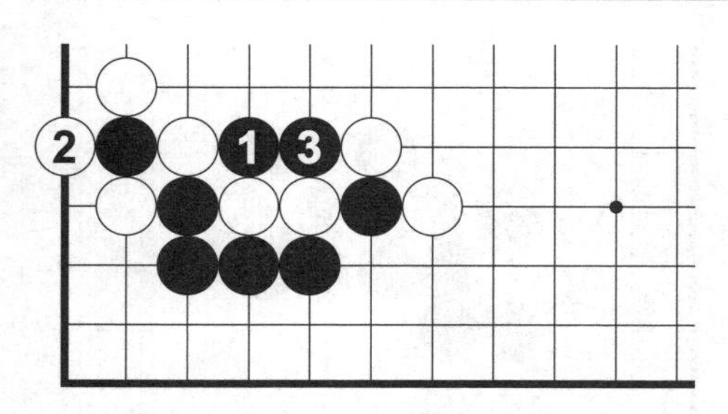

第15题正解　黑1双打吃后，白棋有两种选择。

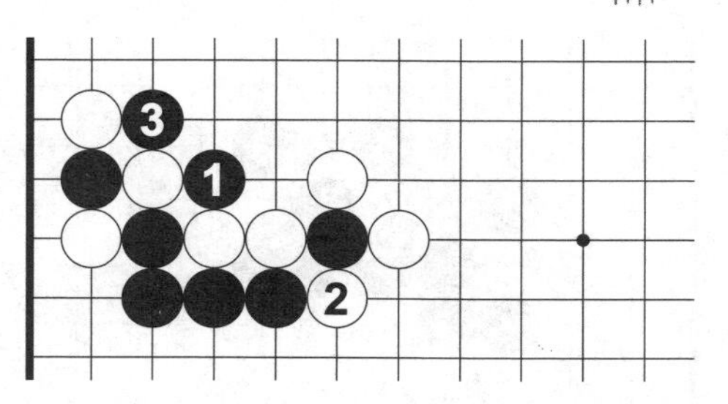

第15题正解　上解的另一种变化。

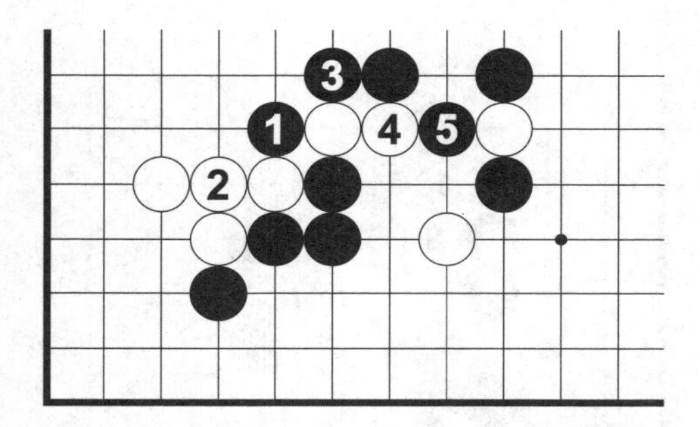

第16题正解　黑1先在此处断打正确，黑3打吃，将两块2口气的白棋拉近，黑5完成双打吃。

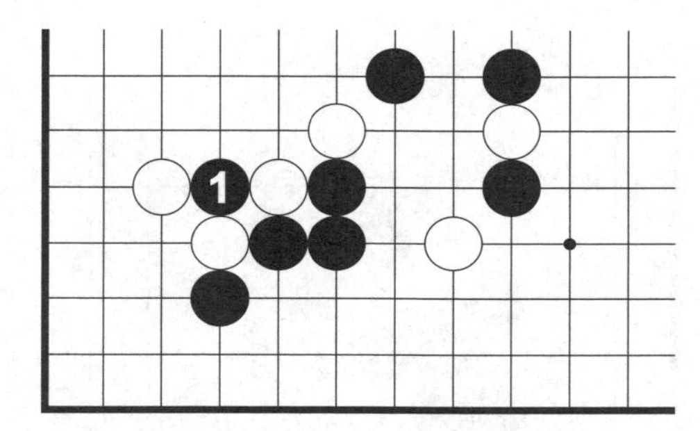

第16题错解　黑1此处也是双打吃，但会被白棋直接提掉，黑棋无用。

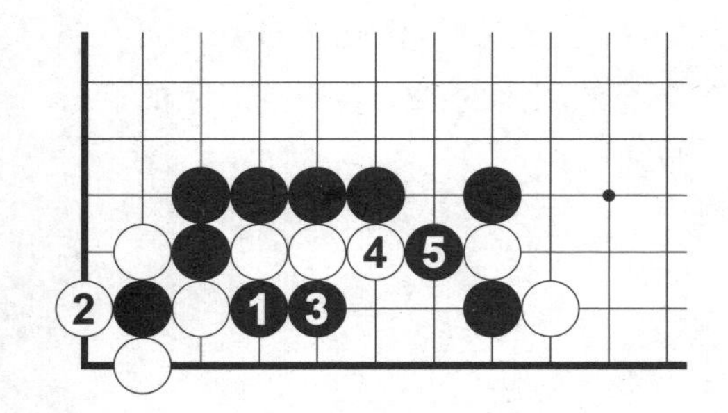

第17题正解　此题和上题一样。黑1先在此处断打正确，黑3打吃，将两块2口气的白棋拉近，黑5完成双打吃。

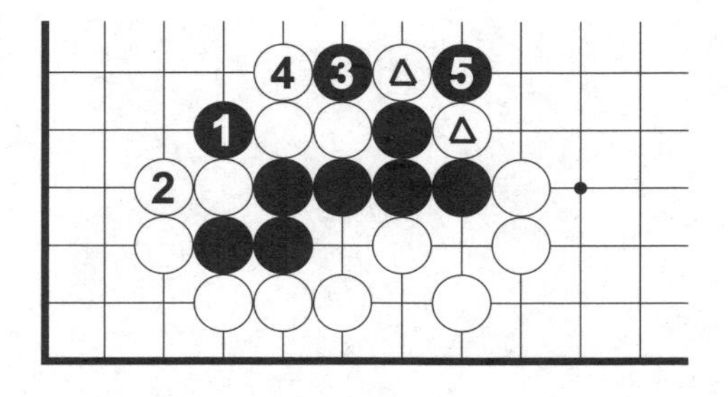

第18题正解　黑1断打后就已经形成“232”一型，此后为此型正常进行。

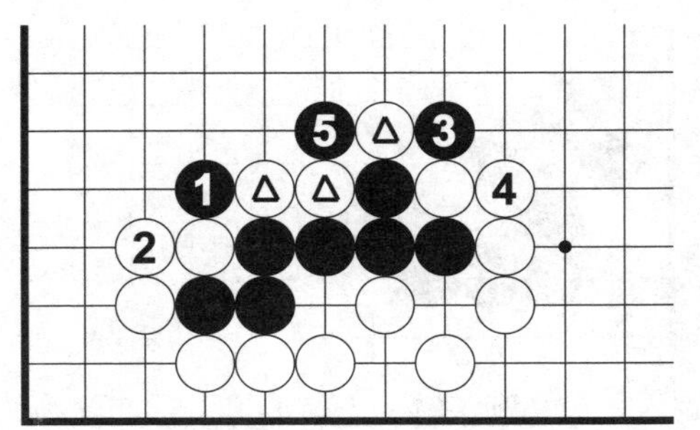

第18题正解　上解另一答案。

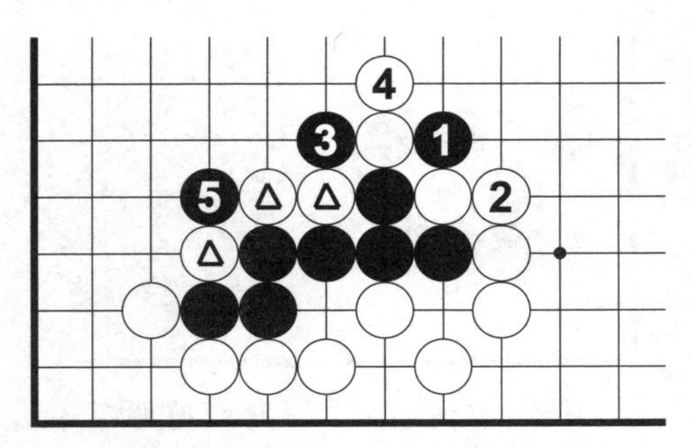

第18题正解　黑1在此处断打也可形成“232”一型，此后为此型正常进行。

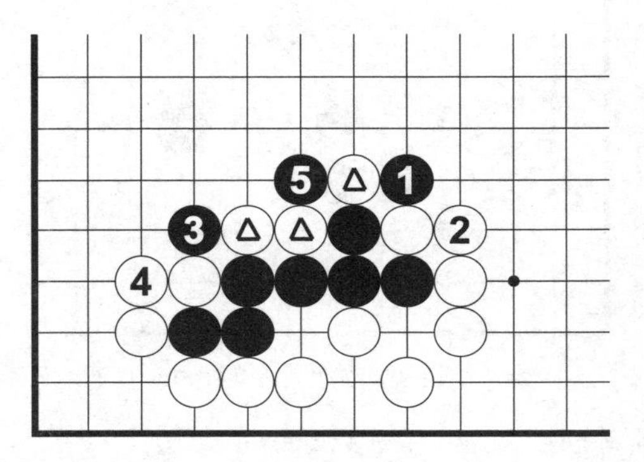

第18题正解　上解另一答案。

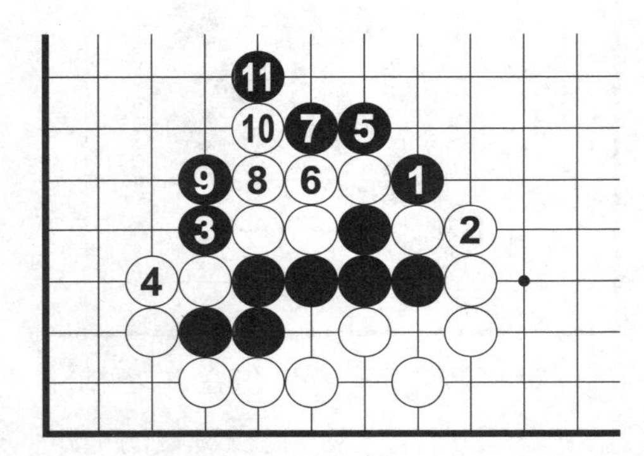

第18题正解　此解虽不是双打吃，但也可以通过征吃来解。此题除了练习双打吃之外，还可以看出如果一味地想包围进而吃掉对方，而不顾自身的弱点的话，会受到对手的严厉反击。

第二章第三节

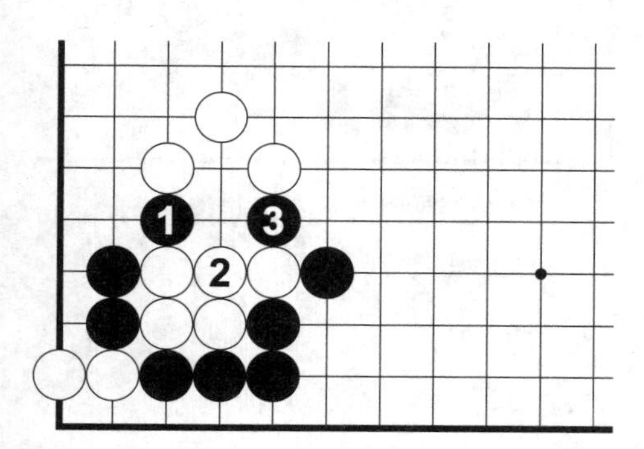

第1题正解　黑1打吃白棋子多的一侧正确，白2连接后，黑3关门吃住。

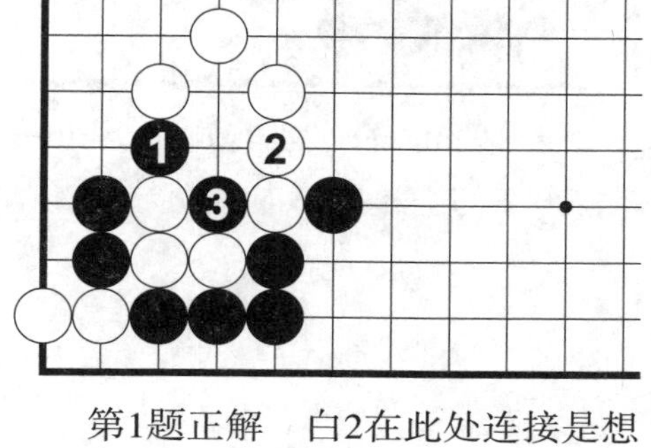

第1题正解　白2在此处连接是想减少损失，黑3直接提掉就可。

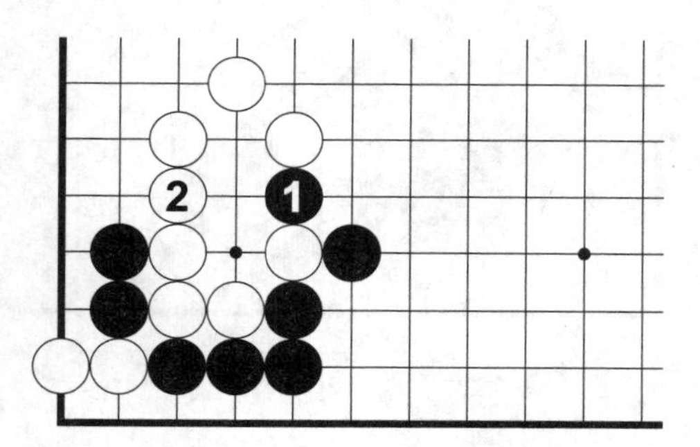

第1题错解　黑1若在这边打吃的话，白棋可以不管这一子，先行救多的一侧。

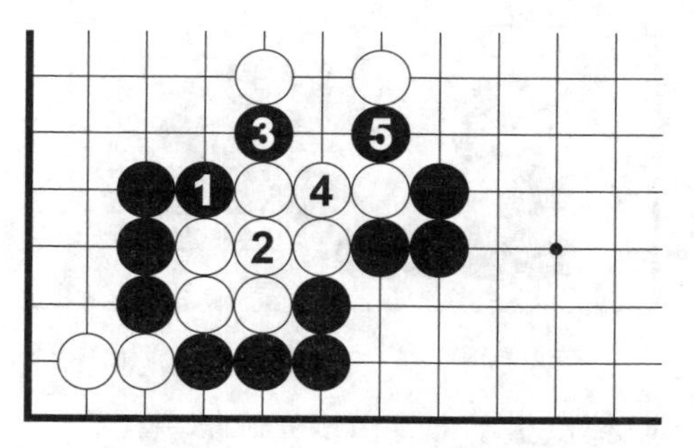

第2题正解　连续打吃子多的一侧正确。

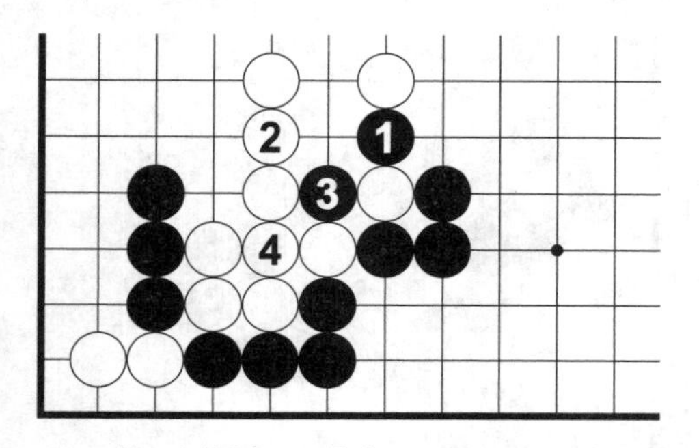

第2题错解　若打吃子少的一侧，白棋可以放弃一子救子多的一侧。

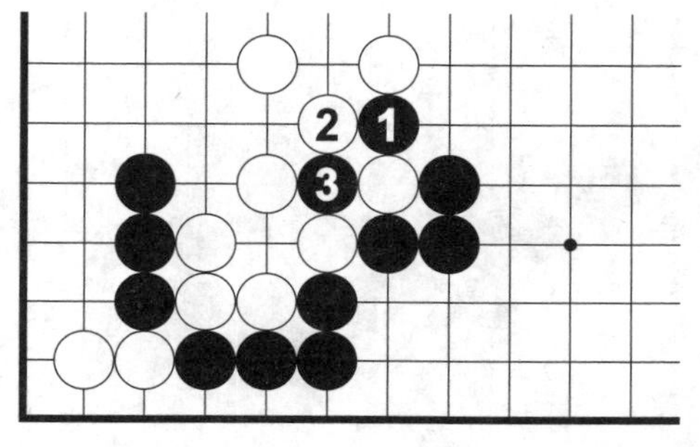

第2题错解　白棋还有做劫的可能。

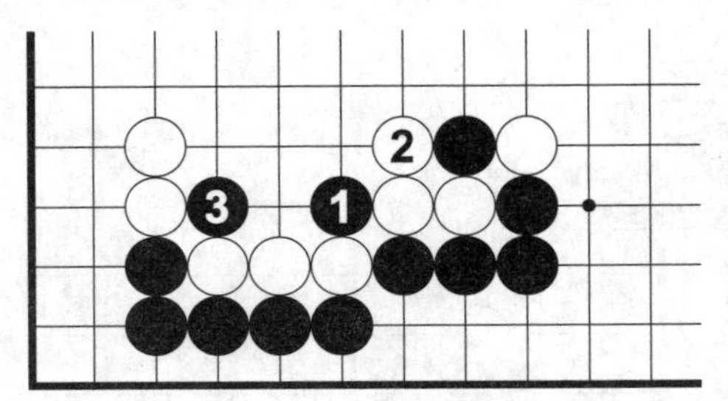

第3题正解　黑棋放弃上边一子，吃下方白棋三子正确。

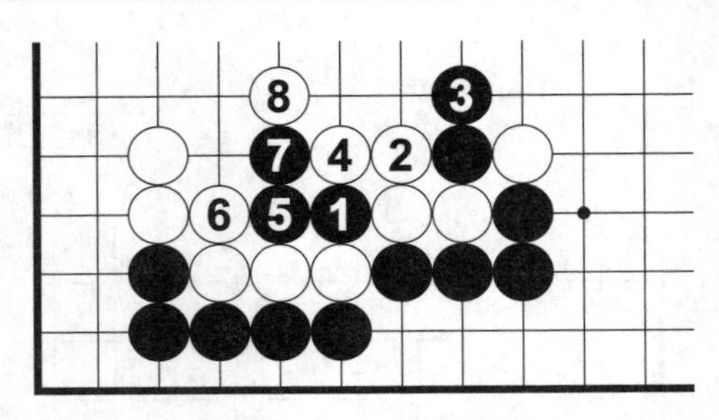

第3题错解　黑3若想救一子，白棋简单将黑棋吃掉。

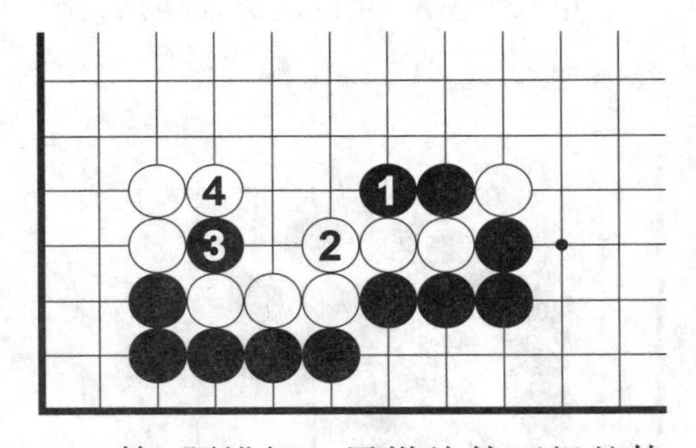

第3题错解　黑棋从外面想整体吃掉白棋不可，白棋先吃掉黑棋。

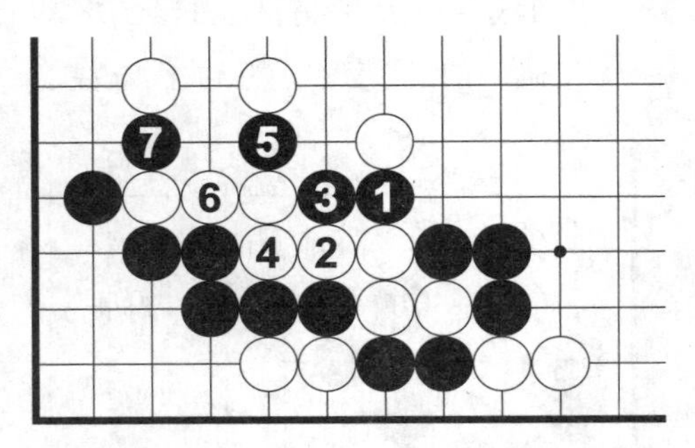

第4题正解　黑棋一直打吃子多的一侧正确。

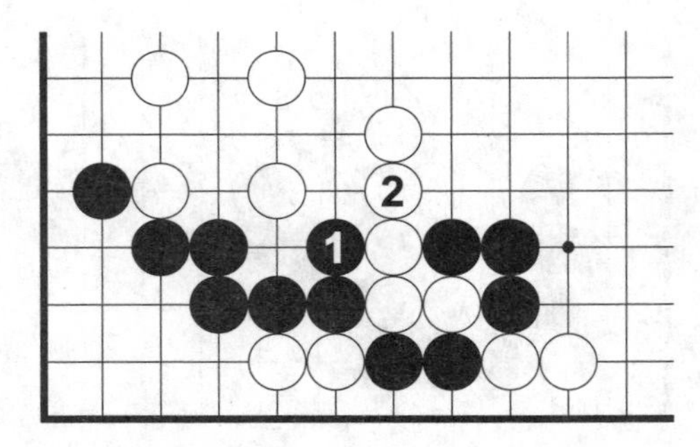

第4题错解　打吃方向错误。

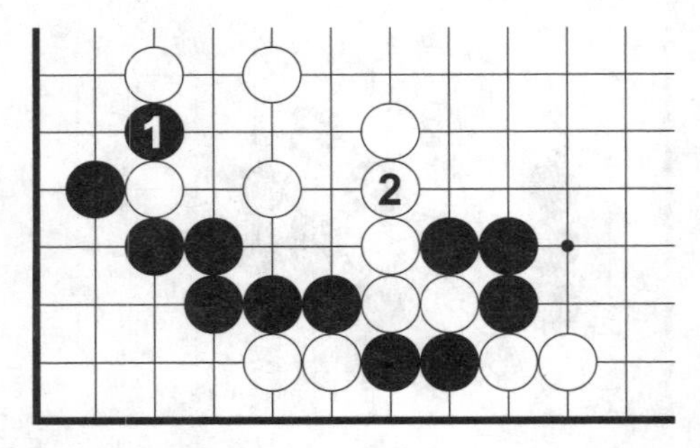

第4题错解　打吃子少的一侧，白棋可以先救子多的一侧。

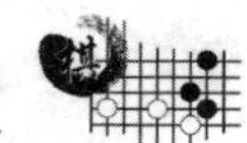

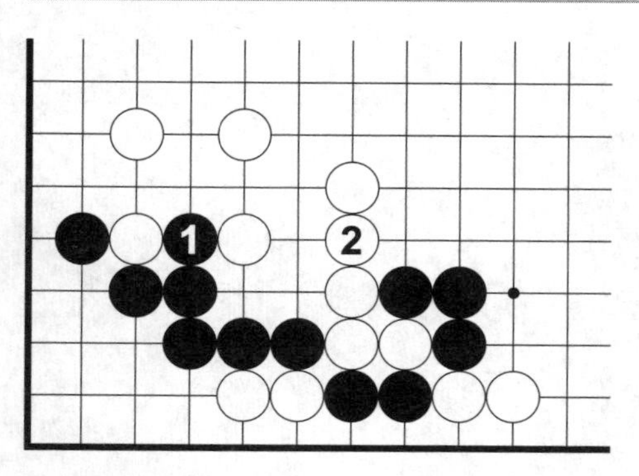

第4题错解　打吃此处白棋也不会理。

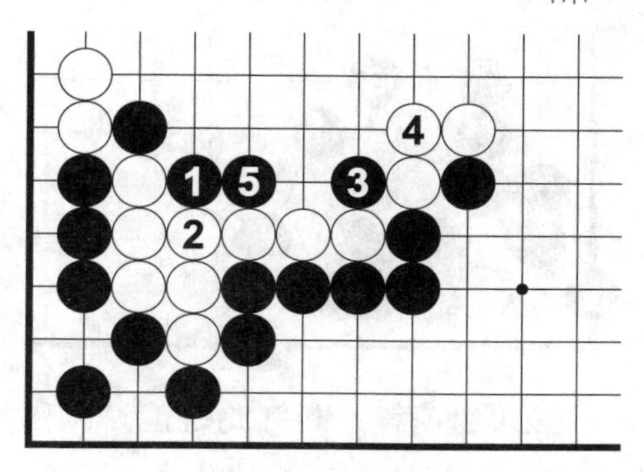

第5题正解　正常进行。

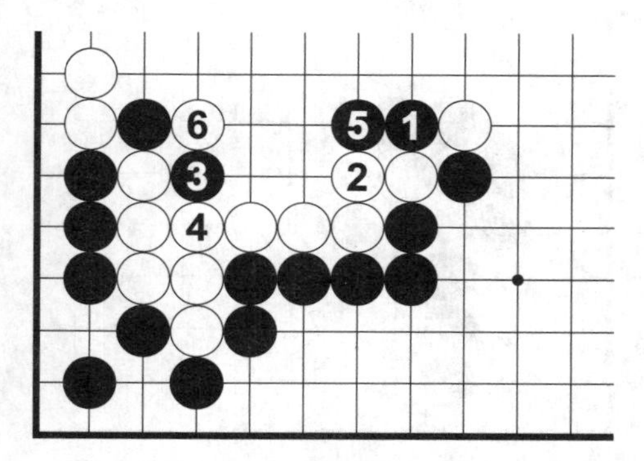

第5题错解　黑棋想从外面断打多吃不成立。

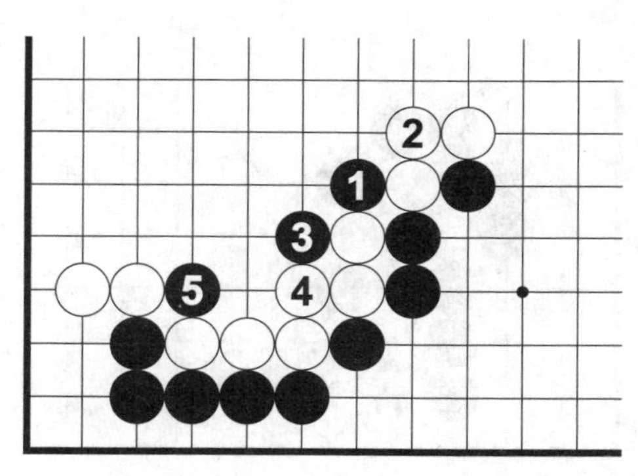

第6题正解　黑1断打正确。

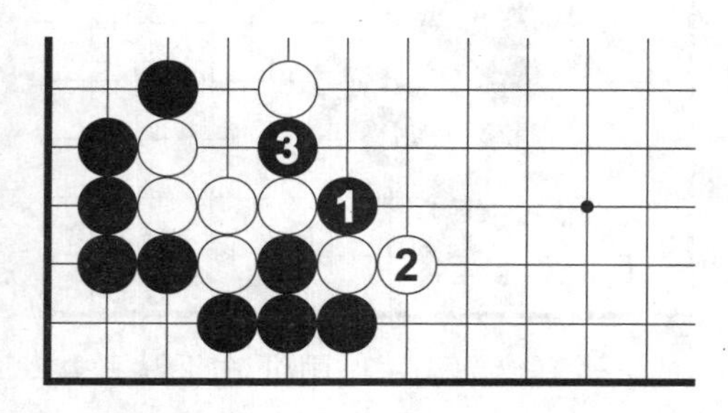

第7题正解　正常进行。

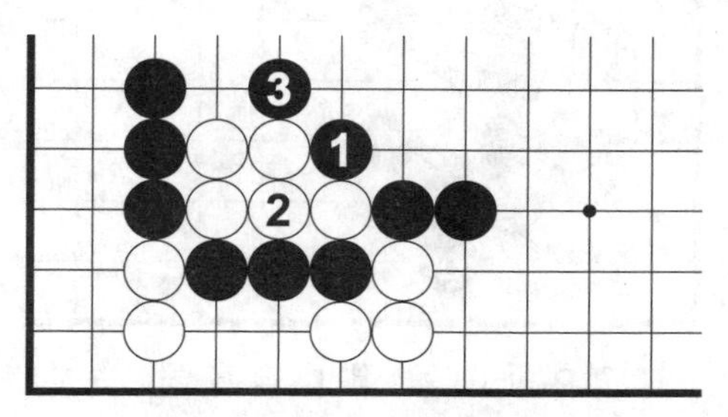

第8题正解　在外侧打吃正确。

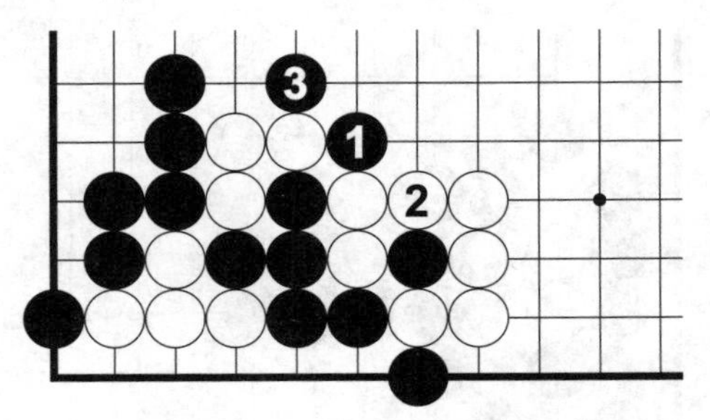

第9题正解　断打此处正确，利用已经死掉的一子将白棋角上全部吃掉。

第二章第四节

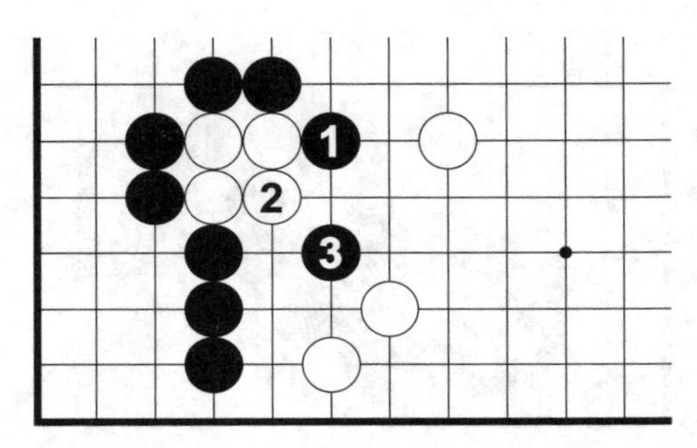

第1题正解　先打吃一下正确，在于3位枷吃。

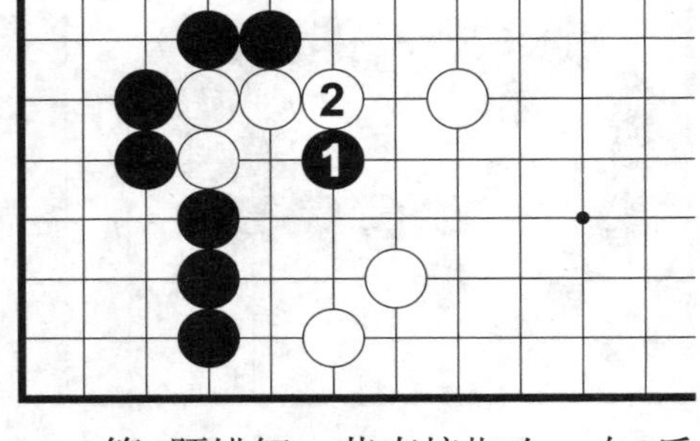

第1题错解　若直接枷吃，白2后黑棋已经无法关住白棋。

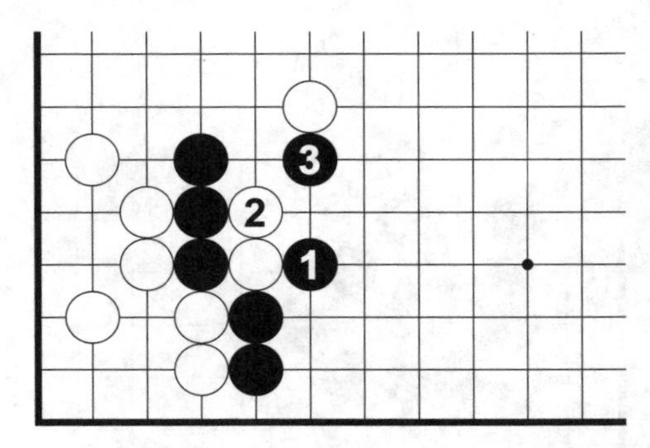

第2题正解　黑棋自身弱，先打吃再枷吃正确。

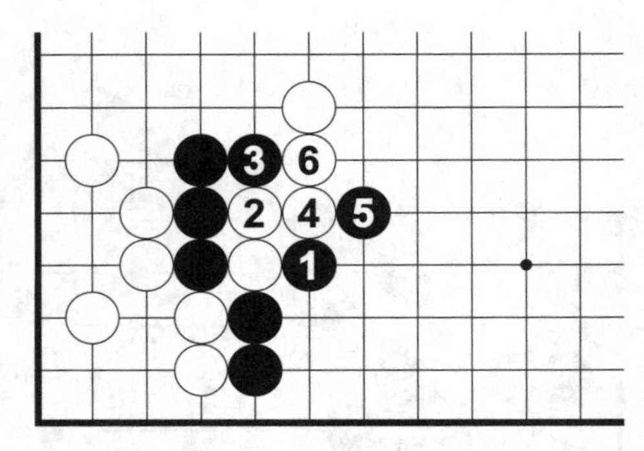

第2题错解　利用征吃无法解决白棋，白棋有接应子。

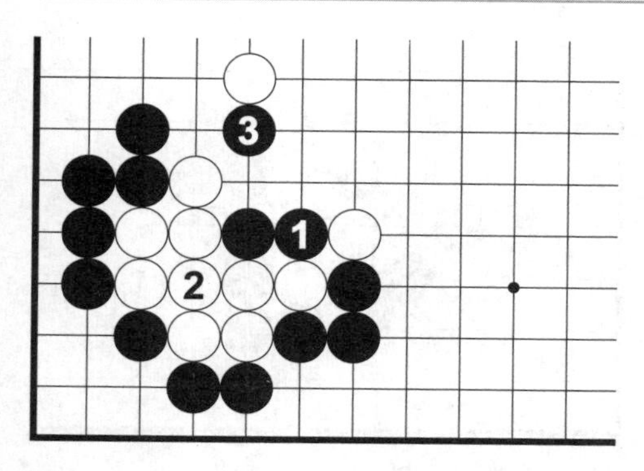

第3题正解　先断打一下正确，先行将黑棋一子变强，之后再枷吃。

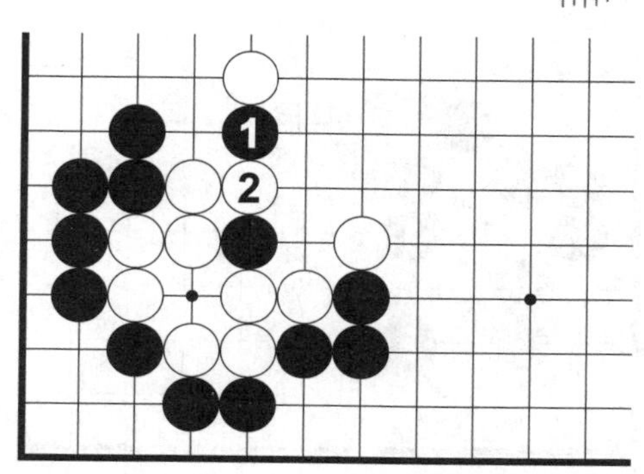

第3题错解　直接枷吃的话，黑棋一子会被白2关门吃。

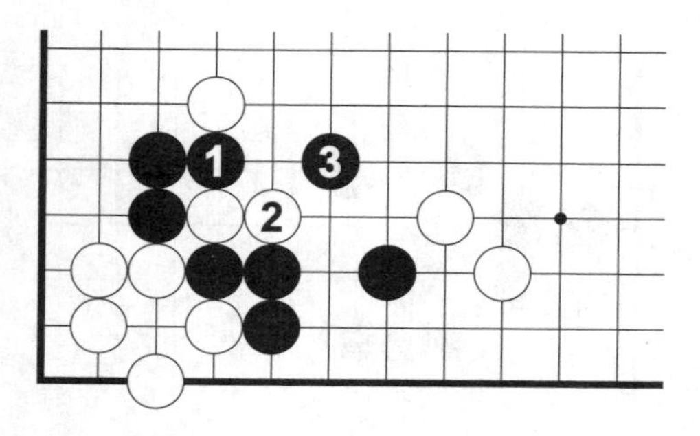

第4题正解　先断打白棋阻止其连接正确，之后再枷吃。

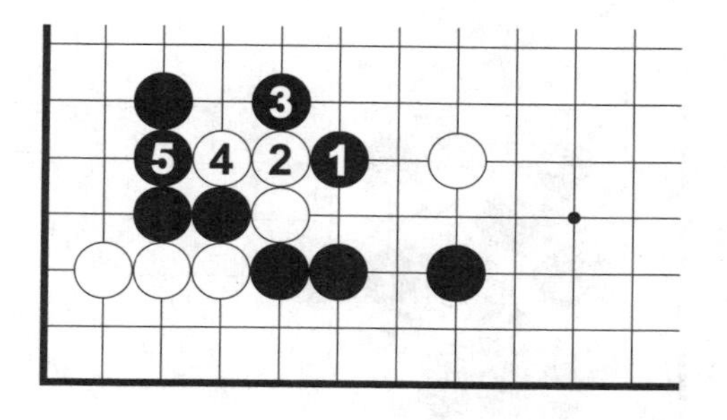

第5题正解　此题应直接枷吃，正好阻止白棋利用外侧一子逃跑。

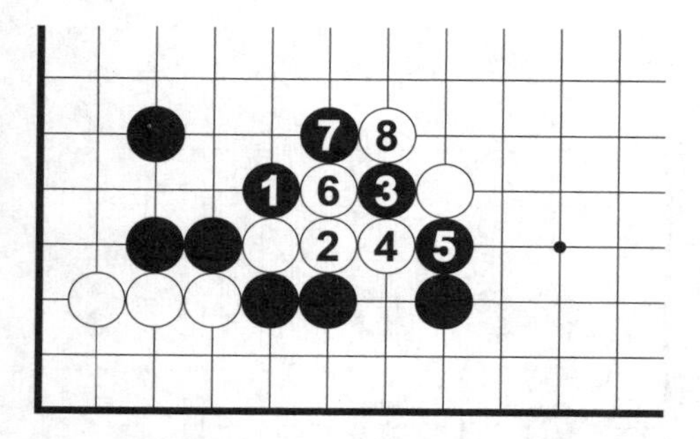

第5题错解　此题若先打吃再枷吃不成立。所以通过这几题大家一定要注意，从实际情况出发，不可死记硬背是否先后枷吃的问题。

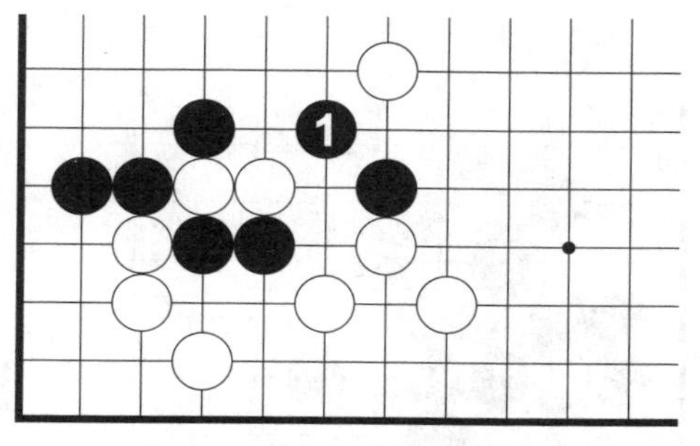

第6题正解　正常进行。

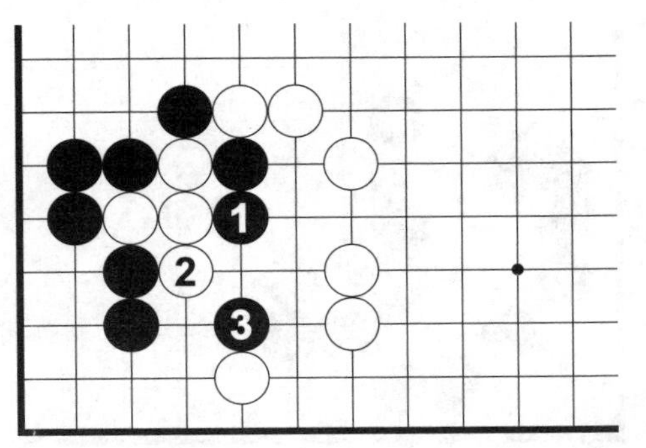

第7题正解　黑棋一子太弱，先打吃一下加强自身，之后再枷吃。

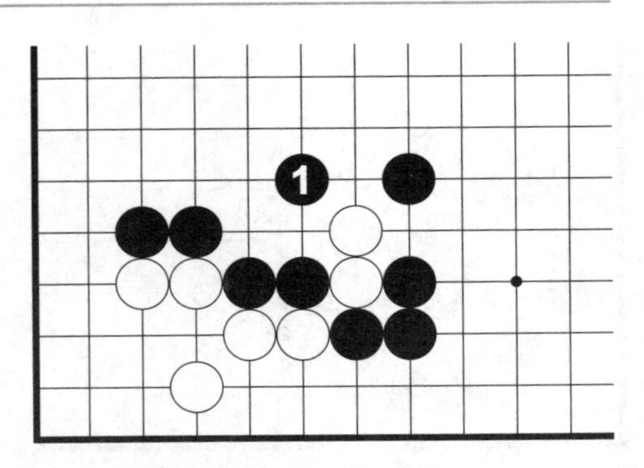

第8题正解　正常进行。

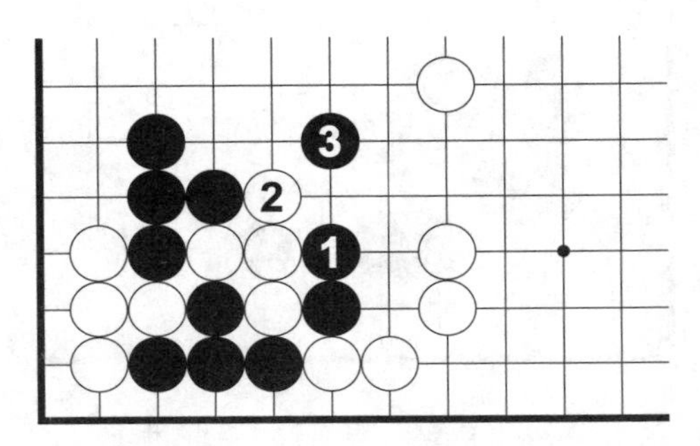

第9题正解　黑棋一子太弱，先打吃一下加强自身，之后再枷吃。

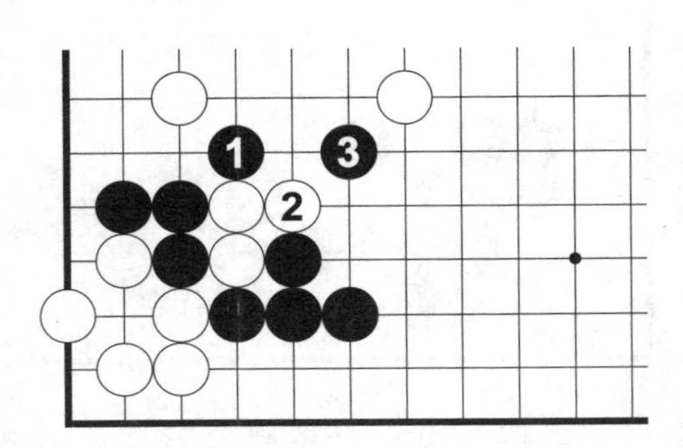

第10题正解　先打吃防止白棋逃跑。

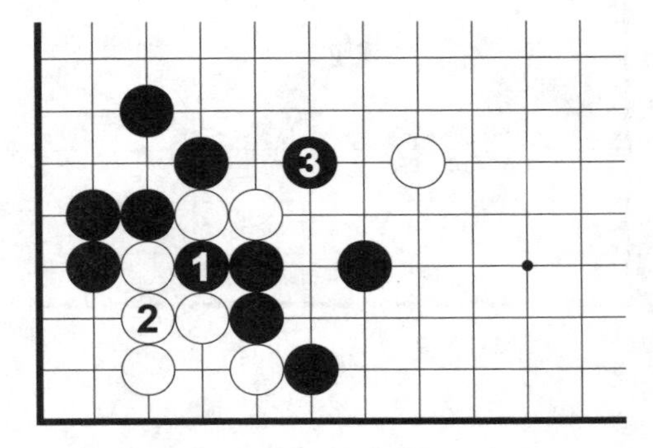

第11题正解　先断打正确。

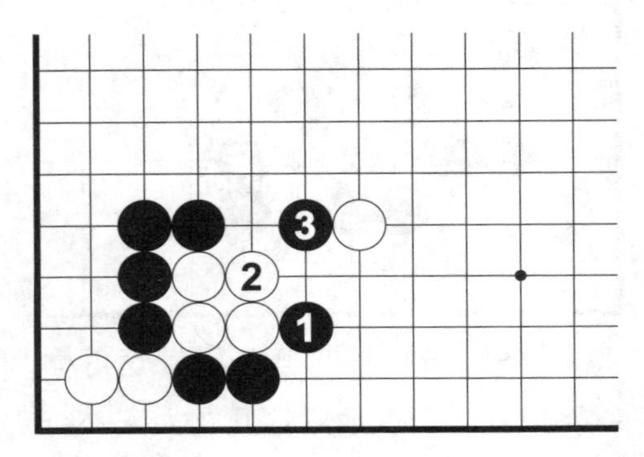

第12题正解　正常进行，不可看棋形像征吃就去用征吃。

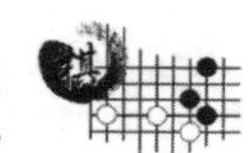

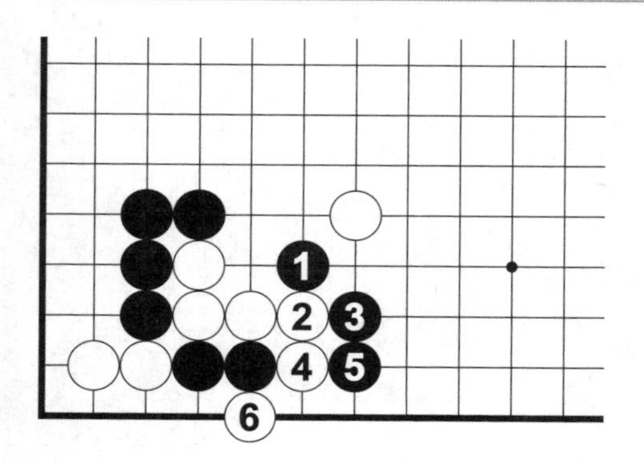

第12题错解　直接枷吃白棋会将下方两颗黑棋吃掉，黑棋还留有断点，大亏。

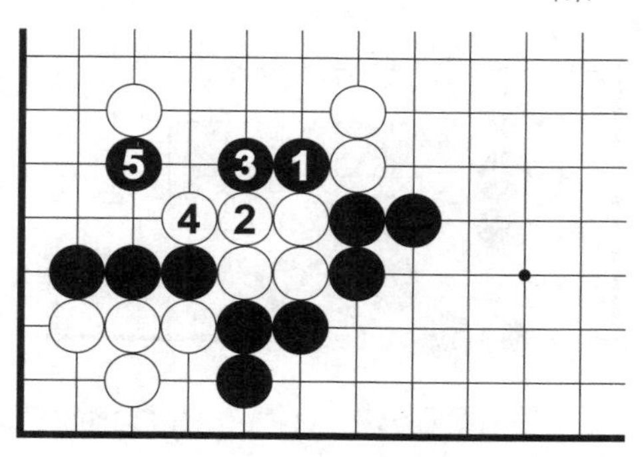

第13题正解　黑1、黑3连续打吃两手正确。

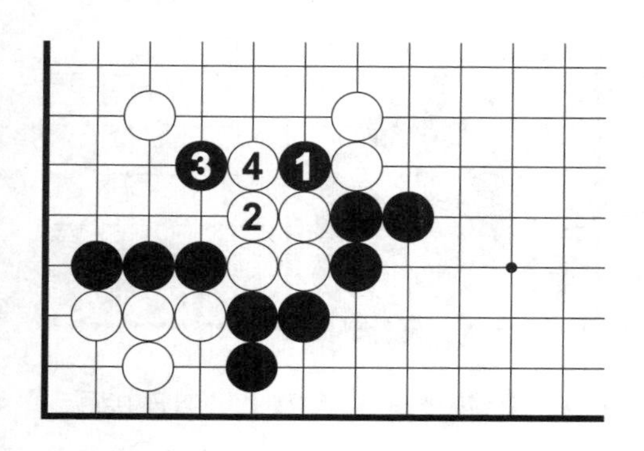

第13题错解　若只打吃一手，黑1一子太弱。

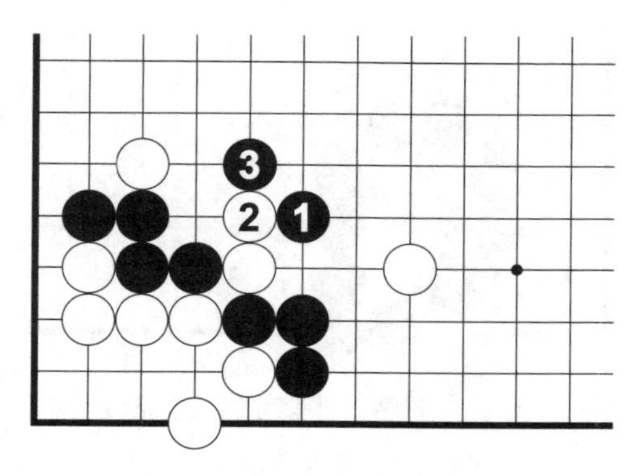

第14题正解　正常进行。

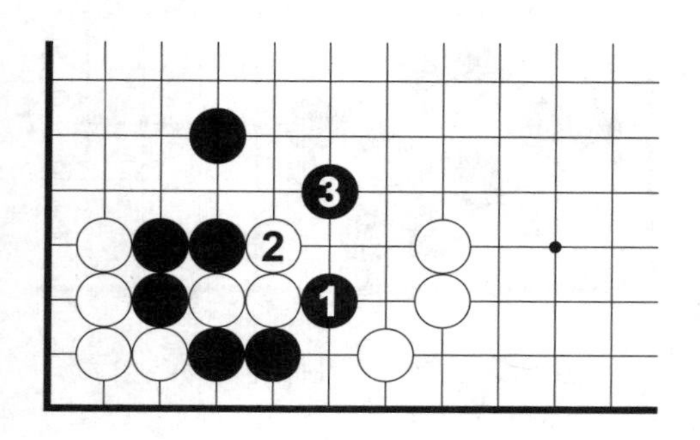

第15题正解　正常进行。

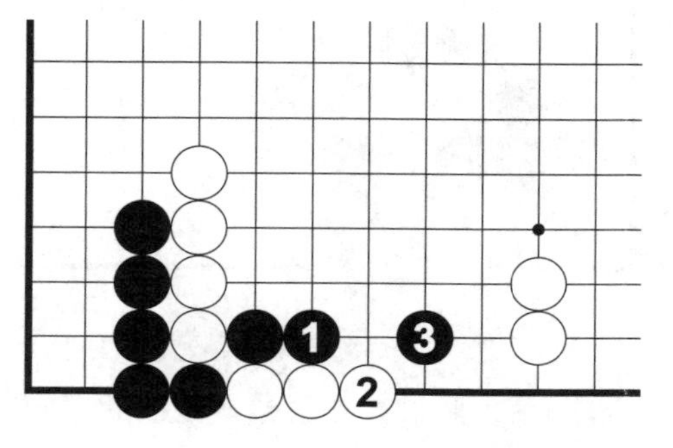

第16题正解　先利用打吃加强黑一子。

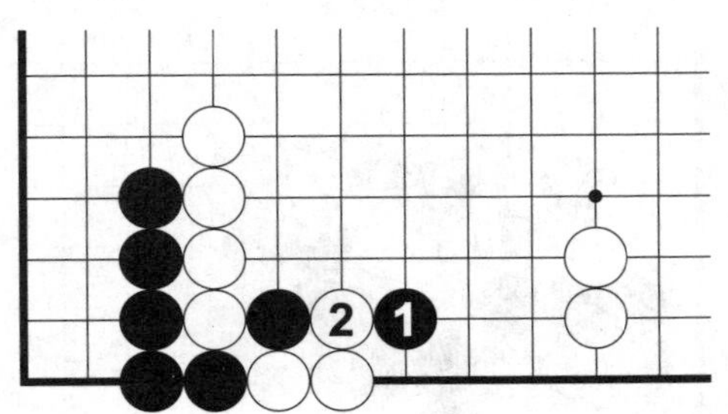

第16题错解　不加强直接枷吃，白2打吃即可逃跑。

第二章第五节

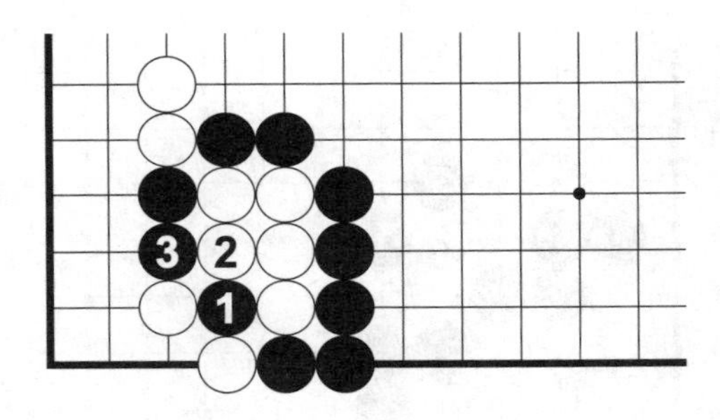

第1题正解　黑1先扑正确，白2无奈只能提掉，黑3顺势打吃。

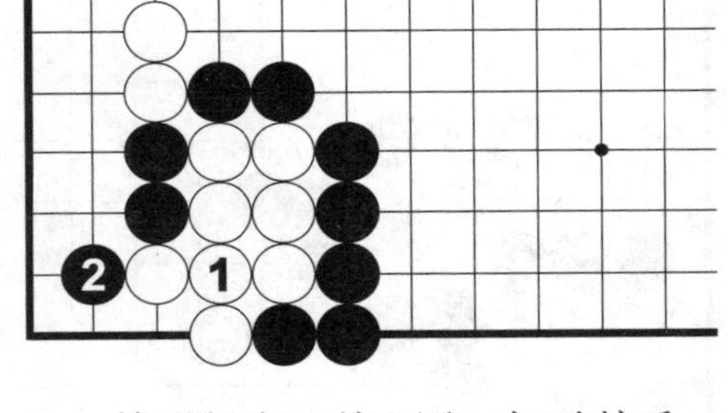

第1题正解　接上图，白1连接后，黑2打吃，白棋已经没有办法逃跑了。

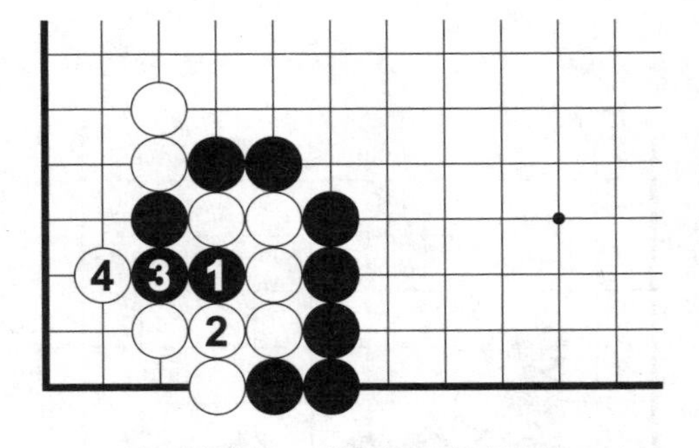

第1题错解　若黑1只是普通打吃，至白4后，黑棋被先杀掉。此题的正解和错解的区别就在于黑棋最后的气不同，这就是扑在实际应用中的妙处。

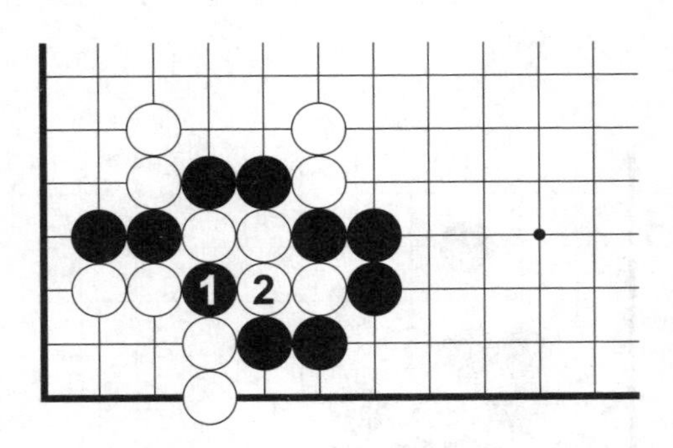

第2题正解　黑1扑是正常进行。

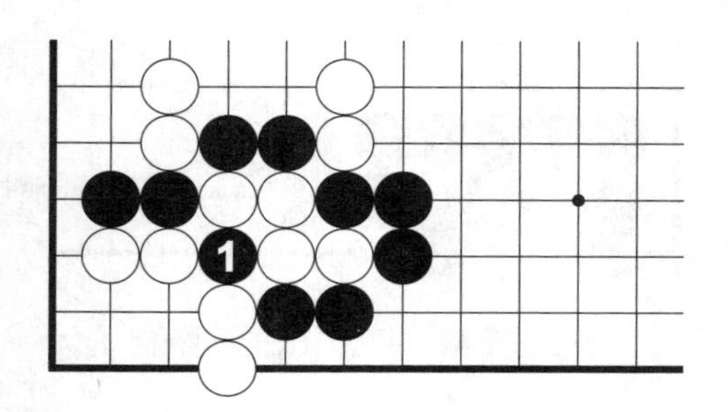

第2题正解　利用扑起到紧气作用后，黑1提子水到渠成。

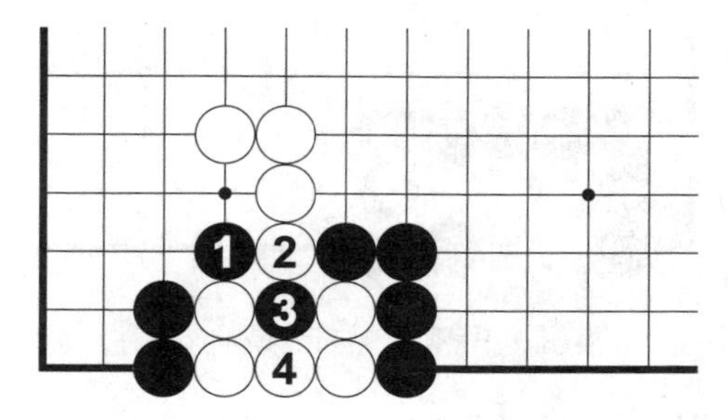

第3题正解　黑1必须此处，之后黑3扑正常进行。若黑棋第一步下在黑3位打吃，白棋在1位连接多救两子即可，所以黑1必须在此。

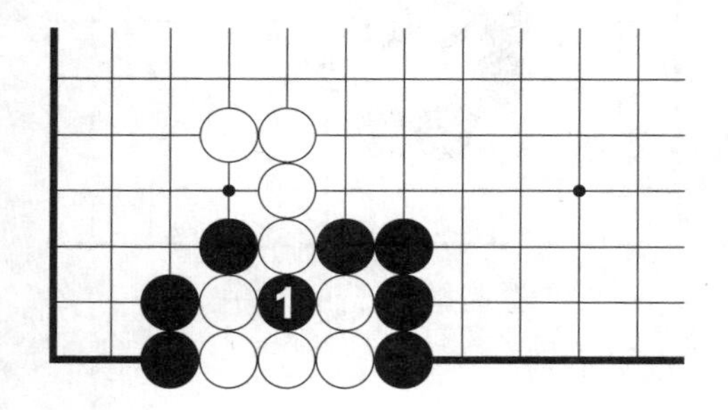

第3题正解　最后的形状，黑1提子。

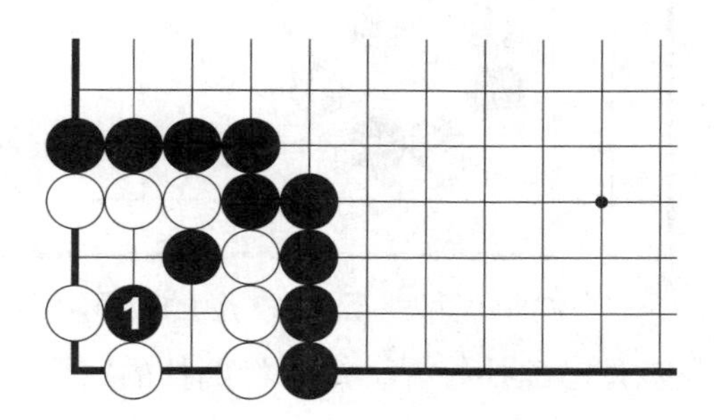

第4题正解　左右同形走中间，白棋两边都成倒扑的形状。

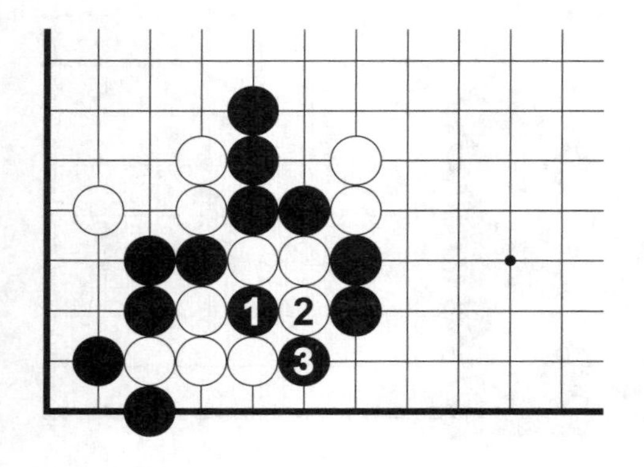

第5题正解　正常进行。

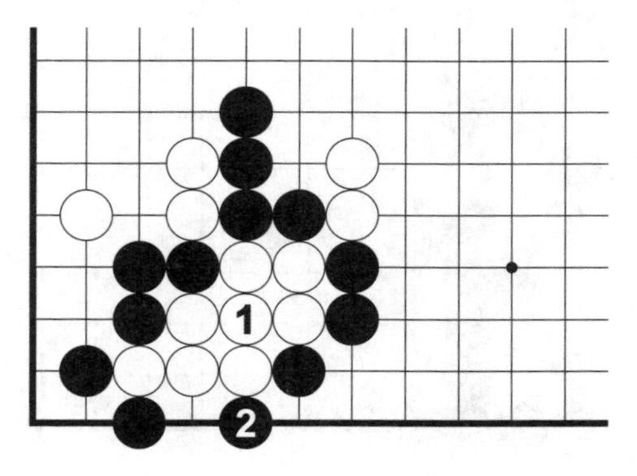

第5题正解　接上图，至黑2吃掉白棋。

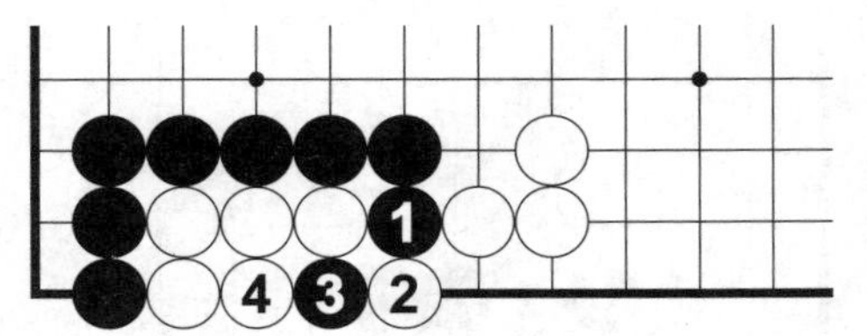

第6题正解　黑1断是必须的，此后正常进行。

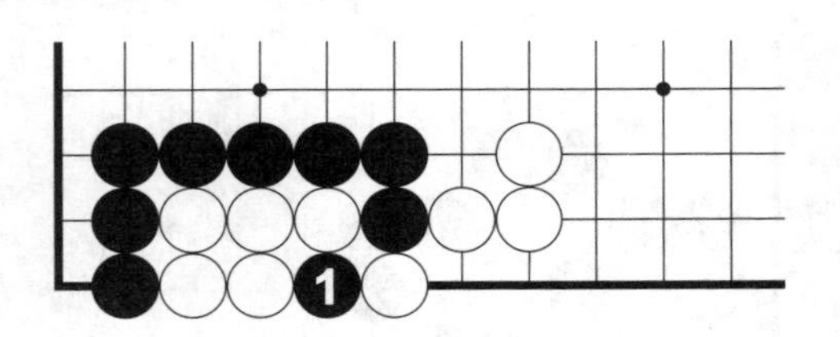

第6题正解　接上图，至黑1提子。

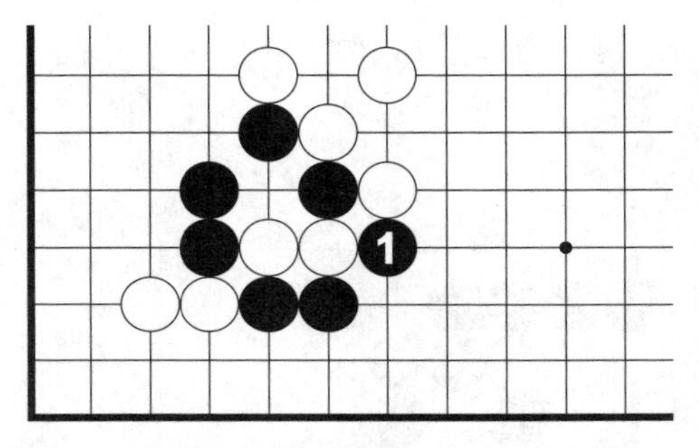

第7题正解　倒扑棋形的反用，就是已经扑好了，需要将倒扑的棋形补完整。

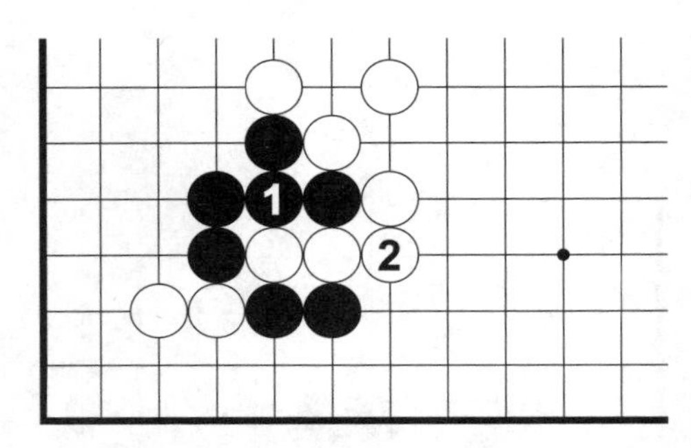

第7题错解　若去救一子，什么也得不到。

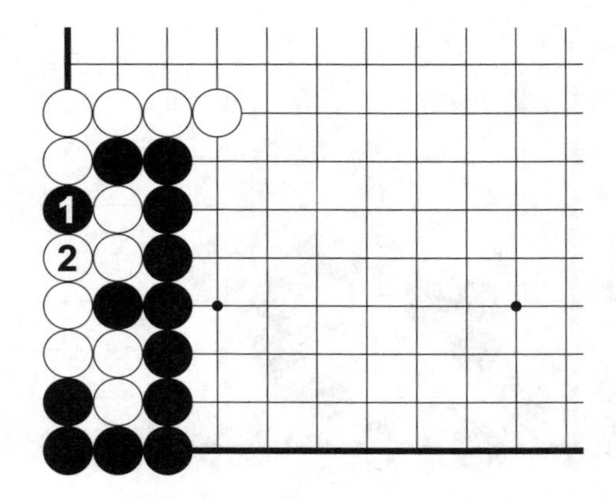

第8题正解　黑1扑是将利益最大化的下法。

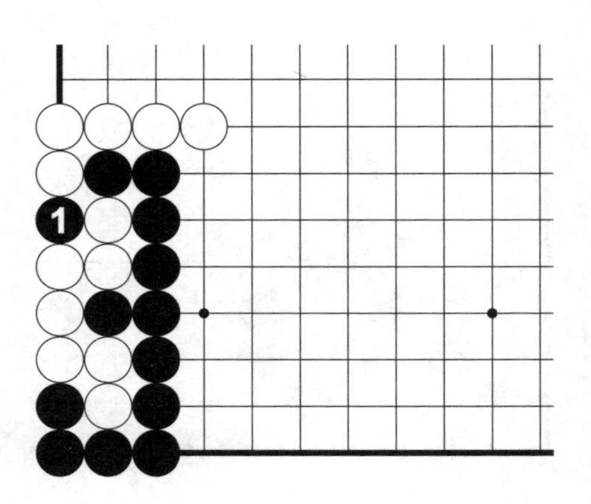

第8题正解　接上图，至黑1提子。

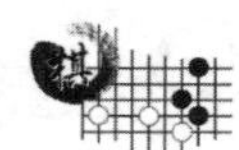

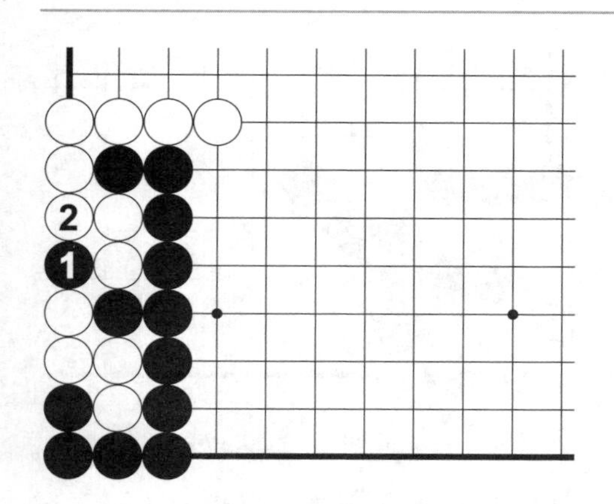

第8题错解　若黑1在此处直接提子，黑棋也是收获很大的，但没有像正解那样收获最大。

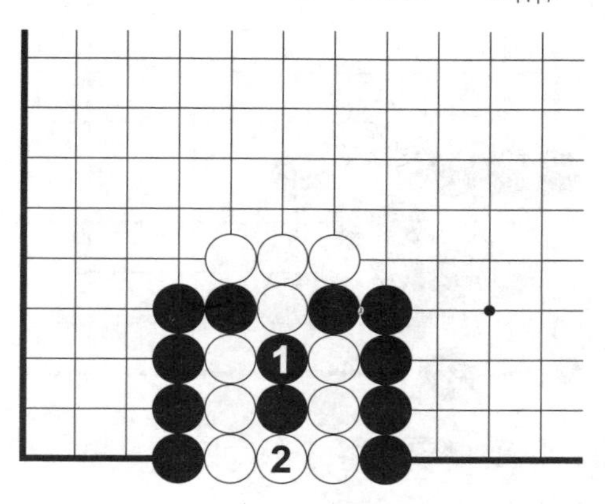

第9题正解　黑1多送给白棋一子很重要，黑1其实是把白棋和外面四子断开。

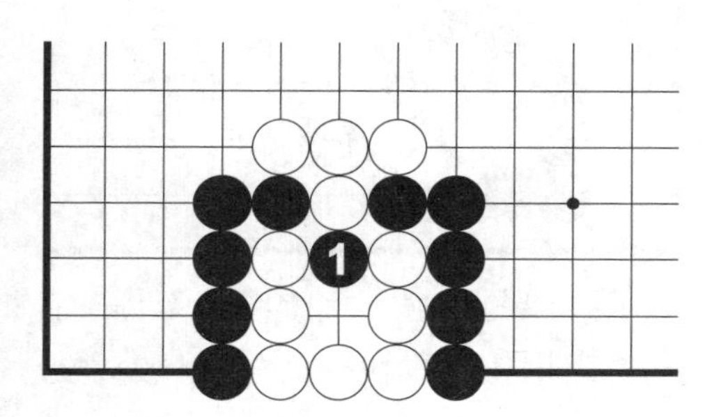

第9题正解　接上图，至黑1倒扑。

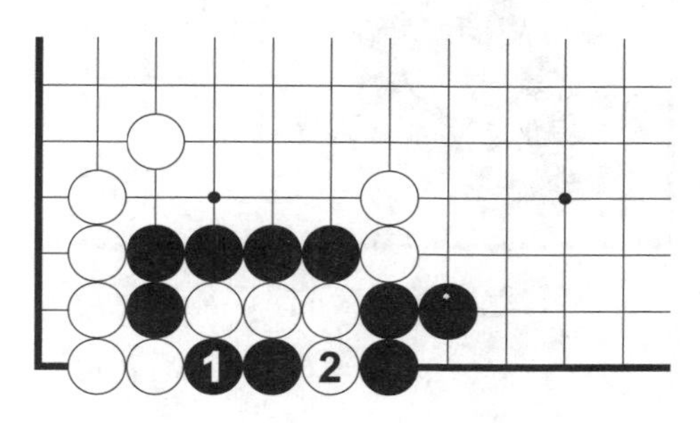

第10题正解　黑1断，和上题意思一致。

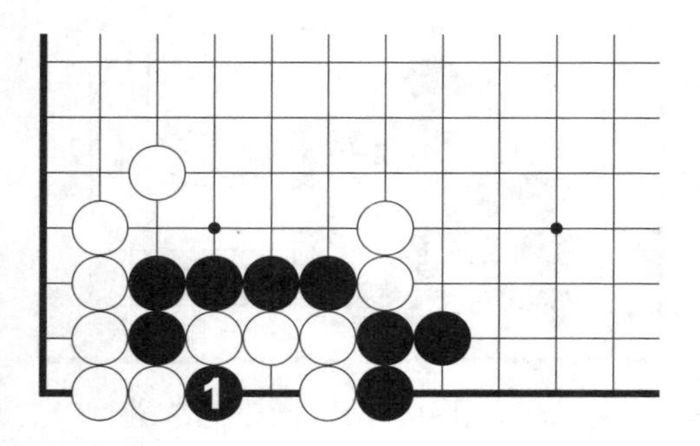

第10题正解　接上图，至黑1倒扑。

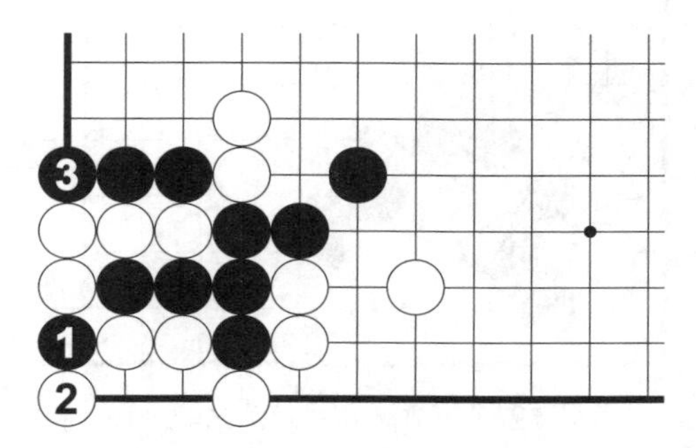

第11题正解　黑1先扑正确，白2无奈只能提子，此后黑3再打吃。

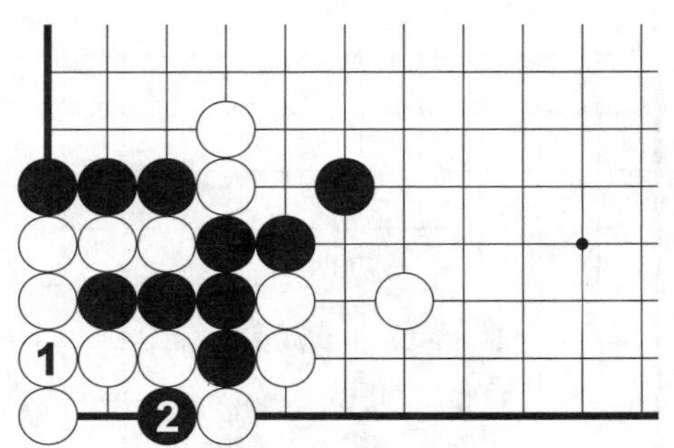

第11题正解　接上图，至黑2成倒扑。

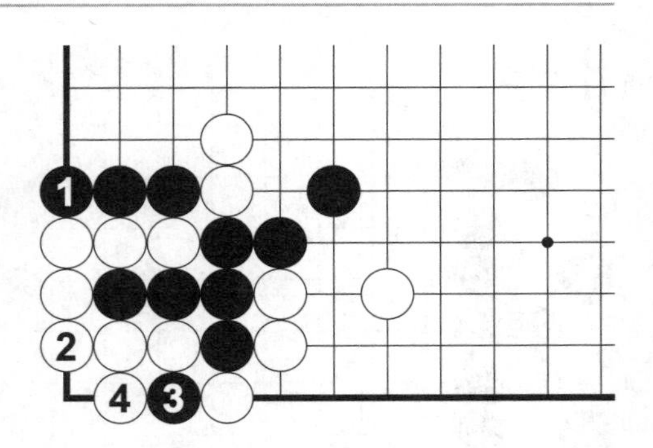

第11题错解　若黑1就这么直接打吃，至黑3黑棋无法吃掉白棋。

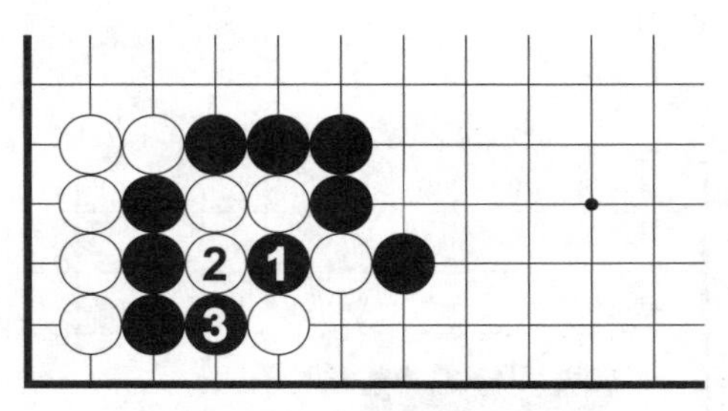

第12题正解　黑1扑正常进行。

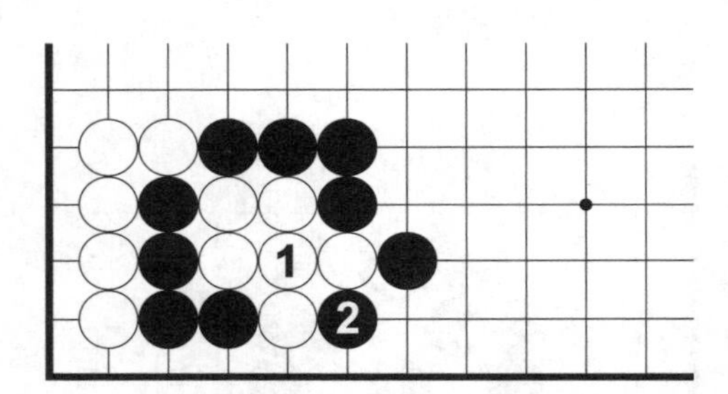

第12题正解　接上图，至黑2打吃，黑棋比白棋快一口气。黑2放在下边打吃也是可以的。

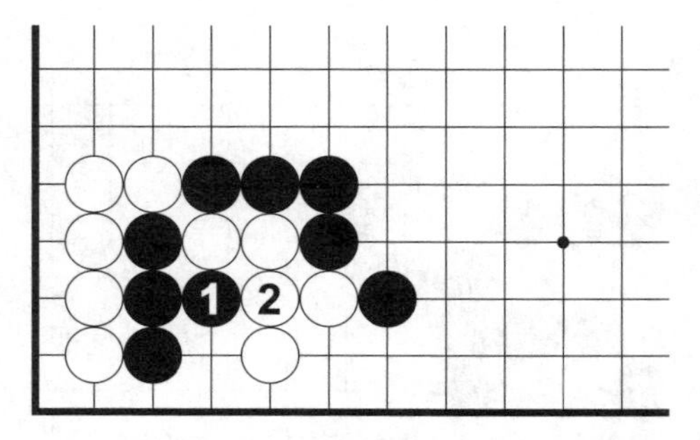

第12题错解　黑1就这么普通打吃，白2连接后白棋3口气，黑棋只有2口气。

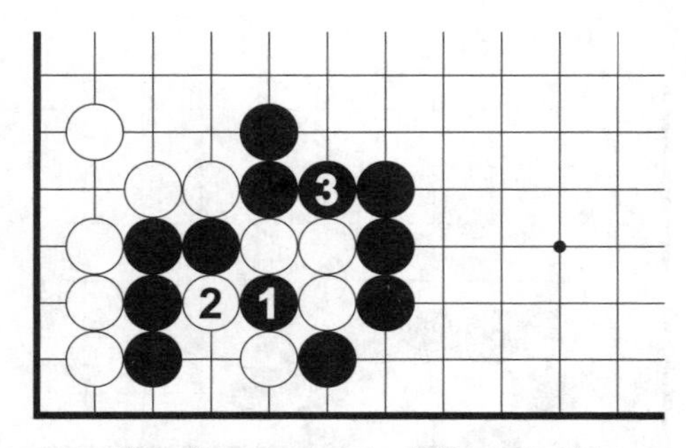

第13题正解　黑1先扑正常进行。

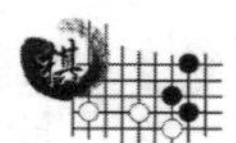

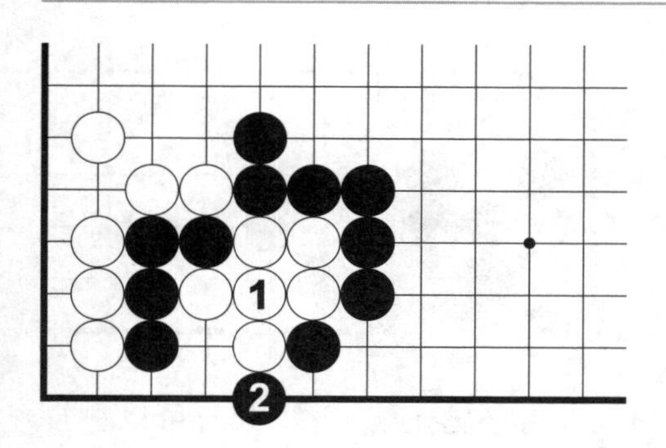

第13题正解　接上图，至黑2打吃。

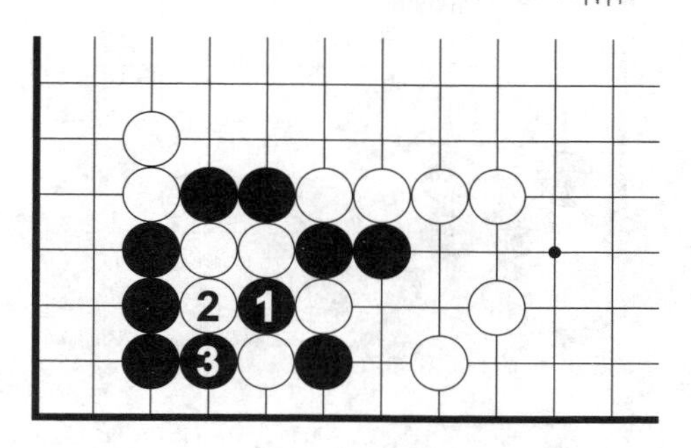

第14题正解　黑1先扑正常进行。

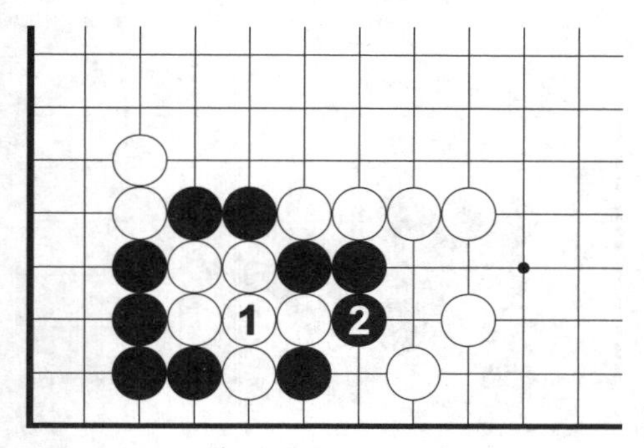

第14题正解　接上图，至黑2打吃。

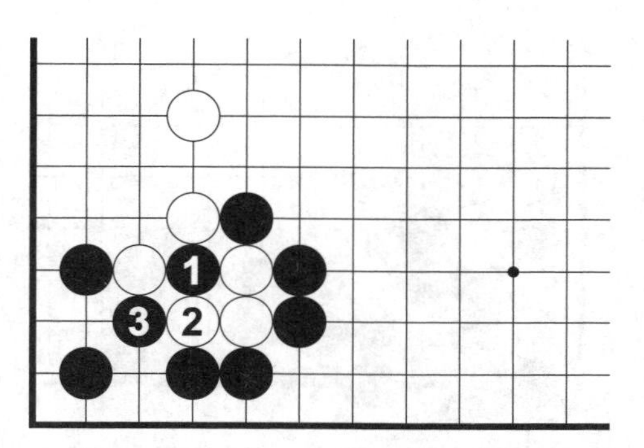

第15题正解　黑1扑正常进行。

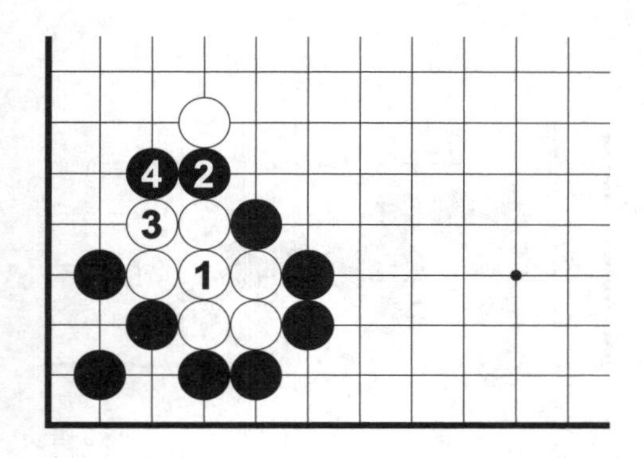

第15题正解　之后形成征吃。

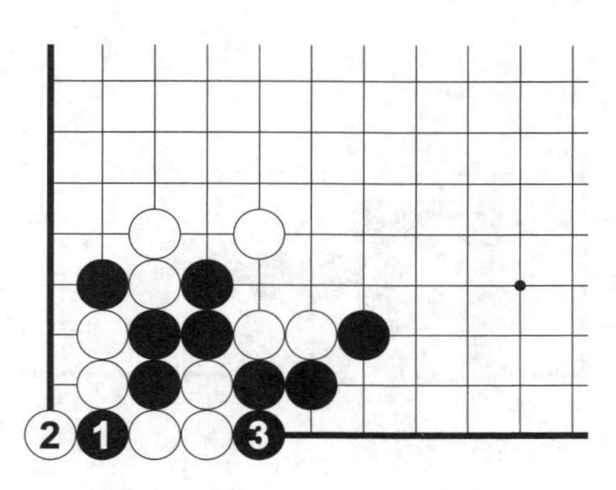

第16题正解　黑1先扑正确。

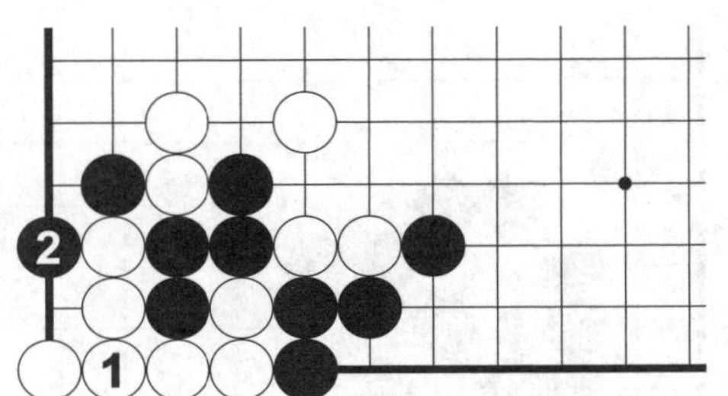

第16题正解　白1若连接，至黑2全吃白棋。

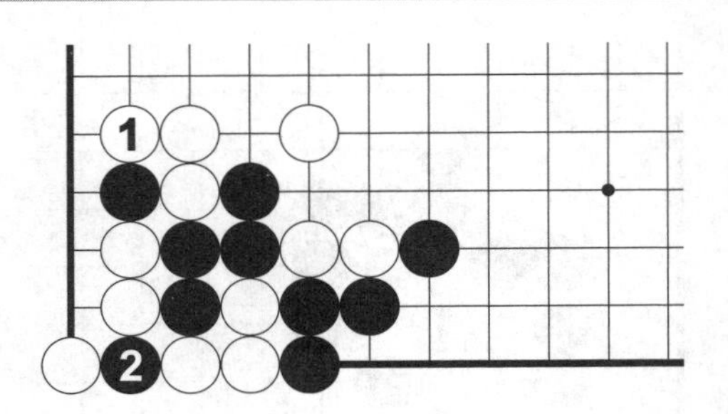

第16题正解　白1此时可以去打吃黑一子，黑2提。

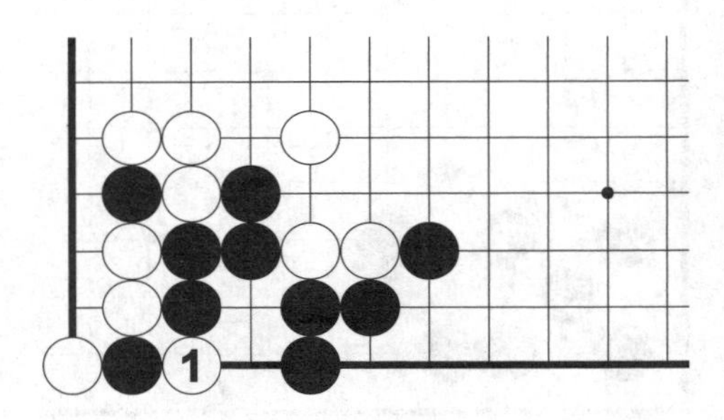

第16题正解　接上图，至白1形成一个打三还一，黑棋成功救出四子。

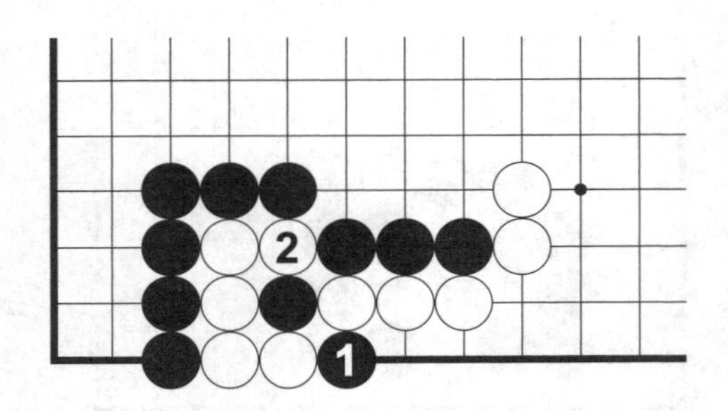

第17题正解　黑1直接扑，若白2提子，直接形成倒扑。

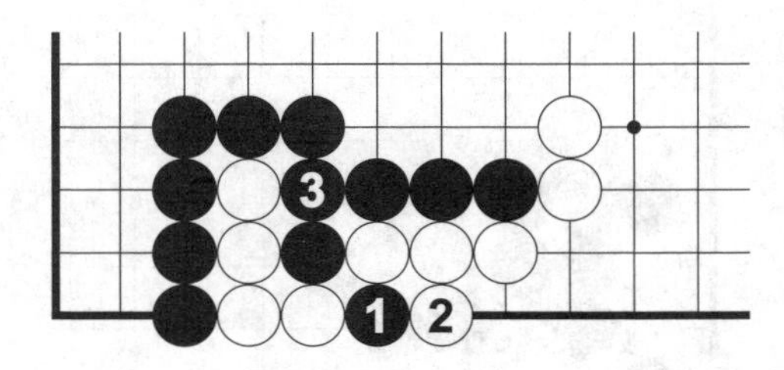

第17题正解　若白2在此处提子，被黑3连接并同时打吃。

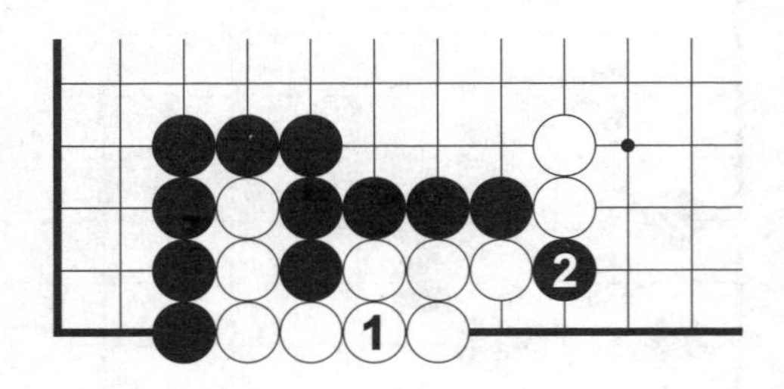

第17题正解　接上图，至黑2白棋也跑不了。

第二章第六节

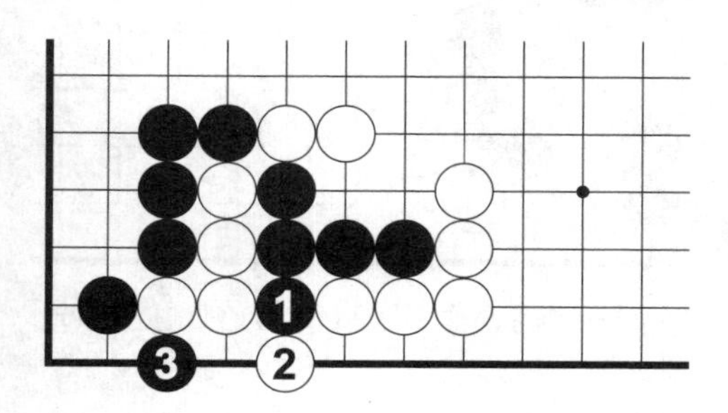

第1题正解　黑1先断一下是重点，至黑3简单打吃接不归。

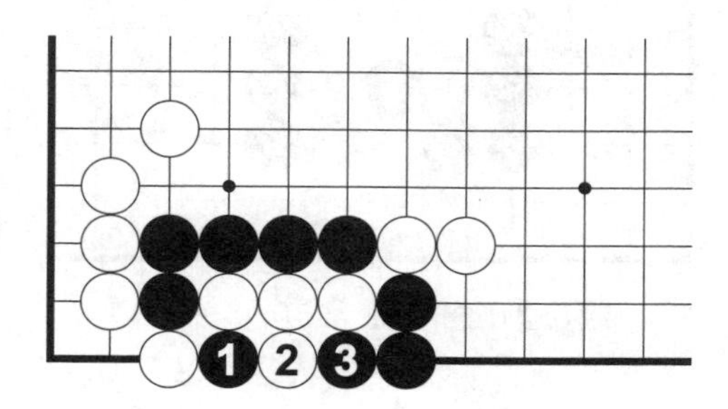

第2题正解　黑1先扑一下重要，防止白棋在此处补断点，至黑3接不归。

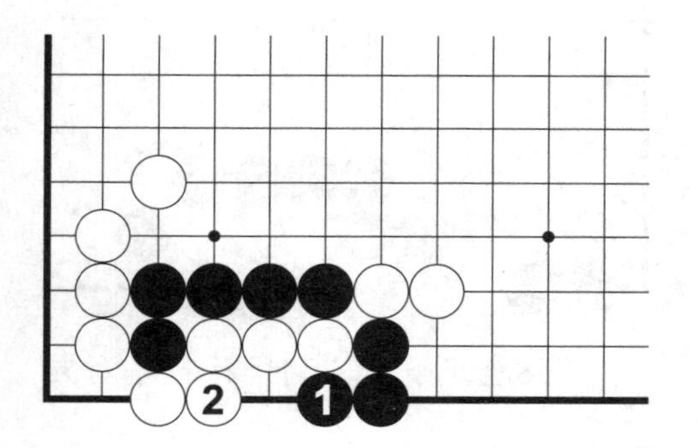

第2题错解　黑1若从外面慢慢推进，白2连接断点即可。

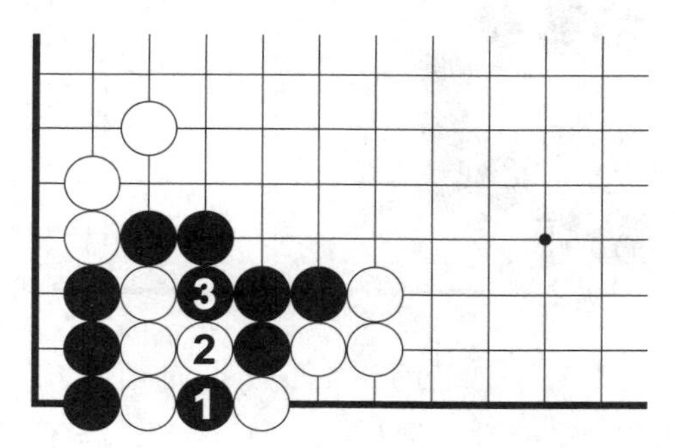

第3题正解　黑1先扑正确，正常进行。

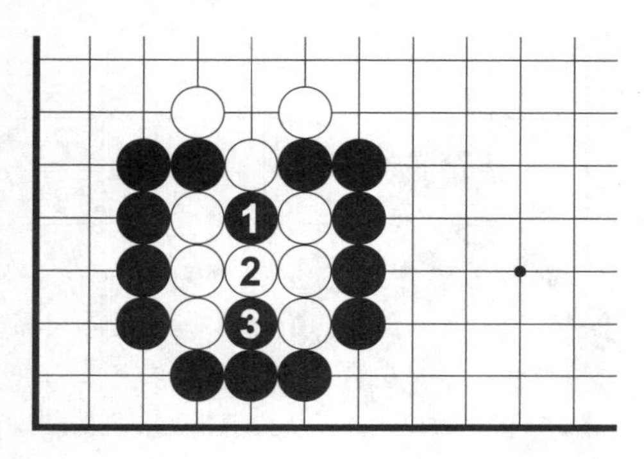

第4题正解　黑1先扑正确，正常进行。

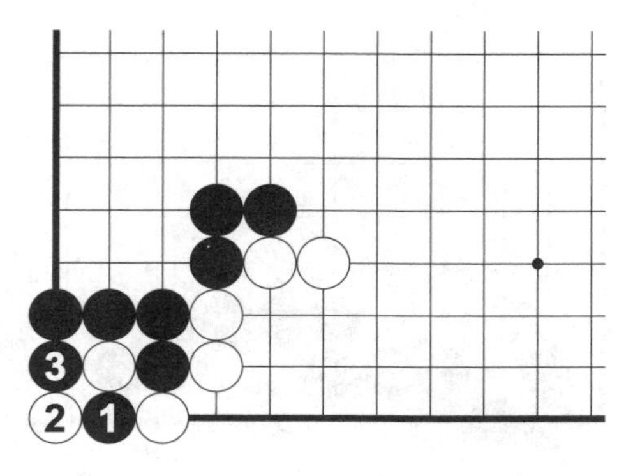

第5题正解　正常进行。

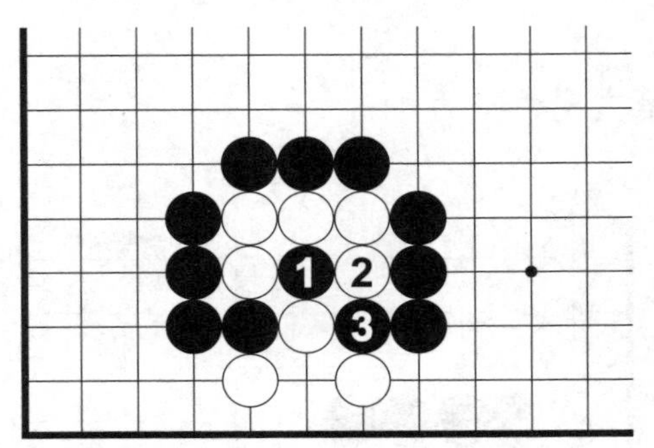

第6题正解　正常进行。

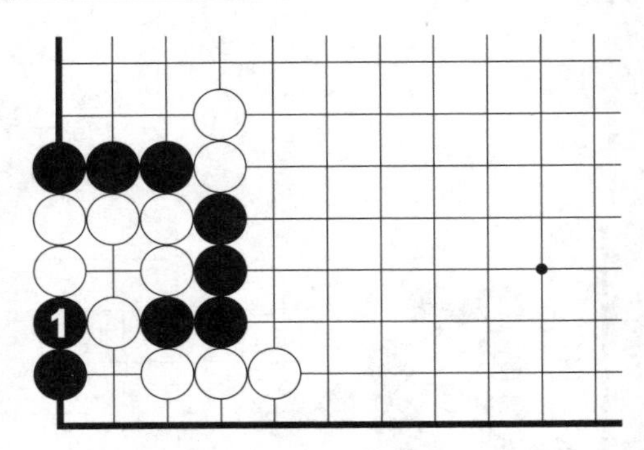

第7题正解　黑1直接在此处打吃即可。

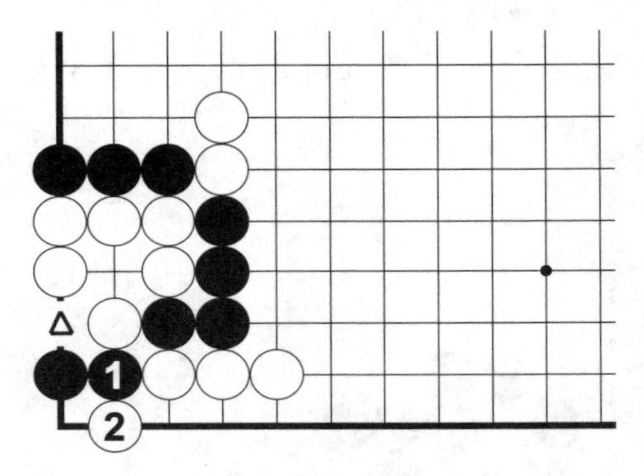

第7题错解　若黑1想先切断白棋，白2后，黑棋△处不能下，若下会被白棋直接提掉，黑棋已经没有办法杀掉白棋了。

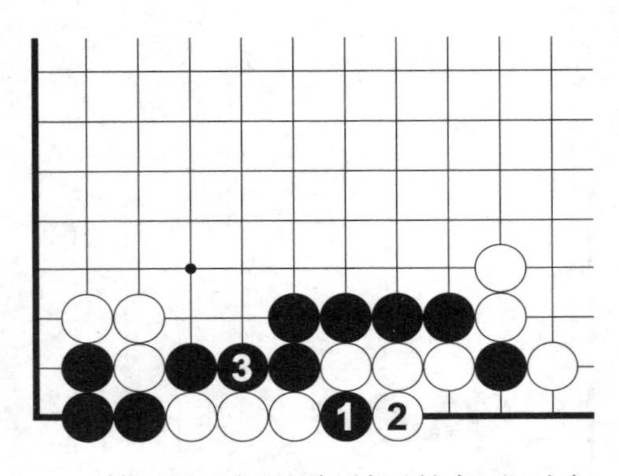

第8题正解　先利用扑打吃对方正确。

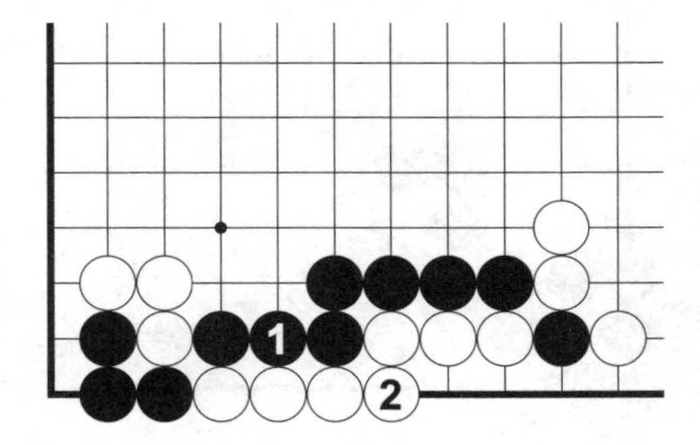

第8题错解　若直接黑1打吃，白棋连接即可。

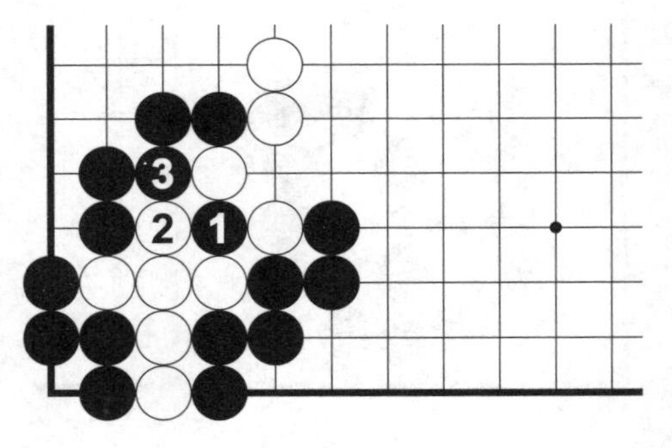

第9题正解　正常进行。

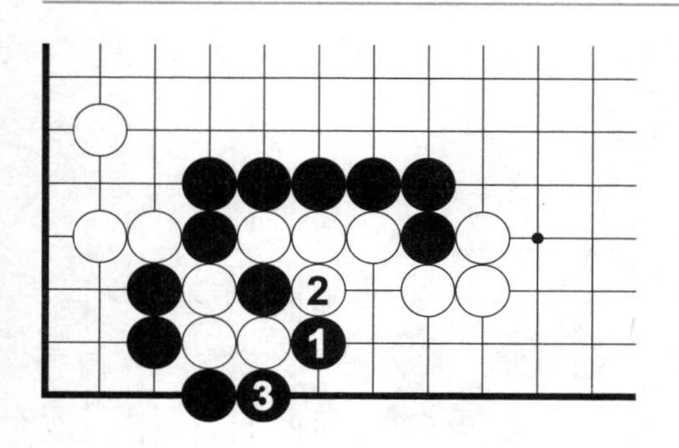

第10题正解　黑1不救一子直接在此处打吃重要，至黑3接不归。

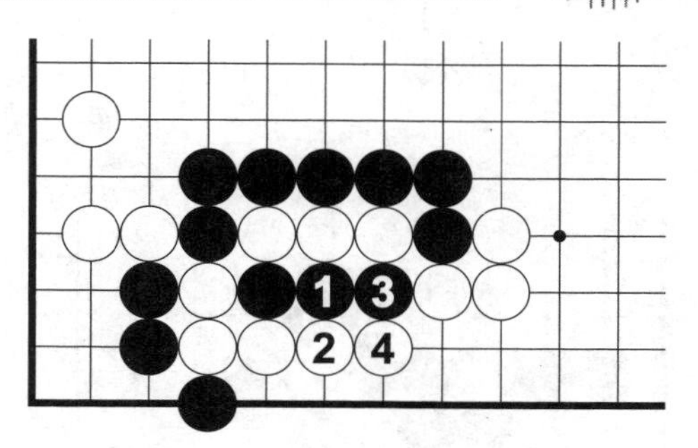

第10题错解　若救黑一子，黑棋最后只能吃掉白棋3子，但角上3颗黑棋已经跑不掉了。

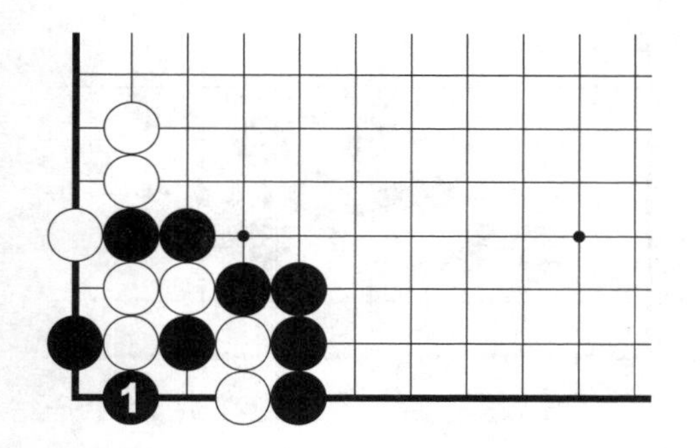

第11题正解　黑1正确，不要贪图直接吃白棋两子。

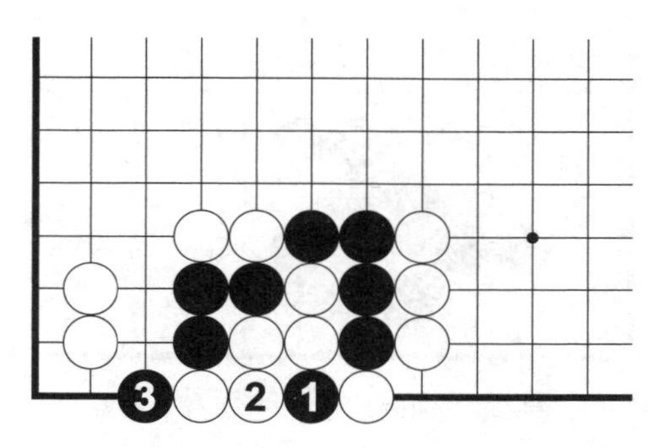

第12题正解　先扑正常进行。

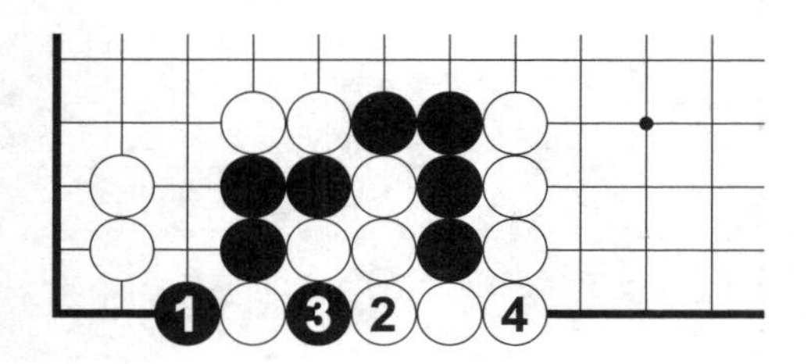

第12题错解　黑1直接在此处打吃其实也是接不归，但这个接不归对黑棋没有一点儿积极的帮助，黑棋最后还是要被吃掉。

第三章第二节

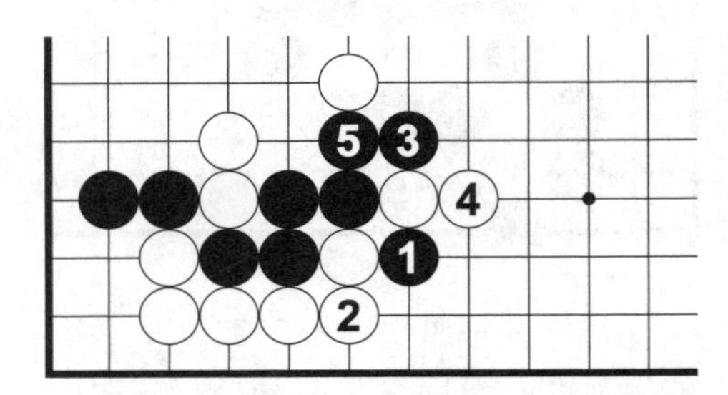

第1题正解　黑1先断打一手，为之后的逃跑提供帮助，黑3、黑5利用打连的方法成功逃跑。

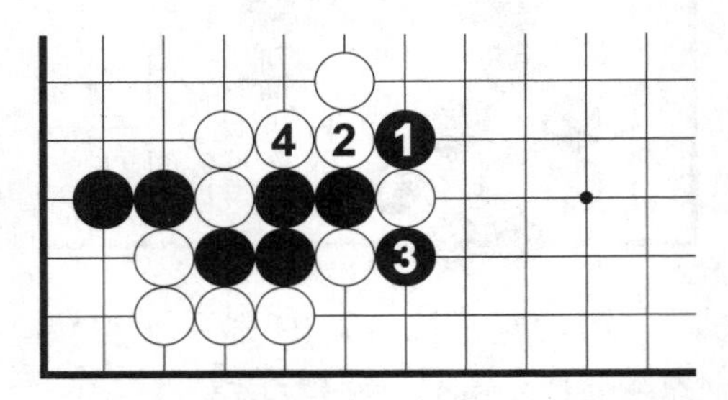

第1题错解　黑1若直接想跑掉行不通。

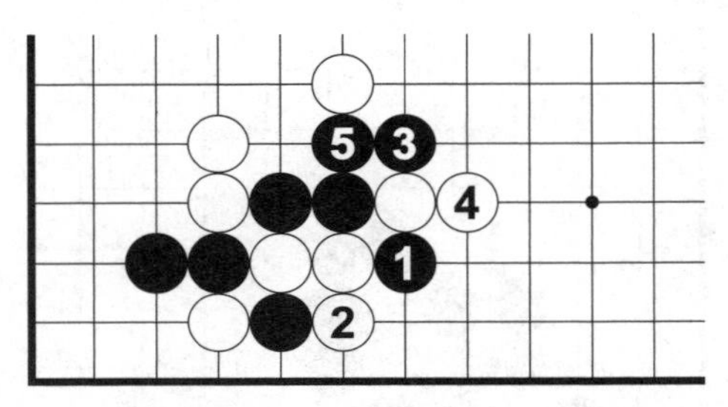

第2题正解　与上题思路一致。

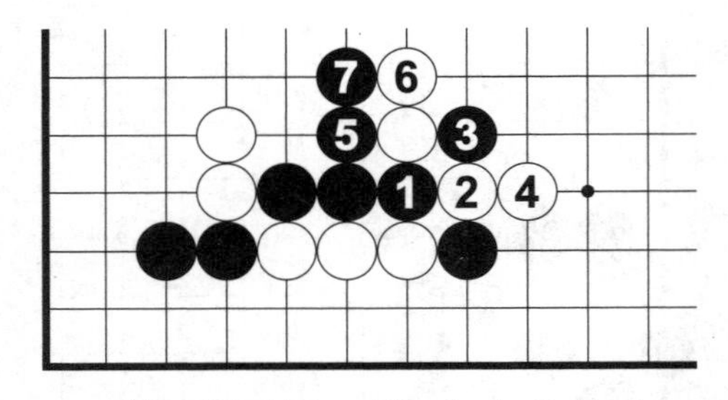

第3题正解　黑1先在此处冲一下正确，这样就可以利用右侧的一颗黑棋寻得帮助，之后黑3断打再接黑5冲，一气呵成。

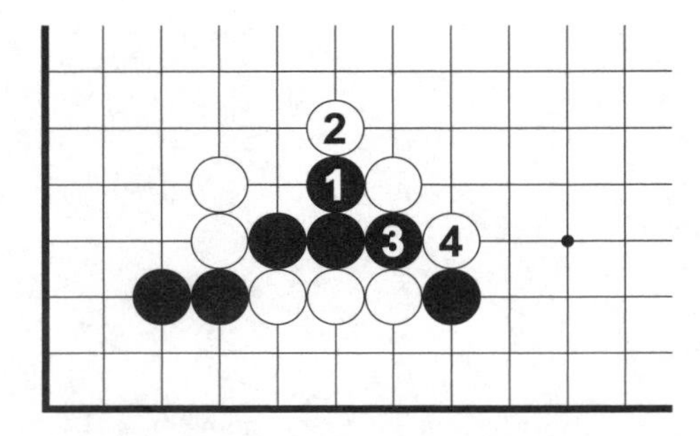

第3题错解　若急于马上跑出反而失败。

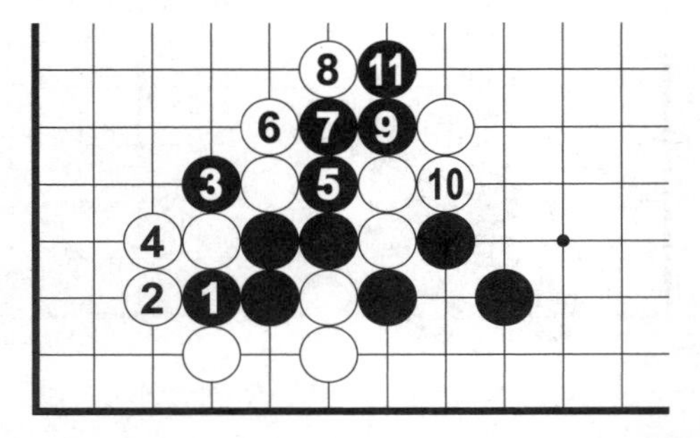

第4题正解　黑1先冲一手，制造白棋的弱点，黑9打吃此处利用右侧白棋气少的问题，至黑11成功冲出。

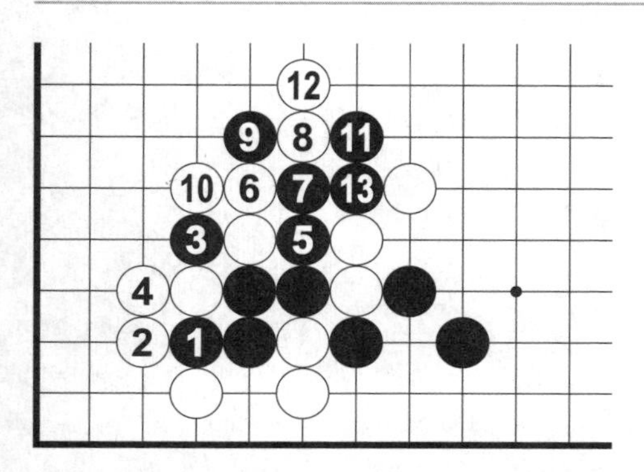

第4题正解　上题的黑9断打也是可以的，至黑13成功跑出。

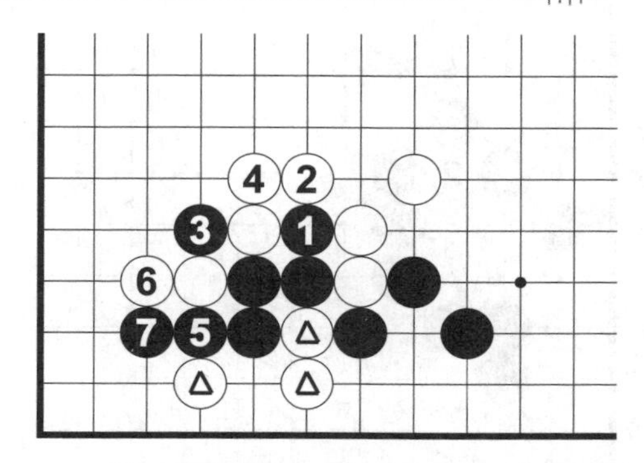

第4题正解　黑1先在此处冲也可，至黑7下方△白棋危险。

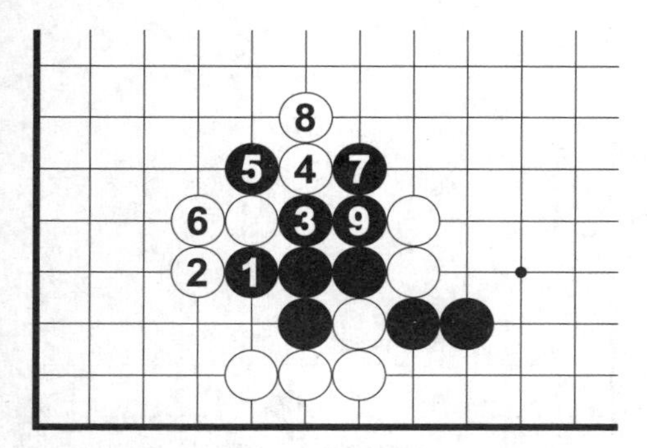

第5题正解　黑1、黑3连续给白棋一子制造弱点，之后利用打连逃跑即可。

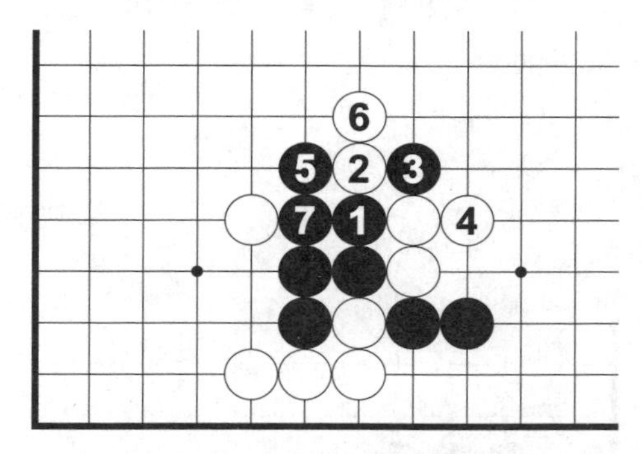

第5题正解　黑棋利用右侧两颗白棋气少的问题，至黑7通过打连也可逃跑。

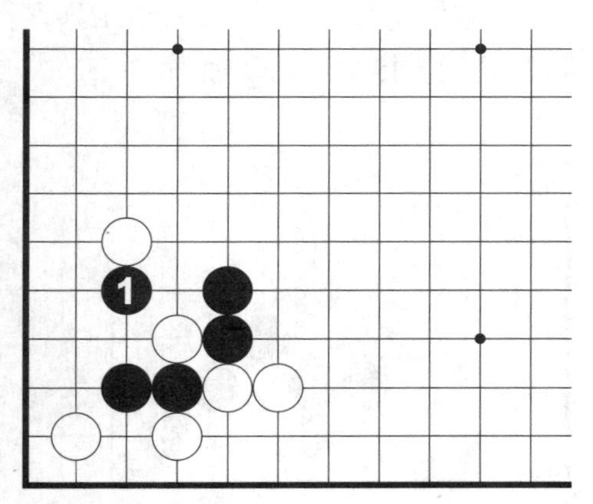

第6题正解　黑1枷吃即可。

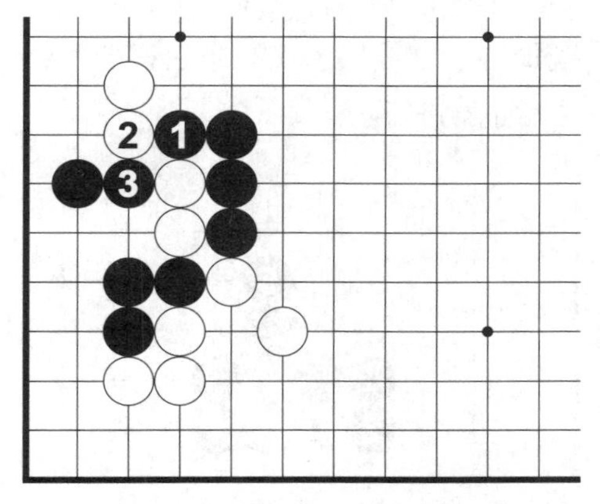

第7题正解　黑1直接冲后再断，关门吃白棋即可。

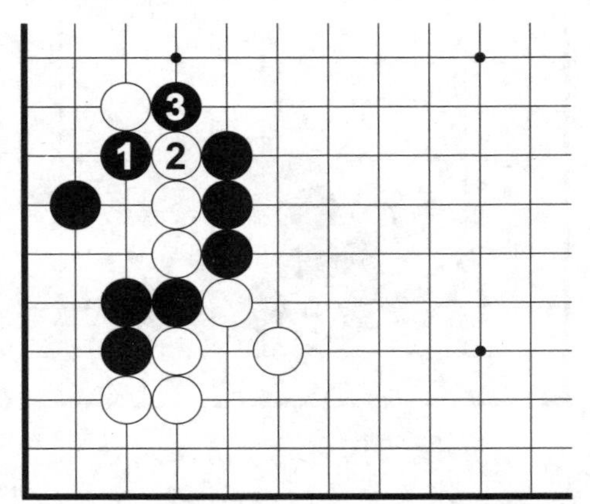

第7题正解　黑1、黑3如此也是可以的。

第四章第二节

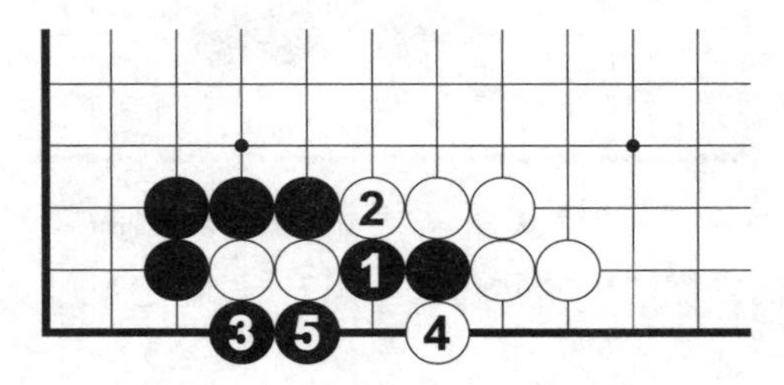

第1题正解　黑二线一子太弱，黑1既加强了二线黑子又紧了白棋的气，之后正常进行。

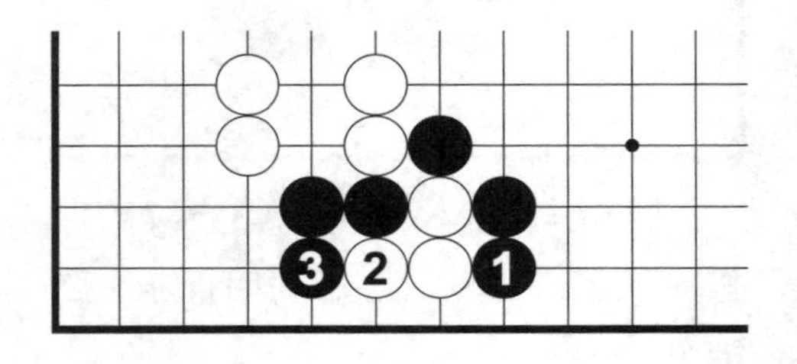

第2题正解　黑1挡在右边正确，因为这边黑棋太弱需要加强。

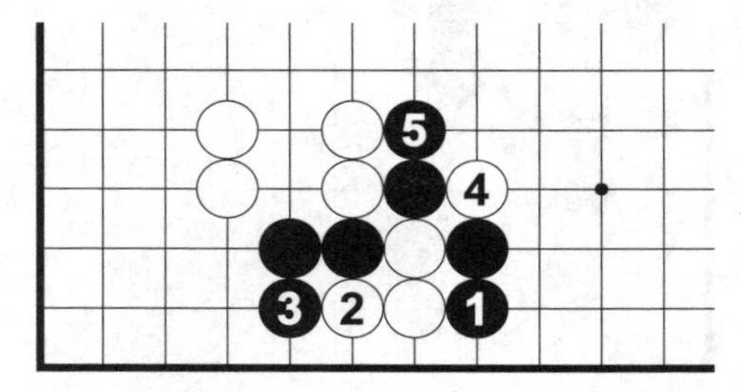

第2题正解　白4断打抵抗也没有用。

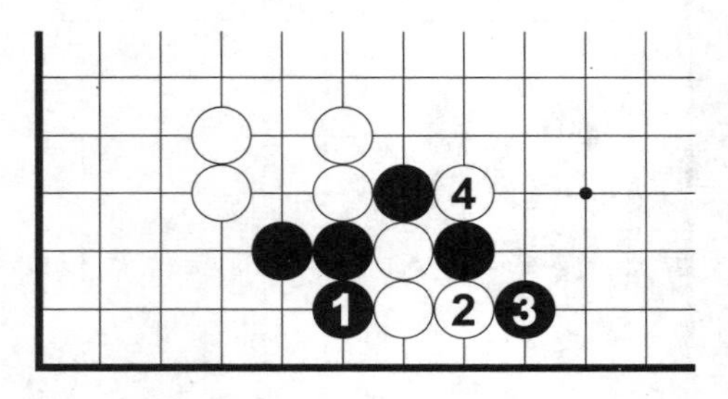

第2题错解　黑1挡在强的一侧错误，至白4双打吃，黑棋崩溃。

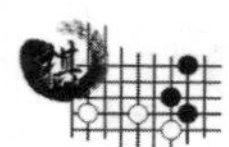

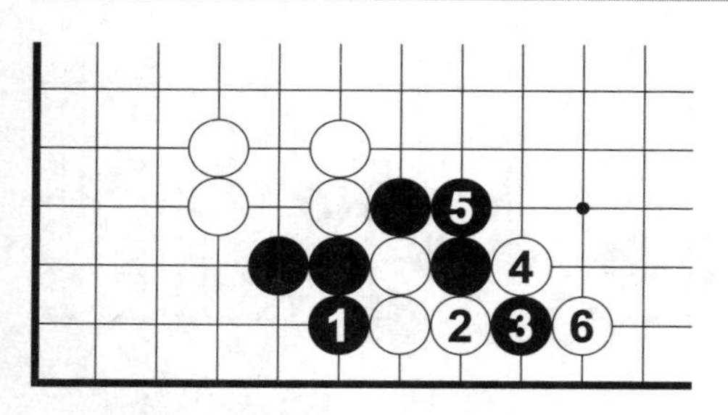

第2题错解　白4去吃黑3也是可以的。

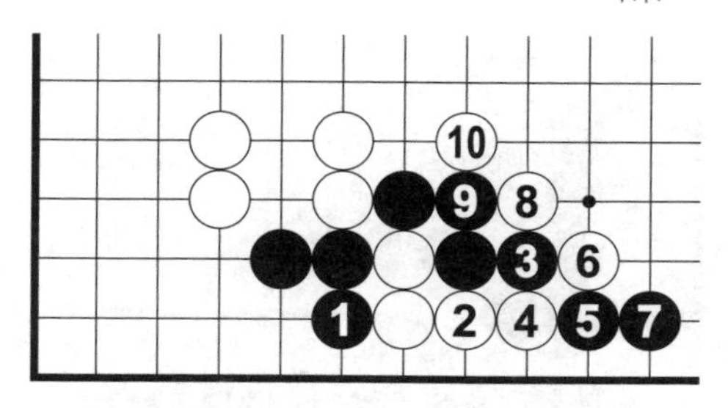

第2题错解　黑3先长一手也是不行，最后被关门吃。

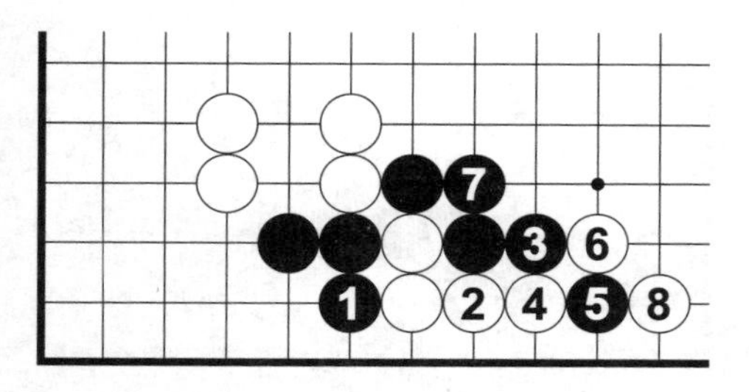

第2题错解　黑7去救上方棋子的话，黑5就要被吃。

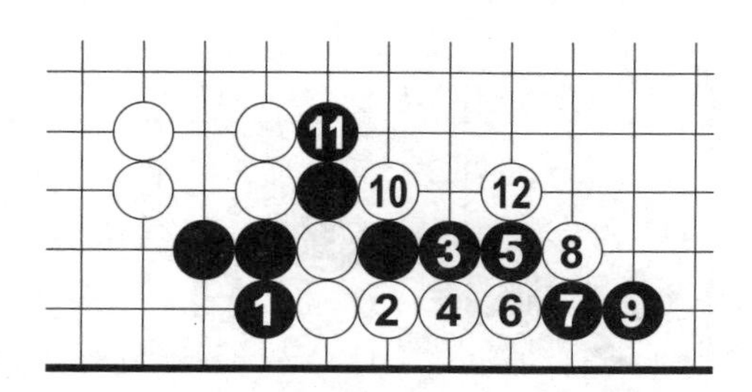

第2题错解　黑5继续长也不行。

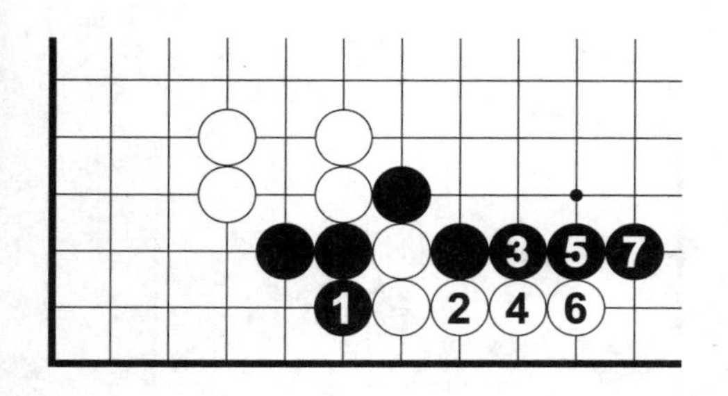

第2题错解　黑棋若还是继续长的话，会和角里黑棋形成今后要学到的对杀，结果还是黑棋不行。

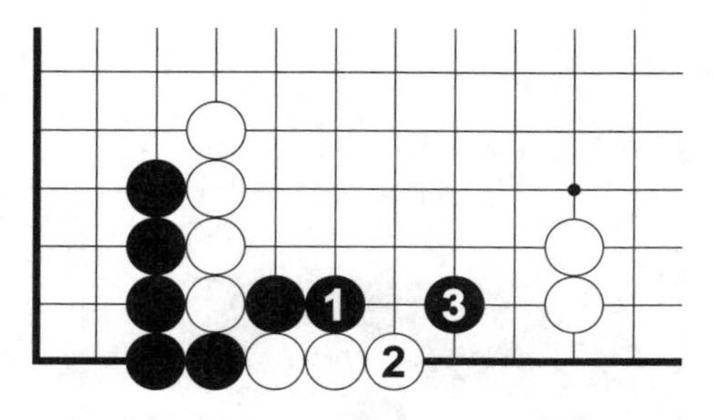

第3题正解　正常进行。

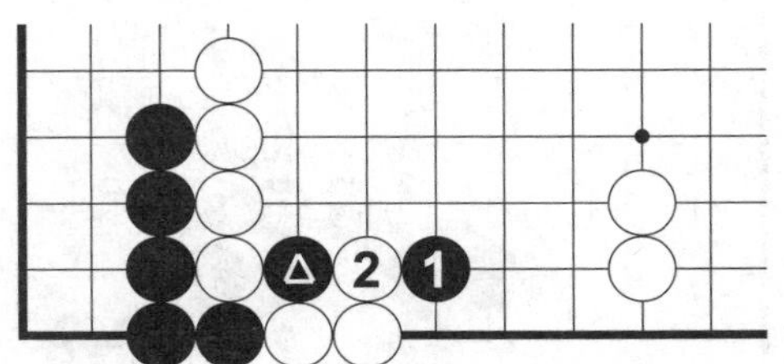

第3题错解　直接枷吃被白2一冲，黑棋崩溃。

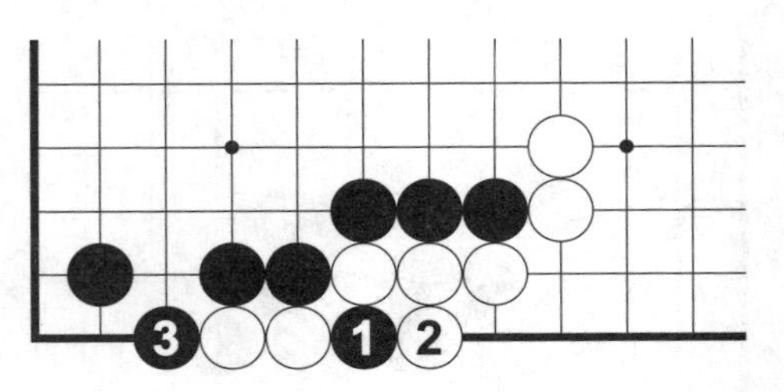

第4题正解　黑1先用扑紧气正确。

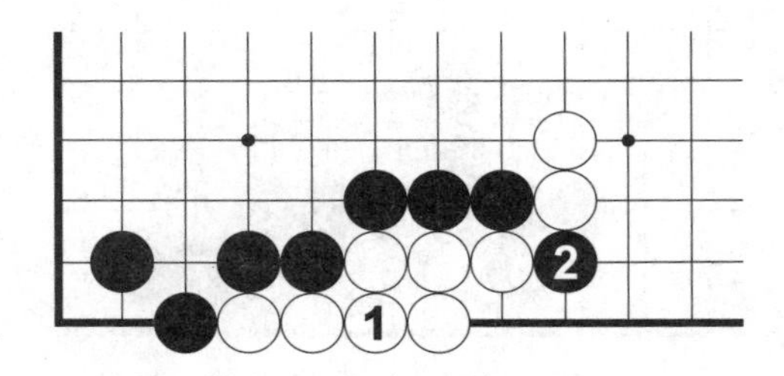

第4题正解　至黑2白棋被吃。

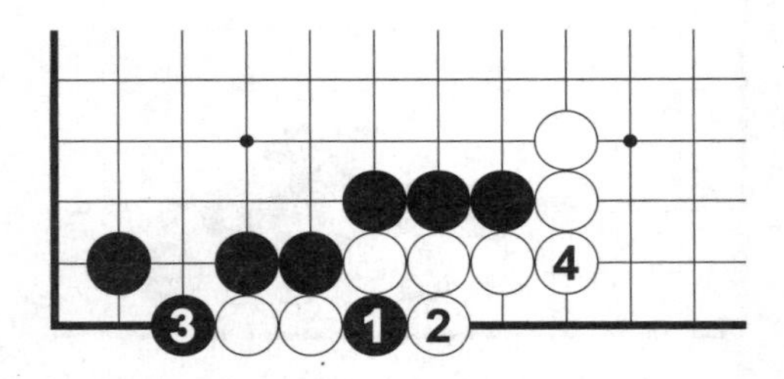

第4题正解　白4若先救断点及时减少损失也是可以的。

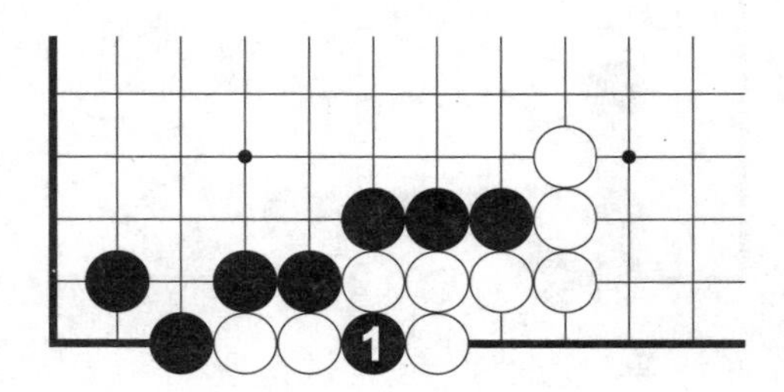

第4题正解　至黑1提子形成打二还一。

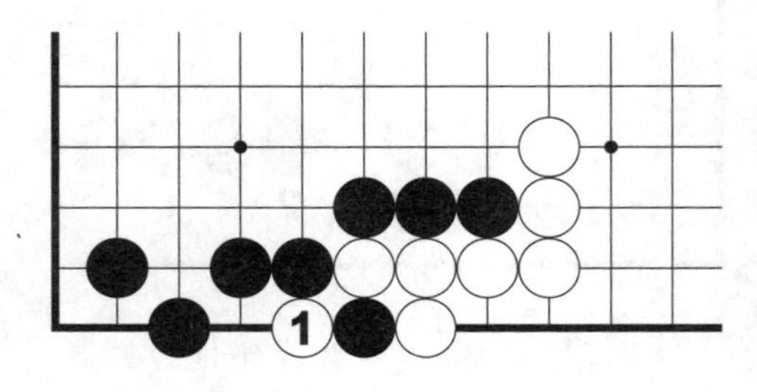

第4题正解　最后的形成。

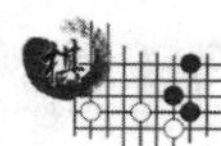

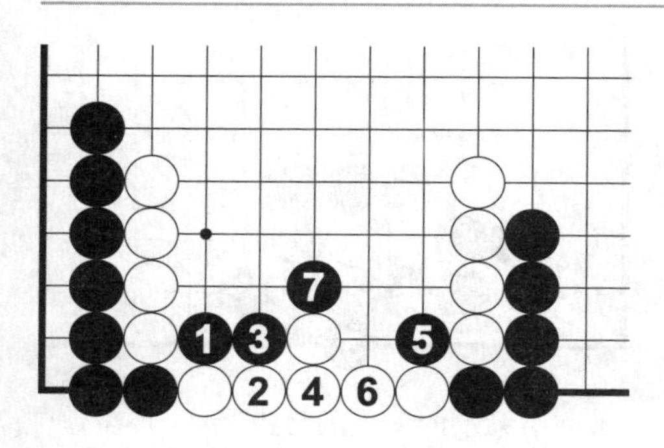

第5题正解　黑1断打正确，至黑7白棋被吃。

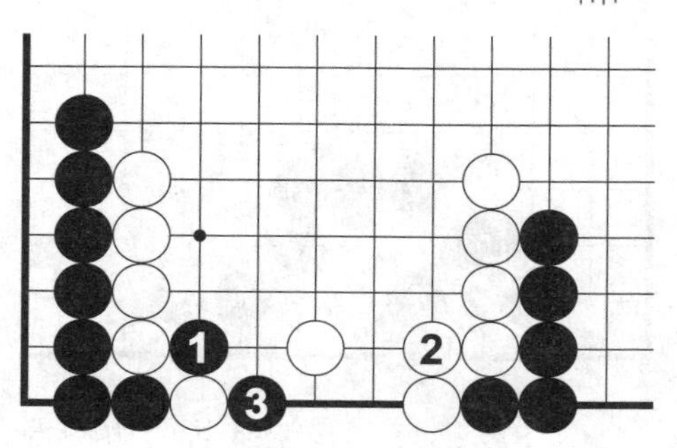

第5题正解　白2若先连接也可以，黑3提子就行。

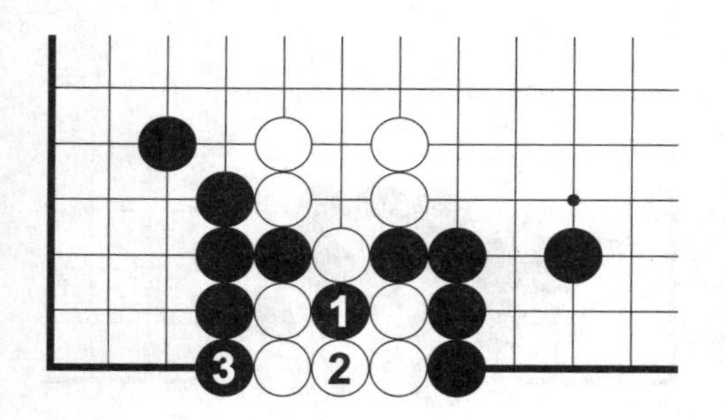

第6题正解　正常进行，形成接不归。

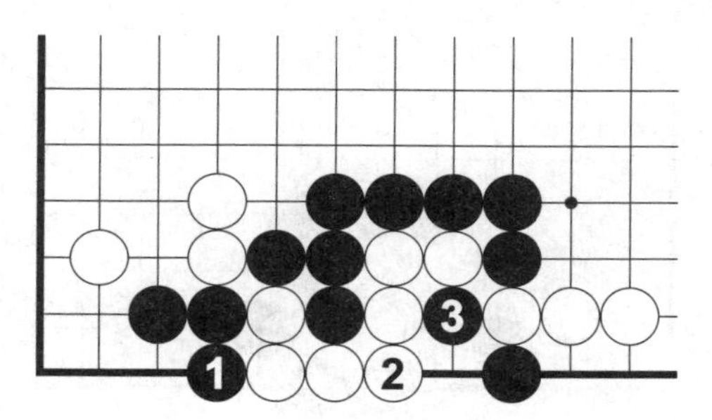

第7题正解　正常进行，形成倒扑。

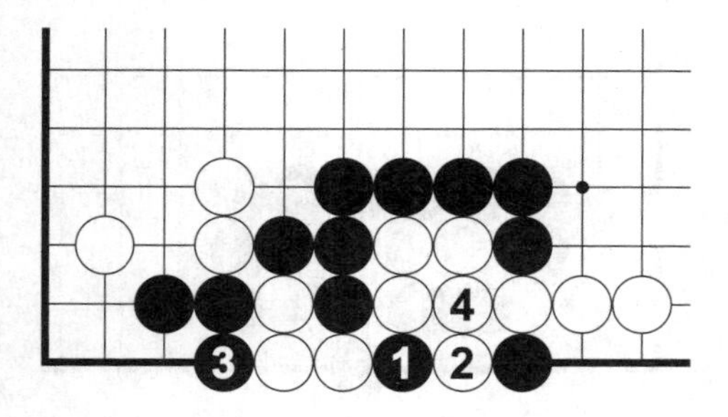

第7题正解　黑1先扑也是能救活角里3颗棋子的。

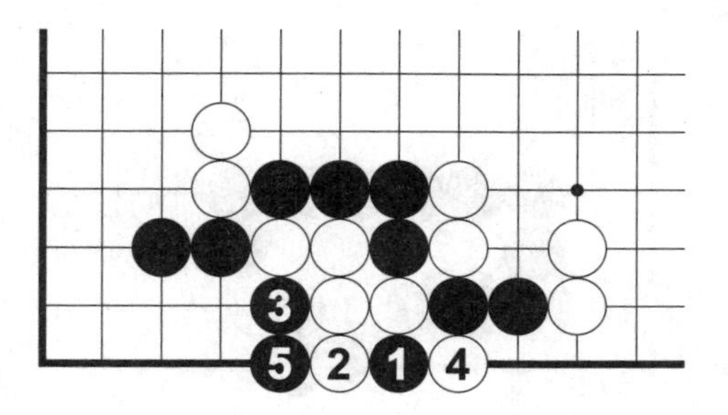

第8题正解　在一线先紧气是重点，至黑5形成接不归。

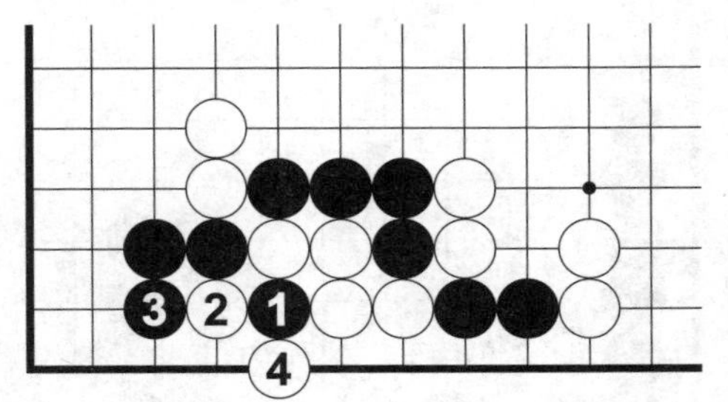

第8题错解　若就是从两边慢慢紧气的话，至白4提子，黑棋二子的气数明显不够。

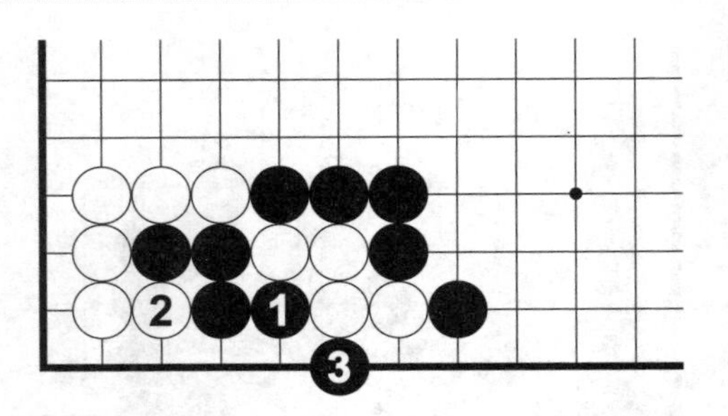

第9题正解　正常进行。

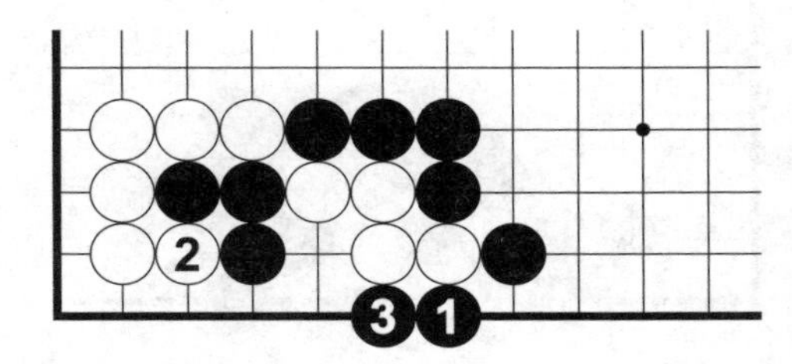

第9题正解　也可。

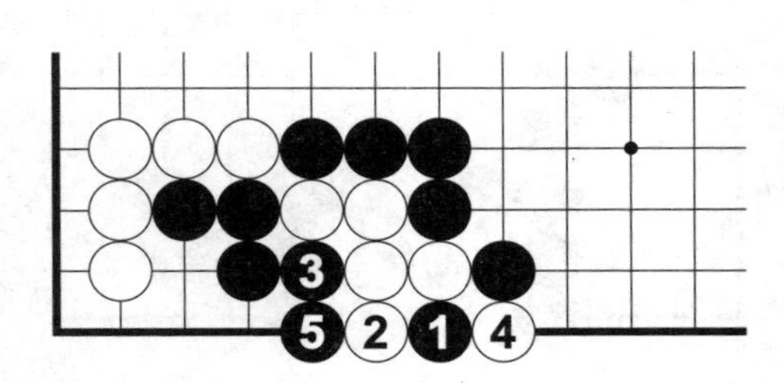

第9题正解　也可。

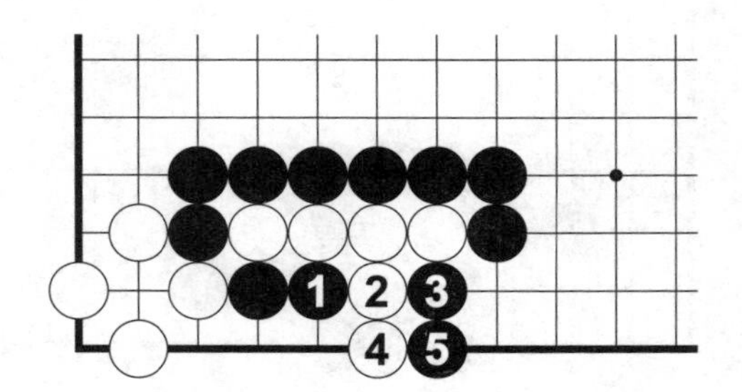

第10题正解　黑1先在这里紧气正确，既紧气又加强了自己。

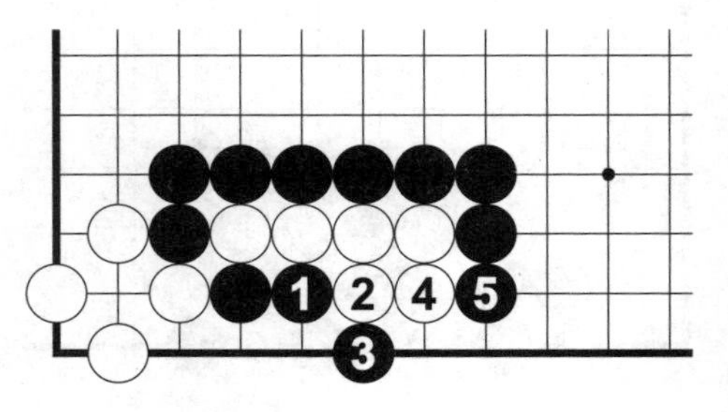

第10题正解　也可。

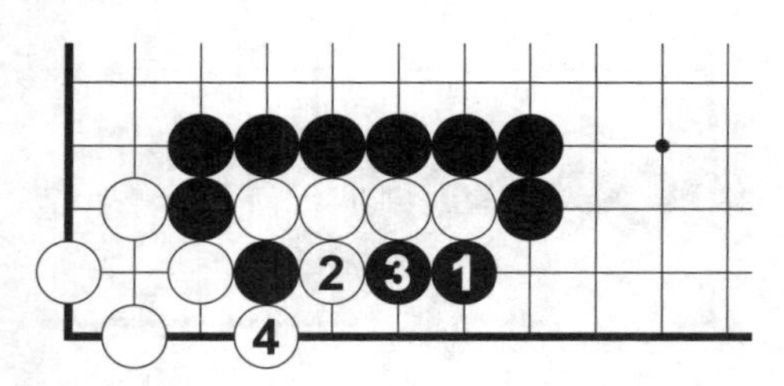

第10题错解　若从外侧紧气，白棋会先吃掉黑一子。

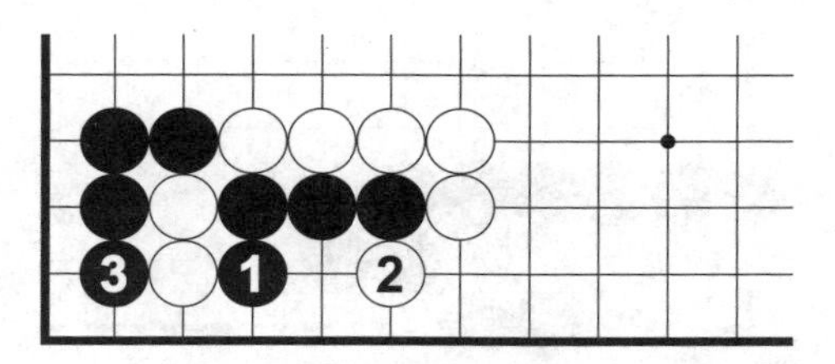

第11题正解　黑1在这紧气正确。

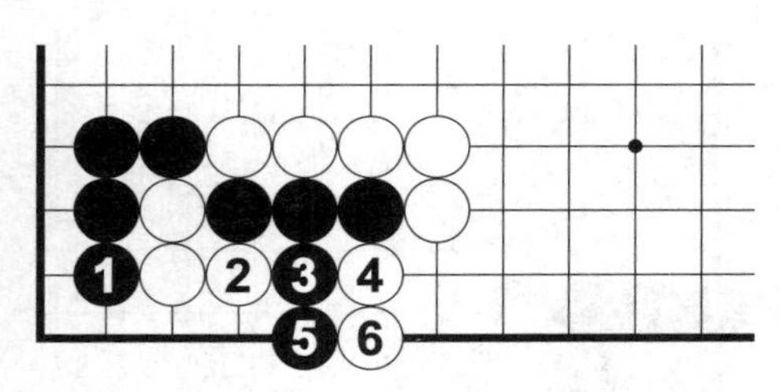

第11题错解　黑1若在里侧紧气，至白6黑棋先被吃掉。

第五章第四节

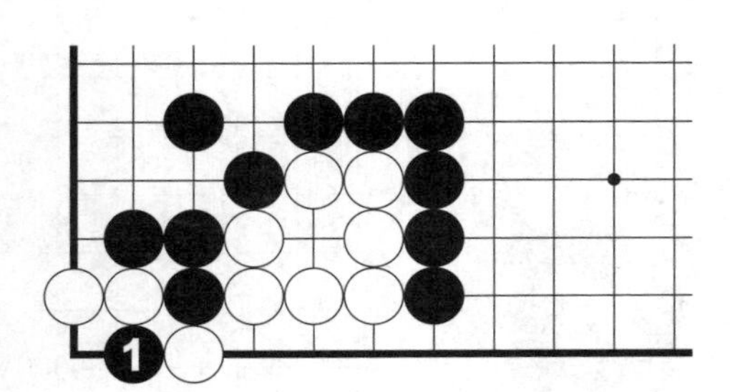

第1题正解　黑1扑，直接将角里破坏成假眼。

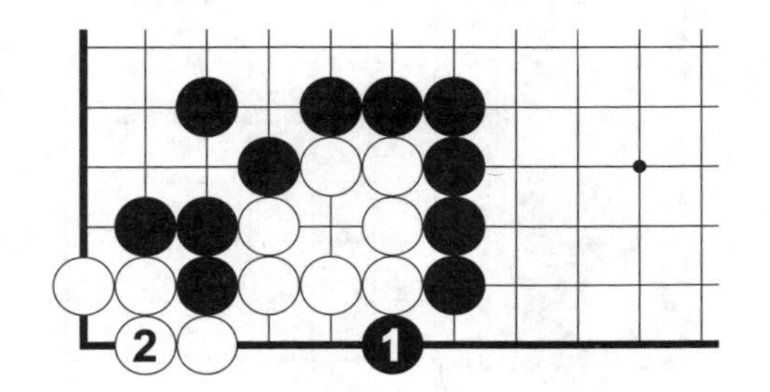

第1题错解　若黑1扳，白2连就可以在角里做出另外一个真眼。

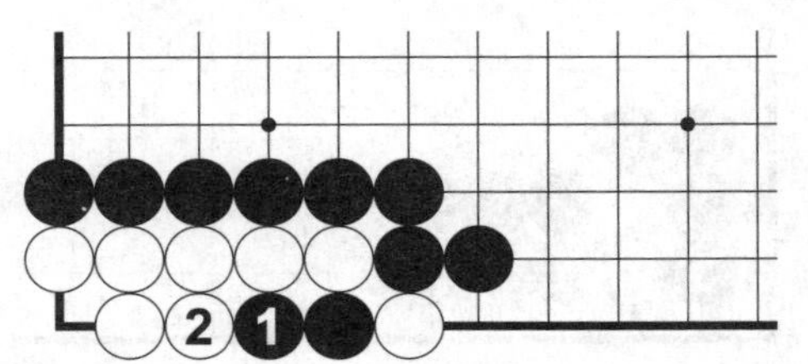

第2题正解　黑1往里继续长正确，白2提掉。

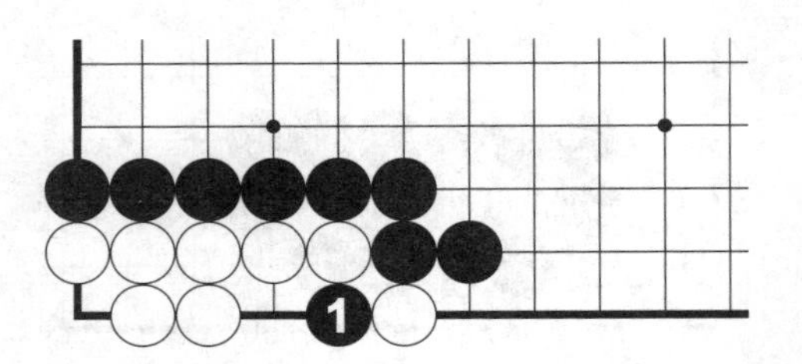

第2题正解　接上图，白棋提掉后黑1扑即可。

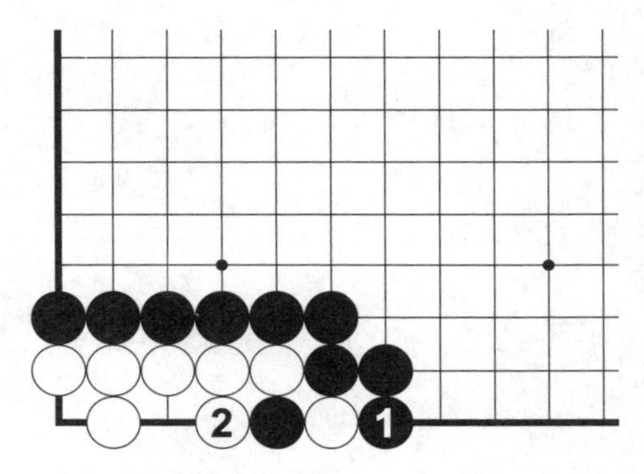

第2题错解　若不舍得棋子直接于黑1提子，白2挡后白棋已经成活。

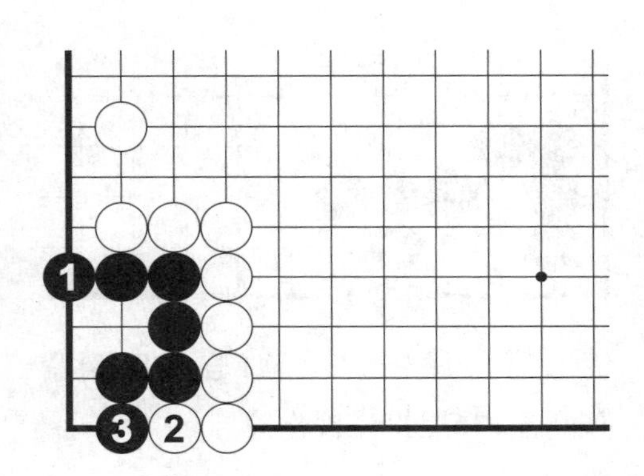

第3题正解　正常进行。

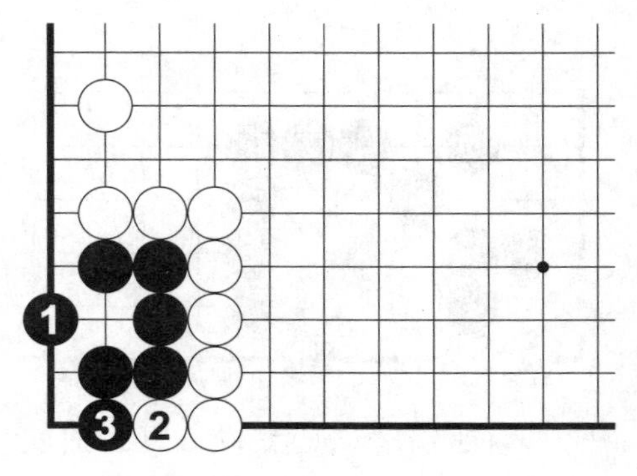

第3题正解　也可。

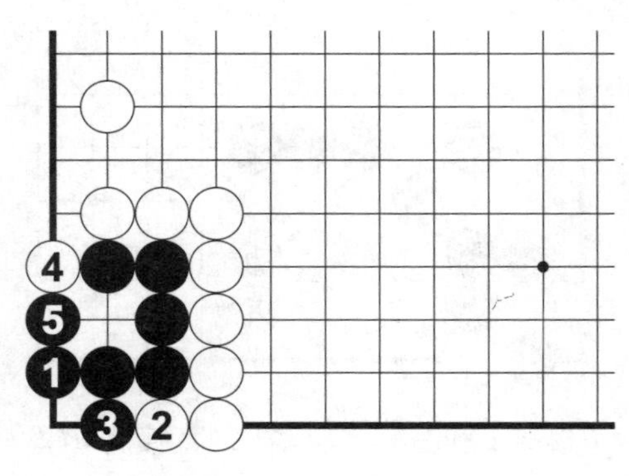

第3题正解　也可。

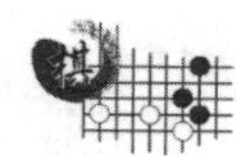

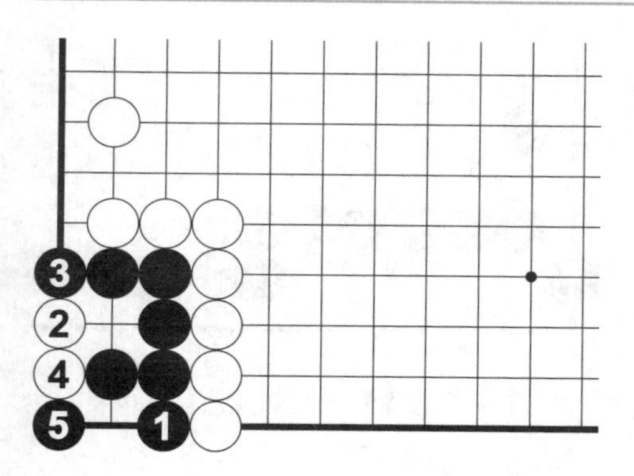

第3题错解　若如此图进行，角里成劫，黑棋不好。

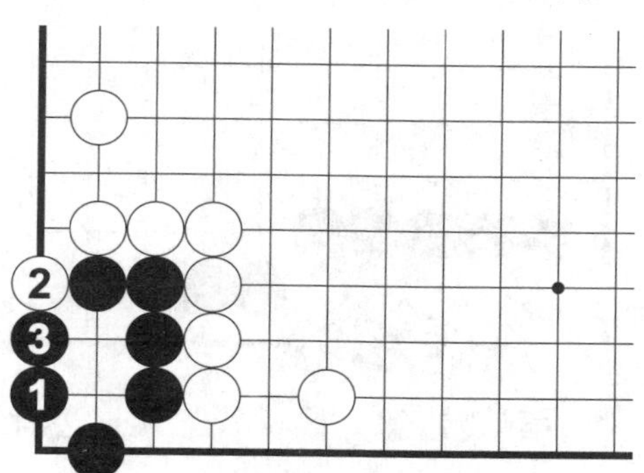

第4题正解　正常进行。

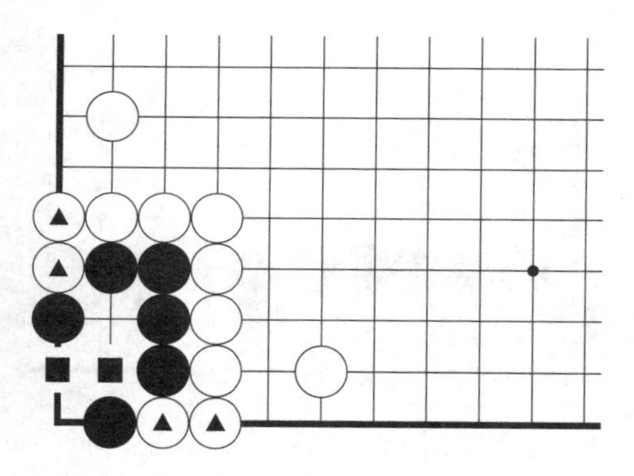

第4题正解　黑1若这样也可，但之后若白棋将▲处占住，黑棋一定要在两个■处中的一个补一着棋，以防白棋打吃进来做成直二棋形。

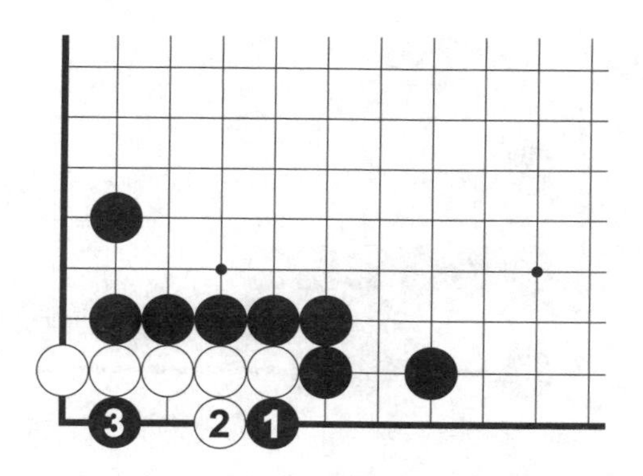

第5题正解　黑棋先扳再点正确。

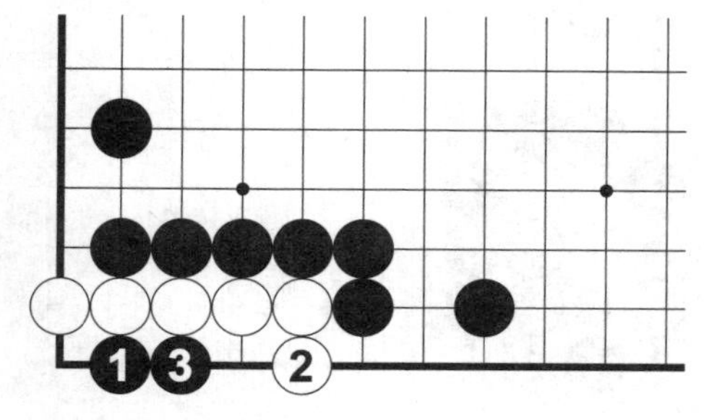

第5题正解　黑棋先点也可，白棋里边只有直二棋形，不活。

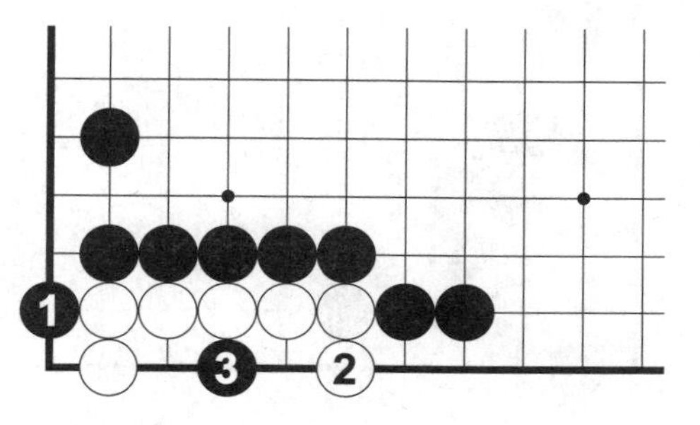

第6题正解　黑1先扳角里正确，之后白棋只有直三，不活。

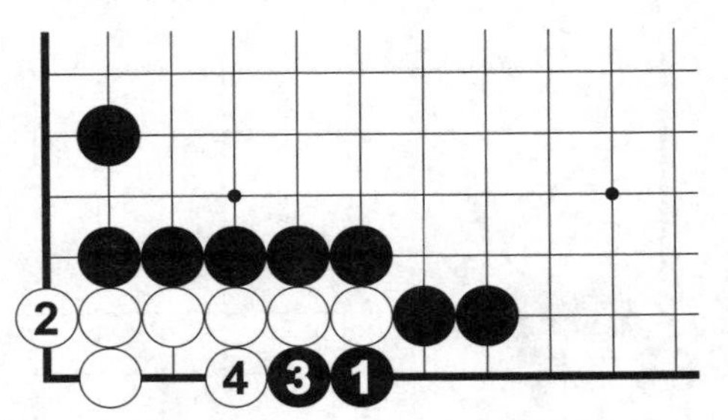

第6题错解　黑棋若先扳这边就不可，白2后简单活棋。

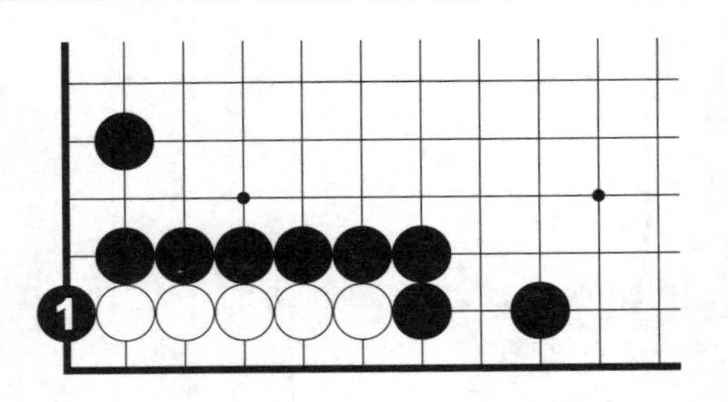

第7题正解　先扳角，六死八活七需补，白不行。

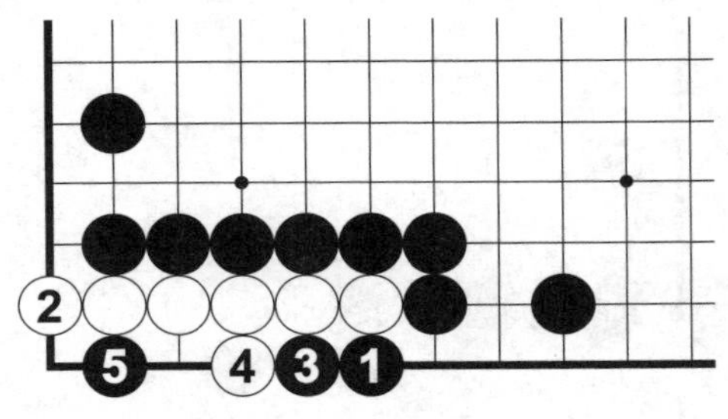

第7题正解　也可。

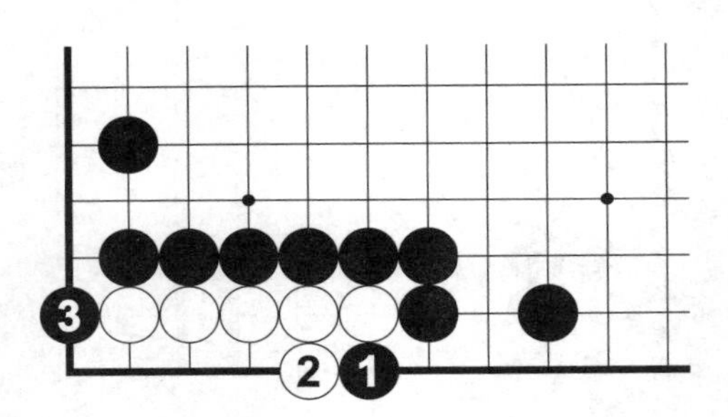

第7题正解　白棋换方式也不行。

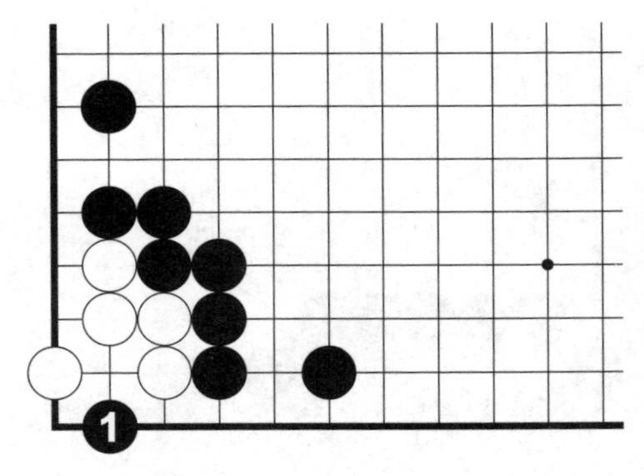

第8题正解　正常进行。

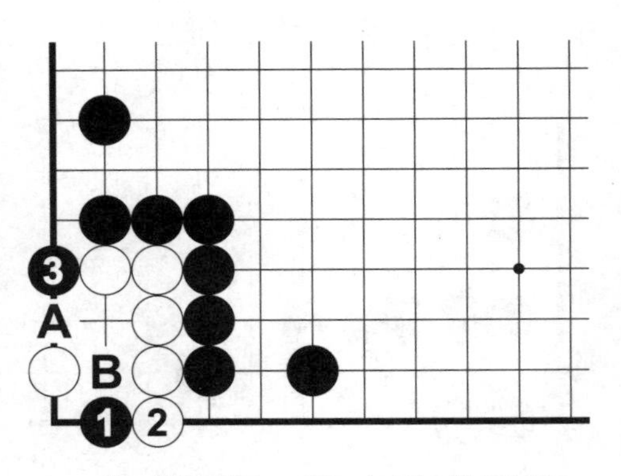

第9题正解　黑1点后3位再扳，此后黑棋A、B两点必得其一。

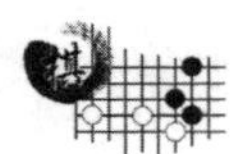

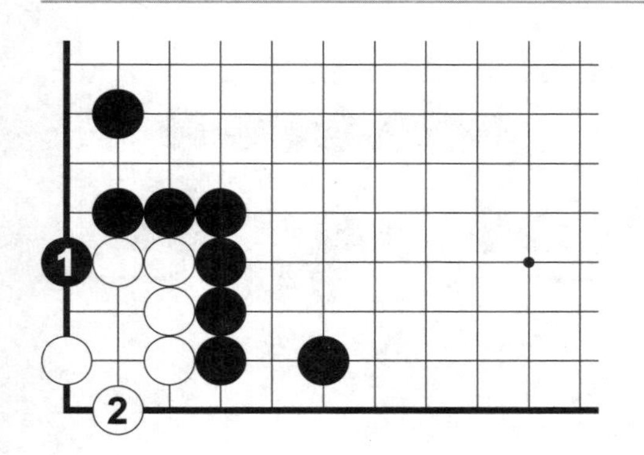

第9题错解　黑1扳此处，白2后，黑棋没办法了。

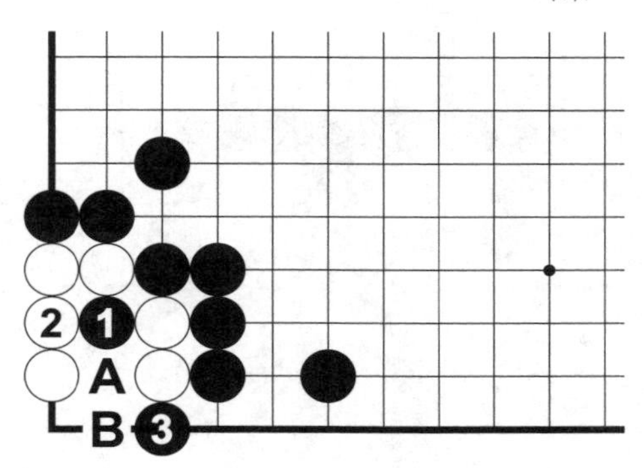

第10题正解　黑1断打，黑3后A、B必得其一。

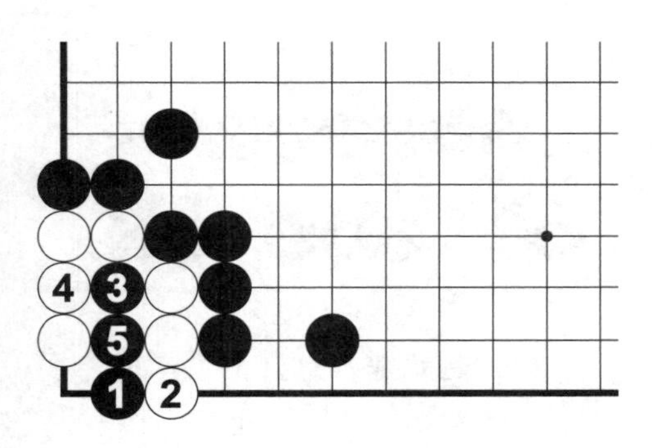

第10题正解　这样做成直三也可。

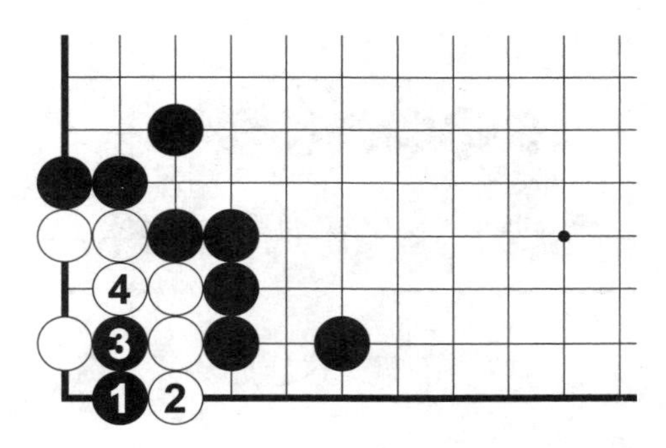

第10题错解　黑3若惯性思维接着冲，白棋一打就成活。

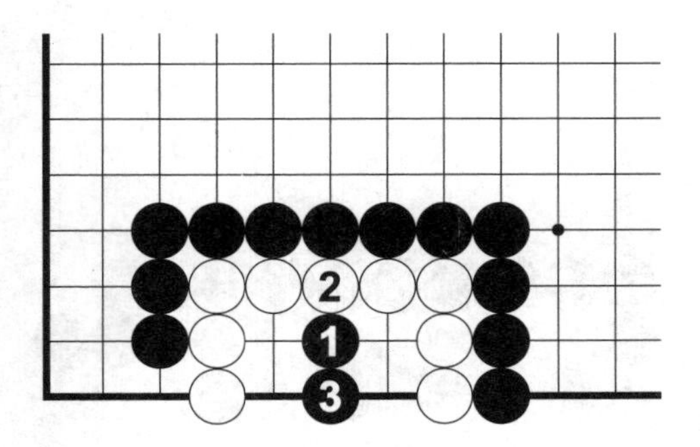

第11题正解　正常进行。

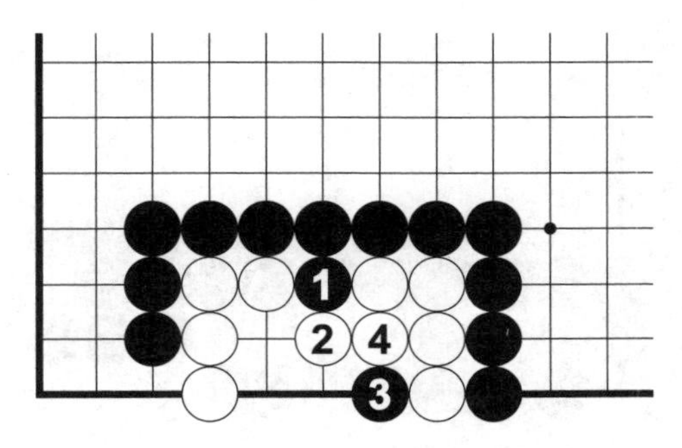

第11题错解　若直接冲，黑棋没有办法。

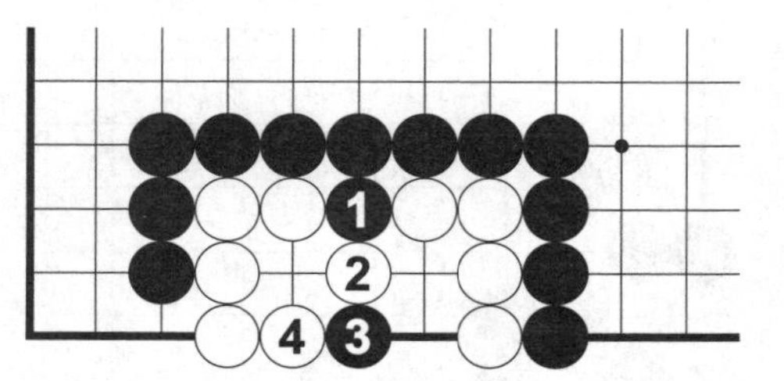

第11题错解　黑3若这样也不行。

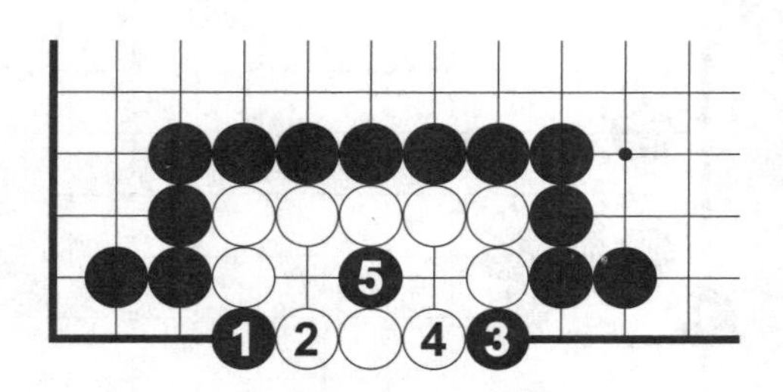

第12题正解　正常进行。

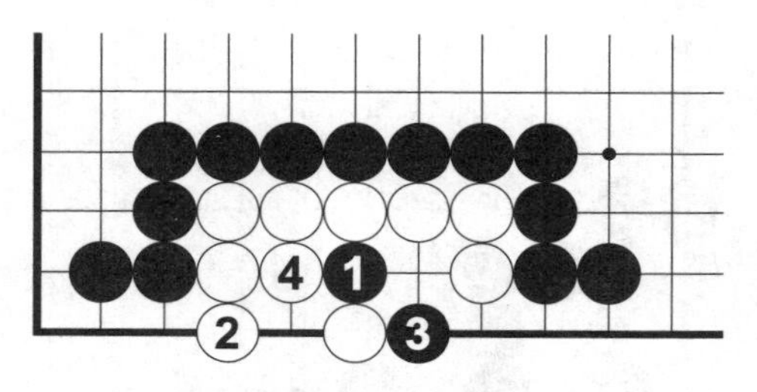

第12题错解　这样成劫了，白棋有机会了。

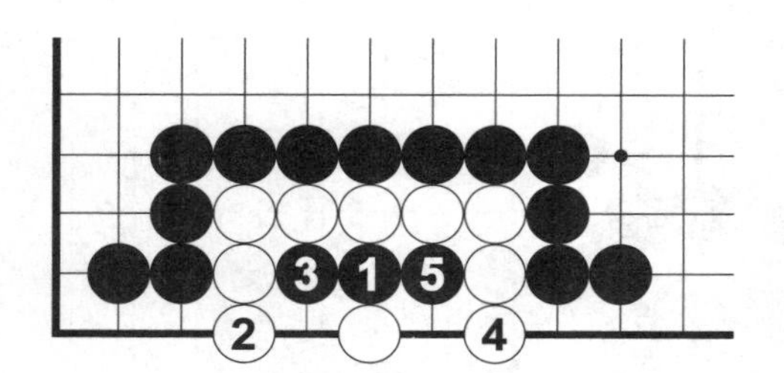

第12题错解　这样的话形成之后会学到的双活，依然杀不掉白棋。

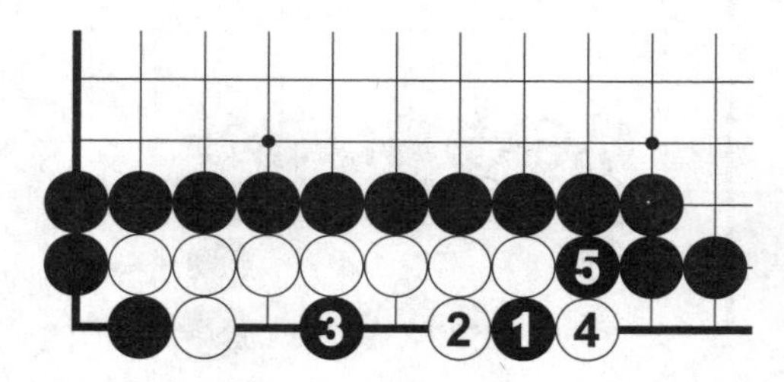

第13题正解　黑1先阻止白棋形成直四，之后黑5挤就可以了。

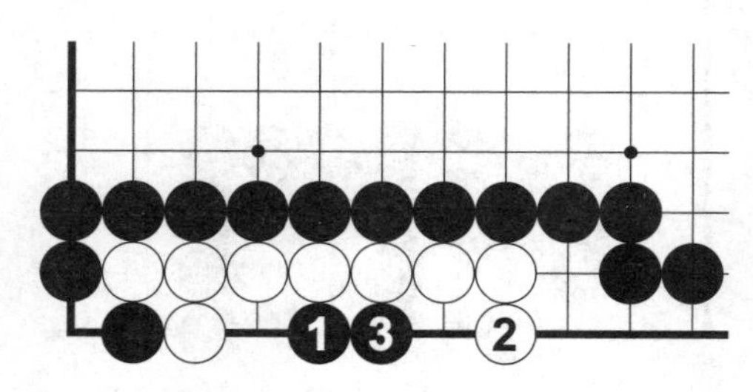

第13题正解　先点也可以。

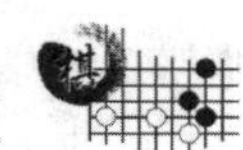

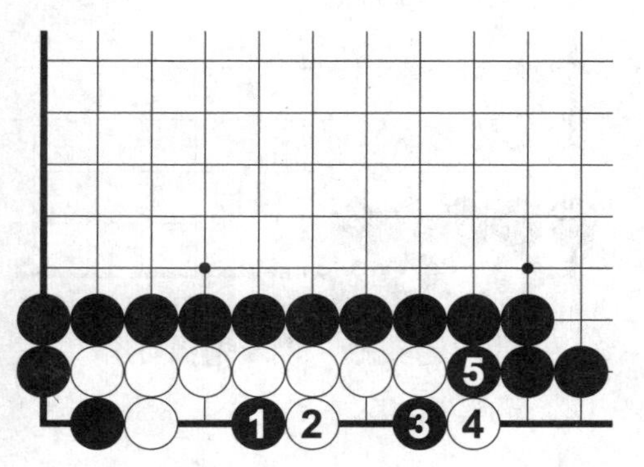

第13题正解　白2若换方式抵抗，黑3、黑5后白棋依然不行。

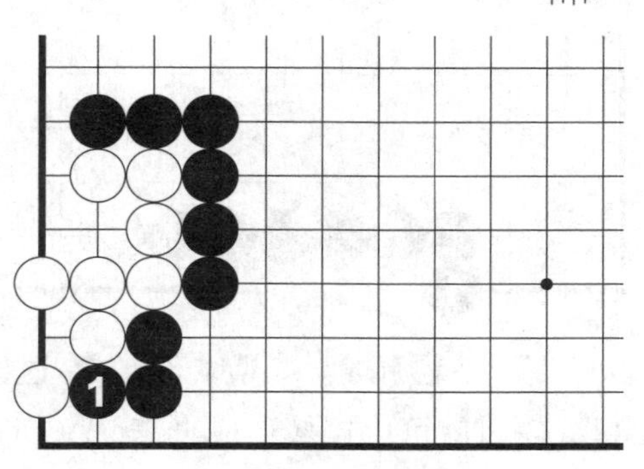

第14题正解　黑1挤，白棋没有第二个真眼。

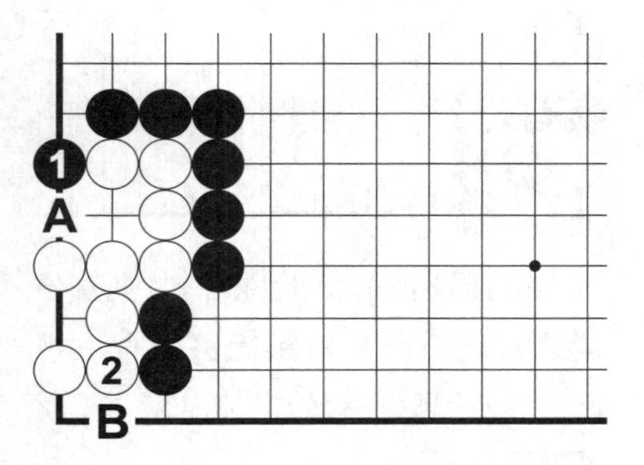

第14题错解　若先扳这里，白2后白棋A、B两点必得其一。

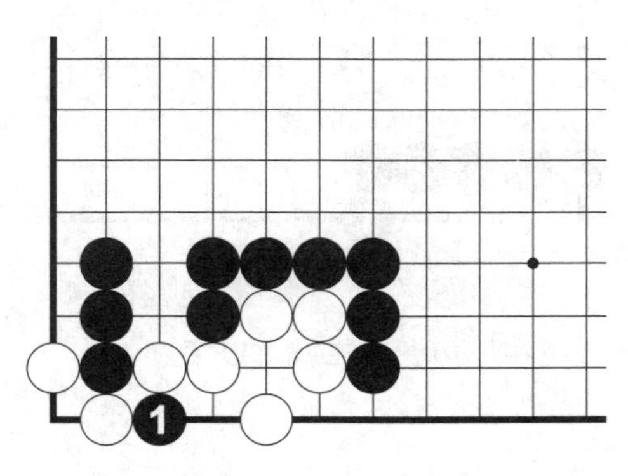

第15题正解　扑，正常进行。

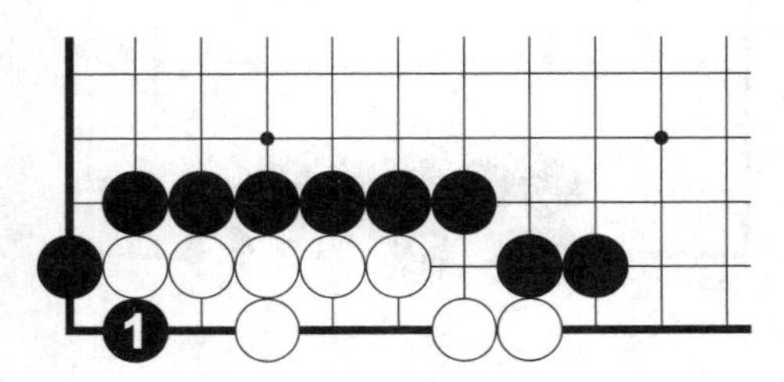

第16题正解　在角里扳一个就可以了。

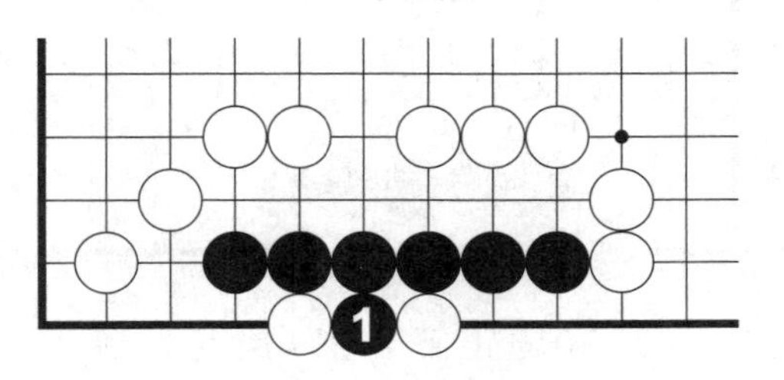

第17题正解　黑1下在白棋两子之间正确，阻止了白棋形成直三。

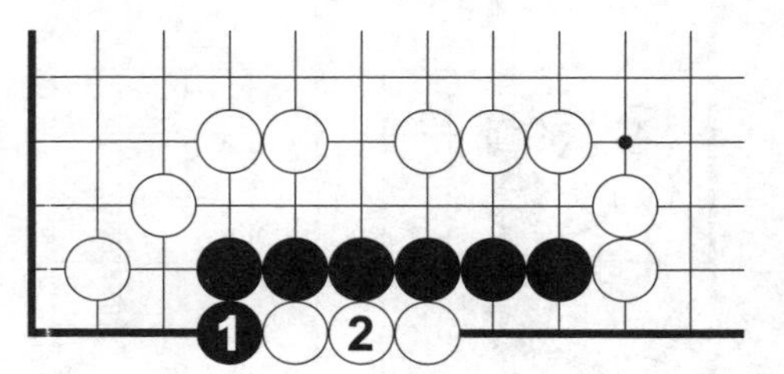

第17题错解　黑1若挡在这里，白棋就可以连接形成直三，黑棋不行。

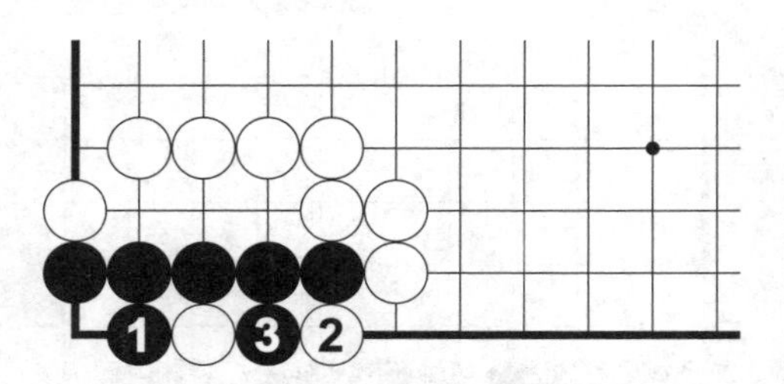

第18题正解　黑1先挡在角里正确，至黑3活棋。

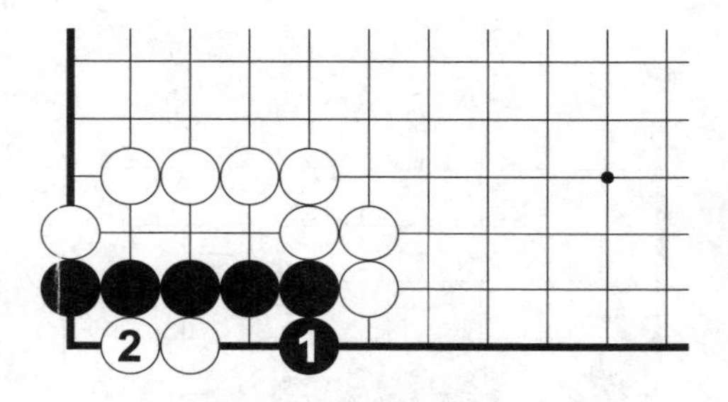

第18题错解　黑1若立在外侧，白棋在里边做直二就可以了。

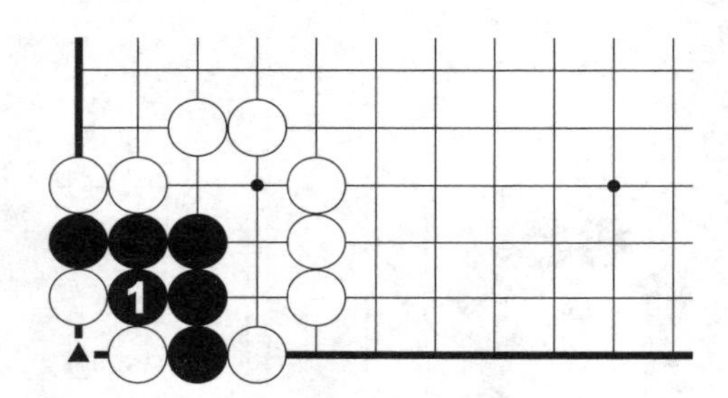

第19题正解　黑1挤，白棋▲处是禁入点，所以白棋无法做直三棋形，黑棋以后在此处提掉白棋两子就可以活棋了。

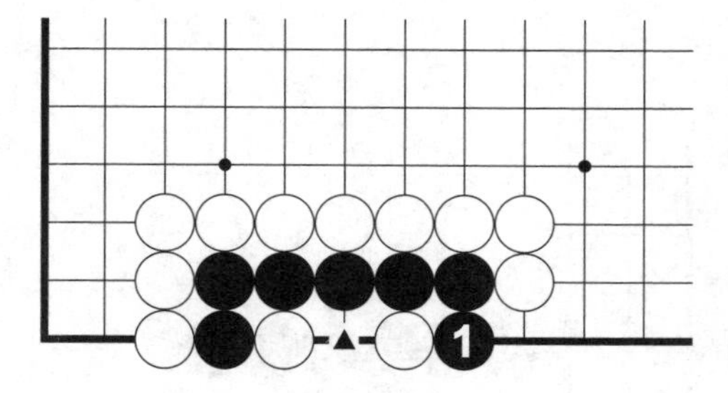

第20题正解　黑1挡在外侧正确，白棋▲处是禁入点，所以做不了直三棋形。

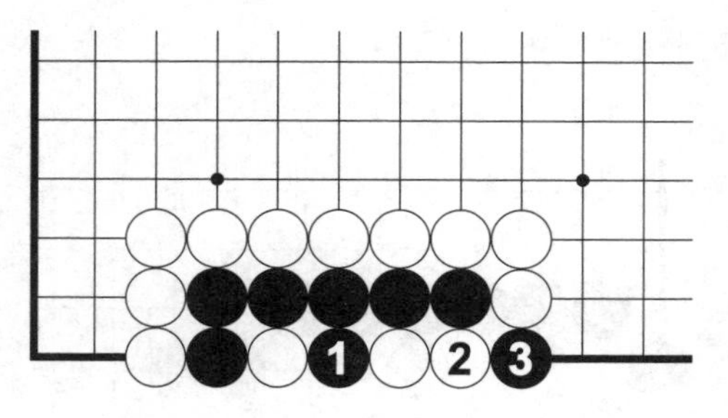

第20题错解　黑1若直接提掉白1子，白2、黑3后，白棋在2位扑就可以了。

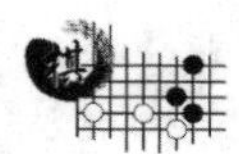

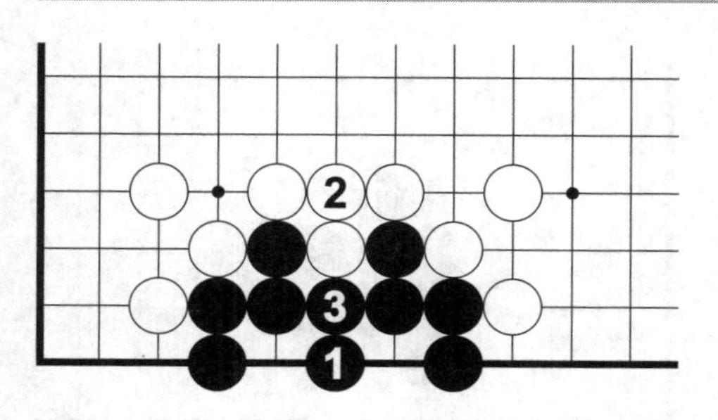

第21题正解　黑1正确，白2连后黑3再补。

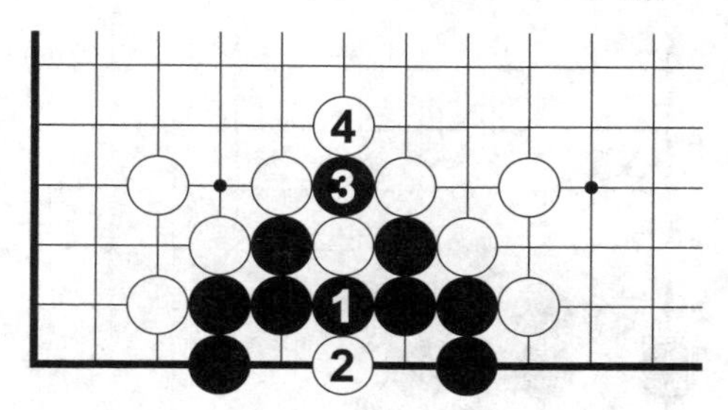

第21题错解　黑1若直接挡，至白4后黑棋不行。

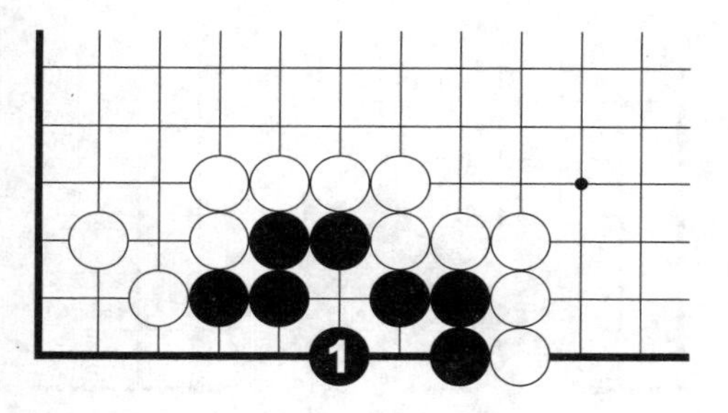

第22题正解　正常进行。

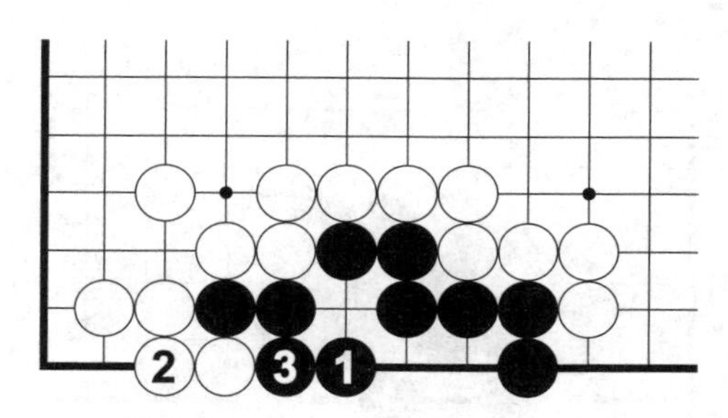

第23题正解　正常进行。

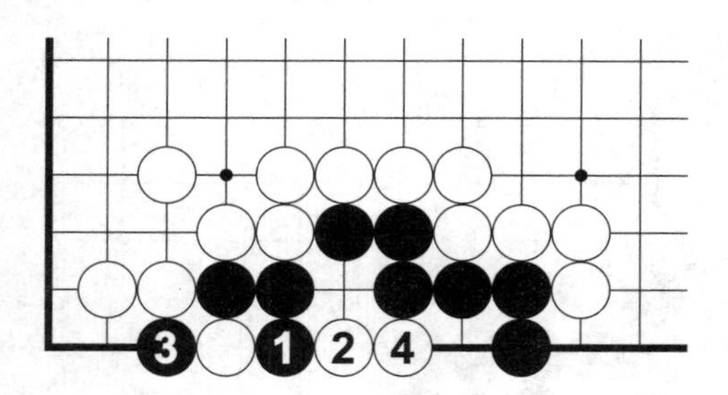

第23题错解　黑1挡时，白2点打吃，黑3提子看似厉害，实则只形成一个假眼，白4长后，里面形成直二的棋形。

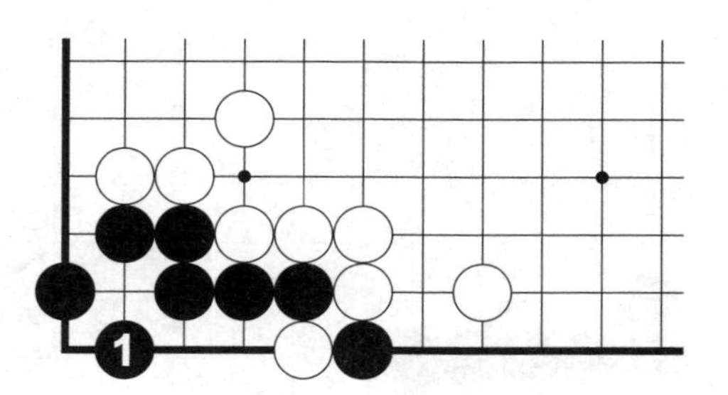

第24题正解　正常进行。

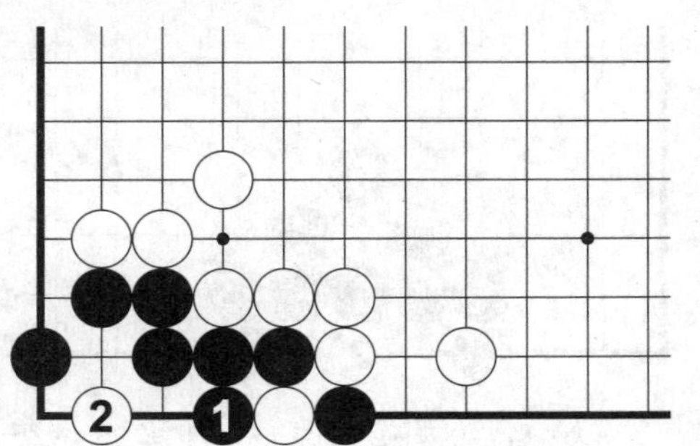

第24题错解　黑1若挡，角里是丁四的棋形，白2点。

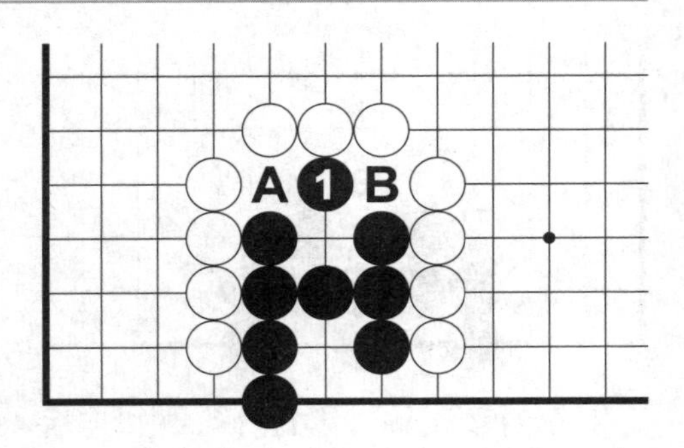

第25题正解　黑1后，A、B两点黑棋必得其一。

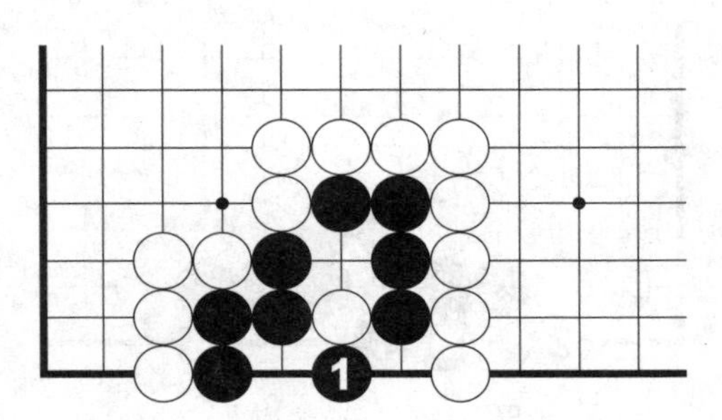

第26题正解　正常进行。

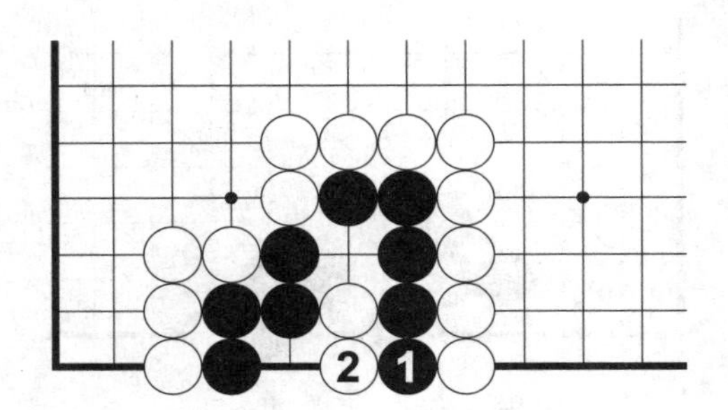

第26题错解　黑1若挡，里面会形成直二。

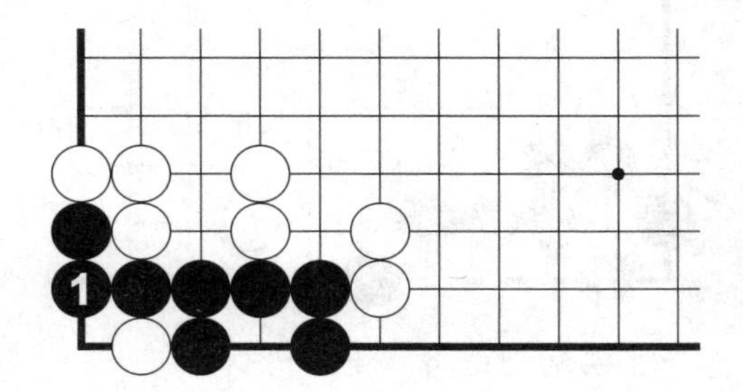

第27题正解　正常进行。

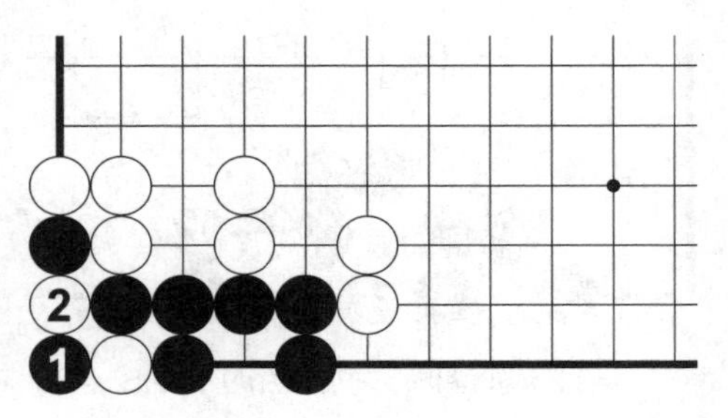

第27题错解　黑1若贪图吃子，白2提子后，角里形成劫，黑若劫胜不了，角里就是假眼。

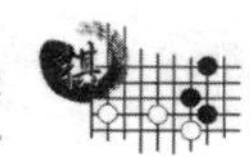

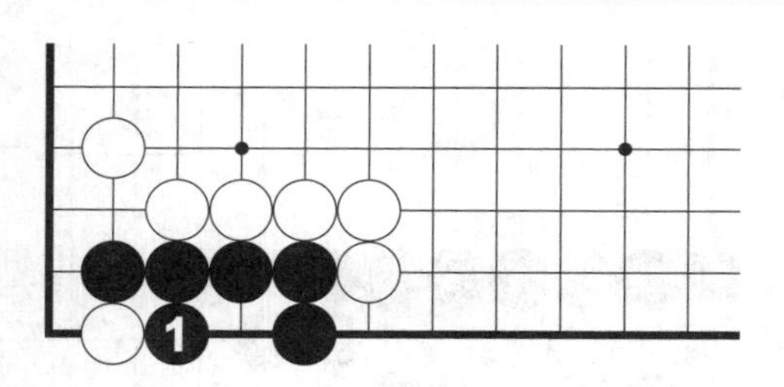

第28题正解　正常进行。

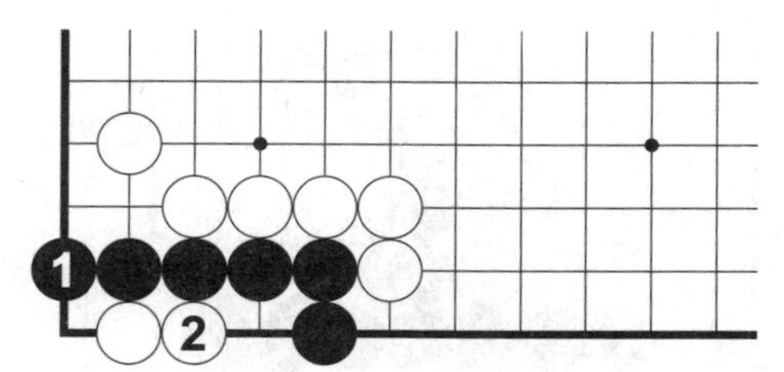

第28题错解　黑1立在角里，白棋可以在里面做直二。

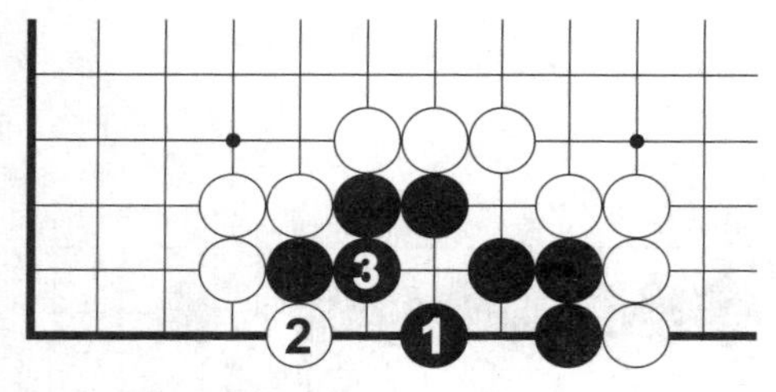

第29题正解　黑1尖在这里是正常进行。

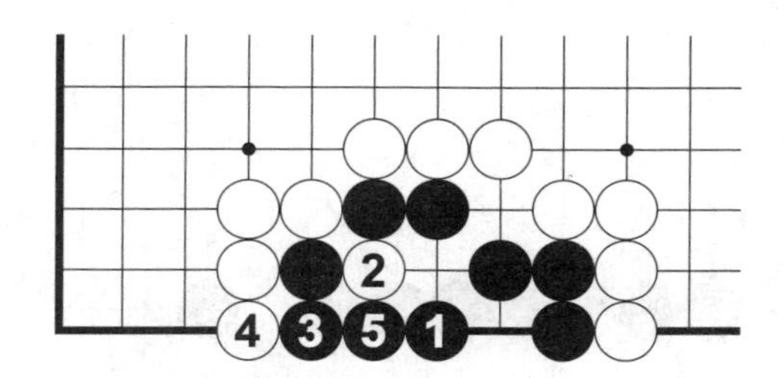

第29题正解　白2若断打这里，至黑5后白棋还多送一子。

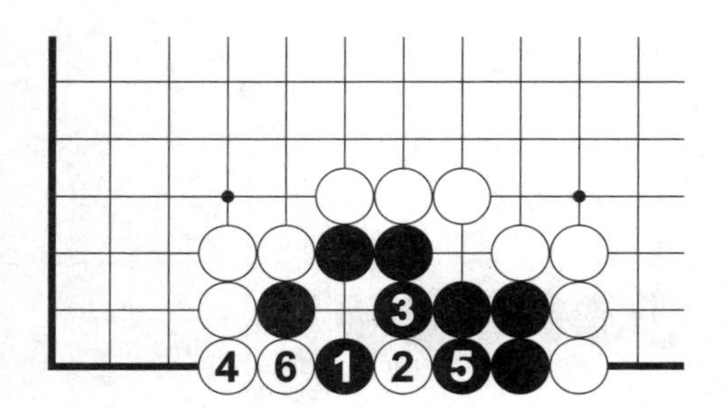

第29题错解　黑1下在这里的话，至白6挤，黑棋不行。

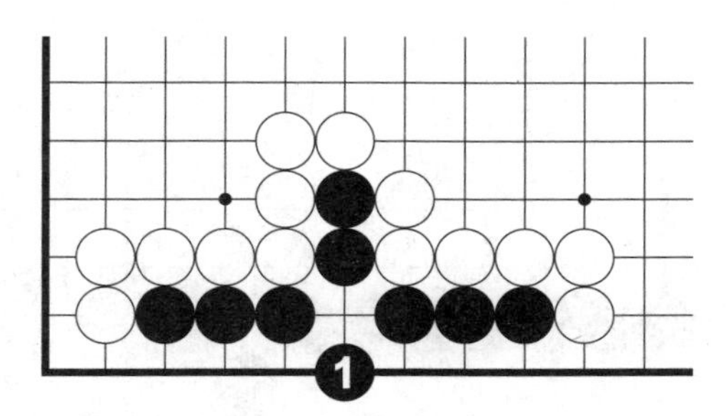

第30题正解　左右同形走中间，黑1正确，左右两边都是三子最后必是真眼；上方是打二还一。

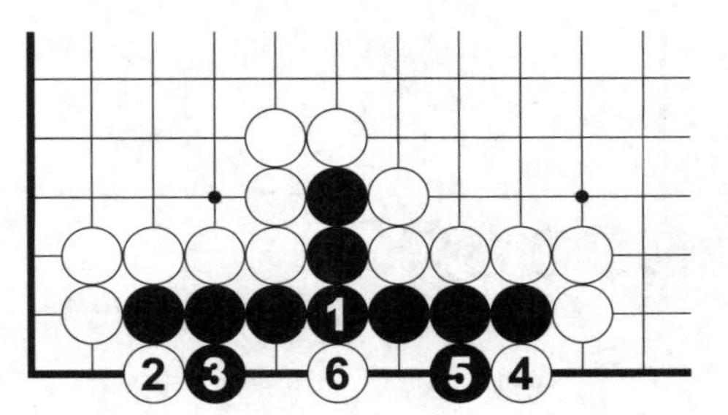

第30题错解　黑1若连接，形成六死八活七需补，但是2轮到白棋下，至白6被点直三。

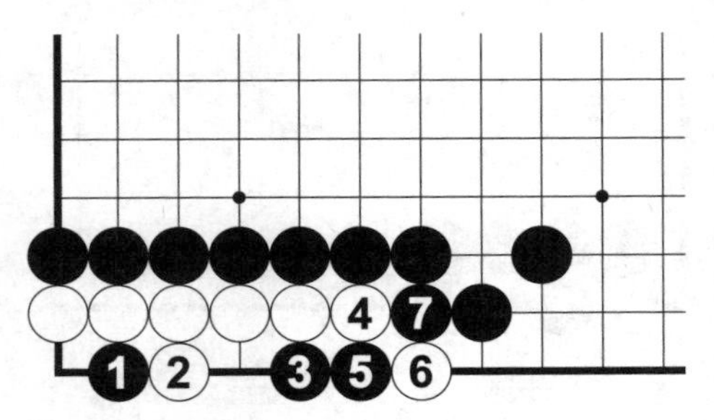

第31题正解　黑1先点，白2若挡，黑3是重点，至黑7挤白棋已经做不出第二个眼。

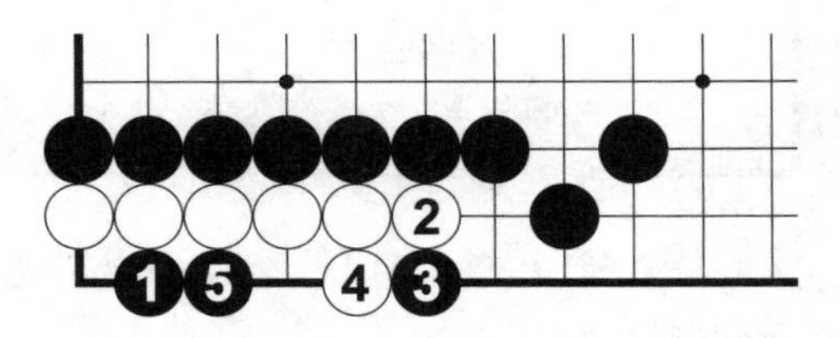

第31题正解　白2若继续扩大地盘。至黑5里面形成直二。

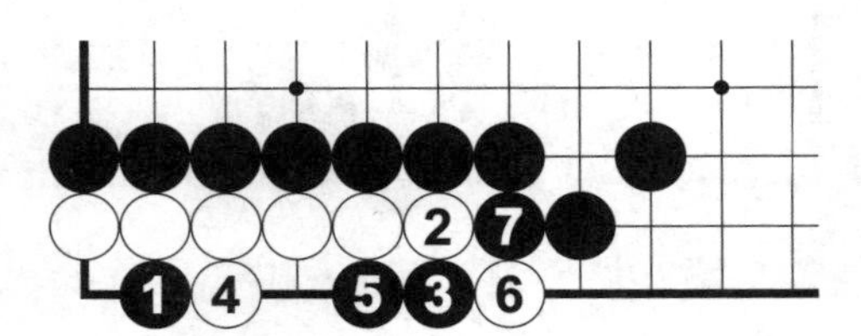

第31题正解　上题白4若挡，形成和第一图一样的局面。

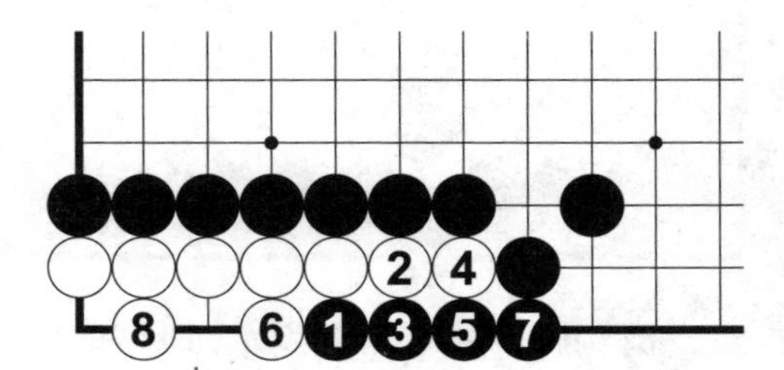

第31题错解　黑1若先下在这，至白8成活。

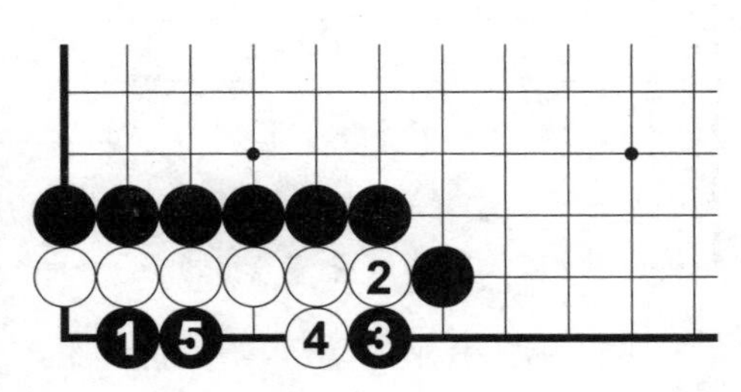

第32题正解　黑1点，白2扩大地盘，至黑5白棋不行。

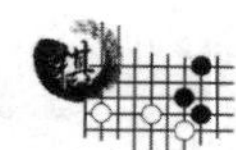

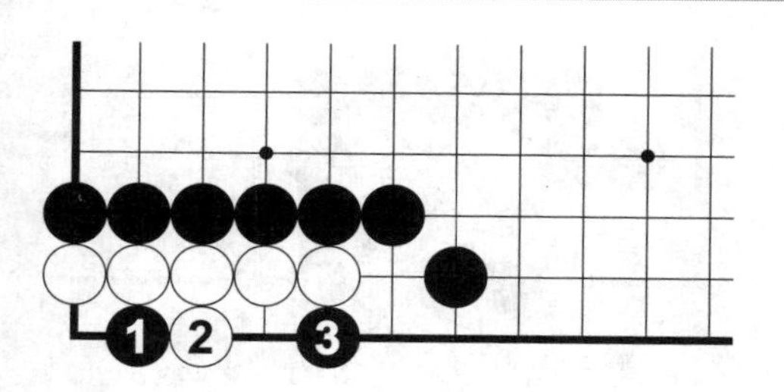

第32题正解　白2挡也不行。

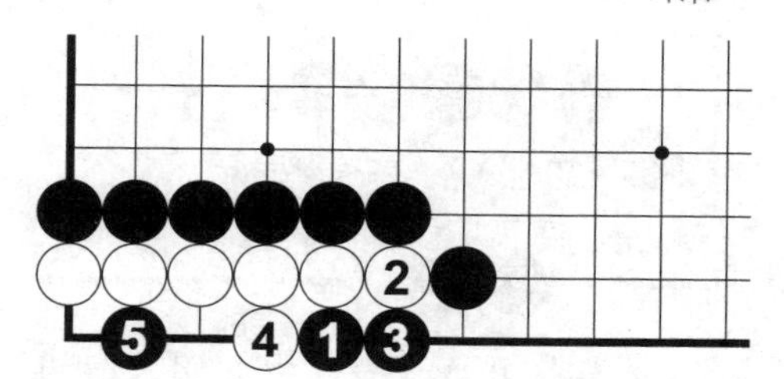

第32题正解　黑1先下这里也可。

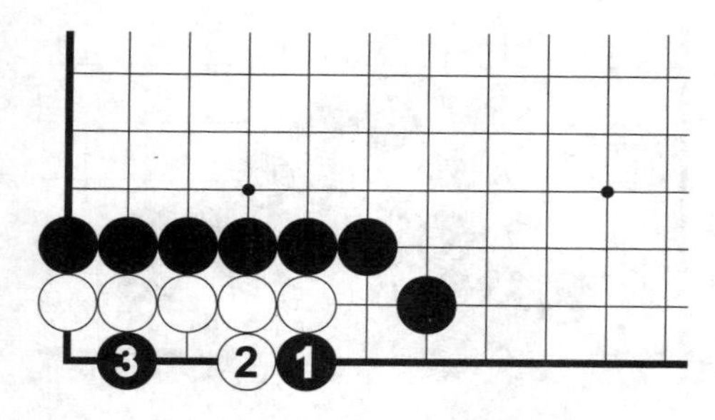

第32题正解　黑1不怕被吃，因为有二线的挤。

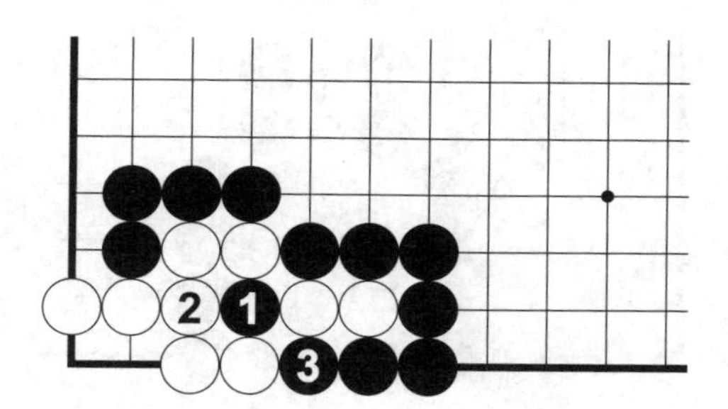

第33题正解　黑1先扑是重点，至黑3挤，白棋不行。

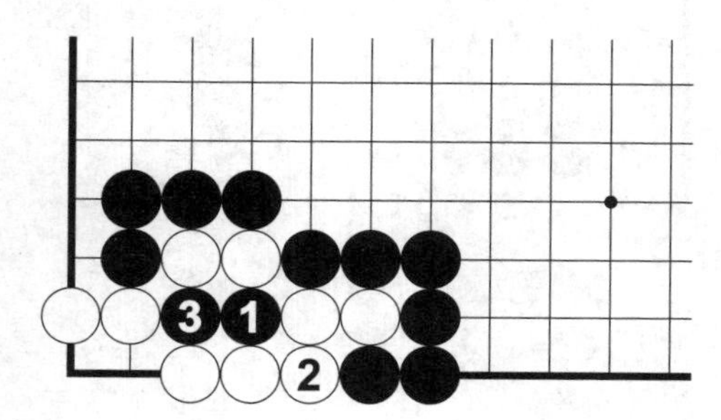

第33题正解　白2若先补这里，黑3直接提子就行。

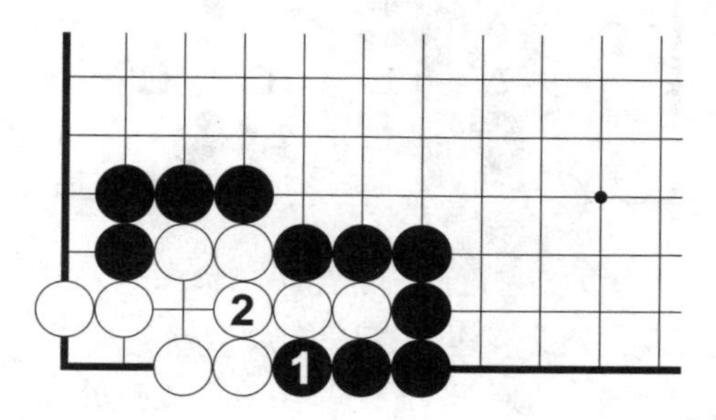

第33题错解　黑1若先挤，白2补棋就行了。

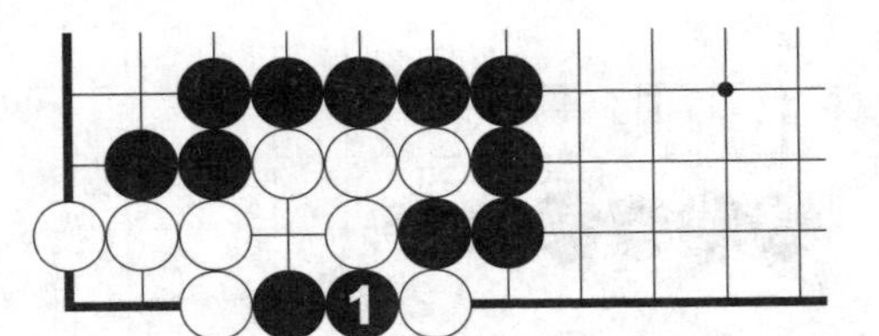

第34题正解　黑1断，如果白棋后续提黑棋的话，黑棋再扑就可。

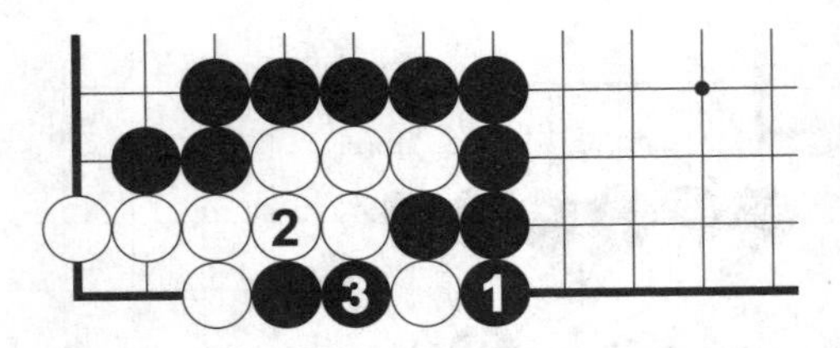

第34题正解　此题黑1在外面打吃也可，一线形成一个打二还一。

第六章第一节

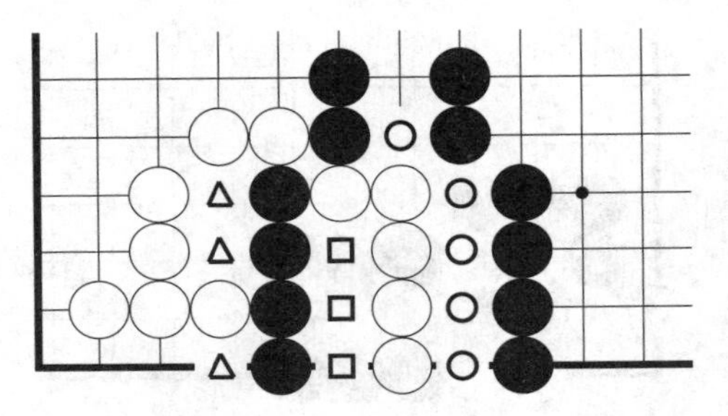

第1题正解　黑棋共6口气（△处加□处），其中3口外气（△处）、3口公气（□处）；白棋共8口气（○处加□处），其中5口外气（○处）、3口公气（□处）。

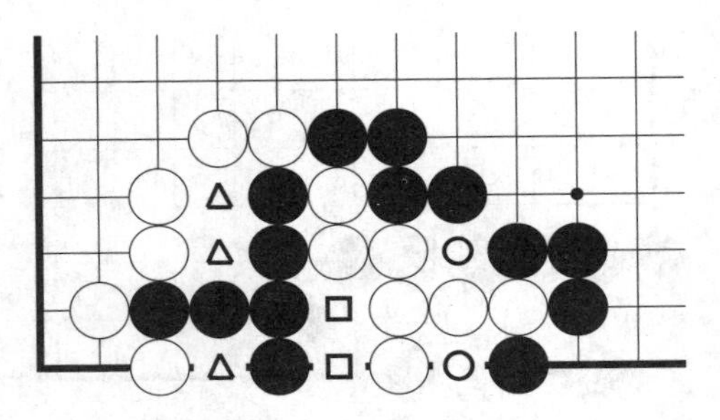

第2题正解　黑棋共5口气（△处加□处），其中3口外气（△处）、2口公气（□处）；白棋共4口气（○处加□处），其中2口外气（○处）、2口公气（□处）。

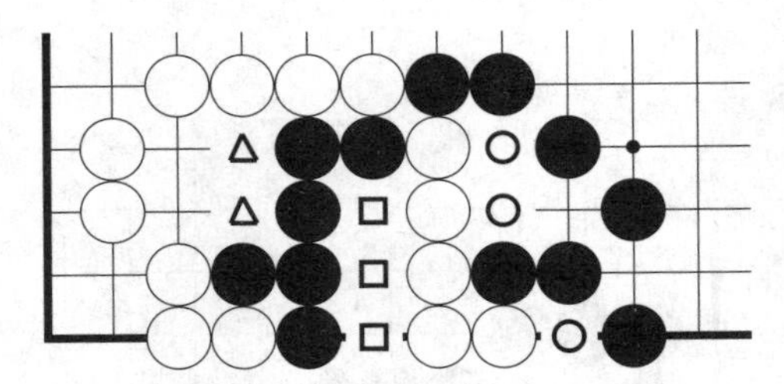

第3题正解　黑棋共5口气（△处加□处），其中2口外气（△处）、3口公气（□处）；白棋共6口气（○处加□处），其中3口外气（○处）、3口公气（□处）。

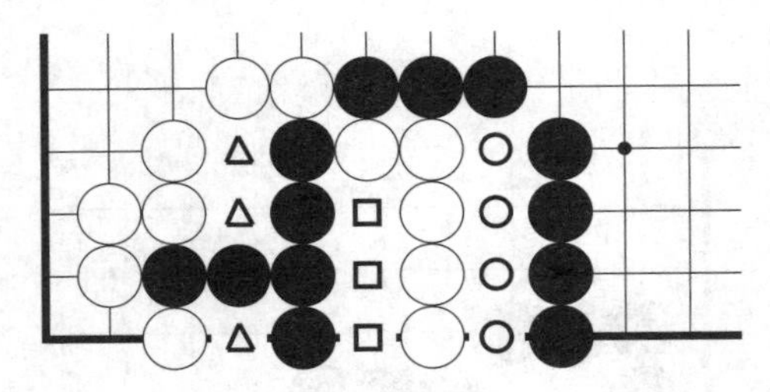

第4题正解　黑棋共6口气（△处加□处），其中3口外气（△处）、3口公气（□处）；白棋共7口气（○处加□处），其中4口外气（○处）、3口公气（□处）。

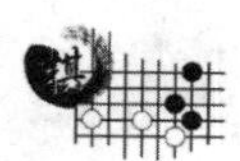

第六章第二节

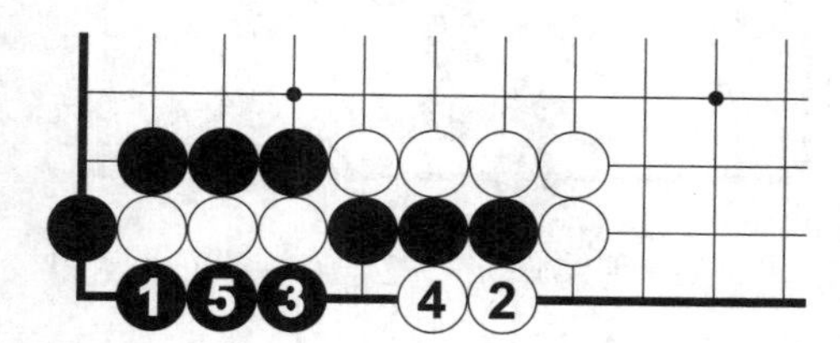

第1题正解　正常的紧气过程，黑1先下3位也是可以的。

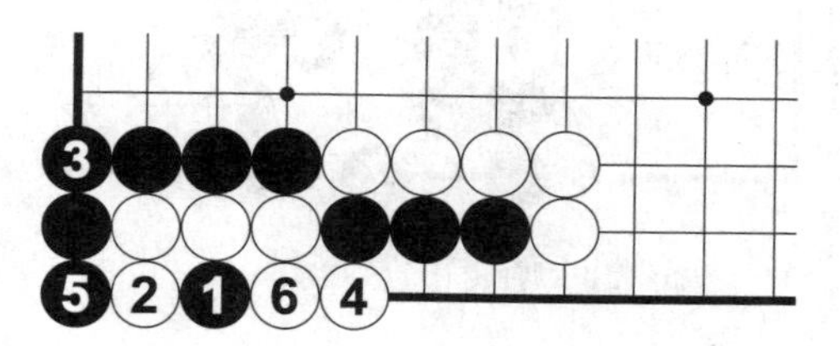

第1题错解　黑1若下在中间就要出问题了，至白6白棋有眼杀无眼。

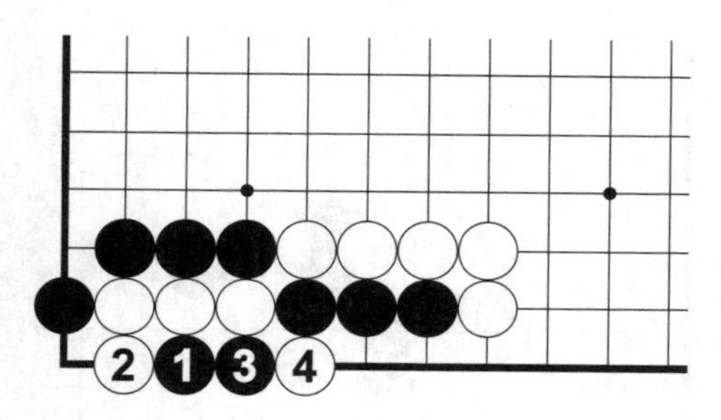

第1题错解　这样也不行，白棋的气数已经多于黑棋了。

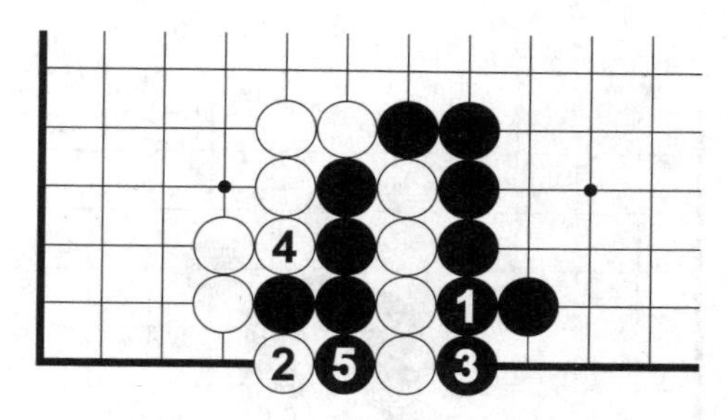

第2题正解　正常进行，黑1先下黑3处也可；同理白2先下4处也可。

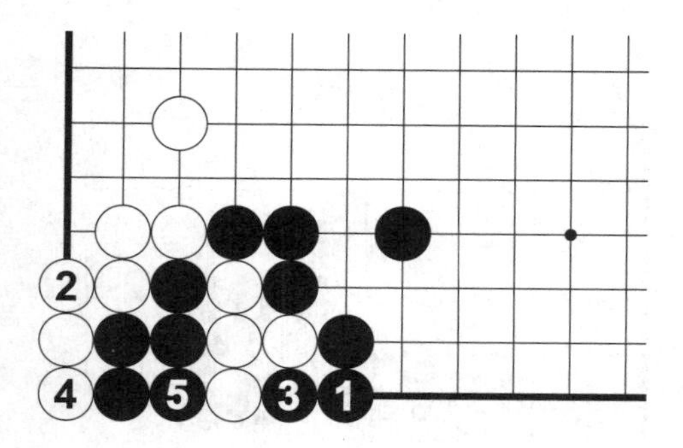

第3题正解　正常进行，要注意黑1与白2先去虎口的细节。

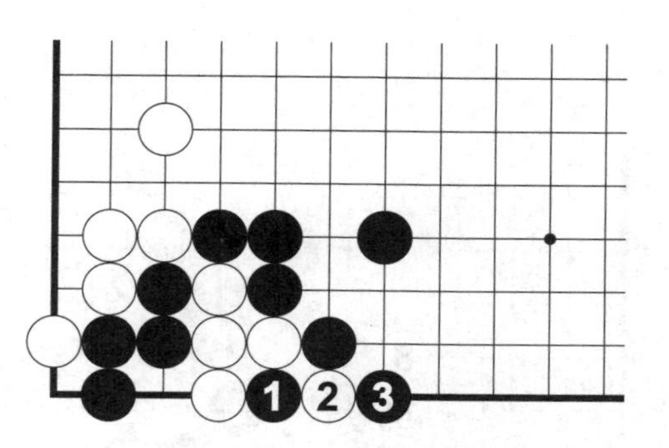

第3题错解　黑1若直接下虎口来紧气，白2黑3后，出现劫的棋形，黑无谓地增加了麻烦。

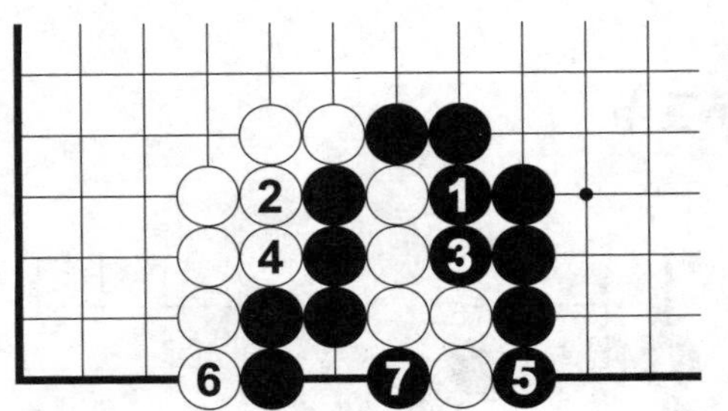

第4题正解　正常进行。

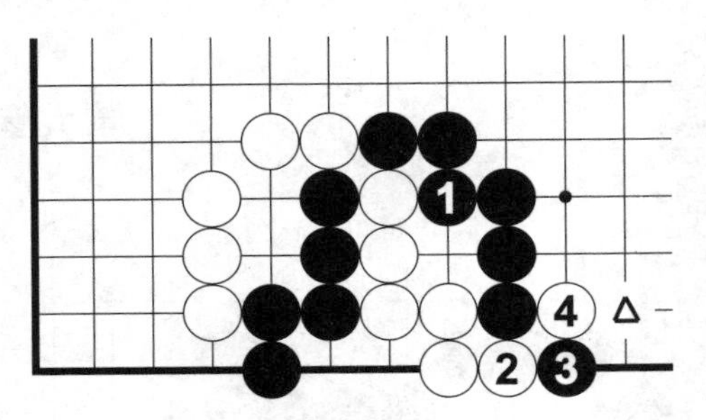

第4题错解　白2若在一线冲妄图逃跑，黑棋切记不可在3位挡，被白4断后大失败。遇到对方这种抵抗方式只要在△处冷静一跳就可，白棋是逃不出去的。

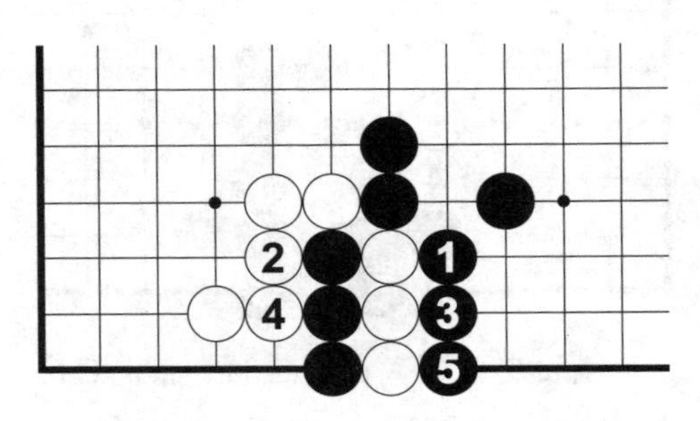

第5题正解　正常进行。

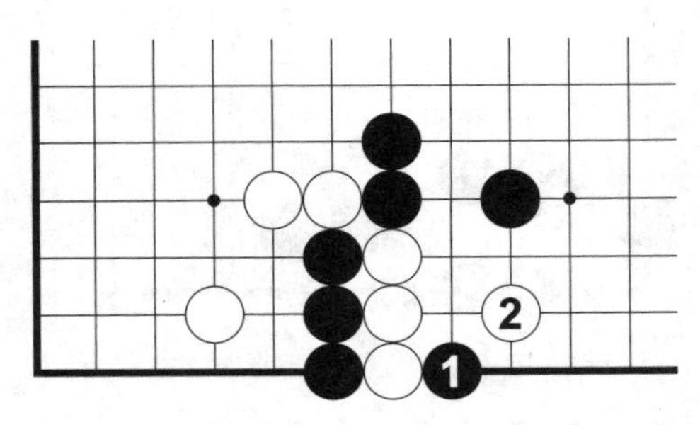

第5题错解　此题的黑棋紧气不能随意进行了，若黑1，白2跳枷，黑棋失败。

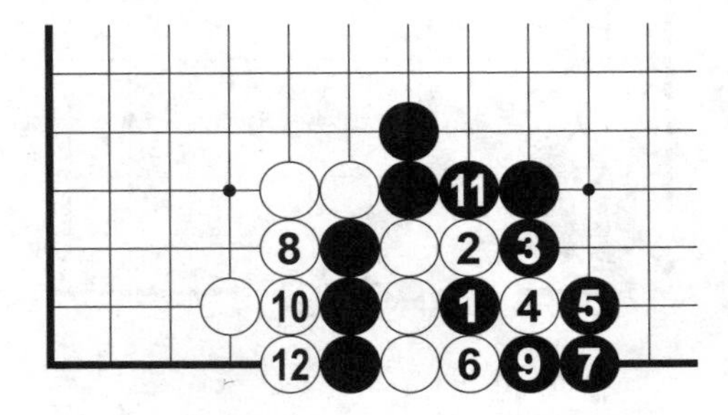

第5题错解　在中间紧气也不行，至白12，黑棋3子被杀。

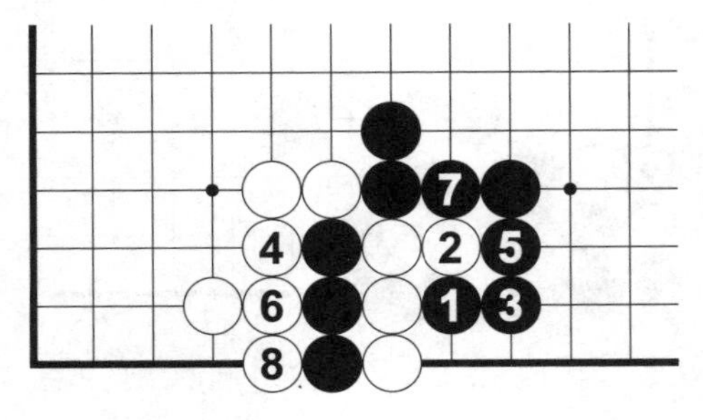

第5题错解　黑3先救一下也不行。

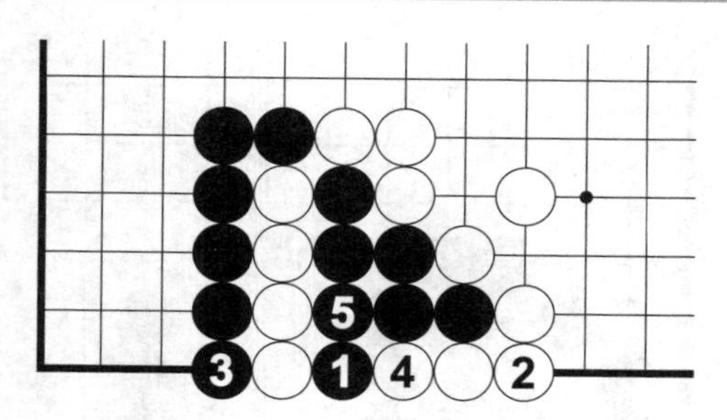

第6题正解　黑1尖，利用白棋无法先紧4位来起到延气的作用，白2只能先去连接。

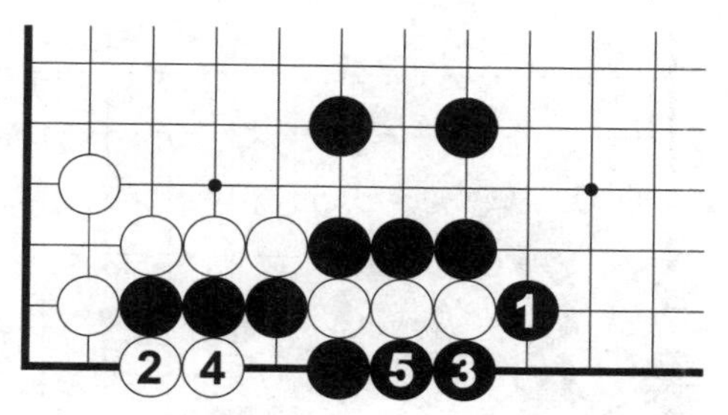

第7题正解　黑1是必然的，如果先紧5位，白棋就可以下在1位长成功跑出，这样就不是对杀了，黑棋三子自动死亡，所以黑1既是紧气也是形成对杀的先决条件。

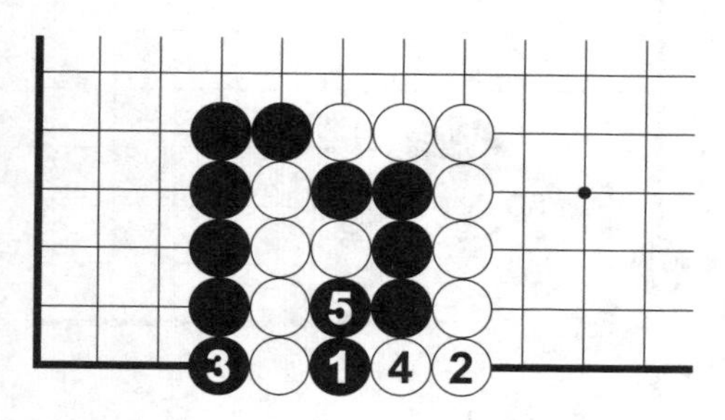

第8题正解　正常进行，利用虎口来延气。

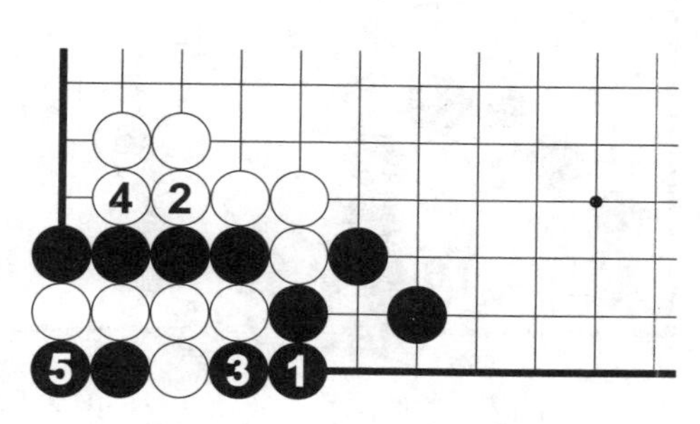

第9题正解　黑1正确，不能直接先走3位。

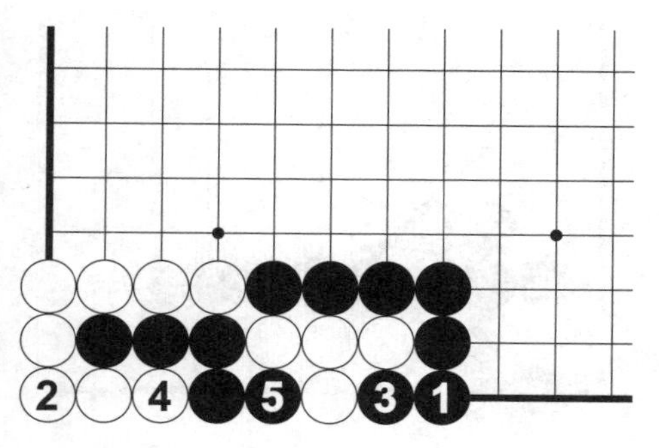

第10题正解　正常进行。

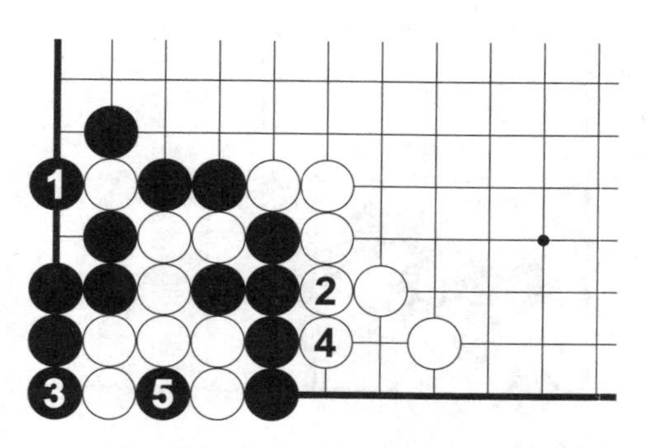

第11题正解　黑1正确，不能直接下3位。

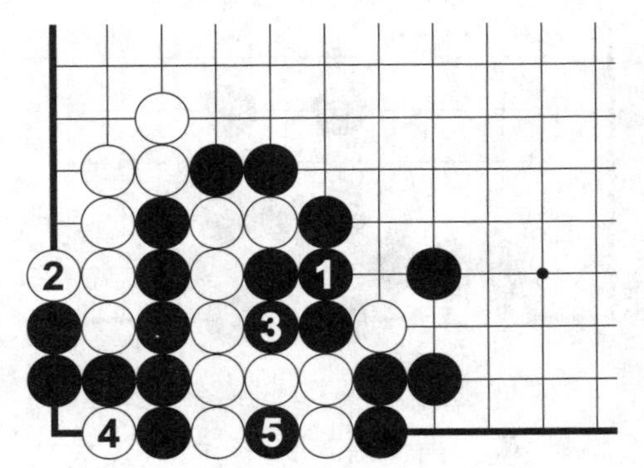

第12题正解　正常进行。

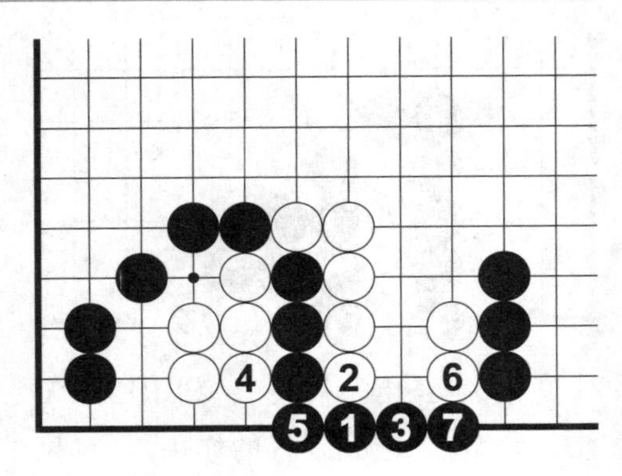

第13题正解　黑1尖，黑棋能和外侧黑棋连接上，避免了对杀。

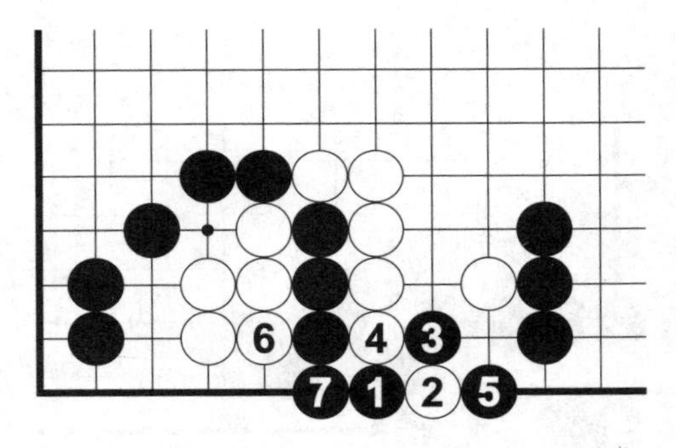

第13题正解　白2这样也阻止不了，所以在有其他更好选择的时候，能避免对杀就要避免。

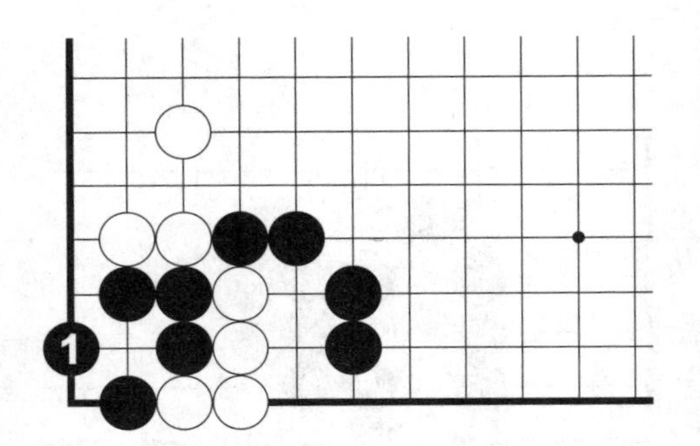

第14题正解　黑1直接做活，不用对杀。

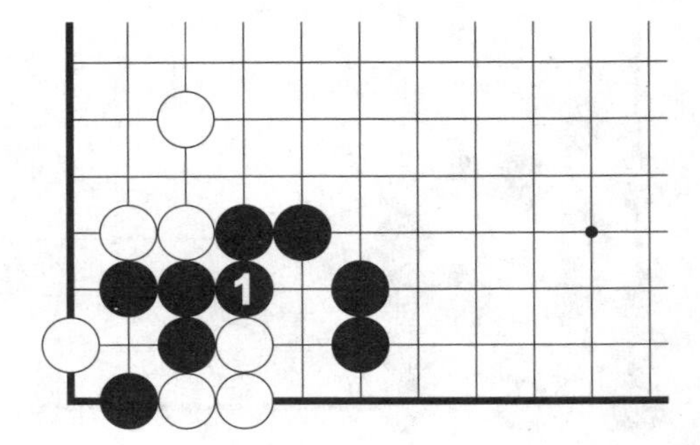

第15题正解　黑1直接连接出去，不用对杀。

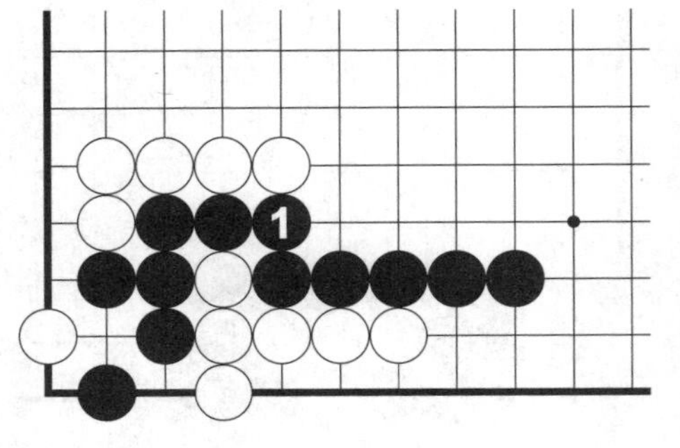

第16题正解　黑1直接连接出去。

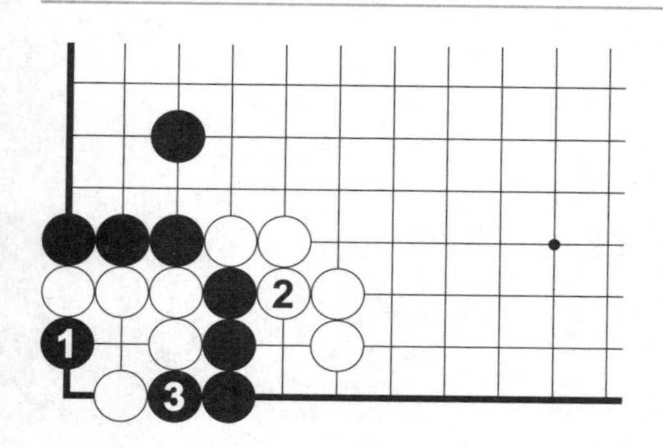

第17题正解　黑1先点，避免白棋做活，如果先下3位紧气，白棋1位做活，黑棋紧气没有意义。

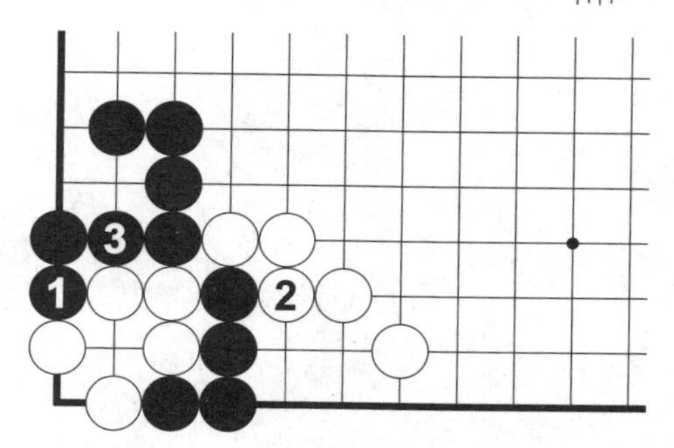

第18题正解　黑1先挤避免白棋做活，正确。

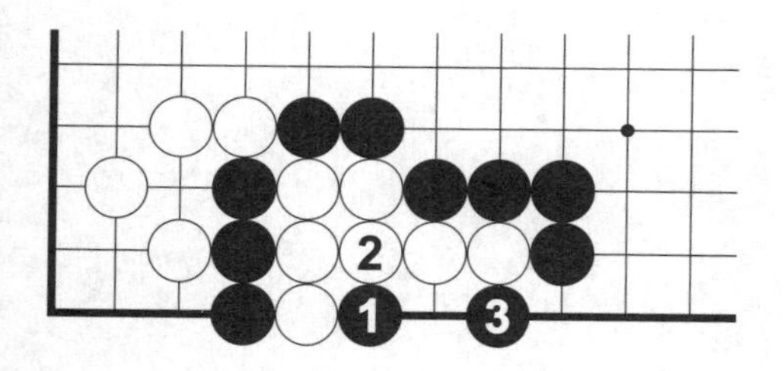

第19题正解　黑1先点，避免白棋做眼造内气。

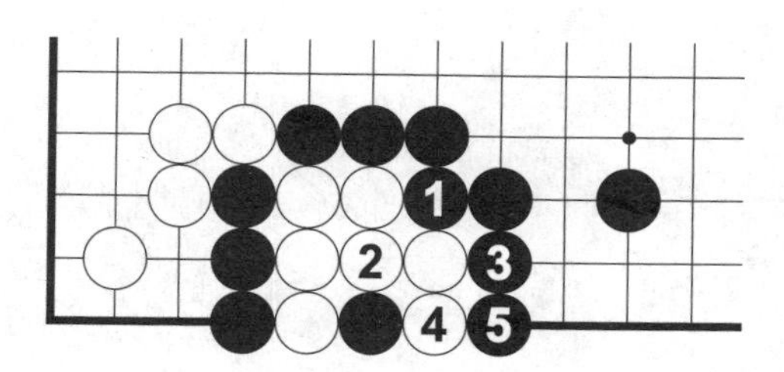

第20题正解　黑棋先在1位紧气打吃正确。

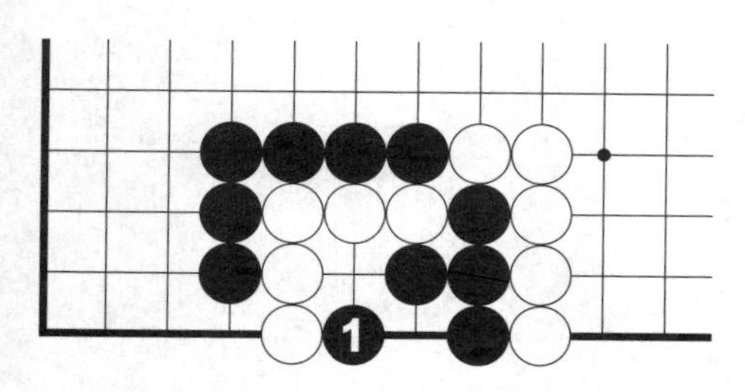

第21题正解　正常进行。